12 月 17 日，副市长，市公安局党委书记、局长白少康出席反恐工作会议

（政治部提供）

4月2日，市局党委副书记、副局长陈臻出席防范电信诈骗“集中宣传月”活动启动仪式

（政治部提供）

8月4日，市局党委委员、副局长郭永华参加市局下半年度工作会议

（政治部提供）

6 月 30 日，市局党委委员、副局长陆卫东参加“上海科创中心系列出入境政策实施细则和配套措施”新闻发布会

（政治部提供）

6 月 19 日，市局党委委员、副局长俞烈参加《上海市烟花爆竹安全管理条例》修订工作专题会议

（政治部提供）

2月10日，市局党委委员、政治部主任韩勇参加上海公安十大优秀青年评审活动

（政治部提供）

4月8日，市局党委委员、副局长陆民出席新闻发布会

（政治部提供）

1 月 28 日，市局党委委员、纪委书记陆东到闵行分局调研

（闵行分局提供）

9 月 2 日，市局党委委员、副局长曹忠平到奉贤分局检查指导抗日战争胜利 70 周年纪念活动安保工作

（奉贤分局提供）

上海公安年鉴

2016

《上海公安年鉴》编辑部　编

中国人民公安大学出版社
·北　京·

图书在版编目（CIP）数据

上海公安年鉴·2016 /《上海公安年鉴》编辑部编．—北京：中国人民公安大学出版社，2016.11

ISBN 978-7-5653-2798-8

Ⅰ.①上…　Ⅱ.①上…　Ⅲ.①公安工作—上海—2016—年鉴　Ⅳ.①D631-54

中国版本图书馆 CIP 数据核字（2016）第 265648 号

上海公安年鉴·2016

《上海公安年鉴》编辑部　编

出版发行：中国人民公安大学出版社
地　　址：北京市西城区木樨地南里
邮政编码：100038
经　　销：新华书店
印　　刷：北京通天印刷有限责任公司

版　　次：2016 年 11 月第 1 版
印　　次：2016 年 11 月第 1 次
印　　张：29.5
开　　本：787 毫米×1092 毫米　1/16
字　　数：600 千字

书　　号：ISBN 978-7-5653-2798-8
定　　价：95.00 元

网　　址：www.cppsup.com.cn　www.porclub.com.cn
电子邮箱：zbs@cppsup.com　zbs@cppsu.edu.cn

营销中心电话：010-83903254
读者服务部电话（门市）：010-83903257
警官读者俱乐部电话（网购、邮购）：010-83903253
公安综合分社电话：010-83901870

编辑出版说明

《上海公安年鉴》是全面反映上海公安保卫工作概貌的资料工具书。《上海公安年鉴·2016》是上海市公安局建局以来的第29部年鉴，由上海市公安局年鉴编纂委员会主持编纂，市公安局各部门、各公安分局、县公安局，以及各公安处（局）和有关群众团体等单位供稿，《上海公安年鉴》编辑部编纂，中国人民公安大学出版社出版发行。

本年鉴记述2015年上海公安机关、各有关公安处（局）的工作和队伍建设情况，以及有关群众团体的工作情况；收录2015年颁布的涉及公安工作的一些主要法律、法规和政策性文件。

本年鉴采用栏目、分目、条目三级结构或栏目、条目两级结构。本年鉴共33个栏目、70个分目、798个条目。

为精练文字，在本年鉴各栏目第一次出现党和国家领导人或党政领导人时，用其职务全称，之后出现时，不再写职务全称，只写姓名；对一些文中频繁出现的，诸如大型活动、专项行动、主题活动等名称，在文中第一次出现时用全称，之后出现时一般用简称（详见附表“简称、全称对照表”）。

本年鉴编辑工作实行主编负责制下的栏目编辑责任制。范辉中负责“特载”“概述”“专记”“辅助决策指挥”“专项整治行动”“刑事犯罪侦查”“经济犯罪侦查”“治安管理”栏目；季绿萍负责编写索引；杨修辉负责“大事记”“群众团体”“各公安处（局）”栏目；殷明负责“闵行分局”“宝山分局”“嘉定分局”“松江分局”“金山分局”“青浦分局”“奉贤分局”“崇明县局”分目；陈达元负责“机构名称”“负责人名单”“调整机构”“人口管理”“特警”“出入境、边防管理”“道路交通管理”“消防管理”“警务航空”“监所管理”“科技工作”“法制建设”“宣传文化”“队伍管理”“教育培训”“立功创模”“警务保障”“纪检监察”“逝世人物”“法律、法规、政策性文件”栏目；陈建中负责“安全保卫”栏目及“浦东分局”“黄浦分局”“徐汇分局”“长宁分局”“静安分局”“普陀分局”“闸北分局”“虹口分局”“杨浦分局”分目。

本年鉴仅向公安、司法机关和企业、科研、教育等单位的保卫部门发行。

本年鉴在编辑工作中，承蒙上海市公安局各部门、各公安分局、县公安局，各公安处（局）以及各群众团体等单位撰稿或提供资料，并协助核阅，谨致谢忱。

《上海公安年鉴》编辑部

2016 年 6 月

附：简称、全称对照表

简　称	全　称
“三合一”	经营、居住、仓储合一
“三停”	停产、停业、停工
“两占”	机动车违法占路停车、社会车辆违法占用公交车道行驶
“两个实有”	实有人口、实有房屋
“五类车”	残疾人机动轮椅车、电动三轮车、正三轮摩托车、二轮摩托车、电动自行车
“三非”	外国人非法入境、非法居留、非法就业
公安部“四项建设”	基础信息化、警务实战化、执法规范化、队伍正规化建设
市局“六项重点建设任务”	基础信息化、“三张网”、社区警务、核心战斗力、执法规范化、队伍正规化

《上海公安年鉴·2016》编纂人员

上海市公安局公安年鉴编纂委员会

主　任：白少康

副主任：陈　臻　韩　勇　周海健

委　员：（以姓氏笔画为序）

丁斐平　卫　岚　马雪波　王　琦　王旭明
刘俊祥　吕耀东　朱慧芬　邢铁军　邢培毅
吴培根　张　清　张兴辉　张雪华　李征静
李贵荣　杨　杰　杨泽强　杨烈毅　陈　超
陈志康　陈振华　周　济　周一帆　周建国
周德辉　和向东　林荣国　郑文斌　施　健
赵荣根　唐丽娜　徐长华　郭永华　曹声伟
曹新平　彭卫东　韩力鸣　虞谷民　潘子罕
戴　民　糜忠良

《上海公安年鉴》编辑部

主　编：陈　臻

副主编：袁志航　董　斌　高　锋　张　毅　范辉中

编　辑：季绿萍　杨修辉　殷　明　陈达元　陈建中

组（撰）稿：（以姓氏笔画为序）

丁卫东　丁晓艳　万戴骏　马怡斐　尹　玮
王　婕　王　琮　王德明　王黎扬　车永新
付　震　叶　晟　任家鑫　刘　骏　刘　斌
孙建伟　江　敏　何大宝　宋晨旭　张天宇
张文华　张凯开　张俊杰　张振宁　张晓东
张润生　张　晶　李文辰　李　杰　李德全

沈明翰　陆伟斌　陈建中　陈斌伟　陈　翔
郁小玲　金柏石　姚文威　姚铁盟　查剑明
洪道钺　胡亚明　胡光耀　胡国进　凌　奇
奚龙珍　徐丽霞　徐俊俊　殷晓洁　钱毅云
高　荣　龚小菁　龚彬彬　韩季萍　廖　源
樊卫华　樊健生　薛　莹

目 录

特载 1

❖中央政法工作会议在京召开 1

❖全国公安厅局长会议在京召开 5

❖全国公安厅局长座谈会在辽召开 7

❖全国社会治安防控体系建设工作会议在辽召开 11

❖上海市全面深化公安改革动员部署大会召开 13

❖上海市政法工作会议召开 15

❖全市公安局处长会议召开 16

2015 年大事记 18

概述 35

专记 41

❖严打整治专项行动 41

❖“聚警心、严警纪、振警威、展形象”专题教育活动 43

上海市公安系统机构名称及负责人名单（部分） 48

❖上海市公安系统机构名称（部分） 48

❖上海有关公安处（局）名称 50

❖2015 年市、区、县公安机关负责人名单（部分） 50

机构调整 53

概况 53

全市 53 个正科级派出所升格为副处级 53

增设青浦分局国家会展中心治安派出所 53

增设警保部装备处警用物资管理科（上海警用仓库） 53

增设经侦总队九支队（证券犯罪侦查支队） 53

增设松江分局广富林派出所、九里亭派出所 54

设立浦东分局国际旅游度假区公安处 54

调整浦东分局交警支队内设机构 54

市局部分单位增设机构 54

辅助决策指挥 55

❖概况 55

❖综合调研 58

协助谋划和推进全局重点工作 58

开展调查研究工作 58

开展 2015 年度上海公安系统“精品文章”评选活动 58

❖优秀文章选介 59

上海公专：《当前“阳光警务”构建困境及对策研究》 59

轨道公交总队：《轨道交通安全隐患专项调研报告》 59

政治部：《“互联网+”思维下上海公安队伍建设的思考与探索》 59

❖情报工作 60

“110 信箱”工作概述 60

2015 年上海公众安全感暨公安工作满意度调查情况 61

❖指挥中心 62
完成党的十八届五中全会等专项安保工作 62
加强大型群众性活动管理 62
完善重大突发事件应急处置机制 63
完善应急联动工作机制 63
加强 110 报警服务台建设 63
❖合作交流 64
协调推进境外追逃行动 64
做好赴塞浦路斯维和警队出征工作 64
赴南苏丹维和警队完成任务回国 64
公安部与国际刑警组织在上海共同举办第 14 届亚太地区联络官会议暨第 10 届中东北非联络官会议 64
承办外警培训项目 64
陆东赴南苏丹、德国、土耳其访问 64
韩勇赴法国、荷兰、西班牙访问 65
白少康赴美国、加拿大、日本访问 65
土耳其警察总局总局长麦赫迈特·杰拉莱廷·莱凯西日访沪 65
澳大利亚移民与边境保卫部助理部长卡什访沪 65
泰国皇家警察总署副总警监罗萨克访沪 65
印度内政部部长拉杰纳特·辛格访沪 65
出访和接待数据 65
2015 年外宾团组（部长级）访沪一览表 66
2015 年公安部领导（部长级）在沪活动一览表 66
2015 年各省、自治区、直辖市公安厅（局）领导在沪活动一览表 67
❖信访工作 68
受理群众来信来访 68
推进涉法涉诉信访改革 68
完成公安部信访专项活动任务 68
加强重点信访案件化解工作 69
落实领导开门接访制度 69
完善信访工作机制 69
信访工作获市委、市政府表彰 69
推动公安政府网站建设 69
做好“12345”市民服务热线工作 69
推进政府信息公开工作 69
❖档案管理 70
在上海市档案工作会议上作交流发言 70
陈臻、韩勇参加《汶川特大地震上海市救灾援助实录》首发座谈会 70
市局指挥部档案处、虹口分局分别荣获上海市档案系统先进集体称号 70
组织开展公安档案安全专项检查工作 70
推进重要公安档案异地异质备份工作 70
完成首批公安派出所合格档案室创建复审工作 70
《海上警察百年印象》入选第二批上海市优秀档案文化传播项目 70
举行“历史的回声——‘档案里的故事’档案法制宣传与档案文化传播全市巡讲上海公安专场”活动 71
专项整治行动 72
❖上海公安机关开展专项整治行动一览表 72
刑事犯罪侦查 73
概况 73
加强刑侦专业情报研判体系建设 73
命案破案率首次达到 100% 73
严厉打击多发性侵财犯罪 73
持续开展打击夜间违法犯罪联合查堵行动 74

打击涉黑涉恶违法犯罪 74
坚持开展信息化追逃工作 74
严厉打击毒品犯罪 74
严厉打击拐卖妇女儿童犯罪 75
加强刑事科学技术手段建设 75
开展 2015 年度刑侦优秀调研论文评选活动 75
评选 2015 年度“刑警 803 破案奖” 75
赴印度尼西亚开展打击电信诈骗团伙联合执法行动 76
侦破“2・5”特大涉外诈骗案 77
侦破“2015・65”贩卖运输毒品案 77

经济犯罪侦查 78

概况 78
加强预警处置 78
强化要案攻坚 78
优化内部机构设置 79
完善涉众型经济犯罪侦查工作机制 79
探索互联网经侦警务建设 79
经侦大数据专业应用 79
加强防范宣传 79
推出一批“阳光警务”建设措施 80
强化风险预警 80
表彰奖励向一线部门和民警倾斜 80
开展春季、夏季、秋冬严打整治专项行动 80
加大非法集资活动打击力度 80
强化打击侵犯知识产权和制售伪劣商品犯罪工作 80
开展“猎狐 2015”专项行动 81
开展打击利用离岸公司和地下钱庄转移赃款专项行动 81
开展打击利用黄金交易虚开增值税专用发票违法犯罪专项行动 81
开展“安宁—2015”打击保险诈骗犯罪专项行动 81
开展上海公安经侦系统年度优秀调研文章评选活动 81
打击农产品走私 82
打击偷逃税走私 82
打击毒品枪支走私 82
打击“洋垃圾”走私 83
打击象牙等濒危动植物走私 83
推进“以打促税”百日攻坚战行动 83
侦破特大走私、销售禁止进境疫区牛肉案 83
开展打击成品油走私专项行动 83
推进缉私战区模式 83
加强打私国际合作 83
评选 2015 年度“经济犯罪案件侦查破案精品案例” 84
侦破“6・14”骗取贷款、贷款诈骗案 85
侦破“7・16”利用票据贴现诈骗案 85

治安管理 87

概况 87
打击危害食品药品安全犯罪 87
打击涉黄涉赌违法犯罪 87
打击环境污染犯罪 87
推进缉枪治爆专项行动 88
加强民爆物品、易制爆危险化学品管理 88
推进治安巡逻防控网建设 88
推进武装应急处突网建设 88
检查指导重点要害单位的安保工作 89
排查化解矛盾纠纷 89
加强治安防范宣传 89
加强保安服务市场监管 89
评选 2015 年度“上海治安系统精品案例” 89
评选 2015 年度派出所巡逻工作精品案

（事）例 90
侦破“11·25”特大跨境生产、销售不符合安全标准牛肉案 91
侦破“7·16”利用车载伪基站介绍卖淫案 91
上海公安机关查处治安案件走势图 92
上海公安机关查处治安案件统计表 92
上海公安机关各单位查处治安案件统计表 95
上海公安机关各项治安管理数据表 96
人口管理 97
概况 97
推进基层基础建设顶层设计 97
推进实有人口管理社区实施 97
加强社区综合协管队伍建设 97
创新实有人口信息采集标准化 97
推进实有人口管理专项行动 98
抓好实有人口信息质量测查监控 98
取消户口性质区分 98
规范本市落户管理工作 98
做好居住证办理工作 99
深入推进户口登记管理专项清理整顿工作 99
提升户籍管理规范化、信息化、专业化水平 99
加强居民身份证管理 100
拓宽人口数据共享“信息源” 100
加强基层调查研究 100
提升服务决策能力 100
全市户籍人口536.76万户、1442.97万人 100
特警 102
概况 102
完成中塔特警联合反恐演习 102
严密社会面防控 102
处置各类突发事件 103
加强特警专业训练 103
加强装备管理应用和基础工作 103
出入境、边防管理 104
❖出入境管理 104
概况 104
完成2015花样滑冰世锦赛等涉外安保工作 104
开展专项整治行动 104
实施支持上海科创中心建设出入境政策 105
推出出入境证件新证新规 105
2015版电子台胞证正式签发 105
“张江国家自主创新示范区出入境办证服务点”揭牌 105
加强涉外社工试点建设 105
“阳光警务”示范点正式启用 106
开展出入境窗口服务专项检查 106
“上海公安出入境管理”微信位列上海十大微信公众号 106
召开第三届因私出入境服务行业协会会员大会 106
提升队伍素质 106
2015年来沪外国人人数表 107
❖边防检查 110
概况 110
完成抗战胜利70周年纪念活动等重大活动边检及安保任务 110
配合反腐追逃工作 110
推进边检管理创新 110
加强执法规范化建设 111
加大边检品牌宣传力度 111
提升队伍专业化水平 111
加强队伍监督管理 112

强化警务信息科技保障 112
创新文化育警 112
❖边防管理 113
概况 113
创建平安边防 113
加强基础信息化建设 113
提高警务实战化能力 113
提升执法规范化水平 114
加强队伍正规化建设 114
提升党建工作规范化水平 114
加强政治建警、文化育警工作 114
加强后勤保障能力建设 115
道路交通管理 116
概况 116
完成各类交通警卫任务 116
强化道路交通调度指挥 116
严管严治道路通行秩序 117
推进道路交通缓堵排堵综合治理 117
做好大型市政工程等配套交通组织工作 117
优化勤务管理模式 117
推进“电子警察”执法网络建设 117
拓展非现场执法应用 118
强化省际通道执法管控 118
加强交通设施日常管养 118
强化客货运源头安全监管 118
完善交通事故综合治理机制 119
加强机动车、驾驶人管理 119
深化交通文明建设 119
完善道路交通严管制度保障 119
提升交通管理为民服务水平 119
营造道路交通执法严管氛围 120
提升交警核心业务能力 120
加强党风廉政建设 120
超载车辆货物倾覆致 3 人死亡 121
多起交通违法致 3 人死亡 121
连环相撞致多名学生受伤 121
消防管理 122
概况 122
韩正、杨雄带队检查人员密集场所消防管理等工作 122
完成 2015 花样滑冰世锦赛消防安保任务 122
开展城市公共安全消防高风险专项调研 123
创新社会消防治理 123
完成市政府实事项目 123
推进火灾隐患综合治理 123
推进公共消防基础设施建设 124
提升部队实战能力 124
开展士兵职业技能鉴定 124
加强多种形式消防力量建设 124
开展消防宣传教育培训 125
加强队伍建设 125
处置轨道交通 2 号线列车停驶事故 125
处置“5・4”杨浦区老式居民住宅倒塌事故 126
处置“6・3”上海畅辰纸箱包装有限公司火灾事故 126
2015 年全市万人火灾发生率 126
2015 年全市火灾人均损失 127
2015 年次均火灾损失 127
2015 年每月火灾死伤人数 128
2015 年每月火灾起数及损失 128
2015 年分地区火灾四项数值 129
“3・17”浦东新区益嘉物流配送中心仓库较大火灾 129
“10・29”松江区村民住宅较大火灾 129
安全保卫 130

❖警卫工作 130
概况 130
确保 189 批来沪的党和国家领导人安全 130
完成 138 批重要外宾在沪期间安全警卫任务 130
完成 88 场次重要会议和重大活动警卫任务 131
完成纪念抗战胜利 70 周年大会及相关活动安全警卫工作 131
韩正到市局警卫局调研 131
完成上海市“两会”警卫任务 131
完成印度总理访沪安全警卫任务 132
完成第四次中国—中东欧国家领导人会晤暨中国—中东欧国家第五届经贸论坛期间涉及上海要人警卫工作 132
“全警大练兵大比武”活动取得阶段成果 132
坚持不懈抓好队伍建设 132
2015 年访（来）沪重要外宾一览表 133
2015 年部分重要会议、重大活动一览表 136
❖网络安全保卫 138
概况 138
全力打击涉网违法犯罪 138
开展网络安全防范宣传 139
加强重要信息系统和网站安全执法检查 139
加强电子数据检验鉴定工作 139
开展网络安全管理工作 140
成立上海公安网安驻广西南宁工作站 140
侦破“1・15”特大网络虚假信息诈骗案 140
侦破“千花网”组织卖淫案 140
侦破“0908”走私普通货物案 140
❖文化系统安全保卫 141
概况 141
推进高校领域治安防控体系建设 141
开展严打整治专项行动 141
做好警卫安保工作 141
推动执法规范化建设 142
加强信息化建设和应用 142
加强公安文保队伍建设 142
打造“谢蜀黍”微信工作品牌 142
侦破“平安夜”复旦大学持刀伤人案 143
❖水上安全保卫 143
概况 143
完成各类水域安保警卫工作 143
完成水上春运安保任务 144
打击水上违法犯罪活动 144
推进水上多警联勤消防工作 144
加大水域治安管控力度 144
建立苏浙沪公安海事联动联勤工作机制 144
侦破“8・13”销售假冒注册商标的商品案 145
2015 年外轮、海员来沪情况表 145
2015 年外国军舰访沪情况表 145
2015 年度上海水上浮尸情况表 146
❖轨道公交安全保卫 146
概况 146
开展轨道公交公共安全专项调研 147
加强轨道交通公共安全防范体系建设 147
落实公交和长途车“三防双检”安防措施 147
召开地铁公共安全区域警务合作联席会议 147
加强轨道交通客流疏导管理措施 148
加强轨道区域消防内保管理 148

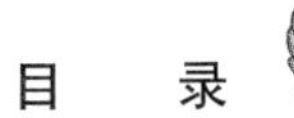

严厉打击违法犯罪活动 148
加强轨道交通区域治安秩序管理 148
夯实“信息化”大数据应用基础 148
加强队伍正规化管理 149
2015年新线开通一览表（至12月19日） 149
❖上海化工区安全保卫 149
概况 149
推进封闭式管理硬件改造 150
推进封闭式管理软件升级 150
参加上海市特种设备应急处置综合演练 151
加强公共安全防范宣传 151
加强危化物品管控 151
加强易燃易爆企业消防安全监管 151
加强道路交通安全管理 151
❖航空安全保卫 152
概况 152
推进“平安民航”建设工作 152
完成中国—中东欧国家领导人会晤上海机场安全保卫任务 153
严格消防安全管理 153
强化反恐应急处置工作 153
完善控制区通行证分值管理 153
加强应急处突能力建设 153
推进反腐倡廉建设 153
保障上海机场重大工程建设 154
侦破“5·31”浦东机场故意伤害致死案 154
❖域外农场安全保卫 154
概况 154
完成抗战胜利70周年纪念活动安保任务 155
推进农场安全管理 155
推进基层基础建设 155
加强队伍建设 155
建立域外农场武装巡逻工作机制 155
侦破“10·30”风力发电设施被盗案 156
❖自贸区安全保卫 156
概况 156
创建“海外人才服务科创示范项目” 156
提升出入境管理服务水平 157
新建车驾管办证大厅 157
创建“警企在线”应用平台 157
创新“打防同轴、打防并进”机制 157
侦破“5·20”互联网金融票据诈骗案 157
侦破“11·11”骗取出口退税案 158
❖保安服务 158
概况 158
强化企业经营管理 159
调整人防队伍战略定位 159
增强技防市场竞争力 159
促进联网报警升级发展 159
加快押运业务发展 160
完善保安培训机制 160
拓宽交通设施业务 160
完成重要节点安保任务 161
警务航空 162
概况 162
搜寻“东方之星”客轮遇难人员 162
参加海底电缆保护协同执法演练 162
首次参加远海搜救演练 162
参加燃气管线突发事件应急综合演练 163
参与“10·28”闵行圣品家具厂火灾扑救 163
参与大型石油化工装置灭火救援综合演练 163
开展“零事故、无差错”活动 163
举办全国警用直升机空勤人员水下逃生培训 163

警用直升机悬挂国旗外滩巡展 164
聘任警航专业技术职位 164
抓好飞行训练工作 164
监所管理 165
概况 165
推进监所执法管理规范化建设 165
基本完成看守所“五化建设”和拘留所“三项重点工作”验收 165
加强“阳光警务”建设 166
推动监管信息化建设和应用 166
开展拘留所社会矛盾化解工作 166
落实综合治理公安监所安全文明管理工作 166
召开上海看守所安全工作会议 166
调整在押人员伙食费标准 166
深挖协破刑事案件 3219 起 167
科技工作 168
概况 168
编制互联网警务建设和大数据应用创新行动计划 168
完成 2015 花样滑冰世锦赛科技保障工作 169
开展新一代移动警务系统改造 169
开展大客流聚集安全风险监测研究 169
推进全局图像监控设施建设 169
签署互联网警务战略合作框架协议 170
科研成果 170
立科研项目 29 项 170
2015 年部分获部、市、局科技奖和局基层革新奖项目一览表 171
法制建设 172
概况 172
推进“阳光警务”建设 172
抓好“三个清单”梳理工作 172
“阳光警务”大厅正式启动 173
完善执法标准体系建设 173
加强执法制度建设 173
加大执法监督力度 174
宣传文化 175
概况 175
开展公安先进典型宣传 175
开展舆论引导 175
“@警民直通车·上海”推出网上办事大厅 175
印发加强公安微博微信建设和管理的工作意见 175
“@警民直通车·上海”获评“全国十大公安微博” 176
开展“东方讲坛——以案说防范·共建平安城”系列宣讲 176
出版《尚警》警察公共关系专刊 176
出版《基层所队那些事儿实例选编》 176
组织第五届全国公安系统“卫士之光”书法、美术、摄影展上海参展作品征集工作 176
组织开展全局性文化体育活动 176
参加各类文体赛事活动获佳绩 177
开展“警营青春大声说”主题活动 177
队伍管理 178
概况 178
学习贯彻党的十八届五中全会精神 178
开展“三严三实”专题教育 178
开展系列主题教育活动 178
做好战时思想政治工作 178
开展队伍建设专题调研 179
选齐配强各级领导班子 179
加强优秀年轻干部培养选拔工作 179
严格干部日常监督管理 179

招录新警及公安学员 1782 人 180
接收军转干部 75 人 180
规范工资收入管理 180
开展优抚帮困送温暖活动 180
加强专业技术人员队伍建设 180
做好警衔管理工作 180
指导宝山分局开展主办侦查员制度试点工作 180
加大爱警惠警力度 181
开展全局文职岗位“三定”工作 181
开展第二届“十佳文职人员”优秀事迹系列宣讲活动 181
举办消防警卫部队学习贯彻全军和公安现役部队政治工作会议精神专题轮训班 181
评选出第三届“上海公安十大优秀青年” 181
举行上海公安青年纪念抗战胜利 70 周年经典诵读大赛 181
组织巾帼文明岗创建评选 181
开展寻找“最美家庭”活动 182
开展“放心家园”安心暑托班活动 182

教育培训 183
概况 183
推进公专转型升级 183
开展专项训练活动 183
启动全国微课程研发中心建设 184
在全国警务实战教官比武中取得佳绩 184
加强学生德育工作 184
取得多项教学成果 184
加快教学特色建设 184
推进微课程建设 185
提升机动部队实战效能 185
加强信息化教学 185
通过语言文字工作评估 185
加强师资队伍建设 185
提升警学研究水平 186
加快智慧校园建设 186
深化公民警校办学活动 186

立功创模 187
概况 187
表彰“上海市优秀公安局”“上海市公安局优秀单位” 187
陈峥当选全国先进工作者 187
5 个集体当选上海市模范集体，7 名个人当选上海市先进工作者 187
市局“3·27”证券领域系列案件专案组被公安部记集体一等功 187
市局“11·12”专案组被公安部记集体一等功 187
长宁分局吕洁、消防总队李旻被公安部授予“全国公安系统二级英雄模范”荣誉称号 187
特警总队防暴突击二支队王春军当选第十八届“上海十大杰出青年” 188
个人一等功 188

警务保障 189
概况 189
完成 2015 花样滑冰世锦赛安保等重大活动保障任务 189
推动“210 工程”建设圆满收官 189
完成装备、基建“十三五”规划框架编制 190
推进警保深化改革工作 190
提高公安经费保障管理水平 190
强化实战装备车辆建设配备 191
深化装备“大共享”平台应用 191
深化警保信息化系统建设 191
加强内部安全防范和执法办案场所

规范化管理 191
优化基层一线民警实战被装配备 191
健全警保廉政体系 191
强化警保队伍思想政治和专业能力建设 192
开展服务技能劳动竞赛 192
细化为警服务措施 192
开展警务保障工作交流活动 193
编撰“警苑菜谱365”工具书 193
纪检监察 194
概况 194
推进“两个责任”落实与考核 194
加强干部监督 194
改进工作作风 194
加强监督检查 194
围绕重大活动开展随警监督 195
严格问责追究制度 195
严格教育预警 195
开展维权工作 195
狠抓政风监察 195
落实审计监督 196
推进监督管理信息平台项目建设 196
开展违规住房、用车和超面积办公用房专项清理整治 196
区、县公安机关 197
❖浦东分局 197
概况 197
做好迪士尼乐园开园前准备工作 198
开展“四镇”治安专项治理 198
研发“问题场所监控平台” 199
做实消防安全措施 199
周浦镇“电动自行车智能防范系统”成效初显 200
侦破“6·24”绑架案 200
侦破凌桥杀人碎尸案 200
侦破“2015·570”贩卖运输毒品案 200
侦破“10·08”非法经营境外“猎狐”案 201
侦破“10·16”新型伪冒银行卡案 201
侦破“12·17”虚开增值税专用发票案 201
侦破“2·24”票据诈骗境外“猎狐”案 201
侦破“6·15”非法吸收公众存款案 202
侦破“7·15”生产、销售不符合安全标准的食品案 202
❖黄浦分局 202
概况 202
开展“重塑形象、重振警威”专项活动 203
加强和改进街面巡逻工作 204
成立大型活动安保工作办公室 204
移动警务指挥平台投入应用 204
大客流信息监测系统投入应用 204
组建交警摩托机动专业队 204
开展“1+3+X”联勤联动模式试点 205
开展重点区域反恐防撞装置建设 205
完善特定时节大客流应对处置措施 205
创新商店刀具销售管控措施 205
整治低端商品市场消防安全隐患 206
侦破“7·15”涉外强迫交易恶势力专案 206
侦破“12·04”系列伪冒银行卡团伙诈骗案 206
侦破“3·23”广东翔宇上海分公司集资诈骗案 206
侦破“5·21”聚众淫乱案 206
处置“4·17”持刀伤人案 206
❖徐汇分局 207

概况　207
开展“汇剑”打击整治专项行动　208
深化“阳光警务”示范点建设　208
围绕重大节点加强道路交通管理　208
排查整治消防安全隐患　209
加强医院安全保卫工作　209
提升特警服务实战能力　209
侦破“4·2”故意杀人案　210
侦破“10·5”故意杀人案　210
侦破“6·10”特大跨省贩运毒品案　210
侦破“2·3”跨国妨害信用卡管理团伙案　210
侦破“3·03”比翼公司非法吸收公众存款案　211
侦破利用“上海龙凤网”组织卖淫案　211
❖长宁分局　211
概况　211
推进“阳光警务”建设　212
强化社区民警参与居民区治理机制　213
探索“三结对”居民区治理模式　213
落实出入境便民新政　213
完善巡逻防控网络　213
开展防范电信诈骗“集中宣传月”活动　214
看守所建成指纹智能终端平台　214
开展反恐实战专项练兵活动　214
开展机动车“两占”交通违法专项整治行动　214
清除消防安全隐患　215
侦破“2002·1·12”故意伤害致死案　215
侦破“12·26”非法吸收公众存款案　215
侦破“3·2”介绍卖淫案　215
❖静安分局　215
概况　215
完成抗战胜利70周年纪念活动安保任务　217
完成印度总理访沪期间住地安全警卫任务　217
优化出入境管理服务　217
深化商务楼宇服务管理　217
加强机动车违法停放治理　218
打击涉黑涉恶犯罪活动　218
加大电信诈骗案件打防力度　218
推进闸北分局、静安分局“撤二建一”工作　219
侦破“3·22”特大系列涉外盗窃高档商铺案　219
侦破“1·26”跨国走私毒品专案　219
侦破“5·26”集资诈骗、非法吸收公众存款复合型案　219
侦破“4·29”组织卖淫案　219
侦破“韩宁”整形美容机构销售假药案　220
❖普陀分局　220
概况　220
推进社区警务改革试点　221
创新顽症综合治理机制　221
建立打击涉毒违法犯罪新机制　222
推进“阳光警务”建设试点　222
建立实有人口管理“信仪模式”　222
开通桃浦镇便民巴士线路　223
创新打击网络赌博方法　223
推进队伍正规化建设　223
侦破“8·23”故意杀人抛尸案　223
侦破“2·2”杀人分尸案　223
侦破“8·27”系列虚开增值税专用发票案　224
侦破利用“神话QQ群”介绍卖淫案　224
❖闸北分局　224
概况　224

开展“卓越 2015”系列专项行动 225
强化火车站地区反恐防范建设 226
打击防范电信诈骗 226
加强群防群治守护网建设 226
深化社区警务机制建设 226
优化道路交通监管机制 226
整治非法营运 227
提升出入境服务管理效能 227
推进公安队伍建设 227
推进闸北分局、静安分局“撤二建一”工作 227
侦破“5·3”特大盗窃案 227
侦破“1·20”迅达电梯（中国）有限公司“群蛀”案 228
侦破“4·20”虚开增值税专用发票案 228
侦破“4·24”医保诈骗、妨碍信用卡管理秩序案 228
侦破“3·6”网络传播淫秽物品系列案 228
❖虹口分局 229
概况 229
加大虹口足球场安保工作科技投入 230
开展无证养老院消防安全隐患整治 230
整治规模化租赁房 230
提升街面应急处突能力 231
打造辖区四平路沿线市级交通文明示范线 231
开展“净土”专项行动 231
两位民警因公牺牲 231
获得上海公安系统足球联赛乙组冠军 232
侦破“2014·819”毒品专案 232
侦破“11·14”特大诈骗案 232
侦破“3·06”“沪乾贷”非法吸收公众存款案 232
侦破“2·12”复合型团伙信用卡诈骗案 232
侦破“5·6”生产、销售伪劣产品案 233
❖杨浦分局 233
概况 233
公众安全感、公安工作满意度双提升 234
成立摩托特战分队 235
严厉查处涉枪涉爆违法犯罪活动 235
组建杨浦特色群防群治队伍 235
严格旅馆业治安管理 236
严厉打击赌博犯罪活动 236
保障重大工程施工期间辖区道路交通畅通 236
创建四平路市级交通文明示范线 237
境外人员服务站建设赢得赞誉 237
科技服务实战技术获奖 237
创新消防监督检查机制 237
殷行派出所打击整治成效明显 237
侦破“2015·2·28”假冒贵金属交易平台系列电信网络诈骗案 238
侦破“9·26”在沪跨国企业高管系列商业贿赂案 238
侦破“7·9”非法买卖枪支案 238
❖闵行分局 239
概况 239
开展“闵剑”系列集中整治行动 240
强化“黄赌毒”打击整治 240
结合地区实际推进专项行动 240
强化人员密集场所安全防范措施和应急处突能力 241
快速处置轨道交通1号线停运事故 241
成立特种机动队 241
推进刑事技术建设 241
完善两级视频侦查体系 241
茆盛泉被批准为烈士 241

侦破“4·25”特大入室盗窃案 242
侦破“8·10”电信诈骗团伙案 242
侦破“11·4”抢劫杀人案 242
侦破“4·10”销售假冒注册商标的商品案系列集群战役 242
侦破“1·06”非国家工作人员受贿、虚开增值税专用发票案 243
侦破“7·10”挪用资金、诈骗案 243
侦破“5·20”设置赌博机开设赌场案 243
❖宝山分局 244
概况 244
推进主办侦查员制度改革试点工作 245
开展支持科创中心建设出入境政策措施工作调研 245
综合治理新吴淞综合市场及周边消防隐患 246
探索整治非法运营“四手驱动”工作法 246
深化“阳光警务”建设 246
推进“12345”市民服务热线效能监察工作 246
创新警营文化模式 246
开展“宝剑之星”和“十佳贤内助”评选活动 247
侦破“假冒中国电信推销‘无线流量上网卡’电信诈骗案” 247
侦破“2014·936”毒品案 247
侦破“8·05”信用卡诈骗、非法经营、出售公民个人信息案 248
侦破“6·18”虚开增值税专用发票境外“猎狐”专案 248
❖嘉定分局 248
概况 248
试点深化社区警务改革 249
加强核心战斗力建设 250
推进“阳光警务”建设 250
交通肇事致人死亡逃逸案件实行“类命案侦破”工作机制 250
整治南翔镇新裕村火灾隐患 250
侦破“8·12”故意杀人案 251
侦破“2015·600”贩卖运输毒品案 251
侦破“6·05”网上销售假冒自然堂化妆品案集群战役 251
侦破“4·15”侵犯著作权案 251
❖松江分局 252
概况 252
创新实有人口信息智能化采集模式 253
组建特种机动队 253
交通违法审理窗口启用“排队叫号系统” 254
开展消防安全大检查 254
强化司法拘留社会矛盾化解 254
推进法治公安建设 254
教育培训 254
摄制松江公安宣传片 254
侦破“5·15”抢劫金店案 255
侦破“2·10”贷款诈骗案 255
侦破于某等污染环境案 255
❖金山分局 255
概况 255
打击网络传播淫秽视频犯罪 256
创办“小杨说防范”栏目 257
开展防范电信诈骗“集中宣传月”活动 257
强化严重精神障碍患者管控 257
建立交通违法及事故情况定期通报制度 257
创新境外人员治理机制 258
夯实党建团建工作 258

侦破“7·15”故意杀人案 258
侦破“1·13”放火案 258
侦破“7·28”非法吸收公众存款案 258
侦破“9·02”制售假冒红酒、白酒案 259
侦破“4·16”生产、销售假药案 259
侦破“3·5”非法制造、买卖枪支案 259
❖青浦分局 259
概况 259
做好第十六届上海国际汽车工业展览会安保工作 260
开展经营场所集中专项整治 261
推进香花桥司法驻所试点机制 261
打击危害食品药品安全犯罪 261
严厉查处酒后驾车 262
确保高温期间监所安全 262
加强社区警务建设 262
侦破贵州沿河籍系列特大入室盗窃团伙案 262
侦破“4·29”非法吸收公众存款案 262
侦破胡某等网络侵犯著作权案 263
❖奉贤分局 263
概况 263
加大民生类案件侦破力度 264
成立特种机动队 265
排查整治消防安全隐患 265
开展交通法治示范区创建活动 265
建成奉贤公安纪念广场 265
开播“贤城警事”电视节目 265
侦破“7·4”抢夺金店案 266
侦破“3·03”中国明明商组织、领导传销案 266
侦破王某等销售有毒、有害食品案 266
❖崇明县公安局 266
概况 266
开展“三严三实”专题教育活动 267
“百城禁毒”会战完成率列全市第一 267
织密社会治安防控“三张网” 268
开展严打整治专项行动 268
开展“缉枪治爆”专项行动 268
完成环崇明岛国际女子公路自行车赛及自行车嘉年华活动安保任务 268
创建全国一级看守所 269
最美崇明人——施平 269
侦破系列特大盗窃工厂金属原料案 269
侦破“8·5”组织卖淫案 269
公安处（局） 271
❖上海港公安局 271
概况 271
完成抗战胜利70周年纪念活动等安保工作 272
开展危险货物库场消防安全专项检查整治 272
加强港区道路交通整治 273
保障洋山深水港和自贸区（洋山）安全运营 273
举行港口设施保安演习 273
抗击台风“灿鸿” 273
侦破贾朋朋团伙盗窃集装箱内货物系列案 274
侦破马献宇挪用资金案 274
❖长江航运公安局上海分局 274
概况 274
参加长江上海段水域清理整治非法捕捞联合执法行动 275
开展水域清查整治行动 275
参加清理取缔涉渔“三无”船舶综合执法演练 275
召开非法捕捞水产品犯罪案件法律适用研讨会 275

联合多部门开展水上法制宣传 275
开展彩钢板住人“清零行动” 276
吴淞派出所揭牌 276
完成香港青年交流团游览黄浦江安保任务 276
侦破非法捕捞水产品案 276
❖上海铁路公安处 277
概况 277
设立移动警务室 277
开展夏季治安整治行动 278
开展高铁安全专项整治 278
组织处置突发事件演练 278
开展安全宣传月活动 278
首次实现线路连续 200 天安全目标 278
青年公寓启用 278
虹桥高铁站安装客流观察仪 278
侦破“5・11”G7056 次高铁列车旅客财物被盗案 278
群众团体 280
❖上海市警察协会 280
概况 280
学习贯彻党的十八届五中全会精神和《关于全面深化公安改革若干重大问题的框架意见》 280
做好协会换届筹备工作 280
召开第十四届上海公安理论研讨会 280
参与警务论坛交流和征文活动 281
办好《上海公安研究》 281
完成专题理论著作编纂出版工作 281
加强对区县警察协会工作的指导 281
开展交流 281
❖上海市法医学会 282
概况 282
做好日常检案工作 282
加强业务培训 282
参加学术交流 282
完成实验室认可工作 283
开展带教工作 283
推进科研工作 283
协助基层做好实验室建设工作 283
❖上海市刑事科学技术协会 283
概况 283
完成重大安保任务 284
科研工作取得新成果 284
召开第四届会员代表大会 285
开展现场勘查和检验鉴定工作 285
加强信息化建设 285
推进实验室质量管理工作 285
协助做好基层刑科所实验室建设 286
开展专业培训 286
参加国际专业学术交流 286
参与承办学术交流活动 286
刘文斌入选 2015 年上海青年科技启明星计划 287
落实“一长四必”工作机制 287
办好《上海刑事技术》 287
❖上海市消防协会 287
概况 287
公安现役部队人员不再兼任协会职务 287
做好消防安全评估和消防技术咨询服务 287
组织优质消防工程评选活动 287
开展社会消防教育培训 288
❖上海市道路交通安全协会 288
概况 288
完成换届选举工作 288
开展“排堵保畅，降压事故”巡回宣讲 288
联合开展渣土运输安全行车专题讲座 288
协助开展“安全生产与交通安全”

负责人持证上岗培训 288
推进会员单位交通安全资信评定工作 288
❖上海市企事业单位治安保卫协会 289
概况 289
完成抗战胜利70周年纪念活动安保工作 289
防阻电信诈骗成效显著 289
参与重点单位重要部位安全检查 289
开展“创安”“安全评估”活动 289
组织保卫职业资格和保安员证培训 290
召开九届七次会员大会 290
开展先进表彰活动 290
组织调研文章评选 290
召开第九届常务理事会第六次会议 290
提高《上海内保》会刊质量 290
开展学习交流 291
❖上海安全防范报警协会 291
概况 291
完成换届选举 291
组织业务培训 291
做好工程评审网上申报审核工作 291
开展行业统计工作 291
参与行业标准修订、起草工作 291
发挥技防专家作用 292
提升管理水平 292
办好一刊一网 292
举办第15届上海公共安全产品国际博览会 292
❖上海市保安服务行业协会 292
概况 292
提升保安服务品质 292
开展年审和等级评定工作 293
发布2015年上海市人力防范最低合同指导价 293
举办系列培训 293
开展行业基础调研 293
办好一刊一网 293
❖上海市信息网络安全管理协会 294
概况 294
牵头成立 WiFi 安全专业委员会 294
召开第二届第二次会员大会 294
承办2015中国网络空间安全（上海）论坛 294
表彰安全网站和优秀信息安全员 294
协办2015金融安全研讨会 295
举办法律讲座 295
逝世人物 296
蔡维林 296
陈卫彪 296
茆盛泉 296
马露 297
钱宏 297
李中明 297
李新华 298
法律、法规、政策性文件 299
❖中华人民共和国国家安全法 299
❖中华人民共和国刑法修正案（九） 306
❖最高人民法院关于适用《中华人民共和国行政诉讼法》若干问题的解释 313
❖最高人民法院关于审理掩饰、隐瞒犯罪所得、犯罪所得收益刑事案件适用法律若干问题的解释 317
❖公安机关公务用枪管理规定 319
❖公安机关人民警察佩带使用枪支规范 325
❖上海市烟花爆竹安全管理条例 330
索引 334

特　　载

中央政法工作会议在京召开

2016年1月22日，中央政法工作会议在北京召开。中共中央总书记、国家主席、中央军委主席习近平就政法工作作出重要指示强调，全国政法机关要增强忧患意识、责任意识，防控风险、服务发展，破解难题、补齐短板，提高维护国家安全和社会稳定的能力水平，履行好维护社会大局稳定、促进社会公平正义、保障人民安居乐业的职责使命。

习近平对过去一年政法工作取得的成绩给予充分肯定。他指出，2015年，政法战线贯彻落实党中央决策部署，一手抓维护当前国家安全和社会稳定工作、一手抓推动政法事业长远发展，各项工作特别是司法体制改革、立体化社会治安防控体系建设取得新成效。

习近平强调，2016年是全面建成小康社会决胜阶段的开局之年。全国政法机关要把防控风险、服务发展摆在更加突出位置，为经济社会发展提供有力保障。要下大气力破解难题、补齐短板，提高维护国家安全和社会稳定的能力水平，增强人民群众安全感。要全面深化司法体制改革，提高司法公信力。要加强政法队伍建设，营造风清气正、干事创业的良好生态。

习近平强调，各级党委要深入分析社会稳定形势新变化新特点，担负起维护一方稳定的政治责任，加强和改善对政法工作的领导，选好配强政法机关领导班子。要支持政法机关依法履行职责，积极研究解决制约政法工作的体制性机制性问题，为全面做好政法工作创造条件。

中共中央政治局委员、中央政法委书记孟建柱在中央政法工作会议上强调，全国政法机关要用习近平总书记重要指示统一思想、指导工作，全面贯彻党的十八大和十八届三中、四中、五中全会及中央经济工作会议精神，深入学习贯彻习近平总书记系列重要讲话精神，主动适应国际形势新变化和经济发展新常态，把防控风险、服务发展和破解难题、补齐短板摆在更加突出位置，坚持以改革创新为引领，深入推进平安中国、法治中国和过硬队伍建设，全面提升政法工作能力和水平，为全面建成小康社会创造良好环境。

孟建柱说，在刚刚过去的一年里，全国政法机关坚持一手抓当前维护国家安全和社会稳定工作、一手抓推动政法事业长远发展，社会治安综合治理工作扎实有效，司法体制改革迈出坚实步伐，执法司法为民推出新举措，政法队伍建设取得新进展。他向全国广大政法干警、武警官兵和综治战线的同志们表示诚挚慰问和崇高敬意。

孟建柱指出，在政法工作实践中，全国政法机关按照推进国家治理体系和治理能力现代化的要求，与时俱进转变理念、创新机制、改进方法，积累了宝贵的经验，体现了对新时期政法工作规律性的正确认识和把握。一是坚持把改革作为破解政法工作难题的根本出路，通过改革促进政法事业长远发展。二是坚持运用法治思维和法治方式思考问题、推动工作，提高政法工作法治化水平。三是坚持维护社会安定和激发社会活力相统一，努力使社会既生机勃勃又井然有序。四是坚持以开放心态加强与社会沟通联系，努力赢得社会各界对政法工作的理解支持。五是坚持科技引领、信息支撑，提高政法工作现代化水平。六是坚持把坚定的政治立场和正确的政策策略结合起来，努力取得更好的社会效果。七是坚持维权和维稳相统一，从源头上预防化解社会矛盾。八是坚持多方参与、合作共享，形成党政主导、社会共治的社会治理体制机制。九是坚持把建设过硬队伍作为根本保证，努力建设一支忠诚可靠、执法为民、务实进取、公正廉洁的政法队伍。十是坚持一手抓法定职责履行、一手抓新媒体时代社会沟通能力提升，努力为政法工作营造良好舆论环境。这“十个坚持”来之不易，应当倍加珍惜，自觉运用，并在今后实践中加以丰富和发展。

孟建柱强调，要深刻领会习近平总书记重要指示精神，进一步增强风险意识，重点做好反对暴力恐怖和维护政治安全、金融安全、网络安全、公共安全等五大领域风险预警、预控工作，努力让人民群众过上更平安的生活。暴力恐怖风险是最现实的风险，反恐工作存在的问题是最明显的短板。要全面实施反恐怖主义法，统筹国内国际两个大局、疆内疆外两个战场、网上网下两条战线，全力打好主动仗、攻坚仗、持久仗，牢牢掌握反恐斗争主动权。金融安全事关经济安全和社会稳定的全局。当前，一些网络借贷平台存在较大风险。要配合有关部门开展互联网金融领域专项整治，推动对民间融资借贷活动的规范和监管，提高对金融风险发现、预警能力。网络已成为信息传播的主渠道、生产生活的新空间、国家主权的新疆域，没有网络安全就没有国家安全。要坚持网上治理和网下管理相统一、专门力量和社会力量相统筹，构建维护网络安全新格局，加大对网络违法犯罪打击力度，维护公民、企业合法权益。要适应互联网迅猛发展，交通、通讯日益发达，人流、物流、资金流、信息流加快流动，新型犯罪大量涌现，动态化、智能化特征突出的新形势，提高预防打击犯罪的科技化水平，增强打击新型犯罪的攻坚能力，创新完善打击犯罪组织形式，增强预防打击犯罪实效，维护公共安全。

孟建柱要求，要进一步增强服务意识，按照适应和引领经济发展新常态的要求，把服务开放发展、服务创新发展、服务人民群众等三大服务做实、做好。要顺应全方位对外开放新趋势，坚持国家利益拓展到哪里、安全保护和法治服务就跟进到哪里，有效保护我国在海外的公民、企业及项目安全。要善于发挥法治对创新的引领、支撑作用，构建保护、服务创新工作机制，依法平等保护各类市场主体合法权益，加强知识产权司法保护，努力营造公平、公正、透明、稳定的法治环境，最大限度激发

社会创造活力。要深入推进执法司法规范化建设，加强刑事司法领域人权保障，从实体、程序、时效上充分体现维护人民权益的要求，切实做到执法为民、公正司法。公安机关要研究制定同城市发展相适应的积极户口迁移政策，抓好已出台的便民利民改革举措的落实，人民法院要改进和完善司法服务，更好地满足人民群众对高品质公共服务的要求。

孟建柱指出，提高社会治理整体水平，关键要找准载体、破解难题、补齐短板。要大力推进社会治安防控体系建设，着力破解重点人群服务管理、重点行业安全监管、重点领域矛盾化解等三大难题，尽快补齐基层基础、社会共治、科技运用、法治保障等四个方面存在的短板。对于严重精神障碍患者、违法犯罪青少年、刑满释放人员等重点群体，要探索有效管理服务方法，更加注重民生保障和教育管理相衔接，健全政府、社会、家庭三位一体的关怀帮扶体系，确保底数准、动态清、管得住、服务好。对于危险化学品、交通运输、寄递物流等行业存在的安全风险，要树立安全发展理念，更加注重风险意识的培养和风险源的控制，强化行业主管部门监管责任和企业主体责任，落实安全制度和措施，预防和减少安全事故。对于城乡接合部、城中村等安全薄弱环节，要加强精细化管理，加强对潜在风险排查和评估，加大源头治理力度，切实解决基础设施、公共服务、社会治理等方面存在的突出问题。要认真开展矛盾纠纷排查化解工作，综合运用调解、仲裁、诉讼等方式，有效化解民生领域特别是劳资、医疗、环保等矛盾纠纷，防止发生个人极端事件和群体性事件。要深化信访制度改革，加强信访法治化建设，推动依法及时就地解决群众诉求，增强信访问题化解的公信力。

孟建柱强调，加强基层基础建设是提高社会治理现代化水平的基石。要整合资源、整合职能，进一步加强综治中心建设，不断提高基层服务管理水平。要结合实施居住证制度，依托社区警务、网格化管理，建立动态管理机制，有效解决实有人口、实有房屋底数不清、情况不明问题。

孟建柱指出，创新社会治理的过程是实现社会善治的过程。推动群众工作与时俱进是实现社会善治的有效途径。要坚持好、运用好党的群众路线，善于运用新的载体和手段，把各行各业中从业人员组织起来，把大街小巷中各类群体发动起来，把新经济组织、新社会组织及“互联网+”等新业态中蕴含的资源力量利用起来，把各类行业协会、商会的作用发挥起来，打造社会治理力量新的增长点，开创专群结合、群防群治新局面。要搭建信息共享平台，强化大数据深度应用，提高信息综合利用水平和情报预警能力，推动侦查破案从循迹追踪向精准发力转变，治安防控从人力密集型向科技集约型转变，风险防控从被动响应向主动预防转变。法治作为社会治理的最优模式，应该回应转型发展过程中社会面临的各种问题。要善于运用法治思维构建权责明晰的社会治理规则体系，善于运用法治方式使社会治理难题在执法司法环节加以解决，用严密的法律制度、严格的法律实施筑牢生命防护网，推动法治融入群众日常生活，促进法治社会建设。

孟建柱指出，今年是全面深化司法体制改革的攻坚之年。要坚持目标导向和问题导向相统一，自觉做改革的促进派和实干家，在抓落实上下功夫，确保在解决影响司法公正、制约司法能力的深层次问题上取得重要进展，切实提高司法公信力。完善司法责任制等四项改革对建设公正、高效、权威的社会主义司法制度具有基础性作用。从试点情况看，早改早发展、早改早受益的共识已经形成，优秀人才向办案一线流动趋势明显，办案质量和效率不断提升，人民群众满意度逐步提高。中央批准在18个省、区、市试点基础上，在全国普遍开展试点。要认真总结试点工作经验，深入研究审判、检察工作各自规律，完善相关配套措施，加强跟踪指导，进一步把中央政策和各地探索结合起来，在更高水平上统筹推进改革试点，走出一条符合我国国情的司法体制改革之路。要坚持依法处理和多元化解相结合，强化诉前调解、诉调对接，推进繁简分流，构建普通程序、简易程序、速裁程序等相配套的多层次诉讼制度体系，努力以较小的司法成本取得较好的法律效果，有效化解案多人少矛盾。要推进以审判为中心的诉讼制度改革，把握好惩治犯罪和保障人权的平衡，发挥审判尤其是庭审的重要作用，守护司法公正、防范冤假错案。要推动认罪认罚从宽制度试点，研究适时增设最高人民法院巡回法庭，深化公安改革、司法行政改革，推动各项改革向纵深发展。

孟建柱强调，要切实加强政法队伍思想政治、纪律作风建设，建设一支忠诚可靠、执法为民、务实进取、公正廉洁的政法队伍，努力营造风清气正、干事创业的良好生态。要加强科学理论武装，深入学习习近平总书记系列重要讲话精神，用发展着的马克思主义武装头脑、净化灵魂、指导实践。要深入开展党的政治纪律和政治规矩教育，确保始终忠诚于党，始终对组织坦诚，始终正确对待权力，始终牢记政治责任，做政治上的明白人。要深入开展党风廉政建设和反腐败斗争，深入研究新形势下司法腐败滋生的特点规律，按照精细管理、精准监督要求，分类建立干警权力清单制度，规范自由裁量权行使边界，严格执行公、检、法三长交流任职制度，运用大数据技术对权力运行进行实时动态监督，运用新媒体搭建社会监督平台，打造无处不在的监督网，让不正之风和司法腐败无处藏身。

孟建柱指出，廉洁是立身之本，担当是履职之魂。政法领导干部要敢于担当，对定下来的事情，要狠抓落实、紧盯不放。只要我们的衣冠是正的、手脚是干净的、工作是有作为的，就能得到广大干警的支持。同时，还要善于作为，加强对互联网、金融等领域新知识的学习，加强对现代科技手段应用能力的培训，提高做好新形势下政法工作能力。

孟建柱指出，基层干警工作负荷重，心理压力大。各级政法机关既要从严治警，又要从优待警，充分体谅基层一线干警辛苦，在思想政治上更关心、工作生活上更关爱他们，最大限度激发政法队伍生机活力。要研究制定执法司法安全工作规范，依法支持、保护干警正当行使职权。

孟建柱强调，新媒体时代，良好的舆论环境对做好政法工作具有重要促进作用。政法机关要进一步转变理念，找到按新闻传播规律办事和按执法司法规律办事的结合点，善于以主动、坦诚姿态与社会沟通，以开放、包容心态面对媒体，提高与媒体沟通的能力和水平，充分运用好政法机关在维护稳定、社会治理、执法办案、服务群众中涌现出来的典型人物、典型案事例，善于发挥好新媒体作用，讲感人的政法故事，营造政法气场，不断改善政法工作舆论生态。

孟建柱指出，新春佳节就要到了，这段时间往往是各类风险多发期。要深入排查化解劳资、金融、股市、房地产等领域的矛盾纠纷，深入开展严打盗抢等专项行动，深入推进危爆物品和寄递物流清理整顿，强化社会面巡逻防

控，做好春运安保工作，为人民群众欢度春节创造安全祥和的社会环境。

国务委员、中央政法委副书记郭声琨主持会议，最高人民法院院长周强、最高人民检察院检察长曹建明，中央政法委委员汪永清、耿惠昌、吴爱英、陈训秋、王宁、傅政华和中央军委政法委书记李晓峰，以及中央政法各单位、中央和国家机关有关部委的负责同志，香港工委和澳门工委负责同志，中央军委政法委委员，各省、区、市和新疆生产建设兵团党委政法委书记、常务副书记和高级人民法院、人民检察院、公安厅（局）、国家安全厅（局）、司法厅（局）、综治办、信访局（办）主要负责同志，各省会（自治区首府）市和计划单列市党委政法委书记在北京主会场出席会议。应邀在主会场出席会议的还有部分政法院校和高校法学院负责人，法学专家、律师代表等。全国县以上政法机关干部27万多人在各分会场通过电视电话会议系统收看收听了会议。（摘自2016年1月23日《人民公安报》）

全国公安厅局长会议在京召开

2016年1月23日，全国公安厅局长会议在北京召开。国务委员、公安部党委书记、部长郭声琨在会上强调，全国公安机关要深入贯彻党的十八大和十八届三中、四中、五中全会精神，深入贯彻习近平总书记系列重要讲话和对政法工作的重要指示精神，深入贯彻中央经济工作会议、城市工作会议、省部级主要领导干部专题研讨班和政法工作会议精神，按照孟建柱同志对公安工作的要求，紧紧围绕全面建成小康社会总目标，牢牢把握维护国家安全和社会稳定总任务，牢固树立创新、协调、绿色、开放、共享新发展理念，聚焦防控风险这一着眼点，抓住改革创新这一主线，突出能力建设这一关键，进一步加强和改进各项公安工作，努力为协调推进“四个全面”战略布局，实现“十三五”时期良好开局创造安全稳定的社会环境、公平正义的法治环境和优质高效的服务环境。

郭声琨回顾总结了2015年公安工作，深入分析了当前维护国家安全和社会稳定面临的风险挑战，要求各级公安机关强化底线思维、全力防控风险，深化公安改革、推进“四项建设”，全力以赴做好当前和今后一个时期的公安工作。

郭声琨强调，要始终把工作基点放在有效防控和应对各类安全风险上，加强风险研判和评估预警，强化源头防范和应急处置，着力提升工作的前瞻性、预见性、主动性和针对性，切实做好应对任何形式的风险挑战的充分准备。要始终把维护政治安全、政权安全置于首位，坚决依法打击各类危害国家安全活动。要全面贯彻实施《反恐怖主义法》，继续深化严打暴恐专项行动，强化情报预警防范，加强反恐怖基础建设，广泛发动人民群众，严格落实反恐怖工作责任制，着力打好反恐怖斗争主动仗、整体仗、持久仗。要准确把握经济发展新常态下社会矛盾新动向，积极会同有关部门和基层组织深入排查化解各类矛盾纠纷，努力把问题解决在基层、把矛盾化解在初始状态。要坚持依法治网，依法打击网络诈骗、网络色情、网络赌博和侵害公民个人信息等违法犯罪活动，切实维护网络安全，决不让网络成为“法外之地”。

郭声琨要求，要始终把人民群众安全感和满意度作为检验和衡量公安工作的根本标准，深入开展专项打击和重点整治，全面落实社会治安和安全监管各项措施，全力保障人民群众生命财产安全。要高度重视群众身边的“小案”，着力提升办案效率，全面推行打击犯罪新机制，组织开展为期三年的打击“盗抢骗”犯罪专项行动，深入开展打击治理电信诈骗犯罪专项行动，紧密结合本地实际严厉打击整治“黑拐枪”“黄赌毒”等突出违法犯罪。要与有关部门密切配合，严厉打击证券期货、地下钱庄、金融诈骗等经济犯罪活动，继续深化“猎狐”行动，专项整治互联网金融风险，坚决维护资本市场秩序和金融管理秩序。要加快推进以户籍管理为主的静态管理模式向以实有人口为主的动态管理模式转变，落实属地管理责任，切实加强基础管理和整体防控。要紧紧围绕影响公共安全的重大隐患，严格落实安全管理责任，推动党政领导责任、部门监管责任、企业主体责任落到实处，深入开展火灾隐患整治，强化重点运营车辆安全管理，完善大型活动审批、风险评估制度，严防发生重特大安全事故。

郭声琨指出，今年是全面深化公安改革的攻坚之年，也是大力推进“四项建设”的关键之年。要把两者更加紧密地结合起来，围绕一些带有标志性、引领性的重点项目，一手抓改革方案的出台，一手抓已出台改革措施的推进落实，深化改革创新，着力补齐短板，不断提升新常态下维护社会大局稳定、服务经济社会发展、促进社会公平正义的能力和水平。

郭声琨要求，要紧紧围绕建设服务型政府新要求，更加注重以人为核心，继续优先推进事关经济社会发展和群众生产生活的公安行政管理改革举措，努力为经济社会发展提供新动能、打造新亮点，让人民群众增强获得感、提高舒适度。要主动服务推进新型城镇化建设、“一带一路”建设、自贸区建设等国家重大发展战略，重点抓好户籍制度、驾考制度、外国人永久居留服务管理制度、边防出入境管理制度等改革政策的落地实施，最大限度地为人员流动、经贸往来、人才引进创造便利条件。要加快提高户籍人口城镇化率，积极推动户籍制度和居住证制度改革双落地，让那些在异乡城市里打拼的群众住得下、留得住、有希望、有奔头。要主动适应新产业新业态发展要求，切实加强对快递物流、电子商务和网购网租等新行业新事物的研究，积极探索有效的安全监管和服务管理措施，为大众创业、万众创新提供服务和支持。要在抓好已出台便民利民惠民政策措施落实的基础上，继续深化行政审批制度改革，精简审批事项、优化服务流程，会同有关部门全面清理取消不合法、不合理的各种证明和收费项目，方便群众办事创业。

郭声琨强调，要以人民警察分类管理、招录培养、职业保障和规范警务辅助人员管理等改革政策出台为契机，紧密结合实际，抓好贯彻落实和改革试点，把党中央、国务院的关心关怀转化为推动公安工作和队伍建设的强大动力，不断提升队伍正规化水平。要深化警务体制改革创新，积极探索推行大部门制、大警种制，探索建立警力随着警情走的编制动态调整机制，完善精细化警务管理模式，着力增强公安工作整体效能。要把创新完善立体化社会治安防控体系作为促进公安工作转型、提升驾驭社会治安局势能力的重要载体，不断健全完善情报信息主导的警务指挥机制、合成作战的警

务合作机制、一体运行的打防管控机制，努力构建与推进国家治理体系和治理能力现代化相适应的现代警务运行机制。要不断创新群众工作方式方法，拓展专群结合、群防群治的社会治安新途径，形成全民参与、共建共享的平安建设新格局。要不断健全执法制度、改进执法管理、强化执法监督，严格落实执法办案责任，着力完善执法权力运行机制，进一步提升执法公信力。要深化基层基础工作改革创新，全面实施“互联网+”警务战略，不断加强警务装备保障，为公安事业长远发展提供有力支撑。

郭声琨强调，各级公安机关和广大公安民警要始终高扬党的理想信念旗帜，永葆忠诚警魂，进一步增强政治警觉性和政治鉴别力，切实强化政治意识、大局意识、看齐意识，自觉主动向党中央看齐，向党的理论和路线、方针、政策看齐，在思想上、政治上、行动上始终与以习近平同志为总书记的党中央保持高度一致。要严明政治纪律，坚持党的领导不动摇，贯彻党的路线、方针、政策不含糊，始终做政治上的明白人。要严格落实各级公安机关党组织全面从严治党的主体责任，坚持从严治警不放松、正风肃纪不停步、反腐惩恶不手软，严肃整治有案不立、乱收滥罚、办关系案人情案等发生在群众身边的不正之风和执法突出问题。公安队伍是和平年代付出最多、牺牲最大的一支队伍。对这支队伍既要严格要求、严格管理，又要在政治上激励、工作上支持、待遇上保障、心理上关怀，让广大民警进一步增强职业认同感、自豪感和归属感。要不断完善爱警暖警制度措施，切实关心民警身心健康，坚决维护民警执法权威，充分宣传展示民警良好形象，切实增强队伍的凝聚力、向心力、战斗力。各级公安领导干部要大力弘扬求真务实的工作作风，带头践行“三严三实”，主动担当、勇于担当、善于担当，切实提高抓落实的执行力，着力形成干事创业的良好氛围。

公安部党委副书记、副部长傅政华主持会议。部党委委员、副部长孟宏伟、陈智敏、黄明、李伟，部党委委员、政治部主任夏崇源，部党委委员、中央纪委驻部纪检组组长邓卫平，部党委委员、副部长孟庆丰，部党委委员、反恐专员刘跃进，部党委委员、部长助理王俭出席会议。各省、自治区、直辖市和新疆生产建设兵团公安厅局长，各省会市、计划单列市公安局长，公安部部属局级单位主要负责同志参加会议。会议在公安部机关和各省级公安机关设分会场。（摘自2016年1月24日《人民公安报》）

全国公安厅局长座谈会在辽召开

2015年9月24日至25日，全国公安厅局长座谈会在辽宁省大连市召开。中共中央政治局委员、中央政法委书记孟建柱出席会议并讲话。他强调，要深入贯彻习近平总书记系列重要讲话精神，着眼能力建设，创新体制机制，全面深化公安改革，加强和改进新形势下公安工作和公安队伍建设，不断提高社会治理效能和服务群众水平，切实履行好维护社会大局稳定、促进社会公平正义、保障人民安居乐业的神圣使命。

孟建柱说，今年以来，全国公安机关在党中央、国务院坚强领导下，牢记使命、恪尽职守，打赢了一场又一场硬仗，维护了国家安全和社会大局稳定。特别是在刚刚举办的抗战胜利70周年纪念活动中，广大公安民警和公安现役官兵打了一场漂亮的整体仗，为纪念活动成功举办提供了有力保障，充分展现了公安机关坚强的战斗力和优良的作风。实践再次证明，公安队伍是一支关键时刻拉得出、冲得上、打得赢的队伍，是一支党和人民完全可以信赖的队伍。

孟建柱要求，要深入推进警务机制改革，提高防范打击犯罪能力水平。群众看公安，关键看治安。防范打击犯罪、维护公共安全，是公安机关的主业，是公安工作能力水平最直接的体现。要紧紧围绕创新立体化社会治安防控体系，认真研究新情况新问题，准确把握开放、动态、信息化条件下新型犯罪产生、演变规律，创新惩防犯罪工作机制，创新警务合作机制，增强打防管控的针对性、有效性。要按照纵向上压缩层级、横向上合成作战的思路，充分运用现代信息技术，推进区域、警务合作一体化，努力形成防范打击违法犯罪的天罗地网。要充分发挥领导机关信息资源集中的优势，及时为基层提供高质量的信息服务，提高基层实战能力。要适应现代化管理和实战化需要，按照精简、统一、效能原则，精简机构、整合力量，推行扁平化指挥、合成化作战模式，盘活警力资源，最大限度地释放现有警力资源效能。

孟建柱强调，要深入推进公安行政管理改革，提高服务群众能力水平。公安行政管理工作面广量大，同人民群众生产生活息息相关，同经济社会发展紧密相联，是公安机关服务群众的重要着力点。要紧紧围绕建设服务型政府目标，按照简政放权、放管结合、优化服务的要求，坚持管理与服务并重、维护秩序与激发活力相统一，聚焦提升管理效能和服务质量，从政策上、制度上推出更多服务经济社会发展和惠民便民新举措。对在户籍、车检、车驾、“绿卡”等管理领域已经推出的改革举措，要采取有效措施落实到“最后一公里”，确保取得群众满意的效果。要切实增强风险意识，深入开展消防、道路交通、危爆品安全隐患排查整治，健全法律制度，强化监督管理，从源头上预防和减少公共安全事故，保护人民群众生命财产安全。

孟建柱要求，深入推进执法权力运行机制改革，提高维护社会公平正义的能力水平。公安机关是国家重要的行政执法和刑事司法力量，其执法活动事关社会公平正义，事关社会和谐稳定。要按照全面依法治国新要求，以建设法治公安为目标，针对人民群众反映强烈的执法突出问题，深化执法规范化建设，深入推进执法公开，完善执法过错纠正和责任追究制度，努力在每一起案件、每一个执法环节中体现公平正义，全面提升执法公信力。

孟建柱强调，要深入推进公安管理体制改革，提高公安队伍正规化建设能力水平。要坚持问题导向，推动建立符合公安机关性质任务的公安管理体制，建立体现人民警察职业特点、有别于其他公务员的人民警察管理制度，进一步增强人民警察职业荣誉感，激发内生动力，提升公安队伍战斗力。

国务委员、公安部部长郭声琨出席会议并讲话。他强调，全国公安机关要深入贯彻习近平总书记系列重要讲话、重要批示，特别是在纪念抗战胜利70周年系列活动上的重要讲话

和关于公共安全工作重要指示精神，认真贯彻中央《关于全面深化公安改革若干重大问题的框架意见》及相关改革方案，按照孟建柱同志在全国社会治安防控体系建设工作会议和这次公安厅局长座谈会上的讲话要求，弘扬抗战精神，凝聚改革力量，紧紧抓住人民群众最期盼的领域和制约公安工作发展的突出问题，深入推进公安改革，不断提升新形势下做好公安工作的能力和水平。

郭声琨指出，今年以来，在党中央、国务院的坚强领导下，全国公安机关坚持以新思维应对新常态、以新状态适应新常态，立足危机风险管控，突出重大安保牵引，强化跟踪督察问效，狠抓责任措施落实，战胜了一个又一个挑战，打赢了一场又一场硬仗，圆满完成了党和人民交给的各项重大任务。特别是在抗战胜利70周年纪念活动安保工作中，全国公安机关和广大公安民警牢固树立“一盘棋”思想，北京市公安民警发挥主力军作用，顽强拼搏、连续奋战，打了一场漂亮的整体仗，确保了纪念活动的绝对安全。郭声琨代表公安部党委，向长期战斗在维护国家安全和社会稳定第一线的广大公安民警和公安现役官兵表示崇高的敬意。

郭声琨强调，全面深化公安改革是中央从党和国家事业全局出发，统筹推进司法体制和社会体制改革作出的一项重大决策部署，对于进一步加强和改进新形势下的公安工作和公安队伍建设，推动公安事业长远发展进步，具有重大现实意义和深远历史意义。各级公安机关要进一步增强大局意识、机遇意识、责任意识，紧紧围绕中央“1+3”意见方案的总体部署，牢牢把握全面深化公安改革的任务目标，坚持向能力建设聚焦、向体制机制着力，突出重点领域、抓住关键环节，加快改革进度、加大攻坚力度，力争在一些重点领域和重大问题上取得新突破，让广大人民群众和基层公安民警有更多获得感。

郭声琨要求，要深入推进公安行政管理改革，着力提升行政管理效能和服务群众水平。抓紧建立健全行政审批事项定期清理制度和行政审批权力清单制度，进一步精简审批事项、优化审批流程、改进监管方式，强化事中事后监管，着力消除阻碍创新发展的“堵点”、影响干事创业的“痛点”和市场监管的“盲点”。积极会同有关部门稳妥推进户籍制度改革，确保如期高质量完成改革任务。扎实推进边防、出入境、交通管理制度改革，努力让广大人民群众享受到更多更好的公安改革成果。

郭声琨要求，要深入推进执法权力运行机制改革，着力提升公安机关执法水平和执法公信力。紧紧围绕人民群众反映强烈的突出问题改进完善受案立案制度，努力做到有案必受、受案必核、立案必查。健全证据收集工作机制，完善依法保障律师执业权利制度措施，全面落实讯问过程录音录像和查封、扣押、冻结、处理涉案财物制度规定，坚决防止发生冤假错案。全面实行重大决策合法性审查机制，健全完善刑事案件法制部门统一审核机制，建立健全办案质量终身负责制和错案责任追究制，努力让人民群众在每一项执法活动、每一起案件办理中都能感受到公平正义。

郭声琨要求，要深入推进人民警察分类管理制度改革，完善执法勤务警员职务序列、建立警务技术职务序列，着力拓展基层民警职业发展空间。以严格招录、培训、使用等为重点，规范警务辅助人员管理。要深入推进人民警察招录培养机制改革，明确省级统一招警、推进分类招警等相关政策，着力提升源头招警质量和队伍素质。要深入推进人民警察职业保障制度改革，建立体现人民警察超负荷、强应急、高风险职业特点的工资待遇保障体系，着力提升民警工作积极性和队伍凝聚力。

郭声琨强调，各级公安领导干部特别是“一把手”要勇于担当、敢于负责，凝心聚力抓推进、扎扎实实抓落实，确保如期完成各项改革任务。要紧密结合本地实际，把顶层政策设计落实到“最后一公里”，充分释放改革方案的含金量。要尊重基层创造、倡导先行先试，不断在试点摸索中发现问题、解决问题，通过试点摸索积累经验、找准路径。要牢固树立倾斜基层的正确导向，保证改革让广大基层民警受益得利，不断增强基层实力、激发基层活力、提高基层战斗力。要在坚持从优待警、着力解决广大民警切身利益问题的同时，毫不动摇地坚持从严治警方针，狠抓队伍管理和反腐倡廉等各项纪律规定的落实，坚决整治侵害群众利益问题，严肃查处各种违纪违法行为。要积极争取把公安改革纳入党委、政府统一部署和本地全面深化改革总体规划，加大改革宣传和舆论引导力度，凝聚推进公安改革的整体合力。

郭声琨强调，完善立体化社会治安防控体系，是全面深化公安改革、创新社会治理机制的重要内容，是建设平安中国的基础工程。各级公安机关要认真学习贯彻全国社会治安防控体系建设工作会议精神，主动适应新形势，增强风险意识，坚持创新驱动，不断完善立体化社会治安防控体系，扎实做好当前和今后一个时期的公安工作，切实提高维护公共安全能力水平。要大力加强反恐怖工作，不断提升主动发现、侦查打击和防控处置能力，最大限度防止暴恐活动形成现实危害。要大力加强社会治安治理工作，着力提升打击犯罪效能，创新完善治安源头治理，加快推进实战警务机制建设，积极探索“大部门”“大警种”制，压缩指挥层级、实施合成作战，着力提高动态化、信息化条件下驾驭社会治安局势的能力，不断增强人民群众安全感。要大力加强公共安全管理工作，强化危爆物品、消防、道路交通和大型活动安全管理，切实遏制重特大公共安全事故。

公安部党委副书记、常务副部长杨焕宁作总结讲话。中央政法委副秘书长姜伟、中央编办副主任吴知论出席会议，人力资源和社会保障部副部长张义珍、国家公务员局副局长吴云华出席会议并讲话。公安部党委委员、副部长陈智敏、黄明、李伟，部党委委员、政治部主任夏崇源，部党委委员、纪委书记邓卫平，部党委委员、副部长孟庆丰，部党委委员、部长助理王俭，大连市市长肖盛峰及中央有关部门负责同志出席会议。

各省、自治区、直辖市和新疆生产建设兵团公安厅局长，各省会市、副省级市公安局长，公安部部属局级单位主要负责同志参加会议。辽宁、上海、重庆、甘肃公安机关负责同志在会上发言。（摘自 2015 年 9 月 25 日《人民公安报》）

全国社会治安防控体系建设工作会议在辽召开

2015年9月23日，全国社会治安防控体系建设工作会议在辽宁省大连市召开。中共中央政治局委员、中央政法委书记、中央综治委主任孟建柱出席会议并讲话。他强调，要深入贯彻习近平总书记系列重要讲话和关于公共安全重要指示精神，主动适应新形势，切实增强风险意识，以提高人民群众安全感和满意度为目标，以理念、体制机制、方式手段创新为动力，完善立体化社会治安防控体系，切实提高维护公共安全能力水平，促进社会安定有序、国家长治久安。

孟建柱指出，党的十八大以来，各地各有关部门认真贯彻习近平总书记系列重要讲话精神，把平安建设放到“四个全面”战略布局中谋划，着力构建党政主导、社会共治的社会治理体制，以人民群众对平安的需求为导向，完善立体化社会治安防控体系，提高了平安建设水平。近年来，全国严重暴力犯罪案件持续下降，人民群众安全感稳步提升。

孟建柱指出，当今世界已进入风险社会，我国国内风险因素也日益突出，公共安全问题复杂性加剧。要认真学习贯彻习近平总书记关于公共安全工作的重要指示，清醒认识维护公共安全面临的新问题，提升理念，创新工作机制体制和方式手段，深化平安建设，有效防范、化解、管控影响社会安定的突出问题，防止各类风险积聚扩散，努力建设平安中国。

孟建柱指出，创新是公共安全工作永恒的动力。理念一新天地宽。要适应时代变化要求，推动理念创新，为做好新形势下公共安全工作提供思想引领。顺应互联网时代的要求，确立合作、互通、共享理念，强化全局观念，树立团队精神，解决职能交叉、职责不清和资源力量分散问题，努力实现信息互联互通、资源共享共用，增强公共安全工作系统性、整体性、协同性。从实现社会善治出发，引导社会成员增强风险意识，确立共同防控风险的理念，积极参与风险防控实践，着力培育安全文化，激发社会自治、自主、能动力量，努力形成政府和社会共同防范、化解、管控风险的良好局面，打造公共安全人人有责、人人尽责的命运共同体。针对日常管理简单、粗放问题，倡导以尊重事实、推崇理性、强调精确、注重细节为主要特征的“数据文化”理念，把精细化、标准化、常态化理念贯穿于公共安全工作全过程，推进公共安全工作精细化、科学化。

孟建柱强调，社会治理现代化中，体制机制具有全局性、根本性作用。要按照党委领导、政府主导、社会协同、公众参与、法治保障的社会治理体制要求，推动体制机制创新，最大限度激发社会活力。创新多方参与机制，更好地组织动员企事业单位、社会组织、人民群众参与社会治理，参与公共安全体系建设，努力实现公共安全事务公共治理。创新风险预警机制，根据风险形成规律，建立研判、预警、防范风险苗头、隐患先兆的机制，防止其累积扩散、突破临界状态；依托物联网技术、智能安防系统，探索“人力+科技”“传统+现代”的风险预警模式，提高对风险动态监测、实时预警能力，及时切断风险链。创新协调联动机制，健全区域联动、部门协作机制，建立与社会力量合作联动机制，善于运用现代信息技术，把各种资源、力量、手段统筹起来，建设好维护公共安全的天罗地网。

孟建柱指出，新一轮科技革命兴起，特别是信息科技向数据科技的发展，不仅更新了我们认识世界的思维方法，也给我们防控公共安全风险提供了新途径新手段。要创造性地运用现代科技最新成果破解公共安全难题，提升维护公共安全智能化水平，促进社会治理现代化。要充分依托大数据、云计算中心，善于从多源的、分散的、碎片化的大数据中找到规律，为维护公共安全提供创造性服务。要坚持以信息流引导技术流、物质流，运用物联网等新技术，构建危爆品生产、运输、存储、销售、使用等全过程、无缝隙监管体系，把先进的理念、制度转化为程序上的硬约束，实现对各类风险自动识别、预警，预防和减少公共安全事故的发生。

孟建柱要求，在当前各类风险易发多发情况下，要强化风险意识，进一步找准工作着力点，有效防范化解管控社会公共安全风险。要密切跟踪、深入研究经济发展新常态下的新矛盾、新问题，充分发挥职能作用，有效防控经济、金融领域风险，服务经济社会发展大局。要密切关注、敏锐把握新业态发展中出现的公共安全风险点，找准鼓励创新和防控风险的平衡点，有效防控电子商务、寄递物流等新业态发展中的风险，规范业态行为，打击违法犯罪，实现新业态在发展中规范、在规范中发展。要针对人流、物流、资金流、信息流加快流动，违法犯罪空间扩大、链条拉长、机动性增强，防范打击难度加大的新情况，充分发挥现代科技优势，提高预警、防范、打击能力，探索信息化、智能化的流动人口管理模式和公共交通工具、人员密集场所安全事故防范模式，有效应对社会流动性加剧带来的风险。要针对移动互联网应用普及带来的网上网下问题交织叠加、各类风险容易聚集扩散的新情况，运用互联网思维、方法破解防范难、破案难等问题，积极推进网站“网安警务室”建设，全面推进网警网上公开巡查执法，有效应对网络社会带来的风险，全力维护网络社会安全。要认真总结近一个时期发生的重特大安全生产事故的深刻教训，深入开展消防、道路交通、危爆品安全隐患排查整治，依法做好突发事件应急处置工作，有效应对可能引发的社会风险，保障人民群众生命财产安全，维护改革发展稳定大局。

孟建柱强调，完善立体化社会治安防控体系，是维护公共安全的骨干工程、建设平安中国的基础工程。要加快完善立体化社会治安防控体系，进一步增强人民群众安全感和满意度。要更加注重统筹设计，结合制定“十三五”规划，结合“智慧城市”建设，统筹建设大数据、云计算中心和物联网等基础设施，推动各类基础设施互联互通，推进各类数据集成应用，打造社会治安防控体系升级版。要更加注重完善体制机制，科学配置、动态调整警力编制，倾斜基层、屯警街面、多警协同，完善社会面、重点行业、单位内部、城乡社区等治安防控网络，推进打防管控一体化、网上网下一体化，不断增强社会治安防控体系活力。要更加注重解决突出问题和薄弱环节，针对身份不实、信用记录缺失等问题，推动建立基于公民身份号码的信任根制度；针对严重精神障碍患者、不良行为青少年、刑满释放人员等特殊人群管理服务存在的问题，创新政府、社会、家庭三位一体的特殊人群关怀帮扶体系；针对城镇化进程中形成的治安管理盲区和一些偏远

农村地区治安防控力量薄弱问题，推动加强基层组织建设，及时调整警力布局，建立健全群防群治队伍，不断增强社会治安防控体系实效。要更加注重基层基础建设，树立寓管理于服务的理念，加强基层综治中心建设，将服务管理资源向网格延伸，提高服务群众、化解矛盾、维护稳定的水平。

孟建柱强调，维护公共安全是一项系统工程。要紧紧依靠党委、政府，充分发挥综合治理体制机制优势，把维护公共安全各项部署和措施落到实处。要把维护公共安全摆到经济社会发展全局中谋划，把安全发展理念、措施嵌入到经济社会发展全过程，推动把公共安全建设纳入经济社会发展、城乡建设等规划，促进公共安全与经济社会发展同步、协调。要坚持权责利统一，把维护公共安全工作成效作为衡量党政领导班子和领导干部政绩的重要内容，细化落实各级党委和政府的领导责任、相关部门的监管责任、企业的主体责任，切实做到党政同责、一岗双责、失职追责，把维护公共安全责任制落实到位。要深化司法体制和社会体制改革，着力破解制约社会治理、影响公共安全的体制性、机制性障碍，推动健全公共安全体系，为维护公共安全提供有力的制度保障。要提高互联网条件下社会沟通能力，把握好按新闻传播规律办事和按维护公共安全规律办事的平衡点，讲好公共安全故事，做好突发案事件舆论引导和舆情应对工作，实现法律效果和社会效果有机统一，为维护公共安全营造良好舆论环境。要大力加强对综治干部的教育培训，提高运用网络做好治安防控工作的能力和维护公共安全的实战本领。

国务委员、中央政法委副书记、公安部部长郭声琨作总结讲话，最高人民法院院长周强、最高人民检察院检察长曹建明，中央政法委委员汪永清、耿惠昌、吴爱英、陈训秋、王宁、傅政华，辽宁省委书记、省人大常委会主任李希等出席会议。

中央综治委委员，中央和国家机关有关部门负责同志，各省、区、市和新疆生产建设兵团党委政法委书记、综治委主任、党委政法委常务副书记、综治办主任、维稳办主任、公安厅（局）长和分管治安工作的副厅（局）长，各省会城市（自治区首府）和计划单列市党委政法委书记、综治委主任，有关企业代表参加会议。

全国省市县和乡镇四级政法综治干部在各分会场通过电视电话会议系统收听收看了会议。（摘自2015年9月24日《人民公安报》）

上海市全面深化公安改革动员部署大会召开

2016年2月17日上午，上海市全面深化公安改革动员部署大会召开。市委书记韩正强调，全面深化公安改革是中央全面深化改革的一项重要内容，是深化司法体制和社会体制改革的重要组成部分。中央把上海列为省级试点地区之一，是一份沉甸甸的责任。我们必须按照中央的精神，牢牢把握公安改革的正确方向，找准改革着力点，全面提高上海公安工作的能力和水平，形成可复制可推广的经验，回应人民群众的新期待，为建设法治中国、平安中国作出上海的更大贡献。

会上，市委常委、市委政法委书记姜平对全面深化公安改革工作进行部署，市委常委、市委秘书长尹弘宣读市委关于成立上海市全面深化公安改革领导小组的批复及成员名单，副市长、市公安局局长白少康主持会议。市人大常委会副主任薛潮、市政协副主席徐逸波、市高级人民法院院长崔亚东、市人民检察院检察长张本才出席。

韩正首先向春节期间奋战一线的5万公安干警消防战士，30万平安志愿者表示崇高敬意，也向广大公安干警家属的全力支持表示衷心感谢。韩正指出，全面深化公安改革，事关国家长治久安，事关广大人民群众切身利益，事关国家治理体系和治理能力现代化，对于建设法治中国、平安中国具有重大的现实意义和深远的历史意义。我们必须全面深化公安改革，更好适应城市快速发展的新要求，及时回应人民群众的新期待。我们要切实把思想和行动统一到中央的决策部署上来，全力以赴做好公安改革试点工作，不辜负中央的期望。

“能力提高这个核心目标，要贯穿上海公安改革试点的全过程。”韩正指出，改革的核心目标，就是通过体制机制创新，全面提高公安工作的能力，提高维护社会大局稳定的能力，提高促进社会公平正义的能力，提高保障人民安居乐业的能力。改革试点成功与否，一是看改革是不是真正解决能力问题，二是看改革形成的经验在全国是不是可复制、可推广。必须坚持问题导向，特别是群众反映强烈的突出问题、制约能力和水平提高的体制机制障碍、影响队伍积极性的突出问题等，针对问题，找准关键，推进改革。必须着眼国家全面深化公安改革的大局大势，牢牢把握中央精神，解决一批体制机制和制度性问题，形成可复制可推广的经验。

“改革的着力点在哪里？一是针对问题补短板，二是抓住队伍建设这个关键。”韩正指出，短板就是长期影响和困扰工作的瓶颈问题，就是人民群众反映强烈的突出问题，就是风险隐患所在，短板是主要矛盾和矛盾的主要方面。要通过改革，将依法严管付诸于公安工作的全过程，付诸于解决问题，尤其在交通管理上，严出声威、管出长效。要通过改革，打破信息壁垒，实现信息资源共建共享，着重在用好信息、提高实战能力这两方面下功夫。要通过改革，着力完善城市安全的相关体制机制和制度，严格落实安全责任，牢牢守住城市安全底线。要抓住队伍这个关键。一方面要从优待警，通过改革切实提高人民警察的待遇和保障水平，另一方面要从严治警，要通过改革，进一步夯实从严治警的体制机制和制度基础，将从严治警贯穿公安改革试点的全过程，用严明纪律、严格责任、严肃问责来管理训练打磨，打造一支绝对忠诚、绝对过硬的公安队伍。

韩正强调，这次上海公安改革的项目多、时间紧、任务重，必须积极稳妥有序推进试点。要加强组织领导，加强全市通力协作，加强跟踪督查，严肃各项纪律。（摘自2016年2月18日《解放日报》）

上海市政法工作会议召开

2016年2月24日，上海市政法工作会议召开。会议贯彻落实习近平总书记重要指示及中央政法工作会议精神，总结2015年全市政法工作，分析形势，研究部署今年主要工作任务。市委常委、市委政法委书记姜平出席会议并讲话，要求全市政法系统全面贯彻落实中央和市委的部署要求，把防控风险、服务发展和破解难题、补齐短板摆在更加突出位置，全面提升政法工作能力和水平，为实现“十三五”时期经济社会发展良好开局，为上海加快建设“四个中心”和社会主义现代化国际大都市，创造安全稳定的社会环境、公平正义的法治环境、优质高效的服务环境。

姜平强调，习近平总书记对政法工作作出的一系列具有深远影响的重要讲话、批示、指示，深刻阐明了新形势下政法工作带有方向性、根本性的重大问题，为做好政法工作提供了基本遵循，指明了方向。全市政法系统要以习近平总书记重要指示精神统一思想、指导工作，在中央和市委科学决策、正确领导下，清醒认识当前政法工作面临的严峻形势，进一步增强政治责任感和历史使命感，坚定信心和决心，以良好精神状态，真抓实干、奋发有为，采取扎实有力措施，确保上海城市安全和社会大局持续稳定。

姜平指出，过去一年，全市政法系统全面履行政法职能，牢牢把握对敌斗争主动权，坚决捍卫政治安全、政权安全；积极稳妥推进司法体制改革试点，上海司改成果在全国复制和推广；扎实推进平安上海建设，确保城市运行安全有序，特别是烟花爆竹管理条例严格实施，取得了良好社会反响；深入推进法治上海建设，增强城市法治竞争力；全面加强政法队伍建设，提升干警综合素质和能力水平，确保政法队伍风清气正、斗志昂扬，为全市经济社会发展保驾护航，多项工作都取得了长足发展。

姜平要求，2016年全市政法系统要突出做好五个方面的工作：一是提高反恐怖工作能力和水平，严密防范打击敌对势力渗透破坏活动，坚决维护国家安全和政治安全；二是深化拓展司法体制和政法领域改革试点工作，深入推进司法责任制改革、人员分类改革和以审判为中心的诉讼制度改革等重点改革项目，扎实推进公安工作、人民警察职业保障制度和司法行政工作改革；三是有序推进“法治上海”行动计划，建设完备的法律服务体系，全面落实普法责任制，健全行政执法和刑事司法衔接机制，完善法律援助制度，加强政法舆论宣传，努力提升法治上海建设工作水平；四是维护城市公共安全，推动矛盾纠纷的多元化解，协调推进人口调控和特殊人群服务管理，夯实基层基础工作，扎实推进平安上海建设；五是加强政法队伍建设，着力政法领导班子、过硬思想政治、能力素质和纪律作风建设。

会上还举行了平安示范城区、平安城区、反邪教优秀城区和综合治理工作、反邪教系统先进集体及个人代表颁奖仪式。

会议命名徐汇、长宁、金山、松江4个区

为2015年度上海市“平安示范城区”，命名浦东、普陀、静安、虹口、杨浦、黄浦、宝山、闵行、嘉定、青浦、奉贤、崇明12个区县为上海市“平安城区”；命名浦东新区陆家嘴街道等89个街道乡镇为上海市“平安示范社区”，命名徐汇区龙华街道等119个街道乡镇为上海市“平安社区”；命名上海文化广播影视集团有限公司外语中心等3411个单位为上海市“平安示范单位”。

授予浦东新区潍坊新村街道等80个单位为“2014—2015年度上海市社会治安综合治理先进集体”；授予谭月楠等120名同志为“2014—2015年度上海市社会治安综合治理先进个人”。

授予市公安局人口办实施的“创新推进房屋编码管理，服务人口调控和服务管理”等10个案例为2015年度上海市“创新社会治理，深化平安建设”十佳示范案例；授予金山区综治办实施的“建设综治工作管理平台提升信息化水平”等20个案例为优秀案例。

副市长、市公安局局长白少康主持会议。市人大常委会副主任薛潮宣读命名表彰决定。市政协副主席徐逸波、市高级人民法院院长崔亚东、市检察院检察长张本才、武警上海总队司令员朱宏、上海警备区副政委袁斌出席会议。（摘自《上海政法综治网》）

全市公安局处长会议召开

2016年2月25日，全市公安局处长会议召开。市委常委、市委政法委书记姜平，副市长，市局党委书记、局长白少康出席会议，并作重要讲话。

姜平同志指出，2015年，全市公安机关为守护上海城市平安做了大量卓有成效的工作，特别是春节期间，全警投入，圆满完成社会治安防控和烟花爆竹安全管控任务。2016年，要清醒认识各种风险挑战，以最坚决的意志、最有力的行动、最扎实的工作，勇于担当、敢于亮剑、攻坚克难，确保一方平安。要切实提高思想认识，永葆绝对忠诚的政治本色；坚持把改革作为破解难题的根本出路，进一步加大上海公安改革力度；结合上海公安工作实际，深入贯彻落实中央和市委、市政府、公安部一系列决策部署，为服务上海改革发展稳定大局再立新功。

白少康同志总结2015年工作，分析当前形势，全面部署今年公安工作和今后一个时期公安改革工作。白少康同志指出，要深入贯彻中央和市委、市政府、公安部的决策部署，牢固树立创新、协调、绿色、开放、共享的发展理念，紧紧围绕“防风险、补短板、强改革、抓队伍”的工作思路，深入推进平安上海、法治上海、过硬队伍建设，打造上海现代警务机制升级版，为上海加快建设“四个中心”和社会主义现代化国际大都市，加快向具有全球影响力的科技创新中心进军，创造安全稳定的社会环境、公平正义的法治环境和优质高效的服务环境。要全力以赴防风险，坚决维护政治安全和社会大局稳定。要下大气力补短板，有效破解公安工作难题。要聚精会神强改革，全面提高上海公安工作的能力水平。要“五个过硬”抓队伍，为圆满完成公安工作提供坚强可

靠的保证。

武警上海市总队司令员朱宏出席会议。市局党委副书记、副局长陈臻主持会议，并就做好全国“两会”期间本市安保维稳工作进行部署。市局党委委员、巡视员、副巡视员，各分（县）局、市局各单位、各公安（处）局双正职领导和指挥办公部门主要负责人、深改办主任出席主会场会议。上海边检总站、民航华东管理局公安局、公安部三所、海警总队（筹备组）主要领导应邀出席会议。会议以电视电话会议形式开至科所队长一级。（摘自会议相关讲话和报告材料）

2015年大事记

1月

1日　市局召开紧急视频会议　副市长，市局党委书记、局长白少康传达中央和市委、市政府、公安部领导一系列批示、指示及有关会议精神，就做好“12·31”外滩陈毅广场拥挤踩踏事件调查工作，进一步加强全市节日期间安保工作进行再部署。

7日　市局党委召开领导班子民主生活会　白少康主持并通报市局党的群众路线教育实践活动整改方案落实情况。市局党委副书记、副局长陈臻通报市局党委领导班子对照检查材料。市局党委成员按照“三严三实”要求，对照教育实践活动整改方案、个人整改措施和会前征求的意见、建议，开展批评与自我批评。市委第三督导组组长孙卫国参加。

8-10日　市局完成厄瓜多尔总统科雷亚访沪警卫任务

10-11日　市局完成巴哈马总理克里斯蒂访沪警卫任务

14日　公安部授予长宁分局吕洁、消防总队李旻“全国公安系统二级英雄模范”荣誉称号

14日　市局原副局长崔路遗体告别仪式在龙华殡仪馆举行　陈臻、市局政治部主任韩勇参加。

16日　泰国国内安全行动司令部代表团来访　陈臻会见泰国国内安全行动司令部副司令威素一行。

20日　白少康在京参加中央政法工作会议

20日　金山分局查处信用卡诈骗犯罪团伙　抓获犯罪嫌疑人肖作斌（男，28岁，福建省宁德市人）等3人，缴获读写机、用于制作伪卡的白卡等作案工具。自2014年7月起，肖等人以窃取他人磁卡信息和密码后制作伪卡的方式，套取现金100余万元。

20日　奉贤分局侦破系列入室盗窃案　抓获犯罪嫌疑人张圣鹏（男，19岁，安徽省六安市人）等5人。自2014年12月起，张等人结伙窜至奉贤区奉浦、西渡等地居民小区入室盗窃。案值100余万元。

20 日　虹口分局侦破“2014·819”贩卖运输毒品案　抓获犯罪嫌疑人胡中云（男，43 岁，湖南省益阳市人）等 28 人，在广东省汕尾市查获 1 个特大制毒工厂，缴获毒品 2. 4 吨、手枪 2 支、子弹 11 发、涉毒车辆 3 辆、毒资 150 余万元及大量制毒原料、工具等。胡等人在位于广东省汕尾市陆河县一工厂制造、运输毒品至上海贩卖。

21 日　黄浦分局举行干部大会　市委常委、政法委书记姜平，白少康，市委政法委政治部主任汤慧等出席。陈臻宣布：杨杰同志任市公安局黄浦分局党委书记、局长、督察长。

21 日　白少康、韩勇在京参加全国公安厅局长会议

23 日　市局党委传达学习中央政法工作会议、全国公安厅局长会议精神　白少康主持。市局党委委员出席。各分（县）局局长，市局各单位主要负责同志列席会议。

24-29 日　市局完成上海市第十四届人民代表大会第三次会议、中国人民政治协商会议上海市第十二届委员会第三次会议安全警卫工作

25-26 日　市局完成 2015 年上海普通高校春季招生统一考试（上海市普通高中学业水平考试）安保工作

26 日　白少康出席印度驻沪总领事馆举办的庆祝印度第 66 个共和国国庆日招待会

29-31 日　土耳其警察总局代表团来访　白少康、陈臻会见土耳其警察总局总局长麦赫迈特·杰拉莱廷·莱凯西日一行。

30 日　市局侦破公安部目标“2015-13”跨国走私毒品专案　抓获犯罪嫌疑人穆拉夫·汗（男，44 岁，巴基斯坦籍），缴获海洛因 20. 5 千克。经查，一跨国走私贩毒团伙将海洛因藏匿在羊毛挂毯中，从巴基斯坦经伊朗、土耳其、哈萨克斯坦走私至我国境内，并经新疆、上海贩运至广东省广州市进行交易。

31 日　市局完成法国总理瓦尔斯访沪警卫任务

31 日　市局部署“迎新春、保平安”专项行动　白少康主持。

31 日　市局党委召开领导班子专题民主生活会　对“12·31”外滩拥挤踩踏事件进行总结反思。白少康主持。

2 月

2 日　市局举行离退休干部 2015 年新春团拜会　白少康致辞。

3 日　市局党委中心组举行专题学习报告会　邀请中国纪检监察学院原副院长、国家行政学院教授、中国经济体制改革委员会特约研究员李永忠作“依法治国与制度反腐”专题报告。市局党委中心组成员，全局各单位主要领导以及市局机关干部聆听了报告。

4 日　2015 年上海市政法机关老干部迎春茶话

会举行　姜平、白少康等出席。

6-17日　白少康、陈臻、副局长郭永华、陆卫东、倪建玉、俞烈、陆民、韩勇、纪委书记陆东分别看望慰问市局老领导毛瑞康、王征明、王则君、李西夫、韩锡清、贾兴元、王世雄、胡辉宏、顾永和、黄菊良、胡顺康、姚志荣和公安部二级英模黄佩荣、陈峥及因公牺牲民警家属

11日　市局部署2015年春节期间烟花爆竹管控工作　白少康讲话。陈臻主持。

12日　公安部召开全国公安机关反腐倡廉建设暨春节"两会"安保维稳工作动员部署电视电话会议　在上海分会场，白少康出席，并就贯彻落实会议精神作部署。市局党委成员等参加。

13日　上海市政法工作会议召开　中共中央政治局委员、市委书记韩正出席并讲话。姜平作上海市政法工作报告。白少康主持。市局党委成员参加会议。

17日　市局完成2015年上海各界人士春节团拜会警卫工作

18日　韩正到市局指挥大厅指挥春节安保工作　了解全市社会面治安情况，尤其是烟花爆竹管控情况，慰问节日期间坚守岗位的公安民警和消防、武警官兵，并就进一步做好春节安保工作提出要求。白少康代表市局党委汇报除夕夜及春节期间安保工作部署安排情况。姜平和市委常委、秘书长尹弘陪同。

18日　姜平、白少康实地检查春节安保工作　先后到徐家汇广场、龙华寺、静安区华业小区、静安寺、玉佛寺检查烟花爆竹管控、寺庙安全管理、社会面防控等工作落实情况，慰问执勤民警、消防和武警官兵、居委干部、平安志愿者。市政府副秘书长陈靖，市委政法委副书记、市综治办主任李余涛陪同检查。

19日　公安部召开春节安保视频调度会　国务委员，公安部党委书记、部长郭声琨出席并讲话。在上海分会场，白少康出席，并就上海公安机关贯彻落实会议精神，进一步做好春节安保工作提出要求。

25日　全市公安局处长会议召开　姜平、白少康出席并讲话。

28日　虹口分局查处妨害信用卡管理犯罪团伙　抓获犯罪嫌疑人李东海（男，25岁，广东省电白县人）等4人，缴获银行卡盗码器3台、涉案账册1本及窃取的银行卡卡号、密码等信息百余条。自1月起，李等人利用在餐饮场所当服务员之便，乘为客人刷卡结账之机，窃取他人银行卡信息，并制作成伪卡进行透支和提现消费，案值100余万元。

3月

2-4日　市局完成英国王子威廉一行访沪警卫任务

3日　市局举行纪念三八国际劳动妇女节105周年表彰大会暨先进事迹报告会　陈臻讲话。韩勇主持。

5日　市局部署元宵节安保工作　陈臻主持。

5日　姜平、白少康在市局指挥大厅组织指挥元宵节社会面防控和烟花爆竹管控工作

6日　公安部召开紧急视频会议　在上海分会场，陈臻、陆卫东参加，并就贯彻落实公安部要求，切实加强全国“两会”期间上海社会面防控工作作部署。

10日　市局召开2015年上海公安机关反腐倡廉建设大会　白少康出席。陈臻主持。

18日　新加坡驻沪总领事来访　陈臻会见新加坡驻沪总领事一行。

18日　公安部纪委副书记赵水芳率公安部“两个责任”专项检查组来沪检查　白少康代表市局党委汇报2014年度落实党风廉政建设“两个责任”情况。

19日　市局举行茆盛泉追悼大会　姜平、白少康等出席。陈臻致悼词。11日，闵行分局交警支队二中队民警茆盛泉在吴中路、虹许路口对一起交通违法行为执法过程中，被违法当事人孙浩杰驾驶的小客车拖行倒地受伤，抢救无效牺牲。

24日　杨浦分局侦破系列诈骗案　抓获犯罪嫌疑人莫思静（男，27岁，广西壮族自治区柳州市人）等7人。自2014年8月起，莫等人通过成立上海壬卓实业发展有限公司，篡改后台交易平台数据，构建虚假网站，利用第三方支付平台实施诈骗，案值30余万元。

25日　南宁市公安局代表团来访　郭永华与南宁市公安局领导就警用航空队伍、装备、飞行能力建设和安全、正规化管理等座谈交流。

26日　“上海公安”、《人民警察》、《东方剑》APP上线

25-26日　市局完成荷兰首相马克·吕特一行访沪警卫任务

26-27日　市局完成赞比亚总统埃德加·查格伦·伦古一行访沪警卫任务

28-30日　市局完成多米尼克总理斯凯里特一行访沪警卫任务

31日　公安部副部长、中国海警局局长孟宏伟在沪调研　白少康、陈臻陪同。

4月

1日　孟宏伟到长兴岛视察海警筹建工作　陈臻陪同。

2日　防范电信诈骗“集中宣传月”活动启动　姜平、白少康出席启动仪式。

3日　孟宏伟到市局调研指导工作　白少康、陈臻等汇报有关工作情况。

8日　市局举行防范和打击电信诈骗新闻发布会　陈臻出席。陆民通报打击和防阻电信诈骗案件情况。

9日　市编委批复同意全市53个正科级派出所升格为副处级

9日　清理整治长江禁渔期非法捕捞联合执法行动启动　郭永华出席启动仪式。

10日　市局完成沪港经贸合作会议第三次会议安保工作

12日　白少康、曹忠平会见腾讯公司总裁马化腾

15日　姜平、白少康先后到浦东新区武警上海市总队九支队、徐家汇商圈调研武警和公安特警反恐应急处置、轨道交通安检防范、公安特种机动队建设等工作　武警上海市总队司令员朱宏、上海警备区副司令员蒋忠良、市委政法委副书记李余涛，陆卫东参加调研。

15日　公安部召开百城禁毒会战总结暨网络扫毒专项行动部署视频会议　在上海分会场，曹忠平出席。

16日　浙江省公安厅代表团来访　陈臻、陆民与浙江省公安厅代表团座谈交流。

22-29日　市局完成第十六届国际汽车工业展览会安保工作

23日　市委常委、统战部部长沙海林到市局调研指导工作　白少康，市委统战部副部长、市民宗委党组书记赵卫星，市民宗委副主任王君力陪同调研。陆卫东汇报有关工作。

24日　市局举行“平安上海2015”春季专项行动新闻发布会　市局专项办、治安总队、刑侦总队领导分别通报上海公安春季专项行动部署推进、城郊结合部治安整治、多发性侵财案件打击等情况。中央和本市主要新闻媒体记者20余人参加发布会。陈臻、韩勇出席。

24日　武警浙江省总队代表团来访　陈臻陪同武警浙江省总队司令员白海滨一行到市局指挥中心、大数据实战应用平台调研。

28日　轨道公交总队陈峥被授予“全国先进工作者”荣誉称号

28日　安徽省政法委代表团来访　曹忠平陪同安徽省政法委副书记张冬云一行到市局指挥中心、大数据实战应用平台调研并座谈交流。

28日　市局举行2015年上海公安机关五四表彰大会暨第三届“上海公安十大优秀青年”颁奖仪式　陈臻、团市委书记徐未晚等出席。

29日　公安部召开全国公安机关反恐怖工作视频会议　在上海分会场，白少康出席并就上海公安机关贯彻落实会议精神，进一步做好反恐怖工作和“五一”期间安保维稳工作作部署。

29日　经侦总队一支队、自贸区分局治安支队、浦东分局金杨新村派出所、宝山分局交警支队等5个集体当选“上海市模范集体”；周军、何玮、王春军、雷震、吕洁、姜慧、谢俊明当选“上海市先进工作者”

30日　市局完成阿尔及利亚总理阿卜杜勒-马利克·塞拉勒访沪警卫任务

5 月

1-3 日　市局完成“五一”期间安保维稳工作

2-3 日　市局完成中共中央政治局常委、全国政协主席俞正声在沪和第十届两岸经贸文化论坛及中国国民党主席朱立伦访沪警卫任务

6 日　浦东分局查处一电信诈骗团伙　抓获犯罪嫌疑人刘芳成（男，33 岁，湖南省永州市人）等 65 人，缴获作案用电脑、语音网关、话术单及公民个人信息数万条。自 1 月起，刘等人冒充中国移动客服和康复保健中心工作人员，以赠送 4G 无线电视棒、3D 眼镜、电话充值卡和保健药品等手段实施电信诈骗，案值 60 余万元。

8 日　江西省公安厅代表团来访　陈臻、韩勇与江西省公安厅领导座谈交流。

11 日　公安部副部长李伟在沪出席塔吉克斯坦内务部高级干部研修班开班典礼并致辞　陈臻参加。

11 日　全国禁毒工作电视电话会议召开　在上海分会场，姜平、白少康出席。姜平就贯彻落实会议精神提出要求。

12 日　广东省、新疆维吾尔自治区公安厅代表团来访　陆东分别与广东省公安厅纪委领导和新疆维吾尔自治区公安厅纪委领导座谈交流。

13 日　市局党委传达学习贯彻政法领导干部全面推进依法治国专题研讨班精神　白少康主持。市局党委成员，各分（县）局、市局各单位主要领导参加会议。

14 日　塔吉克斯坦内务部高级研修班来访　陈臻会见。

14-16 日　市局完成在中国人民银行上海总部举行的中亚、黑海及巴尔干地区央行行长会议组织第 33 届行长会议安全警卫任务　国务院副总理马凯出席会议并致辞。

15-16 日　市局完成印度总理纳伦德拉·莫迪访沪警卫任务

16 日　俞烈参加上海人民广播电台“政风行风热线”访谈

18 日　副市长赵雯、白少康到市局调研国际赛事活动安保等工作　市政府副秘书长肖贵玉，陈臻等陪同。

20 日　公安部党委委员、纪委书记邓卫平到市局调研指导工作　白少康汇报有关工作情况。

22 日　公安部深化改革调研督导组来沪调研指导工作　陈臻、韩勇与公安部深化改革调研督导组座谈并汇报相关工作情况。

22-23 日　孟宏伟率公安部调研组来沪调研

孟宏伟与市委副书记应勇，副市长时光辉、白少康和市委、市政府有关部门，与张江高科技园区管委会、驻区企业负责人和外籍人才代表、国家千人计划青年代表座谈交流，广泛听取对出入境管理服务工作和出入境管理政策创新的意见建议；介绍公安部对上海科创中心建设配套出入境管理政策措施的总体考虑；听取市局、上海边检总站工作情况汇报，并就抓紧推动实施出入境管理创新政策作指示。白少康，公安部出入境管理局局长郑百岗、副局长曲云海，陈臻、陆卫东等参加。

25日 市局完成中国共产党上海市第十届委员会第八次全体会议安全警卫工作

26日 市局党委传达学习贯彻十届市委八次全会精神 白少康主持。市局党委委员，各分（县）局，市局各单位主要负责同志参加会议。

26日 公安部召开紧急视频会议 在上海分会场，白少康出席，并就贯彻落实会议精神，组织开展全市公共安全隐患大排查、大整治作部署。

27日 公安部召开深刻吸取河南省鲁山县"5·25"特大火灾事故教训深化夏季消防检查电视电话会议 在上海分会场，俞烈出席，并就贯彻落实会议精神作部署。

5月 虹口分局侦破非法吸收公众存款案 抓获犯罪嫌疑人周一玮（男，37岁，上海市杨浦区人）等10人，缴获赃款7万元。自2014年6月起，周等人通过线上和线下方式，非法吸收2000余名被害人投资款用于高利贷放款和消费，涉案金额1.2亿元。

6月

1日 山西省公安厅考察团来访 曹忠平与山西省公安厅考察团座谈交流。

1日 市局侦破特大涉外地下钱庄案 抓获犯罪嫌疑人张其润（男，73岁，香港特别行政区人）等16人，查处地下窝点14处，缴获大量用于实施犯罪的财物账册、作案电脑等。自2010年起，张通过其子张豪（男，46岁，美国籍）等人寻找存在非法跨境汇兑需求的客户，指使缪琼（女，40岁，上海市杨浦区人）利用张名下银行账户，完成外汇汇兑业务。相关账户累计收支60亿元。

3日 曹忠平参加上海人民广播电台"市民与社会"节目访谈

3日 公安部召开视频会议 郭声琨主持。在上海分会场，陆卫东、曹忠平参加。

4日 姜平到浦东分局调研 白少康，市委政法委副书记、秘书长王教生，陈臻陪同。

6日 市局传达贯彻市委、市政府关于"东方之星旅游客船翻沉事件"有关善后处置工作会议精神 陈臻主持，并就做好相关维稳处置工作提出要求。

7-8日 市局完成2015年高考安保工作

8 日　市局研究部署“东方之星”客轮翻沉事件善后处置和维稳工作　白少康主持。陈臻通报前期有关工作情况，部署下一步工作。市局党委成员，各分（县）局、市局各单位主要负责同志参加会议。

9 日　市局党委中心组举行学习报告会　邀请阿里巴巴集团副总裁涂子沛作大数据专题报告。市局党委中心组成员，全局各单位主要领导以及市局机关干部参加报告会。

11 日　市局党委传达贯彻中共中央关于周永康违法犯罪案及其教训通报　白少康主持。市局党委成员和各分（县）局、市局各单位主要负责同志出席。

11 日　全国加强食品安全工作电视电话会议召开　在上海分会场，白少康出席。

12 日　姜平、白少康赴京参加中央政法委专题会议

12 日　市局完成在上海东方艺术中心举行的第 21 届上海电视节“白玉兰绽放”颁奖典礼安保工作

13 日、21 日　市局完成在上海大剧院举行的第 18 届上海电影节开、闭幕式暨颁奖典礼安保工作

13-14 日　市局完成中考安保工作

16 日　公安部召开全国公安机关反恐怖工作视频会议　在上海分会场，姜平、白少康等参加。

16 日　市局专题研究上海全面深化公安改革工作　姜平、白少康、陈臻、韩勇参加。

17 日　韩正到市局交警总队调研指导道路交通排堵保畅工作　尹弘、副市长蒋卓庆、白少康陪同。

17 日　市局完成在西郊宾馆举行的第十一次中越两党理论研讨会安全警卫任务　中共中央政治局委员、中央书记处书记、中宣部部长刘奇葆和越共中央政治局委员、中央书记处书记、中央宣教部部长、中央理论委员会主席丁世兄出席开幕式并作主旨报告。

18 日　赴塔吉克斯坦参加中塔特警联合反恐演练特警队返沪

19-21 日　市局完成喀麦隆总理菲勒盟·扬访沪警卫任务

20-22 日　市局完成端午节安保工作

23 日　上海公安禁毒实训馆开馆　姜平、白少康、陈臻、曹忠平出席开馆活动。

24 日　美国驻沪总领事来访　陈臻会见美国驻沪总领事一行。

25 日　第五届“百联杯”十佳优秀社区民警评选揭晓　韩勇为获奖民警颁奖。

25 日　姜平、白少康在京参加全国禁毒工作先进集体和先进个人表彰大会　在上海分会场，陈臻参加。

25-26 日　市局完成比利时国王菲利普·利奥波德·路易斯·玛丽访沪警卫任务

26 日　美国迪士尼公司副总裁兼安全事务总经理来访　陈臻会见。

26 日　市政协主席吴志明率部分政协委员到上海市强制隔离戒毒所视察禁毒工作　姜平、白少康等陪同。

26 日　“远离毒品，禁绝毒驾”宣传周活动启动　姜平、白少康、俞烈出席启动仪式。

26-27 日　市局完成在浦东香格里拉酒店举行的 2015 陆家嘴论坛安全警卫工作

29 日　河北省公安厅代表团来访　陈臻、曹忠平陪同河北省公安厅代表团到上海公安大数据实战应用平台调研。

29 日　加拿大外交贸易和发展部助理副部长来访　曹忠平会见。

30 日　市局部署夏季严打相关工作　陈臻主持。陆卫东、曹忠平部署、总结有关工作。

30 日　市局召开新闻发布会　推出上海科创中心系列出入境政策实施细则和配套措施。陈臻、陆卫东、韩勇出席发布会。

7 月

1 日　“我们的歌声最嘹亮”——2015 年上海公安系统合唱比赛在上海音乐厅落幕

1 日　公安部召开视频会议　在上海分会场，白少康出席，并就贯彻落实会议精神，进一步做好反恐怖工作作部署。市局党委委员，各分（县）局、市局有关单位、有关公安处（局）主要负责同志参加会议。

2 日　吉尔吉斯斯坦国家安全委员会高级干部研修班来访　陈臻会见。

8 日　土耳其驻沪总领事来访　陈臻会见土耳其驻沪总领事一行。

8 日　宁夏回族自治区公安厅代表团来访　陈臻与宁夏公安厅代表团座谈交流。

9 日　教育部副部长鲁昕到上海公安高等专科学校调研　副市长翁铁慧、白少康等陪同。

11 日　国务院副秘书长、中央政法委秘书长汪永清到市局出入境管理局调研　中央维稳办副主任孙力军，陆卫东陪同。

14 日　白少康出席法国驻沪总领馆国庆招待会

15 日　国家边海防委工作组来沪检查指导工作　姜平汇报上海海防工作情况。白少康、陈臻参加。

15-16 日　市局完成在上海展览中心举行的中国共产党上海市第十届委员会第九次全体会议安全警卫工作

17 日　市局传达学习贯彻十届市委九次全会精

神　研究部署上海公安机关内部人员干预、插手案件办理记录、通报和责任追究工作。白少康主持。

20-23 日　市局完成斐济总理乔萨亚·沃伦盖·姆拜尼马拉马访沪警卫任务

20-21 日、24 日　市局完成新西兰总督杰里·迈特帕里访沪警卫任务

21 日　贵州省公安厅代表团来访　陈臻会见。

23-24 日　市局完成全国司法体制改革试点工作推进会安全保卫工作　中共中央政治局委员、中央政法委书记孟建柱，韩正，郭声琨，最高人民法院院长周强，最高人民检察院检察长曹建明出席会议。

24 日　孟建柱、郭声琨、周强到市局出入境管理局考察境外非政府组织管理工作　汪永清，中央政法委副秘书长、中央综治办主任陈训秋，全国人大法工委副主任郎胜，国家安全部党委书记、副部长陈文清，中央政法委副秘书长徐显明，公安部副部长陈智敏、政治部主任夏崇源，姜平、尹弘、白少康陪同。全国各省、自治区、直辖市党委政法委书记、副书记及省会城市、计划单列市政法委书记等来沪参加全国司法体制改革试点工作推进会。

25 日　孟建柱、韩正、郭声琨到市局视察　听取上海公安工作情况汇报和上海公安大数据实战应用平台介绍。慰问上海公安系统干警和先进集体、个人代表。汪永清、陈训秋、陈文清，中央政法委副秘书长姜伟、徐显明，陈智敏、夏崇源，国家安全部副部长、政治部主任苏德良，姜平、尹弘等陪同。白少康、市局党委委员，各分（县）局、市局各单位主要负责同志参加。

25 日　公安部在沪召开公安队伍管理改革座谈会　夏崇源出席并讲话。陈臻、韩勇参加。

29 日　公安部暨苏浙沪公安机关与台湾“警政署”参访团座谈交流会在沪召开　中央维稳办副主任孙力军，台湾“警政署”署长陈国恩共同主持。浙江省省委常委，公安厅党委书记、厅长刘力伟，江苏省副省长，公安厅党委书记、厅长王立科，白少康等参加。

30 日　台湾“警政署”参访团来访　白少康与台湾“警政署”署长陈国恩座谈交流。公安部港澳台办主任、一局副局长李江舟，陈臻、陆卫东参加。

31 日　韩正到延安西路江苏路岗点慰问执勤交警和交通协管员　尹弘、蒋卓庆、白少康等陪同。

31 日　市局党委中心组举行“三严三实”专题教育学习报告会　邀请焦裕禄同志女儿焦守云作报告。

8 月

4 日　市局部署下半年公安工作　白少康讲话。陈臻主持。

5 日　云南省公安厅代表团来访　陈臻与云南

省公安厅代表团座谈交流。

7日　市局党委召开“三严三实”专题学习研讨会　白少康主持。

10日　全面加强抗战胜利70周年纪念活动期间全国社会面防控工作电视电话会议召开　在上海分会场，白少康出席并就贯彻落实会议精神提出要求。

13日　市局完成“8·13”淞沪抗战主题展开展和四行仓库抗战纪念馆开馆仪式安保工作　韩正，上海市委副书记、市长杨雄等出席活动。

17日　俄罗斯圣彼得堡市及列宁格勒州内务部代表团来访　陈臻会见。

17-19日　市局完成“2015上海·台北城市论坛”安全保卫工作

18日　台湾“海巡署”参访团来访　白少康、陈臻、陆卫东与台湾“海巡署”政务副署长尤明锡等座谈交流。

21日　市局与深圳市腾讯计算机系统有限公司在沪签署《互联网警务战略合作框架协议》　陈臻、曹忠平出席签约仪式。

22-23日　市局完成在上海展览中心举行的2015上海书展暨“书香中国”上海周活动安保工作

26日　姜平听取市局关于全面深化公安改革方案汇报　白少康、陈靖、陈臻、韩勇参加。

30日　市局完成“为和平歌唱——纪念中国人民抗日战争暨世界反法西斯战争胜利70周年上海市民合唱展演”活动安保工作

31日　韩正到市局消防总队调研　姜平、尹弘、白少康等陪同。

9月

1日、2日　公安部召开视频调度会　在上海分会场，白少康、陈臻分别出席，并就做好抗战胜利70周年纪念活动安保工作进行再动员、再部署。

3-4日　姜平、白少康在市局指挥大厅组织指挥抗战胜利70周年纪念活动社会面防控工作

3-4日　市局完成韩国总统朴槿惠访沪警卫任务

4日　市局完成上海市纪念中国人民抗日战争暨世界反法西斯战争胜利70周年大会安全警卫工作

4-6日　市局完成捷克总统米洛什·泽曼访沪警卫任务

5日　市局举行“我的抗战我的歌”离退休干部纪念抗战胜利70周年主题歌会暨抗战胜利纪念章颁发仪式　陈臻、韩勇出席，并向抗战期间参加革命的老同志代表颁发由中央组织部颁发的纪念抗战胜利70周年纪念章。

7 日　市人大常委会主任殷一璀率市人大出境入境管理法执法检查组和部分人大代表到市局出入境管理局进行专题调研　市人大常委会副主任钟燕群，白少康等陪同。

9 日　殷一璀视察本市禁毒工作　姜平、白少康等陪同。

10 日　“沪卫—2015C”军警联合反恐演练在宝山杨行民兵训练基地举行　姜平，市委常委、上海警备区司令员何卫东，白少康、陈靖、陈臻、陆卫东观摩演练。

10 日　市局举行庆祝第 31 个教师节暨优秀教官教师和优秀带教民警表彰活动　白少康、陈臻、韩勇出席。

10–12 日　市局完成毛里塔尼亚伊斯兰共和国总统穆罕默德·乌尔德·阿卜杜勒·阿齐兹访沪警卫任务

12 日　市局完成 2015 年上海旅游节开幕式暨开幕大巡游安全保卫工作

14–17 日　泰国皇家警察总署代表团来访　陈臻会见。

15 日　嘉定分局侦破制售假冒“自然堂”化妆品案　抓获犯罪嫌疑人沈文铸（男，30 岁，广西壮族自治区玉林市人）等 6 人，查处制售假窝点 5 处，缴获假冒“自然堂”化妆品 7000 余件，制假设备 2 套，印有“自然堂”商标的标签、包装盒、防伪标签等制假物品 5000 余件，涉案总值 1400 余万元。

17 日　市局党委中心组举行学习报告会　邀请海军网络安全和信息化专家咨询委员会主任、中央电视台特约军事顾问尹卓少将作“我国周边安全形势及对策”报告。

25 日　上海海警机动支队举行成立大会　陈臻出席。

26 日　上海市人民政府沪府任［2015］176 号通知：免去倪建玉的上海市公安局副局长职务。

28 日　韩正到市局警卫局调研　尹弘、白少康、陈臻等陪同。

29 日　市局党委传达学习全国社会治安防控体系建设工作会议和全国公安厅局长座谈会精神　白少康主持，并就贯彻落实工作提出要求。

30 日　市局举行上海公安“烈士纪念日”公祭活动　陈臻、韩勇出席。

30 日　市局完成上海市庆祝中华人民共和国成立六十六周年招待会、上海各界人士向人民英雄敬献花篮仪式安保工作

30 日　姜平督导检查国庆安保工作　先后到浦东新区南滨江地区、南京东路外滩和地铁人民广场站督导检查，并慰问坚守安保工作一线的公安民警和武警官兵。陆卫东、俞烈、陆民陪同。

30 日–10 月 1 日　姜平在市局指挥大厅、外滩现场指挥所指挥国庆安保维稳工作

10月

1日 公安部召开视频调度会 在上海分会场，白少康出席，并就进一步做好国庆安保维稳工作进行再动员再部署。

1日-7日 市局完成国庆66周年庆祝活动安保维稳工作

3日 李新华遗体告别仪式在宝兴殡仪馆举行 白少康出席。9月30日下午，虹口分局四川北路派出所民警李新华因突发脑溢血倒在工作岗位上，经全力救治无效牺牲。

9日 市委政法委副书记、市综治办主任李余涛到市局调研 韩勇陪同。

10-18日 市局完成在旗忠森林体育场网球中心举行的2015年上海劳力士大师赛安保工作

13日 香港纪律部队交流团来访 陈臻会见香港纪律部队交流团。

14日 虹口分局侦破非法吸收公众存款案 抓获犯罪嫌疑人张法辉（男，57岁，山东省商河县人）。自2013年10月起，张伙同他人在未取得相关金融许可的情况下，以投资塑料加工及黑蒜生产为名，以年化利率24%的回报收益为诱饵吸收公众存款，案涉100余人，涉案金额2000余万元。

15日 浙江省委政法委代表团来访 浙江省委政法委副书记、维稳办主任李新强到市局考察。市委政法委副书记、维稳办主任何品伟，陈臻陪同。

15日、17日 白少康赴京向公安部汇报全面深化上海公安改革工作

16日 匈牙利驻沪总领事来访 陆卫东会见。

16-17日 市局完成克罗地亚共和国总统科琳达·格拉巴尔·基塔罗维奇访沪警卫任务

17-19日 市局完成塞浦路斯共和国总统尼科斯·阿纳斯塔夏季斯访沪警卫任务

21日 市局举行敬老日慰问活动 白少康、韩勇出席。

22日 全国集中开展危爆物品寄递物流清理整顿和矛盾纠纷排查化解专项行动电视电话会议召开 在上海分会场，白少康出席并就贯彻落实工作提出要求。

23日 市编委批复同意在市局经侦总队增设九支队（证券犯罪侦查支队） 级别为正处级。下设4个大队，级别为正科级。

27日 白少康出席韩国驻沪总领事馆举行的开天节招待会并会见韩国驻沪总领事韩硕熙

27-28日 市局完成在东郊宾馆举行的2015浦江创新论坛安全保卫工作 全国政协副主席万钢出席论坛并作主题报告。

27-29日 市局完成荷兰国王威廉·亚历山大

访沪警卫任务

28 日　浙江省公安厅代表团来访　陆卫东与浙江省公安厅副厅长黎伟挺座谈交流。

28 日　苏浙皖沪三省一市公安机关区域警务合作第七次联席会议在沪召开　共同签署“苏浙皖沪三省一市公安机关国际峰会安保警务合作框架协议”。王立科、刘力伟、白少康和安徽省公安厅巡视员祁述志出席会议。

31 日–11 月 1 日　市局完成第 27 次上海市市长国际企业家咨询会议及相关活动安保工作

31 日–11 月 2 日　公安部副部长孟庆丰在沪检查指导工作　白少康、陈臻陪同。

11 月

2 日　市局完成中共中央政治局委员、国务院副总理马凯来沪出席国产大型客机 C919 首架机下线仪式期间安全警卫任务

2–7 日　市局完成第十七届中国国际工业博览会安保工作

3 日　武汉市公安局代表团来访　陆卫东与武汉市公安局党委副书记、常务副局长刘菊生就城市隧道反恐工作座谈交流。

4 日　澳门司法警察局代表团来访　陈臻会见。

5 日　市局党委传达学习党的十八届五中全会精神　白少康主持。

8 日　市局完成 2015 上海国际马拉松赛安保工作

9 日　2015 上海市“119 消防周”活动举行　姜平、白少康、周汉民等出席。

12 日　公安部召开侦破“猎豹 905”特大假币案现场表彰暨打击整治假币违法犯罪工作电视电话会议　在上海分会场，陈臻参加。

13 日　公安部召开部署全国公安机关开展居民身份证异地受理挂失申报和丢失招领工作电视电话会议　在上海分会场，陆卫东参加。

15 日　国家反恐怖工作领导小组召开紧急视频会议　在上海分会场，姜平、白少康出席。

18 日　白少康参加公安部在重庆召开的部分省市公安机关领导座谈会

19 日　公安部在沪召开部分省市刑侦工作座谈会　曹忠平参加。

19 日　京津沪渝四直辖市第十九次刑侦协作会议暨苏浙皖沪公安刑侦部门区域警务合作第五次联席会议在沪召开　白少康致辞。公安部刑侦局局长杨东出席并讲话。陈臻主持。

20–23 日　市局完成爱沙尼亚总理塔维·罗伊瓦斯访沪警卫任务

21–23 日　印度内政部部长代表团来访　白少康、陈臻、陆卫东会见印度内政部部长拉杰纳特·辛格一行。

22日 公安部副部长陈智敏到黄浦分局检查指导工作 陈臻陪同。

22-23日 市局完成拉脱维亚总理莱姆多特·斯特拉乌尤玛访沪警卫任务

22-24日 市局完成捷克总理博胡斯拉夫·奈博特卡访沪警卫任务

23日 闸北、静安分局“撤二建一”干部大会举行 会上宣布：成立上海市公安局闸北、静安分局“撤二建一”工作领导小组，建立中共上海市公安局闸北、静安分局“撤二建一”联合工作委员会。白少康出席会议并讲话。中共闸北区、静安区“撤二建一”联合委员会书记安路生出席会议并讲话。陈臻主持会议。

23日 市局“阳光警务”大厅启用 “阳光警务”大厅是以上海公安门户网站为依托的网上服务办事平台。白少康出席启动活动并讲话。白少康指出，要不断丰富和完善“阳光警务”大厅内容，努力将“阳光警务”大厅打造成为一流的政务平台。陈臻、俞烈参加。

23日 市局完成波黑总理维亚诺维奇、立陶宛总理阿尔吉尔达斯·布特克维丘斯、塞尔维亚总理亚历山大·武契奇、黑山总理米洛·久卡诺维奇、斯洛文尼亚总理米罗·采拉尔、马其顿总理尼科拉·格鲁埃夫斯基、阿尔巴尼亚总理埃迪·拉马、克罗地亚议长约西普·莱科访沪警卫任务

23-24日 市局完成波兰总统安杰伊·杜达、保加利亚总理博伊科·博里索夫、匈牙利总理欧尔班访沪警卫任务

23-25日 上海公安机关完成第四次中国-中东欧国家领导人会晤暨中国-中东欧第五届经贸论坛涉沪安保工作

25日 市局完成中共中央政治局常委、国务院总理李克强出席在江苏苏州举行的第四次中国-中东欧国家领导人会晤暨中国-中东欧国家第五届经贸论坛后来沪（与14位中东欧国家领导人同乘高铁）考察安全警卫任务

25日 公安部党委副书记、副部长傅政华在上海指挥第四次中国-中东欧国家领导人会晤暨中国-中东欧第五届经贸论坛中外领导人高铁转场安保工作

25日 浙江省公安厅代表团来访 郭永华与浙江省公安厅领导就国际大型活动（会议）空中安保工作座谈交流，并陪同到警航队考察。

26日 市局党委中心组举行学习报告会 邀请上海市“党的十八届五中全会精神宣讲团”成员、上海市政府发展研究中心主任、党组书记肖林作专题辅导报告。市局党委中心组成员、全局各单位主要领导以及部分市局机关干部聆听报告。

29日 由市局组建的中国赴南苏丹（上海）维和警队返沪

11月 宝山分局侦破虚开增值税专用发票案抓获犯罪嫌疑人黄潮标（男，39岁，广东省汕头市人）等7人，缴获开票机10台、待开增

值税专用发票 9 本、各类印章 9 枚，以及身份证、银行卡、网银数字证书等作案工具。查证涉案价税 20 亿元，税款 2.8 亿元。

12 月

1 日　国际刑警组织第十四届亚洲太平洋地区联络官会议暨第十届中东非地区联络官会议在沪举行　陈臻出席开幕式并致辞。

3 日　公安部副部长李伟到市局消防总队调研　陈臻陪同。

3 日　虹口分局侦破涉众型合同诈骗案　抓获犯罪嫌疑人范浩（男，27 岁，江西省九江市人，上海华圣展览展示服务有限公司总经理）等 22 人，查获大量虚假藏品委托买卖协议、检测合同、账册等犯罪证据。该案涉及上海、广西、浙江等地被害人 100 余人，涉案金额 600 余万元。

4 日　内蒙古自治区公安厅代表团来访　韩勇陪同内蒙古自治区公安厅副厅长葛勇一行考察市局指挥中心和大数据实战应用平台。

5 日　特警总队防暴突击二支队王春军当选第 18 届“上海十大杰出青年”

5-7 日　市局完成第十届全球孔子学院大会安全保卫工作

8 日　松江分局侦破非法吸收公众存款案　抓获犯罪嫌疑人高佳（男，33 岁，江苏省无锡市人）等 10 人。自 5 月起，高等人通过开设互联网 P2P 平台的方式，以投资理财为名，以年化利率 9%至 14.6%的回报收益为诱饵，非法吸收公众存款，涉及投资群众 300 余人，涉案金额 1800 余万元。

9 日　广西壮族自治区公安厅代表团来访　郭永华陪同广西壮族自治区副厅长刘平到警航队考察并座谈交流。

13 日　陆卫东参加上海人民广播电台“政风行风热线”节目访谈

14 日　市局召开 2015 年度领导班子、领导干部述职测评会暨干部选拔任用“一报告两评议”工作会议　白少康代表市局领导班子作工作总结及干部选拔任用工作情况报告。

14 日　白少康、陆民赴浙江桐乡参加第二届世界互联网大会安全应急指挥小组和安保工作会议　并到申嘉湖高速公路公安检查站检查安保工作。

14-15 日　市局完成阿拉伯联合酋长国阿布扎比酋长国王储穆罕默德·本·扎耶德·阿勒纳哈扬访沪警卫任务

15-16 日　市局完成在世博中心举行的中国共产党上海市第十届委员会第十次全体会议安保工作

16 日　长宁分局侦破系列入室盗窃案　抓获犯罪嫌疑人李树文（男，41 岁，云南省元江县人）。11 月 28 日晚，李采取从窗入室方式，侵入长宁区多家珠宝店、电脑城，盗窃珠宝首饰、电脑、手机等价值500余万元财物。

17日 国家反恐怖工作领导小组和公安部召开反恐怖工作电视电话会议 在上海分会场，姜平、白少康、陈臻、陆卫东参加。

17日 市局党委传达学习贯彻十届市委十次全会精神 白少康主持。

18日 “加强城市科学化、精细化管理，切实保障城市生产安全和运行安全”会议召开 姜平、蒋卓庆、白少康出席。俞烈参加。

18日 吉林省公安厅代表团来访 陈臻与吉林省公安厅代表团座谈交流。

18日 全国公安机关“秉公执法人民公安为人民”主题教育活动电视电话会议召开 在上海分会场，韩勇出席并作部署。

19日 市编委批复同意浦东分局增设国际旅游度假区公安处 级别为正处级。下设5个正科级机构。

21日 白少康出席市政府新闻发布会 全面介绍上海科创中心建设12项出入境政策、措施及推出的新举措。陆卫东参加。

23日 市局党委召开领导班子“三严三实”专题民主生活会 韩正，公安部纪委书记、督察长邓卫平，姜平、尹弘等参加。

24日 邓卫平出席上海公安机关部分单位纪委书记座谈会 白少康、公安部督察局局长余新民、副局长朱任飞，陈臻参加。

24日 邓卫平到虹桥综合交通枢纽检查指导工作 陆东陪同。

24日 市局召开圣诞节、元旦期间反恐怖工作视频会议 陈臻讲话。陆卫东作部署。

27日 市局动员部署元旦期间安保维稳和烟花爆竹管控工作

29日 全国公安出入境管理部门和边防检查机关反恐怖工作电视电话会议召开 在上海分会场，陆卫东参加并作部署。

30日 姜平、白少康等到轨道交通10号线检查地铁运行安全工作

30日 姜平听取轨道交通公共安全专项调研情况、全面宣传贯彻新修订的《上海市烟花爆竹安全管理条例》和12月31日外滩、新天地区域安保工作情况汇报 陈靖、朱宏、李余涛、陈臻等参加。

30日 公安部召开全国公安机关视频会议 在上海分会场，白少康出席，并就元旦期间安保维稳工作作部署。

30日 《上海市烟花爆竹安全管理条例》经上海市第十四届代表大会常务委员会第二十六次会议修订通过 自2016年1月1日起施行。

31日 市局完成在上海交响乐团音乐厅举行的2016年上海新年音乐会安全保卫工作

概　述

2015年，上海公安机关在市委、市政府和公安部的领导下，全面贯彻党的十八大和十八届三中、四中、五中全会精神，深入贯彻习近平总书记系列重要讲话精神，主动适应经济发展新常态，坚持以改革为动力，以法治为引领，以反恐为标准，大力推进全面深化公安改革、公安部“四项建设”和市局“六项重点建设任务”，着力打造上海现代警务机制升级版，圆满完成各项公安保卫任务，确保上海社会政治、社会治安的持续稳定，为上海经济社会发展作出应有贡献。2015年，全市公众安全感调查总体评价指数为83.91，比上年增加0.02；市民群众对公安工作满意度评价指数为83.03，比上年增加0.07，两项指数在保持历史高位的基础上连续第3年实现“双提升”。

一、严守工作底线，扎实推进反恐怖工作。坚决贯彻党中央、国务院关于进一步加强反恐怖工作的指导思想，深入推进暴恐活动“严打年”各项工作，落实反恐责任，织密防控网络，加强督导检查。健全治安巡逻防控网、武装应急处突网、群防群治守护网，常态化实施巡逻民警佩枪巡逻、特警武装巡逻、地方与铁路公安联合武装巡逻，完善公安武警联合武装巡逻，在郊区重点城镇派出所组建专职巡警队伍，建立“1、3、5分钟到场处置”机制，提升社会面防控强度。各分（县）局特种机动队屯兵街面、动中备勤，成功处置黄浦“4·17”持刀伤人案等暴力犯罪案件120余起。会同市综治办制定出台《关于进一步加强群防群治守护网建设的意见》，整合各类政府性、市场性、社会性群防群治队伍40万余人，物建治安信息员4.8万余人，配套建立发动、使用、管理、奖励机制，提升治安防控覆盖面。修订完善社会面防控等级勤务方案，将等级勤务措施拓展适用于打防管控各个领域，进一步织密社会治安防控网。

二、从严加强城市公共安全管理，有效防范化解管控风险。以最严标准、最严要求、最严措施，全力找隐患、补短板、防风险，构建符合上海超大城市特点的公共安全管理体系，保障城市安全有序运行和人民群众生命财产安全。

加强消防安全管理。组织开展城市公共安全消防高风险专项调研，排摸梳理出8类高风险领域消防安全隐患，系统提出对策措施，经市委常委会、市政府常务会议审议通过后，以“责任清单”“整改清单”的形式下发各区县政府和市政府各委办局落实整改；以市政府名义印发《关于加强城市公共安全火灾防控体系建设工作的意见》，构建城市公共安全火灾防控体系。推进市政府消防实事项目，全面完成100个居民小区、500幢15年以上房龄高层售后公房老旧消防设施专项改造，9481个居民小区开展消防逃生疏散演练。深化多警联勤消防工作机制。推进消防安全隐患整治专项行动，中央综治办挂牌督办的5处区域性隐患、市级挂牌督办的30处隐患全部整改完毕。推进消防特勤、警务航空等专业力量建设，大型消防直升机形成战斗力，在扑灭火灾、抢险救援等处置工作中发挥独特作用。全年火灾起数比上年减少21.2%，死亡人数比上年减少11.9%，受伤人数比上年减少34.1%。

加强道路交通安全管理。依法严管道路交通，形成常态长效工作机制。做好延安东路隧道、北横通道等重大市政工程配套交通组织管理工作，使其对道路交通影响降至最低。按照"四个示范"（严格执法、科学管理、畅通有序、执法形象的示范）要求，创建漕溪北路至武宁南路、西藏路全线、四平路至中山东一路3条市级交通管理示范道路。制定针对性预案通则，将防汛防台信息系统接入市局指挥大厅，有效做好灾害天气道路交通管理和应急处置工作。开展道路交通秩序大整治行动，对8处市级和17处区县级交通事故多发道路挂牌督办，全年道路交通事故数比上年减少11%，死亡人数比上年减少3.9%，受伤人数比上年减少27.3%。

加强轨道交通、机场、水域等区域安全管理。组织开展轨道交通公共安全专项调研，全面梳理问题隐患，系统提出对策措施，推动调研成果转化工作。梳理排摸全路网客流险情点，完成127座车站、425处险情点隐患整改工作。强化安全检查，加强"盘人查物"，全年安检物品5.1亿包次，查获各类危险、违禁品3.7万件。细化完善突发事件处置"一站一预案"，建立健全"四长联动"应急机制，夯实最小作战单元，组织开展应急处置演练1140余次。严格督促落实公交车厢"三防"（人防、物防、技防）措施，整改安全隐患136处。严格落实机场、火车站、码头安全防范措施，实施重点长途客运站到达安检措施，杜绝危险物品进站、上船、上车。强化水域治安管理，以及沿海地区、化工区和域外农场治安防控，上述区域内社会治安平稳有序。

加强警卫工作和公共场所人群聚集安全管理。坚持"零起点"心态、"零差错"要求，严密警卫措施，改进警卫形式。推动出台《上海市公共场所人群聚集安全管理办法》，按照"谁承办、谁负责""分级管理、属地为主"的原则，严格落实安全主体责任；加强风险评估，严格审批把关，严密落实人流监测预警、现场管控、应急处置等各项安全管理措施，确保2015国际滑联世界花样滑冰锦标赛、劳伦斯世界体育奖颁奖典礼、第十六届上海国际汽车工业展览会、F1中国大奖赛等1194项2852场次大型活动和其他人群聚集活动安全顺利进行。

三、坚持源头治理、稳妥处置，有力维护社会和谐稳定。在党委、政府的统一领导下，积极会同相关部门，做好矛盾纠纷排查化解、防范控制工作，妥善处置各类群体性事件。完善社会稳定风险评估机制，开展重大专项涉稳问题风险评估。积极推动区县、街镇两个层面大调解工作，全年会同有关部门排查各类矛盾纠纷3.9万余起、化解3.7万余起。加强和改进公安信访工作，全年化解信访积案65起。

四、坚持以打开路、打防并举，有力维护社会治安稳定。坚持打早打小、露头就打、不停地打，接连组织开展"迎新春、保平安"、春季、夏季、秋冬严打整治专项行动，持续保

持高压态势，不断提高驾驭社会治安局势能力。

严厉打击刑事犯罪。全年侦破各类刑事案件55303起，比上年增加6%。强化大要案件攻坚，命案破案率达到100%，成功侦破一批有影响的大要案件。严厉打击毒品犯罪，侦破毒品案件4152起，缴获毒品1800余千克，查处吸毒人员18876人次，强制隔离戒毒6583人。加强电信网络新型犯罪打击治理，侦破电信网络诈骗案件4029起、比上年增加64.8%，追缴赃款3840万元、比上年增加1.9%；成功开展跨境打击行动，抓获犯罪嫌疑人73人；防阻电信诈骗案件5314起，避免群众损失2.6亿余元。

严厉打击经济犯罪。全年侦破各类经济犯罪案件6177起。深化破案追赃机制建设，全年追赃挽回经济损失63.5亿余元，比上年增加55.1%。开展“猎狐2015”专项行动，缉捕在逃境外犯罪嫌疑人91人，综合绩效位居全国前列。高度关注金融领域非法集资犯罪多发情况，依法开展侦查调查，发布风险预警提示140余份。

严厉整治突出治安问题。全年查处违反治安管理案件748791起，治安处罚违法人员96058人。严厉打击整治娱乐服务场所涉黄涉赌问题，侦破涉黄涉赌刑事案件2328起、比上年增加30.9%；取缔违法场所2628家。加强与食药监、环保等部门的协作联动，侦破危害食品药品安全犯罪案件714起、比上年增加112.5%，抓获犯罪嫌疑人1082人、比上年增加108.5%；侦破污染环境犯罪案件33起、比上年增加120%，抓获犯罪嫌疑人80人、比上年增加73.9%。组织开展打击整治生产、销售境外电视网络接收设备违法犯罪专项行动，抓获涉案人员41人，查缴接收设备2281台。深入开展危爆物品寄递物流清理整顿专项行动，推动落实寄递物品先验视后封箱、寄递物流活动实名制、邮件快件通过X光机安检等制度。组织开展9次全市性治安整治集中行动，采取夜间路口设卡查堵、治安复杂地区整治、重大专案集中收网等措施，有效增强社会面震慑力。

严厉打击网络突出违法犯罪。推进打击整治黑客攻击破坏、涉网多发性侵财犯罪等一系列专项行动，查破涉网违法犯罪案件5022起。加强对本市重要信息系统和重点网站安全等级保护。整治违法违规网站5162家次，停机（业）整顿178家次，关闭违法栏目700余个，有效净化网络环境。

五、坚持围绕中心、优化服务，不断创新公安行政管理。按照简政放权、放管结合、优化服务的要求，创新公安行政管理手段方法，出台便民利民系列服务举措，努力为上海经济社会发展提供优质高效的服务环境。

全力服务上海科创中心建设。推动出台支持上海科创中心建设的12项出入境政策措施，制定实施细则，落实配套保障，加强宣传引导，推动新政落地见效。自2015年7月1日实施起，共签发服务上海科创中心建设的各类出入境证件98898证次；其中申请永久居留的外籍高层次人才234人，环比增加8倍。出台进一步加强知识产权刑事保护10项措施，着力打造专业、高效的打击防范体系。推动完善国内人才引进政策体系，进一步规范居住证转办户口、直接落户等人才落户政策的办理流程，搭建与相关部门直连互通的落户管理信息平台，推进人才认定审核信息的网上流转，提升人才落户的便利性和透明度。

全力服务上海自贸试验区建设。顺应上海自贸试验区改革发展要求，推进警务理念、智慧警务、便利服务、行政审批改革、事中事后监管、金融风险防控6项机制建设。搭建“警企在线”平台，及时发布安全防范预警信息，根据企业需求提供个性化服务。构建“打防同轴、打防并进”金融风险防控体系，侦破“5·20”特大金融票据诈骗案等10余起重大经济犯罪案件，从破案打击中发现监管工作薄弱环节，主动向自贸试验区相关部门报送风险预警通报80余份。顺利试点15项出入境证件受理、审批业务，在全国率先实行外籍人员办证“单一窗口、并联审批”，努力提供优质高效的出入境服务。

深化实有人口服务管理。深入推进“两个实有”全覆盖管理，全年清查整治各类重点复杂区域2000余处，清理“实有人口重点房屋”信息70万间，采集、维护来沪人员信息1195.7万条。扎实推进“社区实施”工作，推动全市5577个居（村）委设置“两个实有”基础信息采集室，实行标准化信息采集，加强信息质量动态监测。通过基础信息采集工作，发现违法犯罪线索3421条，协破各类案件3625起。进一步规范和方便上海市居住证办理工作，全年办理居住证44.2万张、临时住证60万张。

六、加快推进全面深化公安改革，全力打造现代警务机制升级版。将公安改革作为提升能力、引领发展的重要机遇和强力抓手，加大力度、加快进度，取得阶段性成效。

坚持高起点谋划布局。牢固树立围绕中心、服务大局，法治引领、公平正义，以民为本、简政放权的理念，整体谋划推进公安改革。主动争取，从市级层面推动公安改革，推动成立上海市全面深化公安改革领导小组，最大限度形成改革合力。领导小组下设办公室，实行实体化运作。经市全面深化公安改革领导小组和公安部批准，出台上海全面深化公安改革实施意见和分工方案，确定60项改革项目，包括4项市级层面重点协调推进项目，逐项明确牵头单位、责任单位、完成时间和主要措施，提出公安改革的任务书、路线图、时间表、责任状。

不等不靠大力推进。积极创造条件，努力探索实践，取得一批改革成果。推进行政审批制度改革，上海公安行政审批事项从原先的176项减少至77项，创新行政审批事项取消或调整后的监管模式。推进户籍制度改革，全面梳理全市138万农业户口居民基本情况，稳步推进城乡户口统一登记工作。完善执法权力运行机制，制定实施公安机关管辖的常见刑事案件立案追诉标准、行政处罚裁量基准等制度。完善区域警务合作机制，促进区域警务一体化，为圆满完成重大活动安保任务提供保障。

精心组织开展改革试点。坚持边探索、边总结、边完善，努力创造可复制、可推广的经验。率先开展境外非政府组织管理工作试点，成立境外非政府组织管理办公室，推动建立市级层面协调机制，做好服务管理工作。在宝山分局全面试点主办侦查员制度，建立评审遴选、办案责任、司法衔接等10余项制度，打造覆盖执法办案全过程的责任体系。

七、深入推进基层基础建设，夯实公安工作持续发展根基。围绕公安部“四项建设”和市局“六项重点建设任务”，统筹兼顾、扎实推进，不断提升服务实战的能力水平。

加强公安信息化建设。推进市局大数据实战实用平台建设与应用，并向公安管理领域拓展延伸；分（县）局大数据实战应用平台初步建立，两级平台体系集成效应逐步显现。制定上海公安互联网警务建设暨大数据应用创新三年行动计划，以“互联网+”、大数据思维推进

公安信息化深度应用、规模应用。有序推进移动警务终端升级换代等工作，提高警务活动智能化、便捷化水平。

加强社区警务建设。深入贯彻2014年市委1号课题调研成果，在长宁、普陀、嘉定、青浦分局开展社区警务改革试点，创新方式方法，推动社区警务与社会治理融合发展。推进社区民警队伍专职化建设，明确职责任务，保障社区民警沉入社区开展工作。开发社区警务工作系统，进一步推动各类治安要素信息的全面采集和关联应用。2478名党员社区民警兼任居（村）党组织副书记，占全市党员社区民警的86.2%，非党员社区民警也通过担任居（村）委会主任助理等形式参与社区治理。

加强核心战斗力建设。加强刑事技术建设，13个分局刑科所达到公安部一级示范或一级刑科所标准，基层DNA实验室、毒品毒物实验室建设有序推进，刑侦总队刑技中心语音实验室、电子物证实验室建成投入使用。推进网上综合作战平台建设，电子数据检验鉴定实验室通过国家认可委评审。加强视频技术建设，以派出所视频分析室建设为重点，构建三级视频侦查工作体系。

加强执法规范化建设。制定实施“阳光警务”行动方案，命名75家“阳光警务”示范点。完成上海公安机关行政权力清单、刑事权力清单、行政执法责任清单、行政审批负面清单梳理编制工作。“阳光警务”大厅和案件进展情况网上查询平台建成使用，推出10项便民利民服务新举措，取得良好社会反响。打造“阳光监所”，推进看守所“五化建设”和拘留所“三项重点工作”，17个看守所和17个拘留所通过验收。推动出台《上海市禁毒条例》《上海市烟花爆竹安全管理条例》（修订）等地方性法规。全面加强法制培训，编写系列执法示范教程，推进执法资格等级考试，开展比武竞赛活动，提升民警执法水平。

八、推进过硬队伍建设，提升队伍凝聚力战斗力。牢牢把握“五个过硬”总要求，坚持抓忠诚筑警魂、抓班子带队伍、抓培训提素质、抓纪律强作风，着力打造一支信念坚定、执法为民、敢于担当、清正廉洁的上海公安队伍。

深入开展系列教育活动。组织开展“三严三实”专题教育，市局党委成员和各单位党委（党总支）书记带头讲授“三严三实”专题党课，加强学习研讨，列出问题清单，抓好整改落实。开展“聚警心、严警纪、振警威、展形象”专题教育活动，细化18个方面30个项目教育内容，每月对各单位推进落实情况进行公示监督。组织开展“秉公执法人民公安为人民”暨“严格执法、严格管理”主题活动，教育引导广大民警以最严标准、最严要求、最严措施做好各项公安工作。

加强干部队伍建设。落实领导干部考核、交流、个人有关事项报告、逐级谈心谈话及干部任用监督、责任追究等制度。制定2015—2019年优秀年轻干部培养选拔工作的实施意见，开展后备干部集中补充调整，形成处级和科级后备干部队伍，组织100名优秀年轻干部开展挂职、轮岗锻炼。健全完善公安现役部队领导班子和领导干部选用、考评制度。

优化机构设置和警力资源管理。按照“公开、公平、公正”原则，有序推进闸北分局、静安分局“撤二建一”工作。在相关职能部门增设8个处级机构，54个正科级派出所机构级别调整为副处级，精简市局机关警力10%充实基层一线，将651名新增编制全部投向核心战斗力部门，完成1857名新警招录工作。加强职业能力建设，开发5大类核心练兵教材和警务实战训练微课程，组织开展专项培训。深化专兼职教官队伍建设，在第二届全国警务实战教官技能比武活动中荣获团体一等奖及多个单项奖。

加强公安宣传工作。坚持向基层倾斜、向一线倾斜、向普通民警倾斜，大力培育选树先进典型，全年 550 个先进集体、11391 名先进个人获记功嘉奖，涌现“感动上海”年度人物张宝发、全国先进工作者陈峥和 4 个上海市模范集体、7 名上海市先进工作者。组织开展“上海公安十大优秀青年”“十佳优秀社区民警”评选等主题活动。深化警媒合作，加强正面宣传，全年在中央和本市新闻媒体刊播各类正面宣传报道 7040 篇次；各级公安微博、微信平台发布博文、微信 60 万篇次，阅读量突破 3 亿次，转发、评论数超 100 万次。推出“上海公安”、《人民警察》和《东方剑》3 个公安 APP。

加强爱警惠警工作。开展常态化走访慰问活动，为基层民警增设专项体检项目，举办民警健康咨询活动 10 余场。加强警营文化建设，举办 2015 年上海公安系统“我们的歌声最嘹亮”合唱比赛、足球联赛等系列文体活动。依法维护民警正当执法权益，全年慰问遭受不法侵害民警、协警 869 人次。

加强党风廉政建设和基层党建工作。落实党风廉政建设和基层党建工作“两个责任制”。严格贯彻执行《中国共产党廉洁自律准则》《中国共产党纪律处分条例》，制定实施上海公安机关内部人员干预、插手案件办理的记录、通报和责任追究实施细则，加强跟踪督办。加强审计监督，确保公安经费管理使用公开规范、廉洁高效。做好“12345”市民服务热线办理工作，加强过程监督和效能监察，全年绩效考核总分在全市 66 家被考核单位中排名第一。连续第 4 年举办党支部书记、党务工作者专题培训班，实现全员轮训。强化权力监督，严格执纪问责，对各类违法违纪问题保持“零容忍”。

加强警务保障工作。推进“210 工程”收官冲刺年各项工作，公安基础设施建设“十二五”规划项目完成立项 100 个，其中央批重点项目全部开工、竣工率达到 80%，交管中心、特警营区扩建、警犬基地置换等重大项目进展较快；重点装备项目建设基本完成。

专　记

严打整治专项行动

2015年，上海公安机关结合上海平安建设实事项目和公安部一系列专项行动部署要求，在全市范围持续开展了贯穿全年的“迎新春、保平安”、春季、夏季、秋冬系列严打整治专项行动，全警动员、全力以赴，攻坚克难、顽强拼搏，全面落实严打、严防、严管、严控各项措施，取得显著成效。

一、围绕重点，主动进攻，严打各类突出违法犯罪。一是快侦快破严重暴力犯罪案件。结合公安部关于严厉打击严重暴力犯罪专项行动部署要求，进一步优化完善多警种、多部门资源手段同步上案的合成作战机制，第一时间对杀人、故意伤害等严重暴力犯罪开展联合攻坚，及时有效消除治安隐患。其间，共破获八类案件2638起，比上年增加4.2%。其中，156起命案全部侦破。二是深入推进打黑除恶专项斗争。以“市霸”“行霸”“吊模斩客”等违法犯罪为打击重点，强化线索滚动排摸，梳理出一批挂牌督办案件开展集中破案攻坚。共侦破恶势力专案89起，带破刑事案件283起，抓获违法犯罪嫌疑人491人，其中提请批准逮捕、移送起诉420人。坚持“打早打小、露头就打”，重点排查整治涉黑涉恶苗子性问题高发的区域和行业，摧毁带有恶势力苗子的违法犯罪团伙1465个，从中破获刑事案件、查处行政案件1585起，抓获违法犯罪嫌疑人5830人，其中提请批准逮捕、移送起诉4515人。三是严厉打击多发性侵财犯罪。以入室盗窃等多发性侵财犯罪案件为重点，深化情报导侦机制，优化类案管理模式，强化综合研判和侦查经营，不断提升主动发现、精确打击能力。共破获入室盗窃案件10248起，破案率30.5%；破获“两抢”案件616起，“两抢”类警情接报数比上年减少18.9%。四是严厉打击突出经济犯罪。严厉打击侵蚀经济金融基础、危害经济命脉的金融犯罪，严厉打击集资诈骗等涉及民生的经济犯罪，侦破各类经济犯罪案件4822起，抓获犯罪嫌疑人7519人，其中提请批准逮捕2690人；追缴赃款赃物63.5亿余元，比上年增加55.1%。强力推进“猎狐2015”专项行动，抓获在逃境外犯罪嫌疑人91人。五是严厉打击涉毒犯罪。按照“打团伙、断渠道、摧网络”的要求，进一步强化大案攻坚和堵源截流措施，加大对零包贩毒、外流贩毒以及网络、娱乐场所涉毒违法犯罪活动的打击力度，共侦破涉毒案件4102起，比上年增加16.15%，其中千克以上毒品专案62起；抓获犯罪嫌疑人4389人；缴获毒品1887.58千克。六是严厉打击电信网络新型违法犯罪。针对电信网络诈骗、“黑电台”“伪基站”等违法犯罪活动，依托上海市打击治理电信网络新型违法犯罪工作联席会议制度，不断强化专案攻坚、协同作战，全力“打团伙、捣窝点、摧平台、破串案、追赃款”，集中侦破一批案件、打掉一批犯罪团伙、整治一批重点地区。侦破电信网络新型违法犯罪案件24564起，抓获违法犯罪嫌疑人1231人，防范劝阻电信网络诈骗案件5690起，涉案金额2.71亿元。

二、聚焦顽症，综合施策，强化社会面治安管控。一是严整突出治安顽症。开展暗访查处，深入排摸线索，强化案件经营，全力打击涉黄涉赌违法犯罪活动。查处涉黄涉赌案件8.4万余起，抓获违法犯罪嫌疑人4772人。二是强化街面巡逻防控。严格执行等级勤务，坚持“实兵巡逻”与“视频巡逻”相结合，最大限度地把警力摆上街面，强化党政机关等重点单位，水、电、油、气等重要基础设施，以及金融网点、学校、24小时便利店、加油（气）站等重点部位的巡逻防控，提升“见警率”“管事率”，共抓获现行违法犯罪嫌疑人2.2万人，查扣被盗抢机动车、非机动车4708辆，街面“两抢”案件发生数比上年减少28.8%。三是强化危险物品排查管控。按照中央综治办、公安部等15个部委集中开展危爆物品寄递物流清理整顿和矛盾纠纷排查化解专项行动有关部署要求，加强危爆物品清查整治，组织开展对民用爆炸物品、易制爆危险化学品、剧毒化学品从业单位安全大检查，检查重点单位2801家次，督促整改各类安全隐患555处，行政处罚单位60家。四是严打食品药品、涉医违法犯罪。进一步加强与食药监、环保等部门行政执法与刑事司法的衔接，严厉打击食品药品、污染环境犯罪，破案747起、比上年增加117.15%，抓获犯罪嫌疑人1162人、比上年增加105.67%。五是强化实有人口管理。加大对“城中村”、动拆迁地区、闲置厂房等实有人口管理薄弱区域及涉外重点场所的清查整治力度，清查整治各类重点复杂区域2000余处，清理“实有人口重点房屋”信息70万间，采集、维护来沪人员信息1195.7万条。六是开展治安集中整治行动。坚持市局统一组织与分（县）局自主组织相结合，组织开展9次全市性治安整治集中行动，灵活采取大要案件集中收网、夜间路口设卡临检、治安复杂场所和夜间联合查堵等措施，形成强大震慑力。

三、从严从紧，严管不松，切实维护城市公共安全。一是加强消防安全管理。结合《上海市人民政府办公厅关于深入排查整治城市火灾隐患的通知》要求，以8大类场所和严重威胁辖区公共安全的单位、区域为重点，深入开展火灾隐患大排查大整治专项行动，共检查单位85.57万余家次，发现并消除消防安全隐患143.42万余处，依法临时查封、责令“三停”单位1269家，行政拘留1479人。针对610家（处）突出火灾隐患单位、场所、区域，严格督促落实整改措施，其中206处整改完毕，147处火灾风险得到有效管控，其余火灾隐患督促加强安全防范措施。二是强化道路交通秩序严管严治。按照“严格管理、严格执法”标准，依法严管严治“五类车”、机动车违法停放、路口“二乱”等重点交通“顽症”，“三超一疲劳”以及长途客运车辆违规运行、危化品运输车辆闯禁区等突出违法行为。会同相关

部门开展“两客一危”车辆和渣土车、搅拌车等大型车辆违法违规行为专项整治，最大限度减少道路交通事故隐患。共查处各类交通违法行为1233.7万余起，比上年增加6.1%；检查道路运输企业6000余家次，处罚违规危险品运输企业77家。三是加强轨道、机场、火车站、水域等重点区域安全防范。严格落实轨道交通安检措施以及站区网格化巡防机制，累计安检各类物品5.1亿件次，收缴各类危险、违禁品3.7万余件。督促公交运营企业落实“人防、物防、技防”建设任务，落实安防主体责任。强化机场、铁路、码头、长途客运站安检措施，确保人员出行安全。完善水域治安巡逻布局，加强与其他水上行政执法单位的联勤联动，破获各类刑事案件122起，维护了水域治安稳定。

“聚警心、严警纪、振警威、展形象”专题教育活动

2015年3月至6月，市局在全局范围内开展“聚警心、严警纪、振警威、展形象”专题教育活动。全局各单位立足队伍实际，多措并举，通过深入细致地开展队伍思想政治工作和纪律作风教育，进一步统一民警思想、振奋队伍精神、严格队伍管理，以饱满的精神状态、严整的纪律作风，积极投身于公安工作，为推进全局各项业务工作的顺利开展，提供强有力的队伍保障。

一、把握“三个环节”，严密组织部署

在组织领导上建立工作专班。市局专门成立由副市长，市局党委书记、局长白少康任组长，由市局党委副书记、副局长陈臻，市局党委委员、政治部主任韩勇和市局党委委员、纪委书记陆东任副组长的活动领导小组，统筹指导全局专题教育活动的开展。同时，下发上海公安机关“聚警心、严警纪、振警威、展形象”专题教育活动方案，分成思想引领、队伍纪律、干部考察等18个方面、30个子项进行项目化推进。全局各单位也都成立由主要领导牵头负责的工作专班，具体负责活动的组织实施，确保各项工作顺利有效推进。

在动员部署上突出全员覆盖。2月25日，市局召开全市公安局处长会议，白少康对专题教育活动作动员。2月28日，市局召开2015年上海公安政治工作会议，韩勇就活动进行具体部署。市局党委成员也分别在分管单位进行专题部署。市局团委、文职办、现役办第一时间向全体团员青年、公安文职和现役干部下发开展专题教育活动方案，做到动员部署叠加覆盖。各单位也通过不同形式开展动员部署，闵行分局结合茆盛泉烈士先进事迹的学习宣传，进一步提振广大民警的工作激情。

在推进落实上坚持不折不扣。市局成立由指挥、警保、纪检、督察、宣传、法制等部门为成员的领导小组办公室，定期召开工作例会，定期通报推进情况。市局还专门制定下发“聚警心、严警纪、振警威、展形象”专题教育活动考核评估方案，对各单位专题教育活动期间的工作数据进行每月审核和公示，并将活动开展情况纳入各单位年度考核，有序有力推

进活动开展，确保专题教育活动推进取得实效。各单位也结合自身实际加强活动推进，黄浦、长宁、静安、徐汇、虹口、杨浦、金山分局、水上公安局结合实际细化活动项目，将专题活动开展情况作为队伍建设绩效考核的重点内容进行推进。

二、突出“三个重点”，严格队伍管理

以领导干部为重点抓引领。全局各单位将专题活动与“三严三实”专题教育紧密结合，通过“一把手”给党员干部上党课，党员专题讨论会等形式，进一步提高全局党员干部的思想认识和作风建设水平。同时，市局专项督察市局领导干部一线工作制度，对全局领导干部基层联系点、联系民警进行随机电话调查了解；组织全局各单位开展“深化整改落实、加强作风建设”专项检查；以干部个人有关事项报告工作为抓手，严格领导干部日常管理；深入开展消防警卫部队干部工作大检查，切实抓好领导干部带头示范作用。各单位也积极抓好领导干部示范引领，刑侦、经侦总队等要求各级党员干部在破案打击工作中冲锋在前，切实做到“掌握案情在一线，指挥破案在一线，解决问题在一线”。轨道公交总队党委成员及各部门领导到人民广场站、中山公园站和上海火车站等基层参与一线执勤400余次，检查发现并整改公共安全薄弱环节939处。

以制度建设为重点抓规范。市局先后制定出台中共上海市公安局委员会关于落实党风廉政建设主体责任的实施意见和中共上海市公安局委员会落实党风廉政建设党委主体责任纪委监督责任检查考核办法，全面推动本市公安系统党风廉政建设和反腐败工作任务的落实。制定下发上海市公安局新闻宣传保密纪律“四不准”和上海市公安局加强公安微博微信建设和管理的工作意见，为规范网络社交工具在公安新闻宣传工作中的应用划出保密和新闻纪律红线。全局各单位均完成2015年上海市公安局党风廉政建设责任签约书签订，严格执行各项铁规硬纪。

以违法违纪为重点抓严管。坚持零容忍态度不变、坚持严厉惩治的手段不松，上半年共立案查处民警违法违纪案件35起37人，其中依法移送司法机关9人。对严重失职的领导干部从严问责，其中予以政纪立案7起7人。78名领导干部因履职不到位、管理不严格等原因，受到责任追究。

三、强化“三个从严”，维护社会稳定

从严加强城市安全管理。各级公安机关强化底线意识和红线意识，严之又严、实之又实、细之又细地狠抓各项城市公共安全管理措施落地见效。持续开展火灾隐患排查整治，共督促整改火灾隐患50万余处，截至6月底，火灾起数、死亡人数、受伤人数比上年同期分别减少26.7%、22.9%、33.3%，未发生较大以上亡人火灾。深入开展道路交通秩序大整治行动，共查处各类交通违法行为524万余起，截至6月底，道路交通事故数、死亡人数、受伤人数比上年同期分别减少6.7%、10.18%、7.28%。组织开展对轨道交通、消防安全管理工作的两个专题调研，初步形成调研成果。

从严维护社会治安稳定。各单位严抓严管，重拳出击，有力地维护了社会治安稳定。组织开展严厉打击刑事犯罪“春雷行动”“猎狐2015”境外追逃等一系列专项行动，侦破涉案金额60亿元的特大涉外地下钱庄案等一批大要案件。组织开展防范电信诈骗集中宣传活动，不定期开展全市治安整治集中行动。深化治安巡逻防控、武装应急处突、群防群治守护

"三张网"建设，优化社会面防控勤务机制，进一步提升社会面防控效能。

从严加强履职能力保障。在全局开展"强警技、振警威"反恐防暴警务实战技能和民警重点专业能力大练兵活动，组织各警种条线开发24项实战培训项目，在岗培训民警43000余人次。组织全局5288名特种机动队和派出所佩枪执勤民警开展现场形势研判、处置战术、手枪快速射击、警械装备应用、盘查缉捕、车辆拦截、驾驶技能和法律法规应用等警务实战技能训练，进一步提升练兵成效。网安总队组织开展打击网络诈骗犯罪技战法等专题培训6次，开展基层网安部门岗位实训1000余人次。法制办举办新修订《行政诉讼法》业务短训班，500名法制岗位领导干部、民警和基层法制员参加培训。特警总队开展特警实战技能练兵比武活动，全市特警系统共有290人次参加了狙击枪精度射击等5个课目的比武。警航队开展飞行、机务、空警等各类专业培训5期，参训人数覆盖率达100%，飞行大队技战术尤其是楼顶平台起降水平、空警大队野外搜救能力均达到全国警航前列水平。在公安部第二届警务实战教官技能比武中，市局荣获"总团体一等奖"等7项团体奖以及8项个人奖。

四、坚持"三个关心"，强化爱警惠警

坚持政治上关心。坚持给"想干事、能干事、干成事、不出事"的干部搭建舞台，加大2015花样滑冰世锦赛、春季严打整治等重大任务期间干部考核考察力度，专门成立4个干部考察组，深入17个分（县）局，重点考察班子及班子成员的履职能力、状态、作风、实绩等方面情况，促进各级领导干部在岗位上建功立业。进一步加强优秀年轻干部培养，启动2015年度年轻干部挂职、轮岗锻炼工作，全局选派100名年轻干部赴一线实战岗位挂职、轮岗锻炼。

坚持工作上关心。认真落实上海公安机关关于进一步健全和完善领导干部逐级谈心谈话和走访慰问制度的实施意见，以民警、官兵的思想动态为重点，广泛开展访谈，及时发现、解决民警的思想困惑和工作中遇到的问题、困难。加大表彰奖励力度，积极开展即时表彰，结合"猎狐2014"专项行动和2015年花样滑冰世锦赛安保等系列表彰活动，全局共有99个集体、2392人次记功嘉奖。其中90%以上均为基层科所队和一线民警，最大限度地调动广大民警的工作积极性、主动性和创造性。

坚持生活上关心。市局组织开展2015年上海公安系统"我们的歌声最嘹亮"合唱比赛等文体活动，不断丰富警营文化生活。组织开展2015年度民警子女参加中考、高考迎考辅导和志愿填报指导活动，全局各单位共有702名民警子女报名参加。组织开展市局28家单位总计5680人次无痛胃肠镜、钼靶、PET-CT等项目的专项体检，有序开展全局民警健康体检工作。依托全局民警心理健康三级服务网络，开展"阳光警营"民警心理健康服务主题活动，服务民警5850余人次。各单位也开展不同形式的爱警活动。公专邀请瑞金医院和泰坤堂中医医院的专家为师生开展健康咨询。宝山分局适时调整食堂菜谱，改善办公宿舍环境，同时通过建设民警健康档案、组织民警每周参加体育锻炼一小时等举措，关爱民警身心健康。浦东分局、静安分局、崇明县局、人口办、化工区分局、自贸区分局举办摄影比赛、拔河比赛、羽毛球赛、乒乓球赛、龙舟赛等丰富多彩的文体活动，进一步营造"快乐工作、幸福生活"的氛围。

五、做到“三个下功夫”，注重形象树立

在宣传引导上下功夫。对内，开设专题网页、专题简报和《人民警察》专题活动特刊，共编发专题简报78期、《人民警察》专题活动特刊2期、即时表扬163期、图片新闻271期、动态2000余条，生动展现各单位活动情况。同时，组织“奋进中的上海公安”主题展览、理论宣讲、“上海公安十大优秀青年”评选会、“五四”青年表彰会和“传承家风、锤炼警风”警察家庭故事巡回宣讲等系列活动，进一步强化公安职业精神的宣扬和认同。交警总队、监管总队、轨道公交总队、普陀分局等单位在链接市局专题活动网页的基础上，专门开设本单位活动网页，进一步加大活动宣传力度。治安总队举办第五届百联杯“十佳”优秀社区民警评选，进一步宣传、树立社区民警的良好形象。对外，围绕防范电信诈骗宣传月、2015春季严打整治专项行动等，组织8次主题新闻发布活动，在中央和本市新闻媒体上刊发各类新闻报道3200余篇次，市局官方微博、微信共发布博文2476条、微信316条，累计阅读量1.9亿次。各单位也积极开展正面宣传树立良好形象。文保分局组织开展“2015年开学季法制校园行”活动，深入本市24所高校，举办宣讲活动60余场。机场分局在上海新闻广播电台开展“安全进行时”专题宣传，及时、生动地反映机场公安专项行动成果。松江、奉贤分局强化与区两台两报协作，推出系列专版宣传公安先进典型事迹。

在服务群众上下功夫。结合新推出的10项便民利民措施，进一步完善户籍、交通、出入境、网络安全、消防等多个与市民群众密切相关的公安业务流程，积极打造民生警务“升级版”，使上海公安工作成效更多更直接地体现在服务群众、改善民生上。同时，开通“上海公安”APP应用，用户下载量8800余次。上海公民警校以及全局300个基层办学点开展主题宣讲活动280余次，培训社会学员6500余人次。出入境管理局实行“提前上岗、延时下班”制，为群众答疑解惑、化难解困，用无私奉献换取百姓的满意。徐汇分局结合“东方讲坛”系列宣讲活动，深入社区、街头、企事业单位向群众普及安全防范常识，增进警民沟通，树立良好形象。闸北分局开设“上海闸北出入境”“北站微警”和“泉心泉意泉播报”等社区微信服务号，拓展公安服务新渠道。农场分局开通户籍窗口24小时办理户籍证明业务，最大限度方便辖区群众。

在督导推进上下功夫。将专题教育活动与2015年花样滑冰世锦赛、春季严打整治等市局重点工作相结合，每逢重要节点，市局党委成员均到基层一线进行督导，力求通过强有力、高频度的现场督导，全力推动各项工作任务落实到位。截至6月底，市局督察总队共组织开展集中检查4次，重点对经侦、治安、刑侦总队等12家市局单位以及17个分（县）局推动专题教育活动的各项工作措施和责任落实情况开展全面专项督导检查。同时，组织全市各级警务督察部门对29项公安业务工作开展现场督察37次，发现各类问题871个，提出督察建议403条，发放督察通知书、建议书82份。

通过开展专题教育活动，进一步提升领导干部执行力，各级领导干部切实增强政治意识、忧患意识、责任意识，在抓城市安全运行、抓社会治安管理和抓队伍正规化建设中，以最严的标准、最严的措施、最严的督查、最严的问责狠抓工作制度规范的落实，坚决做到守土有责、守土负责、守土尽责；进一步提升民警实战本领，全局民警广泛开

展警务实战技能和重点专业能力练兵比武活动，边战边训、以比促练，有力地促进了民警实战能力和执法服务水平的提升；进一步严整队伍纪律作风，坚持把纪律、规矩挺在前面，防微杜渐，着力预防和有效解决公安队伍中存在的突出问题，促使队伍始终保持清醒的头脑和良好的作风；进一步树立队伍良好形象，全局民警始终保持高昂斗志，全力以赴投入工作，用优异的工作业绩和严整的警风警纪树立了队伍良好形象；进一步助推公安中心工作，实现政治工作与业务工作高度融合，通过强化领导干部责任落实、即时表彰奖励、目标管理考核等措施和手段，全力加强城市公共安全管理，全力维护社会治安秩序，全力推进公安深化改革，为上海公安机关圆满完成2015年花样滑冰世锦赛安保、“五一”安保维稳等重点工作提供强有力的思想和组织保障。

上海市公安系统机构名称及负责人名单（部分）

上海市公安系统机构名称（部分）

全称	简称
上海市公安局指挥部（研究室）	指挥部（研究室）
上海市公安局政治部	政治部
上海市公安局警务保障部	警保部
中共上海市公安局纪律检查委员会（与上海市监察委员会驻上海市公安局监察室合署办公）（审计室、警务督察总队）	纪委（与监察室合署办公）（审计室、督察总队）
上海市应急联动中心	联动中心
上海市公安局经济犯罪侦查总队	经侦总队
上海市公安局治安总队（上海市公安局食品药品犯罪侦查总队）	治安总队
上海市公安局刑事侦查总队	刑侦总队
上海市公安局出入境管理局（上海市出入境管理局）	出入境管理局
上海市公安局交通警察总队	交警总队
上海市公安局特警总队	特警总队
上海市公安边防总队	边防总队
上海市公安消防总队（上海市公安局消防局）	消防总队
上海市公安局警卫局	警卫局
上海市公安局法制办公室	法制办
上海市公安局监所管理总队	监管总队
上海市公安局科技处（上海市公安局信息中心）	科技处
上海市公安局文化保卫分局	文保分局

续表

全　称	简　称
上海市公安局水上公安局	水上公安局
上海市公安局城市轨道和公交总队	轨道公交总队
上海市公安局上海化学工业区分局	化工区分局
上海市公安局国际机场分局	机场分局
上海市公安局警务航空队	警务航空队
上海市公安局人口管理办公室	人口办
上海市公安局农场分局	农场分局
上海市公安局自由贸易试验区分局	自贸区分局
上海公安高等专科学校	上海公专
上海市保安服务总公司	保安总公司
上海市公安局勤务保障中心	保障中心
上海市公安局浦东分局	浦东分局
上海市公安局黄浦分局	黄浦分局
上海市公安局徐汇分局	徐汇分局
上海市公安局长宁分局	长宁分局
上海市公安局静安分局	静安分局
上海市公安局普陀分局	普陀分局
上海市公安局闸北分局	闸北分局
上海市公安局虹口分局	虹口分局
上海市公安局杨浦分局	杨浦分局
上海市公安局闵行分局	闵行分局
上海市公安局宝山分局	宝山分局
上海市公安局嘉定分局	嘉定分局
上海市公安局松江分局	松江分局
上海市公安局金山分局	金山分局
上海市公安局青浦分局	青浦分局
上海市公安局奉贤分局	奉贤分局
上海市崇明县公安局	崇明县局

注：研究室、审计室、警务督察总队为挂靠单位。

（顾天）

上海有关公安处（局）名称

全　称	简　称
上海出入境边防检查总站	边检总站
上海港公安局	上海港公安局
长江航运公安局上海分局	长航公安上海分局
上海市公安局铁路公安处	上海铁路公安处
上海市公安局走私犯罪侦查局	走私犯罪侦查局

（顾天）

2015年市、区、县公安机关负责人名单（部分）

中共上海市公安局委员会书记：白少康
副书记：陈　臻
委　员：江宪法(1月免)　倪建玉(9月免)
　　郭永华
　　陆卫东　俞　烈　韩　勇　陆　民
　　陆　东　曹忠平（1月任）
中共上海市公安局纪律检查委员会书记：
　　陆　东
上海市公安局局长：白少康
副局长：陈　臻　倪建玉(9月免)　郭永华
　　陆卫东　俞　烈　陆　民　曹忠平
正局长级干部：程九龙　吴延安（6月退休）
　　江宪法　朱伟明　何克萍
　　（10月退休）
巡视员：张宝发
副巡视员：励肇华　陈　超　朱慧芬
　　丁家祥（8月任）
　　袁志航（12月任）
　　柳　立（12月任）
指挥部主任：
政治部主任：韩　勇
警保部主任：
研究室主任：张玉学（7月免）
　　夏德才（11月任）
监察室主任：陆　东
审计室主任：钱洪乔
警务督察总队总队长：
联动中心主任：陈昌俊（4月任）
经侦总队总队长：徐长华
　　政委：
治安总队总队长：戴　民
　　政委：薛小明
刑侦总队总队长：杨泽强
　　政委：邹　伟

出入境管理局局长：丁斐平

政委：张　君

交警总队总队长：陈志康

政委：曹光毅

特警总队总队长：李征静

政委：席士增（6月免）

边防总队总队长：和向东

政委：邹新华

消防总队总队长：赵子新（4月免）

张兴辉（4月任）

政委：单于广

警卫局局长：崔洪声（7月免）

周　济（7月任）

政委：许纯谊

法制办主任：范宏飞（5月任）

监管总队总队长：王　琦

政委：丁雄锋

科技处处长：陈　超

文保分局局长：张雪华

政委：

水上公安局局长：虞谷民

政委：宋国荣

轨道公交总队总队长：曹声伟

政委：唐丽娜（3月免）

陈鸣强（6月任）

化工区分局局长：刘俊祥

政委：刘海明

机场分局局长：周一帆

政委：杨海华（10月免）

警务航空队队长：郭永华（兼）

常务副队长：彭优民（兼）

政委：陈　琪

人口办主任：朱慧芬

政委：王　锋

农场分局局长：周德辉

政委：胡永明

自贸区分局局长：杨烈毅

政委：祝新军（5月免）

李明乾（9月任）

上海公专校长：白少康

党委书记：郑万新

保安总公司总经理：王旭明

勤务保障中心主任：任　青

浦东分局局长：李贵荣

政委：卞长忠

党委副书记、副局长：王　凯（10月任）

黄浦分局局长：周　正（1月撤）

杨　杰（2月任）

政委：吴培敏

党委副书记、副局长：包晓军（10月任）

徐汇分局局长：韩力鸣

政委：包国国

党委副书记、副局长：张　警（10月任）

长宁分局局长：曹新平

政委：祝新军（5月任）

党委副书记、副局长：蔡志勇（10月任）

静安分局局长：周建国（11月免）

政委：汤　岚

普陀分局局长：郑文斌

政委：傅　翔

党委副书记、副局长：陈　琦（10月任）

闸北分局局长：潘子罕

政委：劳冠浩（11月免）

虹口分局局长：张　清

政委：林　立

党委副书记、副局长：罗震川（10月任）

杨浦分局局长：周海健

政委：张韶春（5月任）

党委副书记、副局长：陈计明（10月任）

闵行分局局长：吴培根

政委：胡延枫（5月免）
黄　卫（5月任）
宝山分局局长：杨　杰（2月免）
赵荣根（2月任）
政委：鞠　焰
党委副书记、副局长：黄　伟（10月任）
嘉定分局局长：邢培毅
政委：季　平
松江分局局长：邢铁军
政委：王　奇
党委副书记、副局长：钱国庆（10月任）
金山分局局长：马淮海（9月免）
马雪波（9月任）
政委：陈奇忠
党委副书记、副局长：王世华（10月任）
青浦分局局长：陈振华
政委：杨　俊（5月任）
党委副书记、副局长：周　频（10月任）
奉贤分局局长：赵荣根（5月免）
唐丽娜（5月任）
政委：陈鸣强（6月免）
劳冠浩（11月任）
党委副书记、副局长：瞿　炜（10月任）
崇明县局局长：吕耀东
政委：秦新新

另，11月16日，建立闸北分局、静安分局“撤二建一”联合工作委员会，潘子罕任书记，汤岚任副书记。

（谭言军、余晓燕）

机构调整

【概况】 2015 年，上海公安机关围绕公安部“四项建设”、市局“六项重点建设任务”，以队伍正规化建设为主线，不断规范公安机关机构设置，为圆满完成各项公安工作提供坚实的保障。（顾天）

【全市 53 个正科级派出所升格为副处级】 4 月 9 日，根据市编委关于同意调整本市公安系统部分派出所机构级别的批复，并经市局党委研究，同意浦东分局所属唐镇派出所、顾路派出所、龚路派出所、杨园派出所、孙桥派出所、新场派出所、康桥派出所、横沔派出所、陆家嘴治安派出所，闵行分局所属华坪路派出所、莘庄派出所、莘松派出所、新镇派出所、颛桥派出所、田园新村派出所、纪王派出所、曹行派出所、杜行派出所、陈行派出所、鲁汇派出所、虹桥综合交通枢纽广场治安派出所，宝山分局所属罗南派出所、罗店派出所、大场派出所、祁连派出所、宝杨派出所、月浦派出所、顾村派出所、刘行派出所，嘉定分局所属方泰派出所、黄渡派出所、马陆派出所、徐行派出所、江桥派出所、封浜派出所、娄塘派出所、叶城派出所，松江分局所属车墩派出所、叶榭派出所，金山分局所属蒙山路派出所、象州路派出所、亭林派出所、金山卫派出所，青浦分局所属香花桥派出所、练塘派出所、华新派出所、凤溪派出所，奉贤分局西渡派出所，黄浦分局所属新天地治安派出所，杨浦分局所属五角场环岛治安派出所，机场分局所属浦东国际机场候机楼治安派出所、浦东国际机场场区治安派出所、虹桥国际机场西候机楼治安派出所机构级别均调整为副处级。（顾天）

【增设青浦分局国家会展中心治安派出所】 4 月 9 日，根据市编委关于同意调整本市公安系统部分派出所机构级别的批复，并经市局党委研究，同意青浦分局增设国家会展中心治安派出所，机构级别为副处级。（顾天）

【增设警保部装备处警用物资管理科（上海警用仓库）】 8 月 21 日，经市局党委研究，同意在警保部装备处增设警用物资管理科（上海警用仓库），机构级别为正科级。（顾天）

【增设经侦总队九支队（证券犯罪侦查支队）】 10 月 23 日，根据市编委关于同意上海市公安局经济犯罪侦查总队增设九支队的批复，并经市局党委研究，同意增设经侦总队九支队（证券犯罪侦查支队），机构级别为正处

级。九支队（证券犯罪侦查支队）下设4个正科级大队。（顾天）

【增设松江分局广富林派出所、九里亭派出所】 12月1日，根据市编委关于同意上海市公安局松江分局增设派出所的批复，并经市局党委研究，同意增设松江分局广富林派出所、九里亭派出所，机构级别均为副处级。（顾天）

【设立浦东分局国际旅游度假区公安处】 12月19日，根据市编委关于同意上海市公安局浦东分局增设国际旅游度假区公安处的批复，并经市局党委研究，同意浦东分局增设国际旅游度假区公安处，机构级别为正处级。公安处下设综合指挥室、联络科、一大队、二大队、三大队5个正科级机构。（顾天）

【调整浦东分局交警支队内设机构】 12月19日，经市局党委研究，同意对浦东分局交警支队内设机构进行调整。调整后，浦东分局交警支队下设综合科、车辆管理宣传科（非机动车管理所）、路政设施科、勤务科、事故违章审理科、高速大队、机动大队、一至八大队，机构级别均为正科级。（顾天）

【市局部分单位增设机构】 12月25日，根据市编委关于同意调整上海市公安局机构设置和领导职数的批复，并经市局党委研究，同意增设刑侦总队九支队（电信诈骗案件侦查支队）、十支队（警犬工作支队），特警总队防暴突击三支队、四支队，人口办社会保障和市民服务信息管理处，轨道公交总队迪士尼站治安派出所，机构级别均为副处级。（顾天）

辅助决策指挥

概　况

2015年，市局指挥部围绕市委、市政府、公安部和市局党委一系列工作部署要求，以改革为动力，以法治为引领，以反恐为标准，充分发挥辅助决策、参谋助手、综合协调、服务保障等职能作用，积极辅助市局党委推进全面深化公安改革、公安部“四项建设”和市局“六项重点建设任务”，着力打造上海现代警务机制升级版，圆满完成全年各项工作任务，为确保全市社会大局稳定、推动上海公安工作发展进步作出应有贡献。

着力提高辅助决策能力水平。推进各项重点工作。根据市局全面深化公安改革工作总体部署，深入推进牵头的六项公安改革项目建设。全程参与市局全面深化改革领导小组办公室工作，为公安改革顶层设计提供智力支持。牵头组建市局“四项建设”推进领导小组办公室，细化明确年度目标任务、责任单位和时间节点，按时保质推进公安部“四项建设”和市局“六项重点建设任务”。牵头组织和协调推进“迎新春、保平安”、春季、夏季、秋冬严打整治等一系列专项行动，辅助市局党委成员深入一线开展现场督导，确保各专项行动有力有效推进。围绕重大活动和重要节点，辅助市局党委强化组织部署，推动落实反恐防范、严打整治、社会面防控、维护公共安全等措施，确保全市社会持续稳定。主动适应经济发展新常态，加强矛盾纠纷预警防控，辅助市局党委稳妥做好重大突发事件处置工作。加强调查研究和全局性工作谋划。根据公安部要求，围绕“三个突出问题”开展专项调研。根据市局主要领导指示，牵头会同市局相关单位组建调研专班，分8个专题统筹开展构建超大城市公共安全管理体系调研。牵头谋划“十三五”时期公安发展目标任务和重点事项，形成上海公安发展“十三五”规划（2016-2020年）（送审稿）。做好上级领导检查指导公安工作和全市公安局处长会议、下半年公安工作部署会等重要会议的组织筹备工作，高质量地完成各类文稿起草审核工作。推进党委督查工作。全年，共督办市局主要领导批（指）示580余件、办结550余件；完成市委、市政府督查室等上级督查部门交办的督查事项50余件；向全局各单位下达督查事项900余家次。督查工作经验做法得到公安部肯定。会同市局有关单位对

2015年市局党委重点工作推进落实情况开展专项督查，督促推动各项重点工作落实。加强区域警务合作。筹备召开苏浙皖沪三省一市公安机关区域警务合作第七次联席会议，牵头做好2015年区域警务合作轮值局各项工作，持续推动常态化合作。依托区域警务合作机制，强化与兄弟省市公安机关协作配合，加强联勤指挥、联管联控，协同完成第四次中国—中东欧国家领导人会晤暨中国—中东欧国家第五届经贸论坛、第二届世界互联网大会等重大活动安保任务。

着力加强指挥调度体系建设。加强大型群众性活动安全管理。以“防拥挤踩踏、防火灾事故、防暴恐活动”为重点，牵头严把大型群众性活动审批关，细致开展安全风险评估，周密制定安保工作方案，严格落实安全管理措施。全年，牵头相关任务单位完成239项423场大型活动安保工作。牵头排摸梳理出全市易形成“大人流”“大车流”的场所区域386处，并逐一督促制定完善安全管控方案，推动落实安防设施、人流疏导控制等措施。会同市局有关单位推动人流密集场所安全风险监测项目研发，加强人流动态监测预警。健全完善指挥调度模式。细化社会面防控四个等级勤务要求，实现警力投入最优、警务效能最大。推进指挥中心多警种一体化综合指挥平台建设，完善专业值守、合成指挥、多元处置的工作机制。会同市局有关单位建立完善“1、3、5分钟到场处置”机制，强化重点区域武装巡逻和驻点守护，严格勤务检查、强化实战演练，确保重点区域的安全。会同武警上海市总队筹备召开全市公安武警联合武装巡逻工作现场推进会，推动公安武警联合武装巡逻专业化建设。加强应急联动机制建设。修订完善各类应急处置预案，制定处置灾害性天气道路交通管理和应急处置工作通则（试行），将防汛防台信息系统接入市局指挥大厅，为有效应对处置台风“灿鸿”“杜鹃”和“6·15”“8·24”暴雨等灾害性天气提供支撑。牵头推动出台《上海市突发事件应急联动处置办法》，健全完善应急联动处置协调工作机制，指导会同联动成员单位加强应急处置队伍建设和应急物资储备管理，强化应急处置工作保障。全年共组织开展应急联动处置实战演练5次。加强和规范“110”报警服务台工作。针对报警高峰节点配齐配足接警力量，确保110接处警工作有序开展。规范110接处警，持续开展110警情抽查、接处警短信回访等工作，及时发现通报并督促整改问题。

着力强化情报信息工作。加强统计管理和统计分析，牵头会同市综治办落实第三方调查机构开展年度公众安全感、公安工作满意度调查工作。指导、推动各分（县）局全面建成大数据实战应用平台，两级平台体系集成效应逐步显现。

着力做好国际警务合作和因公出国（境）管理工作。强化国际执法合作。配合市局有关单位深入开展“天网行动”“猎狐2015”专项行动，缉捕在逃境外犯罪嫌疑人91人。在公安部指导下，协助市局有关单位与印尼警方深度合作，成功破获特大跨境电信诈骗团伙。牵头推进办理跨国案件扁平化对接机制改革试点工作，进一步缩减跨国办案中间环节。完成中国第四支赴南苏丹维和警队以及中国首支赴塞浦路斯维和警队的组建和派遣工作。会同上海公安高等专科学校完成7期外警培训项目，协助中国—上海合作组织国际司法交流培训基地承办4期中亚国家中高级执法人员培训班。严格因公出国（境）管理工作。紧贴公安实战需求，制定因公出国（境）计划安排，严格执行

审批制度，实行因公出国团组信息公开公示，接受群众监督。

着力抓好公安信访及政府信息公开工作。加强公安信访工作。牵头深入推进涉法涉诉信访改革，加强和规范纠正执法错误、补正执法瑕疵和完善信访事项依法终结退出工作。牵头抓好信访事项受理、交办、转送以及协调督办等工作。牵头开展重点信访案件集中化解专项行动，解决一批突出信访问题。全面规范初信初访办理、引导来访人员逐级走访等工作机制，严格落实首接首办责任制。推进公安信访接待场所规范化建设、分（县）局“五个一”项目建设、市局视频接访系统建设信访“三项基础”建设，均通过公安部验收达标。加强“12345”市民服务热线办理工作。将“962110”上海公安热线整合归并至“12345”市民服务热线，实现一个号码对外。加强“12345”市民服务热线公安专线管理平台建设，实现电话、网站、手机客户端等多渠道受理市民诉求功能，并建立工单办理长效工作机制。全年，牵头组织指导办理“12345”市民服务热线工单11万余件，比上年增加74.8%，办结率达100%。加强政府信息公开工作。推进“上海公安”政府网站建设，完成“阳光警务”大厅、“上海公安”APP项目等上线工作；会同市局有关单位全面梳理公安行政审批上网事项，推进市局“网上政务大厅”建设。会同市局有关单位有序公开部门预算和“三公”经费预决算信息，完成市局、分（县）局年度政府信息公开工作评估检查，依法依规处理向公安机关申请公开政府信息疑难个案。

着力做好服务保障工作。加强办文办会工作。牵头修订完善市局公文处理办法，组织开展专题培训，强化日常办文指导和审核把关，严格规范公文处理。规范和加强各类会议（活动）办理，做好市局各项重要活动组织安排，全面落实会务保障措施。严格保密、密码安全管理。制定下发文件规定，督促建立基层科所队和重点涉密部门部位保密工作自查自评制度，严格保密审查。牵头组织开展保密纪律教育整顿等专项检查，整顿保密纪律，强化保密教育培训。做好上海公安信息网市局门户网站管理，提高信息化服务水平。做好人大代表建议、政协委员提案办理工作。全年，共办理人大代表建议、政协委员提案226件，其中市局主（合）办102件，会办124件，走访率、答复率均达到100%。根据市人大、市政府、市政协有关要求，对2013年以来284件主（合）办建议提案开展梳理跟踪，持续抓好推进。提供优质档案服务。组织开展全市公安机关档案安全专项检查，发现、消除档案安全隐患20余项。推进标准化档案库房筹建、重要公安档案异地异质备份等工作。推进全市公安派出所合格档案室创建复审工作，完成20家公安派出所合格档案室示范点创建复审。按照“应归尽归、应收尽收”原则，指导市局各单位、各分（县）局完成2015年各门类档案归档工作。推进上海市公安局档案信息综合管理服务系统建设，全年接待1300余批1900余人次查询。开展史志编研工作，编纂《上海市志·公安司法分志·公安卷（1978—2010）》《政府志》等志书。多渠道宣传档案利用成果。（洪道铖）

综合调研

【协助谋划和推进全局重点工作】 全年，市局研究室积极主动辅助市局党委筹划、推进年度中心工作、重点工作以及重大专项工作，筹备全市公安局处长会议、全市下半年公安工作部署会议等一系列重要会议材料，拟写2015年上海公安工作任务书；牵头专班研究、拟写上海市全面深化公安改革综合试点方案，参与筹备上海市全面深化公安改革动员部署大会。协同相关单位做好“9·3”阅兵、第二届世界互联网大会等重大安保工作。编制上海公安发展“十三五”规划。（张晓东、钱毅云）

【开展调查研究工作】 年内，市局研究室围绕市局中心工作和阶段性重点工作，起草2015年上海公安机关重点调研参考课题，加强对全局调查研究工作的组织指导。协助相关部门推动消防、轨道交通两项重大调研成果的转化运用。开展公安部“三个突出问题”“经济发展新常态对社会稳定的影响”“‘十三五’时期社会心理特征和舆论引导”等专项课题调研。全年征集基层上报调研文章129篇，拟写、编发领导参阅12期，拟核的防范和处置预防式环境群体性事件应走向“权利维稳”、法治视阈下的和谐警民关系建设探究、转变思维是推动“大数据”在公安领域深度应用的关键等20余篇调研文章被公安部《公安研究》等杂志刊用。发挥外脑智库作用，深化研究室基层调研联系点制度、特约研究员制度、特邀顾问制度、基层调研信息员制度，会同华东政法大学社会管理综合治理研究院开展警力资源配置问题研究，健全完善多层次、多领域的调研工作机制。（张晓东、钱毅云）

【开展2015年度上海公安系统“精品文章”评选活动】 市局研究室从全局范围内聘请10位评委，本着“宁缺毋滥”的评审原则，坚持质量标准，从138篇参选文章中，评选出“精品文章”金奖8篇、银奖和铜奖各10篇，并将获奖文章汇编成2015年度上海公安系统优秀调研文集。

金奖（部分）：

上海公专：《当前“阳光警务”构建困境及对策研究》

轨道公交总队：《轨道交通安全隐患专项调研报告》

政治部：《“互联网+”思维下上海公安队伍建设的思考与探索》

自贸区分局：《充分发挥公安出入境服务对全球科技创新中心建设的思考：以上海自贸试验区为视角》

黄浦分局：《关于街面警务的实践与思考》

银奖（部分）：

宝山分局：《当代公安网络舆情工作研究》

政治部：《浅析如何进一步推动上海公安机关“轮训轮值、战训合一”训练工作升级发展》

浦东分局：《浅谈大数据时代如何深入推进公安基础信息化建设实战应用》

自贸区分局：《浅议自贸试验区境外人员管理工作的现实应对和路径选择》

普陀分局：《论社区警务的制度创新》

交警总队：《上海市单向交通适应性研究》

铜奖（部分）：

上海公专：《对上海地铁安检制度的思考与探索》

闵行分局：《以闵行区为例，进一步加强“城中村”社会管理的研究》

治安总队：《关于加强城市街面巡控力量建设的实践与思考》

黄浦分局：《新形势下群防群治工作创新发展的实践与探索》

长宁分局：《派出所调解工作的现状及改革路径初探》

嘉定分局：《在社会管理新常态下提升人口基础信息质量的思考》

交警总队：《关于改进危险化学品道路运输安全管理方式的研究》

虹口分局：《基层公安机关涉法涉诉信访改革问题研究》

（张晓东、钱毅云）

优秀文章选介

【上海公专：《当前“阳光警务”构建困境及对策研究》】 当前“阳光警务”机制运行困境主要源于设计初衷与实际运行中诸多关系难以权衡，如立案与控案的关系、执法公开与执法权威的关系、公众需求与警方需求的差异等。文章通过解析探讨“阳光警务”机制的理论内涵，从长效运作角度提出对策，认为在观念上要从公安工作整体发展的高度认识“阳光警务”机制的构建，在操作上要明确界分警务信息公开与保密的具体内容，在主体上要培育岗位复合型民警，确保“阳光警务”机制有效构建。（张晓东、钱毅云）

【轨道公交总队：《轨道交通安全隐患专项调研报告》】 2015 年 3 月以来，轨道公交总队调研组实地走访轨交站点 36 座，到相关部门、单位座谈研讨 49 次，发放调查问卷 6335 份，全面排查梳理影响轨道交通公共安全的 6 类突出问题，认真研究破解之策，建议推动建立以责任体系、标准体系、工作预案体系、实战应急处置体系、安全防控体系、综合治理体系“六个体系”为内容的轨道交通公共安全防范体系。（张晓东、钱毅云）

【政治部：《“互联网+”思维下上海公安队伍建设的思考与探索》】 在动态化信息化条件下，“互联网+”正在对公安工作和公安队伍建设产生深远影响。应更加注重数据、效率、人性、互动和普适，把“互联网+”思维、理念、方法融入公安队伍建设的方方面面，构建与时代发展相适应的公安队伍信息化管理模式，探索以建设“一个平台”为导引、集成“六大模块”为着力、配套“三项机制”为保障的“163”发展模式，进一步提升公安队伍建设的体系化、实体化和专业化水平。（张晓东、钱毅云）

情报工作

【“110 信箱”工作概述】 2015 年，上海公安机关“110 信箱”工作坚持以“服务公安实战、回应群众呼声”为导向，进一步梳理整合举报渠道，优化常态工作机制，强化线索查核处置，在服务各项专项打击整治行动、维护全市社会治安稳定等方面发挥应有作用。

一、整合渠道，规范流程。市局主管部门加强与相关部门对接协作，定期梳理各类渠道，严密转递处置流程，确保每一封举报件流转有序，处置及时。同时，各级公安机关坚持实行“110 信箱”专用信笺领取点市、区（县）两级抽检制度，一方面及时通报信笺箱损坏、安置不到位或信笺缺失等问题，督促落实整改；一方面定期梳理更新领取点，在 2015 年投入运营的地铁 12、13 号线站点增设信笺箱，确保群众举报信笺取用方便。年内，全市共设有“110 信箱”专用信笺领取点 5201 个，比上年增加 30 个。共收到各类群众举报 11619 件，比上年减少 21.6%。从中梳理下发核查线索 4684 条，比上年减少 9.9%。

二、完善机制，提升成效。各级公安机关按照市局“核查见底、处置到位”的总体要求，进一步完善线索核查处置工作机制，加大信息整合、线索串并、复查复核力度，强化线索核查处置，全力提升线索核查成效。年内，根据举报线索查破各类案件 2241 起，比上年减少 4.1%，其中刑事案件 224 起、治安案件 2017 起；抓获涉案人员 4312 人，比上年减少 4.5%，其中提请批准逮捕 205 人、刑事拘留 647 人、行政拘留 3433 人。查缴赌博机（芯片）5734 台（块），收缴赌资 64.8 万元，取缔无证游戏机房、棋牌室 373 家，责令停业整顿相关场所 163 家（次）。

三、兑现承诺，积极推广。为提高群众举报违法犯罪活动线索的积极性，市局主管部门及时兑现查实举报奖励，在确保安全保密前提下，对具名举报人，采用给付现金、银行（邮局）转账、电话充值等多种形式，及时发放举报奖励，进一步激发群众举报积极性。2015 年，共发放举报奖励 306 人次，比上年减少

“110 信箱”宣传活动 （龚小菁提供）

124 人次；奖励总额 10.506 万元，比上年减少 1.134 万元。同时，加大宣传推广，设计、制作一批“110 信箱”宣传品，向部分市人大代表、第十次党代会代表寄送安全逃生、治安防范宣传记事本，并组织各分（县）局以及市局相关单位开展宣传活动。徐汇、普陀、虹口、闵行、宝山、嘉定、松江、金山、青浦、奉贤分局和崇明县局结合“110”警民宣传日、“2015 爱民实践活动”等主题宣传活动，深入辖区企业单位、中小学校、社区服务中心和居民生活小区，积极宣传介绍“110 信箱”工作，推广群众举报途径。市局出入境管理局在接待大厅开展“110 信箱”宣传活动，扩大社会效应。静安分局借助微博等网络社交平台，着重介绍治安防范要点，鼓励群众举报违法犯罪活动。嘉定分局、崇明县局联合公民警校设立专门课程，定期开展宣传活动，有效提升“110 信箱”的社会知晓度。此外，市局主管部门根据信访工作相关要求，督促各单位加强核查反馈，按照“谁核查、谁答复”的要求，通过邮箱、电话等多种方式，及时将核查结果和工作措施回复举报人，做到“封封有答复、件件有回应”。（龚小菁）

【2015 年上海公众安全感暨公安工作满意度调查情况】 9 月至 11 月，市局会同市综治办联合委托上海零点市场调查有限公司在全市范围内开展 2015 年度上海公众安全感暨公安工作满意度电话调查，共随机抽取有效样本 20285 份。

一、上海市民对安全感的总体评价值为 83.91 分（满分为 100 分），比上年上升 0.02 分。

（一）市民群众对上海安全状况感到满意，绝大部分地区安全感评价值超过 80 分。全市 17 个区（县）中，有 16 个安全感评价值超过 80 分，有 10 个调查结果好于上年，有 10 个得分超过全市平均水平。

1. 中心城区安全感评价排名比较靠前。黄浦区安全感评价全市排名第 5 位，静安区安全感评价全市排名第 8 位，其中黄浦区排名比上年上升 1 位。

2. 郊区安全感评价大多高于全市平均水平。除奉贤区安全感评价低于全市平均水平外，金山区、崇明县、松江区、青浦区安全感评价值均高于 83.91 分，依次排名全市第 1 位、第 2 位、第 7 位、第 10 位。其中，金山区安全感评价连续三年保持全市排名第 1 位，崇明县安全感评价排名高于上年，松江区、青浦区安全感评价排名与上年持平，奉贤区安全感评价排名低于上年。

3. 次中心城区和城郊结合部地区安全感评价差异较大。有 7 个区安全感评价低于全市平均水平，其中 5 个属于次中心城区和城郊结合部地区，分别为普陀区、虹口区、杨浦区、闵行区、嘉定区。徐汇区、长宁区、宝山区安全感评价较为靠前，依次排名全市第 3 位、第 4 位、第 6 位。闸北区、杨浦区、嘉定区在全市排名比上年有所上升。虹口区、闵行区在全市排名比上年有所下降。普陀区在全市排名与上年持平。

4. 浦东新区安全感评价与上年持平。浦东新区样本数量接近全市四分之一，安全感水平对全市影响较大，2015 年全市排名第 14 位，与上年持平。

（二）单位及学校周边安全感评价最高，居住区、公共场所安全感评价出现下降趋势。单位及学校周边安全感评价值为 88.77 分，比上年上升 0.89 分。居住区、公共场所安全感评价值均有所下降，分别为 81.89 分、81.76

分，比上年分别下降0.57分、0.03分。

1. 居住区安全感评价情况。金山区、崇明县和徐汇区居住区安全感评价排名全市前3位，分别为91.47分、91.27分和89.13分；闵行区、奉贤区和普陀区排名后3位，分别为75.06分、78.34分和78.47分。有8个区（县）居住区安全感评价高于上年水平。其中，崇明县、杨浦区和金山区升幅较大，比上年分别上升5.00分、4.86分和2.21分。

2. 公共场所安全感评价情况。有10个区（县）公共场所安全感评价值均高于本地区上年水平。其中，金山区、崇明县和长宁区全市排名前3位，分别为89.84分、89.06分和85.55分；闵行区、普陀区和杨浦区全市排名后3位，分别为76.87分、78.92分和80.87分。崇明县、闸北区和金山区升幅居前3位，比上年分别上升4.84分、3.44分和2.78分。

3. 单位及学校周边区域安全感评价情况。有11个区（县）单位及学校周边安全感评价高于上年，其中，崇明县、闸北区和金山区升幅排名前3位，分别上升9.79分、6.09分和4.29分。崇明县、金山区和闸北区单位及学校周边安全感评价排名前3位，分别为97.00分、96.03分和91.00分；闵行区、普陀区和杨浦区排名后3位，分别为85.24分、85.45分和86.26分。

二、上海市民对公安工作满意度评价值为83.03分（满分为100分），比上年上升0.07分。

17个分（县）局中，有11个分（县）局公安工作满意度高于全局平均水平，有11个分（县）局公安工作满意度高于本单位上年水平。金山分局、崇明县局和徐汇分局公安工作满意度排名前3位，分别为91.91分、90.50分和88.87分。闵行分局、浦东分局和虹口分局公安工作满意度排名后3位，分别为78.55分、80.53分和80.72分。崇明县局、徐汇分局、金山分局公安工作满意度比上年有较大幅度提高，分别上升5.61分、2.74分和2.46分。（刘骏）

指挥中心

【完成党的十八届五中全会等专项安保工作】 秉承和发扬亚信峰会、青奥会“守边、稳面、保点”的经验做法，市局指挥中心强化情报预警、强化指挥调度、坚持以面保点，完成党的十八届五中全会安全保卫任务；完成抗战胜利70周年纪念活动，第四次中国—中东欧国家领导人会晤暨中国—中东欧国家第五届经贸论坛，第二届世界互联网大会，全国司法体制改革试点工作推进会等重要会议、重大活动安全保卫任务，完成韩国总统、印度总理、捷克总统、刚果（金）总统访沪等安全警卫任务。协助市局领导抓好2015国际滑联世界花样滑冰锦标赛、第16届劳伦斯世界体育奖颁奖典礼等重大活动安保工作，抽调骨干力量参加市局安保专班运作，及早启动、细致落实票证管理、交通管理、人流控制、现场秩序维护、周界巡逻警戒等各项安保措施。（刘斌）

【加强大型群众性活动管理】 根据国务院《大型群众性活动安全管理条例》等法律法规，

结合上海实际，会同市政府法制办推动出台《上海市公共场所人群聚集安全管理办法》，明确人群聚集公共场所经营、管理单位的日常安全管理责任，从风险评估、现场监测、预警发布、应急处置等方面细化人群聚集活动的应急管理措施，进一步规范大型群众性活动的安全许可程序和全程监管工作，并建立政府部门间的协调机制。以“防拥挤踩踏、防火灾事故、防暴恐活动”为重点，全面细致开展大型群众性活动安全风险评估，“一活动一方案”“一点一方案”，周密制定安保工作方案预案。活动期间，市局指挥中心会同相关职能部门加强活动安全监管，指导、督促承办方认真履行活动安全主体责任，加强票证管理、入场安全管理，落实安保力量。会同市局科技处推进人群密集场所安全风险监测项目，并探索在重要节假日和重大活动期间，运用科技手段开展人流动态监测和实时预警，切实做到风险早发现、早处置。全年，共牵头组织开展大型活动及其他工作任务 239 项 423 场，确保各项活动安全顺利举行。(刘斌)

【完善重大突发事件应急处置机制】 制定并严格执行重大突发事件紧急信息报告规定，结合人员密集重点区域“1、3、5 分钟到场处置”工作，强化现场处置民警向市局指挥中心、各单位“一把手”向市局主要领导即时报告制度；设置紧急信息直报专用通话组，建立常态点名制度，通过开展实战演练等多种方式督促各单位执行落实。深化扁平化指挥机制建设，进一步提升处置速度；对“1 分钟到场处置”的市级重点区域，指挥员点对点实施指挥，努力做到第一时间掌握现场情况、第一时间采取应对措施，有效控制局势、迅速平息事态。(刘斌)

【完善应急联动工作机制】 根据《上海市公共场所人群聚集安全管理办法》，市局指挥中心在认真听取相关应急联动单位意见建议的基础上，牵头做好《上海市突发公共事件应急联动处置暂行办法》评估修订工作。会同市劳动监察总队健全完善因劳动纠纷引起的重大群体性突发事件应急联动机制。依托“3+X”应急救援会商机制，会同市建管委、市水务局、市电力公司加强“水、电、气”“生命线”工程保障和突发事件处置联动工作。会同市交通委及市局法制办、交警总队建立轮渡停航期间非机动车驳运过江工作机制。通过开展重大燃气事故、特种设备事故、轨道交通突发事件等市级应急处置综合演练，进一步加强各支应急联动队伍之间的磨合，提升协同处置能力。全年共组织开展应急联动处置实战演练 5 次。(刘斌)

【加强 110 报警服务台建设】 以“110，与您携手共创平安”为主题，市局指挥中心会同市局政治部宣传处、公民警校及各公安分（县）局、市局有关单位组织开展“110”系列宣传活动，进一步拓展“110”社会影响。充分调研，会同市局警保部、科技处研商新建一套 110 接处警中心的方案，与现有的接处警中心形成“双中心、热备份”，增强 110 接处警系统的安全性、稳定性。围绕社会热点问题，及时形成警情提示，并组织接警员培训，提高接警效率。年内，市局 110 报警服务台共受理报警电话 1329 万余次，比上年增加 2.9%；实际处警 634 万余次，比上年增加 2.4%。(刘斌)

合作交流

【协调推进境外追逃行动】　年内，市局国际合作部门围绕实战需求，对照专项行动目标任务，搭建跨国办案合作平台，发挥境外资源渠道优势，全力协助市局实战部门开展公安部“猎狐2015”专项行动。全年，全局从印度尼西亚、菲律宾等28个国家和地区共抓获在逃境外犯罪嫌疑人91人（含“天网行动”中抓获的在逃境外犯罪嫌疑人2人），缉捕率51%，综合绩效分位列全国公安机关第三名。（叶晟）

【做好赴塞浦路斯维和警队出征工作】　1月10日，由市局组建的中国首批赴塞浦路斯维和警队（共2人）赴塞浦路斯执行联合国维和任务。（叶晟）

【赴南苏丹维和警队完成任务回国】　11月29日，由市局单独组建的中国第四支赴南苏丹维和警队（14人）完成为期一年的联合国维和任务凯旋回国。执行任务期间，警队以良好的纪律、能力和素养，赢得联合国南苏丹特派团和维和警察同行的一致认可。6月30日，联合国南苏丹特派团举行授勋仪式，为警队全体队员颁发“联合国和平勋章”。（叶晟）

【公安部与国际刑警组织在上海共同举办第14届亚太地区联络官会议暨第10届中东北非联络官会议】　12月1日至3日，来自亚洲和南太平洋地区以及中东北非的20多个国家和地区近40名外方代表参会。会议搭建了本地区各国中心局沟通交流平台，推进面对面、点对点模式的务实联络机制，研究打击网络犯罪特别是网络涉恐犯罪活动应对举措。公安部国际合作局副局长段大启出席并主持会议，公安部网络安全保卫局副局长赵世强出席会议并作主旨发言，市局党委副书记、副局长陈臻出席开幕式并致辞，北京、上海等24个地方公安机关国际合作（外事）部门派员参会。（叶晟）

【承办外警培训项目】　年内，根据公安部统一部署，市局指挥部国合处会同上海公专承办“印度尼西亚高级执法官员研修班”“南太地区执法部门指挥管理培训班”“中东欧高级执法官员研修班”“土耳其警务指挥综合研修班”4期外警培训项目，培训外国执法官员53名。首次参与外警培训“走出去”项目，市局组团赴阿联酋举办“打击有组织犯罪培训班”。会同中国-上海合作组织国际司法交流合作培训基地承办“塔吉克斯坦内务部高级干部研修班”“哈萨克斯坦国家安全委员会大型活动安保培训班”“吉尔吉斯斯坦国家安全委员会高级干部研修班”“乌兹别克斯坦内务部大型活动安保培训班”4期外警培训项目，培训外国执法官员54名。（叶晟）

【陆东赴南苏丹、德国、土耳其访问】　6月25日至7月4日，市局党委委员、纪委书记陆东率团赴联合国南苏丹维和任务区实地了解上海维和警队的工作生活情况，检查队伍纪律作风，转达市局党委的关心和慰问，并参加联合国和平授勋仪式。应邀率团赴德国、土耳其访

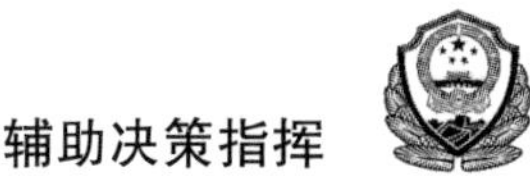

问，学习德国慕尼黑、土耳其伊斯坦布尔警察队伍管理和纪律惩戒方面的经验做法。（叶晟）

【韩勇赴法国、荷兰、西班牙访问】 7月6日至15日，市局党委委员、政治部主任韩勇应邀率团赴法国、荷兰、西班牙访问，与三国警方就警察管理制度、警员招募和职业发展、非法移民管理、大型活动安保及国际执法合作等方面工作进行交流。（叶晟）

【白少康赴美国、加拿大、日本访问】 11月24日至12月3日，市局党委书记、局长白少康应邀率团赴美国、加拿大、日本访问，与三国政府及警察部门围绕城市公共安全管理、反恐怖工作、大数据应用、迪士尼乐园安保、国际执法合作等领域进行交流。（叶晟）

【土耳其警察总局总局长麦赫迈特·杰拉莱廷·莱凯西日访沪】 应公安部邀请，土耳其警察总局总局长麦赫迈特·杰拉莱廷·莱凯西日一行13人，于1月29日至31日访问上海。白少康、陈臻会见了代表团。（叶晟）

【澳大利亚移民与边境保卫部助理部长卡什访沪】 应公安部邀请，澳大利亚移民与边境保卫部助理部长卡什一行8人访华，于6月28日至30日访问上海。（叶晟）

【泰国皇家警察总署副总警监罗萨克访沪】 应公安部邀请，泰国皇家警察总署副总警监罗萨克一行10人，于9月14日至17日访问上海。陈臻会见了代表团。（叶晟）

【印度内政部部长拉杰纳特·辛格访沪】 经国务院批准，应公安部邀请，印度内政部部长拉杰纳特·辛格一行7人访华，于11月21日至23日在公安部副部长陈智敏的陪同下访问上海。市长杨雄会见了代表团，白少康、陈臻、陆卫东参加。（叶晟）

【出访和接待数据】 市局指挥部国合处严格执行有关规定，加强统筹管理，做好出访和接待工作。全年，组织、派遣各类因公出国（境）团组90批、299人次。团组分别访问了美国、加拿大、俄罗斯、英国、德国、意大利、土耳其、以色列、西班牙、荷兰、法国、匈牙利、罗马尼亚、瑞典、日本、新加坡、印度尼西亚、老挝、菲律宾、泰国、马来西亚、越南、塔吉克斯坦、阿联酋、澳大利亚、加纳、埃及、南苏丹以及中国香港、中国澳门30个国家和地区。年内，先后接待来自加拿大、俄罗斯、德国、土耳其、荷兰、韩国、印度、泰国、越南、老挝、吉尔吉斯斯坦、约旦、亚美尼亚、澳大利亚，以及中国香港、中国澳门，国际刑警组织等17个国家、地区和国际组织来访团组36批、570人次，比上年分别增加2.9%和42.5%。接待公安部及全国各省、自治区、直辖市公安厅（局）团组97批、800人次，比上年分别减少49.5%和58%。（叶晟）

【2015 年外宾团组（部长级）访沪一览表】

序号	访沪日期	团组名称	团长	职务	团组人数	接待领导	主要活动
1	1 月 29–31 日	土耳其警察总局代表团	麦赫迈特·杰拉莱廷·莱凯西日	总局长（副部级）	13	白少康 陈臻	参观市局刑侦总队，游览东方明珠电视塔、城市规划展示馆、黄浦江夜景、朱家角景区、虹桥珍珠城、豫园
2	6 月 28–30 日	澳大利亚移民与边境保卫部代表团	卡什	助理部长（副部级）	8		澳方自行安排活动
3	9 月 14–17 日	泰国皇家警察总署	罗萨克	副总警监（副部级）	10	陈臻	参观市局特警总队、浦东分局花木派出所，游览青浦朱家角、上海城市规划展示馆、豫园、东方明珠电视塔
4	11 月 21–23 日	印度内政部部长代表团	拉杰纳特·辛格	部长（正部长级）	7	白少康 陈臻 陆卫东	参观市局指挥中心、黄浦分局新天地治安派出所、上海自由贸易试验区，游览城市规划展示馆、中华艺术宫、朱家角景区、中共一大会址纪念馆、黄浦江夜景、玉佛寺、东方明珠电视塔

（叶晟）

【2015 年公安部领导（部长级）在沪活动一览表】

序号	访沪日期	团组名称	团长	职务	团组人数	接待领导	主要活动
1	3 月 31 日–4 月 6 日	公安部	孟宏伟	副部长	3	白少康 陈臻	调研、考察
2	5 月 10–11 日	公安部	李伟	副部长	2	白少康 陈臻	出席政法培训活动
3	5 月 20–21 日	公安部	邓卫平	纪委书记	6	白少康 陈臻 陆东	视察、调研

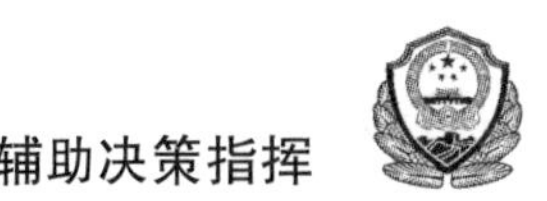

续表

序号	访沪日期	团组名称	团长	职务	团组人数	接待领导	主要活动
4	5月20-27日	公安部	孟宏伟	副部长	2	白少康 陈臻	调研
5	6月16-17日	公安部	孟庆丰	部长助理	2	白少康 陈臻 陆卫东	参加外事活动
6	7月22-25日	公安部	郭声琨	国务委员 公安部部长	30	白少康 陈臻 韩勇	参加全国司法改革工作会议
7	7月23-25日	公安部	孟庆丰	副部长	6	白少康 陈臻 曹忠平	办理专案
8	7月24-25日	公安部	陈智敏	副部长	2	白少康 陈臻 陆卫东	办理专案
9	10月31日-11月2日	公安部	孟庆丰	副部长	9	白少康 陈臻	办理专案
10	11月21-23日	公安部	陈智敏	副部长	4	白少康 陈臻 陆卫东	陪同印度内政部部长访沪
11	12月1-3日	公安部	李伟	副部长	9	陈臻 俞烈	参加全国消防战训工作会议
12	12月23-24日	公安部	邓卫平	纪委书记	6	白少康 陈臻 陆东	参加市局党委民主生活会

（叶晟）

【2015年各省、自治区、直辖市公安厅（局）领导在沪活动一览表】

序号	访沪日期	团组名称	团长	职务	团组人数	接待领导	主要活动
1	7月29-30日	江苏省公安厅	王立科	厅长	15	白少康 陈臻 陆卫东	参加海峡两岸交流活动

续表

序号	访沪日期	团组名称	团长	职务	团组人数	接待领导	主要活动
2	7月29-30日	浙江省公安厅	刘力伟	厅长	15	白少康 陈臻 陆卫东	参加海峡两岸交流活动
3	10月27-28日	江苏省公安厅	王立科	厅长	25	白少康 陈臻	参加苏浙皖沪三省一市区域警务合作会议
4	10月27-28日	浙江省公安厅	刘力伟	厅长	25	白少康 陈臻	参加苏浙皖沪三省一市区域警务合作会议
5	10月27-28日	安徽省公安厅	祁述志	党委委员 巡视员	25	白少康 陈臻	参加苏浙皖沪三省一市区域警务合作会议

（叶晟）

信访工作

【受理群众来信来访】 2015年，全市公安机关信访总量50922件（批），比上年减少23.8%。其中，来信来电35499件，比上年减少19.3%；来访15423批，比上年减少32.5%。在50922件（批）信访件中，要求解决问题类的14004件（批），占27.5%；要求查处案件类的12124件（批），占23.8%；批评、建议、表扬类的8760件（批），占17.2%；非警业务类的5137件（批），占10.1%；举报违法犯罪活动线索的2915件（批），占5.7%；申诉类的4113件（批），占8.1%；咨询类的1161件（批），占2.3%；控告类的425件（批），占0.8%；举报民警违纪的246件（批），占0.5%；无实质内容的2037件（批），占4%。（李杰）

【推进涉法涉诉信访改革】 市局制定下发关于进一步规范上海公安信访事项终结工作的通知、关于通过办理信访事项纠正执法错误和补正执法瑕疵的通知，推动完善涉法涉诉信访事项办理程序，落实部门主体责任，实现上级交办和重点信访件法定程序覆盖率、法定文书使用率100%。（查剑明）

【完成公安部信访专项活动任务】 按照公安部部署开展为期三年（2013年至2015年）的公安信访“抓源头、打基础、强机制、促规范”专项活动要求，上海公安机关结合实际，强化工作措施，全面组织推进。2013年至2015年，全局信访总量同比减少7.1%，化解信访案件17441起，投入信访接待场所新建、改扩建经费606万元，新建接待场所2个，新建、改扩建面积1050平方米，新增信访工作民警8人。2015年，通过公安部“三项基础”建设（公安信访接待场所规范化建设、区县级公安机关“五个一”项目建设、市局视频接访系统建设）达标验收，普陀、嘉定分局被公安部评为“全国公安信访窗口示范单位”。（查剑明）

【加强重点信访案件化解工作】 年内，全市公安机关组织开展涉法涉诉信访重点案件化解工作，办结上级机关交办和领导批示信访件590件，化解信访积案65起，并对重点信访人员开展“以案清事明促案结事了”专项工作。（高荣）

【落实领导开门接访制度】 全年，市局领导接待信访群众98批101人。其中，市局党委书记、局长白少康，市局党委副书记、副局长陈臻共接待信访群众28批28人。（高荣）

【完善信访工作机制】 市局在指挥部信访处设立“上海公安青年民警锻炼基地”，完成首批挂职轮岗任务。市局指挥部制定下发关于进一步加强初信初访办理工作的实施办法，落实首办责任，提高初次信访化解率。市局信访接待实施初访接待告知单制度，落实属地责任，引导上访人逐级走访。（查剑明）

【信访工作获市委、市政府表彰】 市局指挥部信访处、虹口分局信访办被评为2015年度上海市文明信访室。市局治安总队广场办和指挥部信访处、经侦总队、青浦分局、崇明县局4名民警被评为2015年度全市信访工作先进集体、先进个人。（查剑明）

【推动公安政府网站建设】 3月，“上海公安”政府网站推出“上海公安”手机APP移动为民服务项目，信息发布总量达到73331条。同时，向社会提供治安、交通、出入境、边防、水上、网安、消防、人口、刑侦、上海港、机场11家业务单位总计275个服务事项，实现预约或网上办事82万余件；“上海公安”政府网站日均浏览量超过100万次，连续第八年获得市政府优秀网站称号。（沈明翰）

【做好“12345”市民服务热线工作】 1月，将“962110”上海公安热线电话咨询求助整合归并至“12345”市民服务热线。年内，“12345”市民服务热线公安专线以综合总分91.23分列全市承办单位的第一位，连续第二年蝉联绩效考核执法管理部门类承办单位优秀单位。全年，共处理“上海公安热线”网上咨询求助45718件、办理“12345”市民服务热线转办工单123422件，办结率达100%。（沈明翰）

【推进政府信息公开工作】 全年，办理群众提出的政府信息公开申请865件，答复公开328件。主动公开政府信息34210条，其中规范性文件11条，向“中国上海”政府网站报送信息2823条。改建“上海公安”政府网站政府信息公开专栏，公开市局“权力清单”等信息，推进行政处罚案件信息主动公开工作。开展保密检查活动，通过公安部专项检查。（丁卫东）

档案管理

【在上海市档案工作会议上作交流发言】 3月10日，市委、市政府召开上海市档案工作会议。市局党委副书记、副局长陈臻参加会议并作交流发言，强调，上海公安机关将以更大的决心和力度，一以贯之地把档案这项不可缺少的基础性工作抓紧抓好，努力实现新形势下上海公安档案工作的新突破。市委常委、市委秘书长尹弘，国家档案局副局长、中央档案馆副馆长许士平等领导出席会议并讲话，副市长翁铁慧主持会议。（姚铁盟）

【陈臻、韩勇参加《汶川特大地震上海市救灾援助实录》首发座谈会】 年初，根据《汶川特大地震上海市救灾援助实录》编撰委员会的要求，市局指挥部档案处会同相关单位从档案材料、音像资料、内部刊物等内容入手，收集整理了上海公安民警在汶川特大地震救灾工作中的事迹材料6万余字，图照50余张，送交编撰委员会。5月6日，陈臻、韩勇参加了在市委统战部召开的《汶川特大地震上海市救灾援助实录》首发座谈会。市委常委、市委统战部部长沙海林出席会议并讲话。（姚铁盟）

【市局指挥部档案处、虹口分局分别荣获上海市档案系统先进集体称号】 根据中华人民共和国人力资源社会保障部、国家档案局部署，经市有关部门民主推荐，市人力资源社会保障局、市公务员局和市档案局审核同意，市局指挥部档案处、虹口分局分别被授予“上海市档案系统先进集体”称号。（姚铁盟）

【组织开展公安档案安全专项检查】 根据国家档案局和公安部档案局的要求，市局指挥部档案处从9月起分两个阶段，组织全市公安机关全面检查了档案库房，以及电气线路、防汛和消防设施等库房重点部位和设施设备情况，档案库房、消防安全、利用查询等各项档案安全规章制度执行情况，并完善应急预案。其间，共发现、排除档案安全隐患20余项。（姚铁盟）

【推进重要公安档案异地异质备份工作】 年内，在公安部档案局具体指导下，市局指挥部档案处按照“重要信息选择不同地质板块、不同江河流域、不同电网区域异地备份”的要求，经与有关省市公安档案管理部门沟通，并实地考察库房情况，与甘肃省公安厅档案管理部门就沪甘两地公安机关互建重要电子档案异地异质备份基地工作基本达成一致。（姚铁盟）

【完成首批公安派出所合格档案室创建复审工作】 市局指挥部档案处按照上海公安派出所合格档案室标准，牵头抽调市局有关单位和分（县）局档案工作业务骨干，组成4个抽查小组，采取“分（县）局复审—市局抽查”的办法，在年底前完成首批168家公安派出所合格档案室创建复审工作。（姚铁盟）

【《海上警察百年印象》入选第二批上海市优秀档案文化传播项目】 该项目由上海市档案局

组织评审，评选范围是在2013年至2014年内，依托档案信息资源开展的文化活动和开发的文化产品，由市知名专家学者与文化人士组成评委会，经初审、复审、终审三轮遴选而产生。(姚铁盟)

【举行“历史的回声——‘档案里的故事’档案法制宣传与档案文化传播全市巡讲上海公安专场”活动】 由市委宣传部、市档案局等单位联合主办，市局指挥部协办，在上海公专举行，也是“历史的回声——‘档案里的故事’档案法制宣传与档案文化传播全市巡讲”活动的第31场活动，全市各级公安机关180名档案民警参加活动。(姚铁盟)

“档案里的故事”宣传活动 (姚铁盟提供)

专项整治行动

上海公安机关开展专项整治行动一览表

时　间	名　称	组织单位
1月23日至3月底	枪爆物品大清查行动	治安总队
1月31日至3月15日	“迎新春保平安”专项行动	指挥部
2月6日至7月3日	打击整治网上非法买卖银行卡犯罪专项行动	经侦总队
3月12日至12月底	打击整治电信诈骗违法犯罪专项行动	刑侦总队
4月1日至12月31日	缉捕在逃境外经济犯罪嫌疑人专项行动（代号“猎狐2015”）	经侦总队
4月1日至6月底	整治互联网涉毒违法犯罪专项行动	缉毒处
4月10日至6月底	春季严打整治专项行动	指挥部
6月1日至11月30日	打击整治假币违法犯罪专项行动	经侦总队
6月3日至8月底	涉恐隐患大排查专项行动	反恐总队
6月19日至7月31日	彩钢板建筑住人“清零行动”	消防总队
7月13日至12月底	严厉打击严重暴力犯罪专项行动	刑侦总队
7月1日至9月底	夏季严打整治专项行动	指挥部
10月15日至2016年12月底	清理取缔涉渔“三无”船舶专项行动	水上公安局
10月22日至2016年3月底	危爆物品寄递物流清理整顿和矛盾纠纷排查化解专项行动	治安总队
11月1日至2016年1月31日	秋冬严打整治专项行动	指挥部
11月24日至2016年3月底	危爆物品清理整顿专项行动	治安总队

（洪道铖）

刑事犯罪侦查

【概况】 2015年，上海公安刑侦部门根据公安部、市局的总体部署，坚持反恐标准，以深化公安刑侦改革为契机，以大力推进刑侦专业化、信息化建设，打造刑侦警务机制升级版为目标，以打开路、攻坚克难，立足实际、务求实效，严厉打击各类刑事犯罪，始终保持严打整治高压态势，全力维护国家安全和全市社会治安大局持续稳定。全年立刑事案件20.5万余起，比上年增加46.6%。侦破各类刑事案件5.5万余起，破案率27%，比上年减少10.3%；其中侦破八类案件2638起，破案率66.9%，比上年增加3.5%；抓获犯罪嫌疑人70422人，比上年增加4.9%。（车永新）

【加强刑侦专业情报研判体系建设】 按照公安部关于全国刑侦信息专业应用系统建设要求，刑侦总队牵头市局有关单位，对各类刑侦专业应用系统进行整合，实现刑侦业务流与数据信息流的融合。进一步强化视频会商工作机制，在预警研判、侦查经营、精确打击方面发挥合成攻坚作用。全年通过工作平台侦破各类刑案8571起，抓获犯罪嫌疑人3199人。其中，侦破系列性案件839串、6701起，查获犯罪团伙536个，抓获团伙成员1814人。（车永新）

【命案破案率首次达到100%】 全市刑侦部门高度重视“有广泛社会影响案件”，第一时间上足警力，调集各种手段和资源进行攻坚，结合公安部组织开展为期6个月的严厉打击严重暴力犯罪专项行动，全年共立命案156起，破156起，破案率100%。先后成功侦破浦东“5·11”杀人碎尸案、徐汇“4·2”药物杀人案、嘉定“8·12”“8·27”故意杀人案等重大疑难案件。重视失踪人员调查工作机制和失踪人员DNA采集工作，全市共有521名失踪人员信息录入“全国失踪人员信息系统”，入库率达100%。采集1846份失踪人员家属血样，比中86具未知名尸体。通过对疑似被侵害失踪人员调研工作，侦破6起故意杀人案件。刑侦总队会同市局业务部门及属地分（县）局，对69条涉枪涉爆及扬言极端行为线索开展核查。全年侦破涉枪案件22起，抓获违法犯罪嫌疑人85人。（车永新）

【严厉打击多发性侵财犯罪】 针对“两抢”、入室盗窃等多发性侵财犯罪的发案特点，全市刑侦部门不断深化情报导侦机制，提升跨地域行动作战能力，全力打团伙、破串案。全年侦破盗窃案件24705起，比上年减少2.1%。在市社会治安综合治理重点工作之“防范和打击电信诈骗犯罪”专项工作中，坚持以“打团伙、捣窝点、摧平台、破串案、追赃款”为目标，采取专案打击、挂牌督办、驻点侦查、合成攻坚等措施，对各类电信诈骗违法犯罪开展重点打击。全年侦破电信诈骗案件4209起，比上年增加64.8%，抓获犯罪嫌疑人1393人，查处各类涉案平台、窝点197个，追缴冻结赃款赃物共计3840余万元。刑侦总队会同市局有关单位，牵头各分（县）局探索建立打击地域性电信网络新型违法犯罪驻点工作机制，成功查获广西宾阳籍“7·6”“7·9”等多个电信诈骗犯罪团伙。防阻电信网络诈骗案件5500起，避免人民群众经济损失2.65亿元。4月，市局在全市统一组织开展防范电信诈骗“集中宣传月”活动。刑侦总队牵头协调有关单位向市民发送防范提示短信3600余万条，在全市700余家电信营业厅滚动播放防范宣传标语。（车永新）

【持续开展打击夜间违法犯罪联合查堵行动】 根据市局统一部署，市局刑侦总队牵头组织开展了4次有针对性的联合查缉暨打击夜间违法犯罪查堵行动。其间，全市共采集违法犯罪可疑人员指纹信息4440人份、DNA样本4352份；侦破刑事案件440起，刑事拘留犯罪嫌疑人236人，抓获网上在逃人员12人，缴获伪基站设备4套。（车永新）

【打击涉黑涉恶违法犯罪】 全市各级公安机关坚持将打黑除恶专项斗争与打击整治各类“市霸”违法犯罪活动有机结合，综合采取滚动排摸、侦查经营、挂牌督办等措施，重点打击寻衅滋事、敲诈勒索的“吊模斩客”“市霸”“医闹”“黑车”“黑120”等违法犯罪。（车永新）

【坚持开展信息化追逃工作】 全市公安机关坚持信息化追逃，在开展数据比对、预警倒查、挂牌督办、有针对性的组织力量赴外省市开展抓捕行动的基础上，试点开展人像静态批量信息比对。全年共抓获各类网上在逃人员5421人（2名B级通缉在逃人员），比上年减少4.8%。其中，抓获外省市网上在逃人员2915人，比上年减少3.2%；抓获历年网上在逃人员343人，比上年增加17.1%。12月19日，普陀分局抓获潜逃15年的被公安部列为B级通缉在逃人员王国云（男，50岁，上海市普陀区人）。5月26日，浦东分局抓获潜逃10年的命案网上在逃人员侯运华（男，39岁，湖南省桂阳县人）。（车永新）

押解犯罪嫌疑人　（车永新提供）

【严厉打击毒品犯罪】 根据《中共上海市委、上海市人民政府关于贯彻〈中共中央、国务院关于加强禁毒工作的意见〉的实施意见》，市局制定下发关于进一步加强上海公安禁毒工作的

意见。年内，全市各级刑侦部门继续保持对毒品违法犯罪活动的零容忍态度，严厉打击制贩毒和网络涉毒犯罪，全力遏制零包贩毒活动。全年侦破涉毒刑事案件4102起，比上年减少16.2%；抓获涉毒犯罪嫌疑人4389人，比上年减少16%；缴获各类毒品1800余千克，比上年增加83.4%，先后侦破公安部“2015·65”“2014·819”等一批重大案件。进一步加强和规范对吸毒人员的动态管控工作，共查处吸毒人员1.8万余人次，收戒吸毒人员4836人。(车永新)

【严厉打击拐卖妇女儿童犯罪】 开展打击拐卖妇女儿童犯罪专项行动，严格落实侦办拐卖儿童案件“一长三包”责任制、儿童失踪快速查找机制，加强对来历不明儿童的滚动排查。全市共侦破拐卖类案件5起，解救被拐儿童3人、妇女14人，抓获犯罪嫌疑人11人。共采集来历不明儿童的DNA生物检材389份，排查来历不明儿童290人，通过儿童失踪快速查找机制找回失踪儿童4人。(车永新)

【加强刑事科学技术手段建设】 根据公安部关于开展现场勘查工作实行“一长四必”(“一长”即县市区公安局长对现场勘查工作总负责，“四必”即现场勘查工作要做到“现场必勘、信息必采、信息必录、信息必比”)制度的要求，市局制定印发上海公安机关开展分级分类现场勘查工作实施方案，在刑事案件现场以专业技术人员勘验为主的基础上，开展分级分类现场勘查工作，实现刑事案件现场勘查全覆盖。按照公安部一级技术室建设标准，各分(县)局均已申报评定公安部一级技术室。其中，浦东、黄浦、长宁、普陀和闵行分局申报一级示范技术室。加强分(县)局DNA和毒品毒物实验室建设，浦东、闵行和长宁分局已完成DNA实验室建设。截至年底，指纹自动识别系统累计建库400余万人份，法庭科学DNA数据库累计存档120余万份。全市各类刑事案件现场勘验率、痕迹物证提取率、痕迹物证作用率分别达到93%、56%和17%。(车永新)

反拐宣传 (车永新提供)

【开展2015年度刑侦优秀调研论文评选活动】 年内，上海刑侦优秀调研论文评选活动共收到参选文章35篇，经市局领导、市局有关单位领导、各级刑侦部门共同参与评选，评选出2015年度刑侦优秀理论调研论文10篇。(车永新)

【评选2015年度“刑警803破案奖”】 年内，2015年度“刑警803破案奖”评选活动共收到参评案件45起，经市局领导、市局有关单位领导、各级刑侦部门共同参与评选，评出2015年度“刑警803破案奖”金、银、铜奖各10个（含并列）。

金奖（10个，含并列）：

赴印度尼西亚开展打击电信诈骗团伙联合执法行动（刑侦总队）

侦破“2·5”特大涉外诈骗案（刑侦总队）

侦破“2015·65”贩卖运输毒品案（缉毒处）

侦破“2014·819”贩卖运输毒品案（虹口分局）

侦破“2015·2·28”假冒贵金属交易平台系列电信网络诈骗案（杨浦分局）

侦破“4·25”特大入室盗窃案（闵行分局）

侦破“6·24”绑架案（浦东分局）

侦破“8·23”故意杀人抛尸案（普陀分局）

侦破“7·15”涉外强迫交易恶势力案（黄浦分局）

侦破“4·2”故意杀人案（徐汇分局）

侦破假冒中国电信诈骗案（宝山分局）

银奖（10个，含并列）：

侦破“2014·936”毒品案（宝山分局）

侦破“8·12”故意杀人案（嘉定分局）

侦破凌桥杀人碎尸案（浦东分局）

侦破“5·15”抢劫金店案（松江分局）

侦破“2015·600”贩卖运输毒品案（嘉定分局）

侦破“2002·1·12”故意伤害致死案（长宁分局）

侦破“7·4”抢夺金店案（奉贤分局）

侦破“3·22”特大系列涉外盗窃高档商铺案（静安分局）

侦破“5·3”特大盗窃案（静安分局）

侦破“7·15”故意杀人案（金山分局）

侦破贵州沿河籍系列特大入室盗窃团伙案（青浦分局）

铜奖（10个）：

侦破“11·14”特大诈骗案（虹口分局）

侦破“8·10”电信诈骗团伙案（闵行分局）

侦破“2015·570”贩卖运输毒品案（浦东分局）

侦破“11·4”抢劫杀人案（闵行分局）

侦破“2·2”杀人分尸案（普陀分局）

侦破“6·10”特大跨省贩运毒品案（徐汇分局）

侦破“5·15”特大盗窃案（自贸区分局）

侦破系列特大盗窃工厂金属原料案（崇明县局）

侦破“10·5”故意杀人案（徐汇分局）

侦破“1·13”放火案（金山分局）

（车永新）

【赴印度尼西亚开展打击电信诈骗团伙联合执法行动】 根据公安部刑侦局的统一部署，市局刑侦总队对近年来从印度尼西亚打入我国境内的45000余条涉嫌诈骗的通话记录进行集中梳理，掌握了归属地为印度尼西亚的电信诈骗窝点IP17个，串并既遂案件100余起，涉案金额近千万元。10月9日，刑侦总队会同市局相关单位成立工作小组赴印度尼西亚，开展境外打击电信诈骗犯罪联合执法合作行动，对先前已查明的位于印度尼西亚泗水市、井里汶市的

4个电信诈骗窝点开展集中打击，抓获团伙成员73人（其中台湾籍26人），缴获固定电话20余部、手机80余部、语音网关20个、笔记本电脑6台、银行卡28张和大量诈骗剧本等作案工具。该案的侦破工作在2015年度“刑警803破案奖”评比中被评为“金奖”。（车永新）

【侦破“2·5”特大涉外诈骗案】 2月5日，本市青浦区上海沪工焊接件股份有限公司邮箱被非法侵入，致使其与南非公司的18.6万美元贸易货款被骗。市局刑侦总队成立专案组，侦查发现涉案账户于2014年11月在中国邮政储蓄银行天津分行开户，先后20余次在北京、天津等地的邮政储蓄银行通过提取现金的方式将该笔赃款全部取走。对此，专案组派员赶赴天津、北京等地开展调查，锁定犯罪嫌疑人为多名非洲裔男子。2月13日，3名犯罪嫌疑人（加纳国籍）在前往北京海淀区某邮政储蓄银行再次取款时被抓获，并当场查获5张中国邮政储蓄银行储蓄卡，缴获美元1.8万余元、人民币3万余元。该案的侦破工作在2015年度“刑警803破案奖”评比中被评为“金奖”。（车永新）

【侦破“2015·65”贩卖运输毒品案】 7月，杨浦分局在工作中发现，孙其（男，29岁，安徽省利辛县人）经常往返于广东、上海之间运输贩卖毒品。对此，市局缉毒处立即与杨浦分局、广东警方成立联合专案组。经查发现，犯罪嫌疑人孙其负责与广东“上家”通过电话谈妥毒品交易数量及交易地点，随后孙与“马仔”一同开车前往广东交易，携带毒品返沪。10月24日至25日，专案组在松江区共青路某弄将犯罪嫌疑人孙其等3人抓获，当场查获毒品冰毒约30千克，查扣涉毒车辆2辆。该案的侦破工作在2015年度“刑警803破案奖”评比中被评为“金奖”。（车永新）

经济犯罪侦查

【概况】 2015年，上海公安经侦部门以公安部“四项建设”、市局“六项重点建设任务”为引领，以反恐标准狠抓各项措施落实，坚持改革引领、统筹推进，严厉打击各类突出经济犯罪，全力维护社会稳定，以实实在在的工作成效全面打造上海公安经侦“新名片”。年内，全市公安机关共受理各类经济犯罪案件8369起，比上年增加0.67%；立案9035起，比上年增加4.22%；涉案总值72.97亿元，比上年增加57.33%；破案6177起，比上年减少3.51%；追回经济损失63.50亿元，比上年增加55.07%。抓获各类经济犯罪嫌疑人7519人，比上年增加0.41%；抓获在逃人员644人，比上年减少4.45%。其中，抓获逃往境外犯罪嫌疑人91人，与上年持平；协助外省市公安机关抓获在逃人员22人，比上年增加100%。市局经侦总队受理各类经济犯罪案件269起，立案193起，涉案总值16.36亿余元，破案214起，追回经济损失15.76亿余元，抓获犯罪嫌疑人182人，抓获在逃人员48人，协助外省市公安机关抓获在逃人员6人。

全年，市局走私犯罪侦查局共立案查办各类走私违法犯罪案件1871起，案值85.9亿元，涉税2.12亿元。其中，立案侦查刑事案件156起，案件数列全国海关缉私系统第三位。立案调查行政案件1715起，案值71.7亿元，涉税2430万元，其中行政大要案27起，案值13.93亿元。罚没入库2.34亿元，比上年增加11.6%，其中刑事罚没入库1.48亿元，比上年增加74.2%。海关总署缉私局一级挂牌督办案件2起，二级挂牌督办案件9起。移送检察院审查起诉案件78起。(韩季萍　孙建伟)

【加强预警处置】 围绕抗战胜利70周年纪念活动安保工作，市局经侦总队领导分片包干、现场督导，实行一案一处置方案制度。针对P2P等投资理财领域涉众型大要案件频发、高发态势，组织全市经侦部门开展深入排摸，预警风险、研提打防建议、协助处置工作。完成春节、元宵节和“9·3”阅兵期间街面稳控增援任务，化解信访236件。(韩季萍)

【强化要案攻坚】 市局经侦总队先后侦破21世纪报系特大新闻敲诈案、涉案金额60亿元的特大涉外地下钱庄案、非法获利20余亿元的特大操纵期货市场犯罪案、涉案金额20亿元的特大骗取出口退税案、涉案金额300亿余元的特大虚开增值税专用发票案、涉及成员8500名的公安部督办“明明商”传销案、“9·17”上海电力公司总经理冯军受贿案等一

批社会影响广泛的重大案件，维护了上海金融、商贸等领域市场秩序。（韩季萍）

【**优化内部机构设置**】 年内，市局经侦总队合并组建情报技术支队，实现经侦情报、信息和技术资源的聚合，从体制架构上适应大数据时代经侦情报信息工作需求。根据专案攻坚形势需要，调整组建交办支队。针对“证券业高速发展伴生证券犯罪升级、现有打击力量难以应对、传统打防模式存在瓶颈”等情况，在公安部、市局的关心支持下，有序推进证券犯罪侦查支队组建工作。（韩季萍）

【**完善涉众型经济犯罪侦查工作机制**】 市局经侦总队在全市经侦部门建立以属地负责、专业指导为原则，以分区排查、分色预警、分类管控为核心的非法集资风险管控、案件处置机制。牵头调研推进上海完善涉众型经济犯罪侦查工作机制深化改革项目，结合案侦实战和上海实际，从涉众型经济犯罪预警监测、风险评估、打击处置等方面形成一批调研成果，为完善涉众型经济犯罪侦查工作机制夯实基础。（韩季萍）

【**探索互联网经侦警务建设**】 以信息及时化、行动网络化、现场可视化和战法集成化为目标，市局经侦总队建立实战指挥平台，提升大规模整体作战能力。自主研发了全国首个境外追逃信息化实战平台。（韩季萍）

【**经侦大数据专业应用**】 市局经侦总队依托公安内网资源和社会信息资源，运用大数据专业分析工具，为案件侦破和追逃工作提供情报查询分析服务7600余次。通过对有组织经济犯罪共性研究，提炼出大数据分析特征要素，挖掘类案线索路径，侦破广东电白籍高危人群系列伪卡案等一批案件，总结提炼的运用大数据分析开展情报导侦等技战法被公安部经侦局向全国推广。（韩季萍）

【**加强防范宣传**】 结合“猎狐2015”专项行动及打传、打假等重点工作，全市经侦部门全年共开展宣传报道100余次。在“3·15”“4·26”“5·15”等主题防范宣传日，开展以“打击经济犯罪、识假防骗、共创平安”等为主题的集中防范宣传活动。针对非法集资案件高发的情况，开展“防范宣传进社区”系列宣讲活动17场，累计印发宣传资料10万余份。联合上海电视台《案件聚焦》栏目组摄制《较量》系列专题片5集，对接上海美术电影制片厂制作系列防范经济犯罪动画短片。（韩季萍）

防范宣传　（单临洞摄）

【推出一批"阳光警务"建设措施】 根据市局"阳光警务"建设行动方案，市局经侦总队制定下发了上海公安经侦部门推进"阳光警务"建设行动实施方案，推行标准化公开执法依据、要素性公开报案指引、重点案件释法说理、过程信息主动公开等"阳光警务"建设措施，全市经侦支（大）队采取释法说理案件的不予立案复议率比上年同期减少22%，投诉信访量比上年同期减少37%。(韩季萍)

【强化风险预警】 市局经侦总队组织全市经侦部门加强经济犯罪易发领域风险漏洞分析，提前发现、预警了"沪乾贷"等P2P网贷公司资金链断裂、仿冒汽车连接器流向国内汽车生产厂家、"平安易贷"新型金融产品存在风控漏洞等一批安全隐患，共编发预警性情报信息140余份，被公安部经侦局、市局刊用编报40余份。(韩季萍)

【表彰奖励向一线部门和民警倾斜】 市局经侦总队在用好立功、嘉奖表彰奖励的同时，对工作成效突出的民警采取即时性通报表彰措施，并坚持表彰奖励向一线部门倾斜原则，激发队伍战斗力。年内，一线部门荣立二等功集体（专案组）3个，民警荣立二等功6人，嘉奖23人，即时性通报表彰78人次。(韩季萍)

【开展春季、夏季、秋冬严打整治专项行动】 根据市局部署，市局经侦总队组织全市经侦部门分别开展春季、夏季、秋冬严打整治专项行动。其中，春季严打整治专项行动共立案侦查经济犯罪案件1793起，破案1556起，抓获犯罪嫌疑人1208人，追缴赃款赃物16.4亿元，移送起诉1161人；夏季严打整治专项行动共立案2178起，破案1356起，抓获犯罪嫌疑人1924人，追缴赃款赃物35.86亿元，移送起诉1663人；秋冬严打整治专项行动（截至2016年1月）共立案2500起，破案1575起，抓获犯罪嫌疑人2186人，追缴经济损失10.4亿余元。"猎狐2015"专项行动全国排名第三，涉税领域犯罪专项打击工作全国各战区排名第二，打击地下钱庄专项行动破案数全国排名第五；打击侵权假冒犯罪方面综合成效突出，得到公安部通报表扬。(韩季萍)

【加大非法集资活动打击力度】 年内，针对P2P投资理财公司非法集资案件高发的情况，全市经侦部门对全市此类公司进行全面排摸，市局经侦总队下发了一系列文件指导开展风险防控、案件处置。在工作中，加强与相关行政执法、行业监管部门的协作配合，保持严打高压态势，坚持打早打小、露头就打。全年全市共立非法集资案件197起，抓获犯罪嫌疑人679人，涉案金额800余亿元，涉及投资人群6.3万余人。其中6月至9月，根据公安部部署，全市公安机关参与非法集资问题专项整治活动，共立非法集资案件71起，破案51起，抓获犯罪嫌疑人217人，提请发起跨省市集群战役4起、参与集群战役4起。(韩季萍)

【强化打击侵犯知识产权和制售伪劣商品犯罪工作】 全市经侦部门坚持打假工作"专项行动常态化、常态打击专项化"的工作理念，以进一步加强和改进知识产权刑事保护措施和常态化打击态势下实施治本打击为工作重点，围绕提升打击效能、提高防控水平、夯实基础建设等，制定相关实施意见及10条具体措施，全年全市公安机关共立各类假冒伪劣犯罪案件1200起，破案990起，侦破公安部督办案件4

起，抓获犯罪嫌疑人 1774 人。组织开展集群战役 16 起，获评公安部打假经典战役 2 起，获公安部贺电 3 次。（韩季萍）

【开展“猎狐 2015”专项行动】 4 月至 10 月，按照中央追逃办和公安部、市委反腐败协调小组的统一部署，全市公安机关组织开展“猎狐 2015”专项行动。全市公安机关依托“大数据”理念，诸警联动，形成“猎狐行动”一体化组织攻坚架构，对逃往境外的犯罪嫌疑人开展滚动排查和缉捕规劝。其间，共从 28 个国家或地区抓获外逃犯罪嫌疑人 91 人，其中缉捕 46 人，劝返 45 人，综合成效全国排名第三。（韩季萍）

【开展打击利用离岸公司和地下钱庄转移赃款专项行动】 4 月至 12 月，根据中国人民银行、公安部联合部署，全市经侦部门开展打击利用离岸公司及地下钱庄转移赃款专项行动。其间，通过深挖线索、要案攻坚、综合治理，共侦破相关刑事案件 32 起，抓获涉案嫌疑人 45 人，查获窝点 17 个。（韩季萍）

【开展打击利用黄金交易虚开增值税专用发票违法犯罪专项行动】 5 月至 11 月，根据国家税务总局、公安部联合部署，全市经侦部门开展打击利用黄金交易虚开增值税专用发票违法犯罪专项行动。其间，市局和市国税局成立警税联合工作组，全市经侦部门核查线索 2855 条，立案侦查 27 起，破案 19 起，追赃挽回经济损失 4.7 亿余元。（韩季萍）

【开展“安宁—2015”打击保险诈骗犯罪专项行动】 6 月至 11 月，根据公安部会同中国保监会部署，全市经侦部门牵头相关警种部门开展“安宁—2015”打击保险诈骗犯罪专项行动。行动中，经侦、网安、刑侦、交警等部门，针对车险、人身险等保险诈骗犯罪高发领域，整合资源、战力开展集约打击，共核查线索 4963 条，立案侦查 123 起，涉案金额 323.5 万元，破案 104 起，抓获犯罪嫌疑人 127 人，追缴经济损失 75.92 万元。（韩季萍）

【开展上海公安经侦系统年度优秀调研文章评选活动】 评选活动共收到参评文章 110 篇，经初评、复评和组织专家评委终评，评选出年度优秀调研文章 20 篇，其中一等奖 4 篇、二等奖 6 篇、三等奖 10 篇。

一等奖（4 篇）：

两岸四地跨境经济犯罪打击对策研究（经侦总队徐长华）

投资者保护视野下期货领域监管及刑事规制若干问题研究（经侦总队一支队课题组）

浅议当前深化司法体制改革背景下上海经侦部门加强执法规范化建设的新举措（经侦总队戴新福、张宁）

浅议构建涉众型经济犯罪监测预警机制（经侦总队姚文海、孙正纲）

二等奖（6 篇）：

浅议涉众型经济犯罪风险评估机制构建（经侦总队课题组）

浅议上海地区 P2P 网络借贷领域涉众型犯罪形势风险及防控机制构建（经侦总队戴新福、张瀛）

浅析经侦青年民警“离职”现象（经侦总队任志强、郁翀雯）

利用黄金交易虚开增值税专用发票的现状分析及对策（经侦总队李伟军、还少峰、丛

云龙）

“大数据”时代下公安基础信息化建设进一步向基层单位延伸的思考（奉贤分局顾煜晟）

浅议大数据条件下经侦分析型情报如何生成战斗力（经侦总队八支队课题组）

三等奖（10篇）：

金融创新背景下“特定商圈”贷款犯罪案件的侦办及预防（松江分局毛丛群）

“大数据”时代的境外追逃实践（经侦总队六支队课题组）

有组织欺诈经济犯罪大数据技术应用研究（经侦总队谢秦川、王峥）

立体化公安经侦协作机制问题探讨（嘉定分局郑贤一）

强化培育点专业建设助推一线岗位练兵实效（浦东分局蒋敏、邱瑾）

浅谈骗取出口退税犯罪案件的经营与打击（经侦总队高源）

结合警种特点探索警营文化社团自主化运作模式的思考与实践（经侦总队李丽）

P2P网络借贷诱发经济犯罪风险探析（静安分局谢天）

上海地区各类交易场所风险隐患分析（经侦总队陆醒）

本市侵权假冒重点市场“治本性”打击策略研究（经侦总队胡俊千）

（韩季萍）

【打击农产品走私】 市局走私犯罪侦查局巩固深化“绿风”行动成果，遏制关区粮、棉、冻品等农产品走私高发势头。年内共立案54起，比上年增加14.9%；案值3.9亿元，比上年增加55.3%；涉税5878万元，比上年增加85%。首次在加工贸易渠道查获走私农产品案件，共查办走私棉花案件2起，案值1.6亿元，涉税4000万元。（孙建伟）

【打击偷逃税走私】 年内，市局走私犯罪侦查局对高档汽车、汽车零配件、纺织机械配件、人造奶油、电解铜等重点税源商品以及塑料居家制品、地毯、貂皮、红酒、棕榈蜡等行业性涉税走私进行重点打击，共立案157起，案值14.9亿元，涉税1.91亿元。其中涉税百万元以上刑事案件49起，比上年增加8.8%。（孙建伟）

青年讲坛 （单临洞摄）

【打击毒品枪支走私】 年内，市局走私犯罪侦查局运用“高风险旅客筛查法”、控制下交付等查缉战术，立走私毒品刑事案件31起，缴获各类毒品140余千克，并成功侦办上海

口岸最大一起走私冰毒案、行邮渠道最大一起走私可卡因案和首起走私液体可卡因案。立走私武器弹药刑事案件2起，缴获气枪1支、枪支配件16件。（孙建伟）

【打击“洋垃圾”走私】 11月至12月，市局走私犯罪侦查局开展为期2个月的专项行动，立刑事案件1起，查获废布料2000吨，案值800万元；立涉及废塑料行政案件1起，案值174万，涉税13.4万元。（孙建伟）

【打击象牙等濒危动植物走私】 年内，市局走私犯罪侦查局组织开展“眼镜蛇三号”行动，严厉打击各类濒危动植物及其制品走私。共立案25起，缴获珍贵动植物及其制品20.46吨、活体龟2345只。（孙建伟）

【推进“以打促税”百日攻坚战行动】 年内，市局走私犯罪侦查局成立由11个职能部门和业务处室组成的关区“以打促税”百日攻坚战行动领导小组，部署情报经营和专项打击。其间，立刑事案件20起，是上年同期的1.25倍；打掉貂皮、奢侈品、海产品及成品油走私团伙各一个；案值1.51亿元，是上年同期的2.46倍；涉税2762.66万元，是上年同期的2.77倍。立涉税走私行为行政案件19起，是上年同期的1.11倍；案值1.15亿元，是上年同期的13.74倍；涉税121.74万元，是上年同期的3.9倍。缉私补税980.12万元，占全年缉私补税额的44.9%。（孙建伟）

【侦破特大走私、销售禁止进境疫区牛肉案】 年内，市局走私犯罪侦查局根据海关总署缉私局部署，针对上海市场上销售的“和牛”等来自日本疫区牛肉的走私犯罪行为开展专项情报经营，与市局治安总队（食品药品犯罪侦查总队）联合成立专案组。市局走私犯罪侦查局负责打击走私、通关集团，市局治安总队负责打击销售网络。由双方组成的专案组经过4个月侦查，于3月25日出动警力，在上海、昆明、西双版纳等地同步开展集中收网行动，抓获犯罪嫌疑人30人，查获涉案牛肉97吨。（孙建伟）

【开展打击成品油走私专项行动】 12月13日，根据海关总署缉私局的情报，市局走私犯罪侦查局联合市海警总队（筹备组），出动警力140余人、船艇2艘，于当天23时在上海、福建（福州、宁德、厦门、泉州、漳州、石狮）、江苏（苏州、淮安）、浙江（嘉兴、湖州）等地的海上陆上同时实施抓捕行动。侦破1起案值近1亿元、涉嫌偷逃税款约3000万元的成品油走私案件，抓获21名犯罪嫌疑人。（孙建伟）

【推进缉私战区模式】 年内，按照海关总署缉私局的部署，发挥第二缉私战区中心局作用，市局走私犯罪侦查局初步完成战区工作方案起草工作，加强海关缉私部门跨关区执法合作。联合杭州海关缉私局成功侦办“2·17”团伙走私冰毒出境系列案件，联合大连海关缉私局查获一个低报价格走私进口牛肉食品添加剂犯罪团伙。全年共协办跨关区案件478起，协助抓获犯罪嫌疑人71人。（孙建伟）

【加强打私国际合作】 年内，将中美联合打击走私范围由“藏毒邮包控制下交付”拓展到打击空运渠道毒品、武器弹药、濒危动植物等走私领域。根据日本海关提供的线索，在空港旅检渠道连续查获2起走私珍贵动物制品进境案件。向澳大利亚海关通报8起以澳大利亚为目的地的邮递渠道毒品走私案件。加大对境内外勾结的走私团伙和走私链条的打击力度。(孙建伟)

【评选2015年度“经济犯罪案件侦查破案精品案例”】 全市25个市局单位经侦（刑侦）部门和分（县）局经侦支（大）队报送参评案例64个，从中遴选了市局组16个案例、分（县）局组40个案例入围终评案例。通过专家评委和领导评委投票终评，评选出年度精品案例市局组一等奖3个、二等奖3个、三等奖6个，分（县）局组金奖10个、银奖10个、铜奖11个。

市局组一等奖（3个）：

侦破“5·20”互联网金融票据诈骗案（自贸区分局，经侦总队一、八支队）

侦破“6·14”骗取贷款、贷款诈骗案（经侦总队一支队）

侦破“7·16”利用票据贴现诈骗案（经侦总队七支队）

市局组二等奖（3个）：

侦破“11·11”骗取出口退税案（自贸区分局、经侦总队五支队）

侦破“4·02”骗取出口退税案（经侦总队五支队）

侦破“4·24”团伙地下钱庄案（经侦总队一支队）

市局组三等奖（6个）：

侦破“6·24”非法吸收公众存款案（经侦总队一支队）

侦破“8·12”信用证诈骗、合同诈骗案（经侦总队四支队）

侦破“8·13”销售假冒注册商标的商品案（经侦总队二支队、水上公安局）

侦破“3·18”骗取出口退税案（经侦总队五支队、闸北分局、杨浦分局）

侦破“9·30”销售假冒注册商标的商品案（经侦总队二支队、奉贤分局）

侦破“8·13”商业贿赂案（经侦总队三支队）

分（县）局组金奖（10个）：

侦破“1·20”迅达电梯（中国）有限公司“群蛀”案（闸北分局）

侦破“9·26”在沪跨国企业高管系列商业贿赂案（杨浦分局、经侦总队三支队）

侦破“4·24”医保诈骗、妨碍信用卡管理秩序案（闸北分局）

侦破“4·20”虚开增值税专用发票案（闸北分局）

侦破“4·10”销售假冒注册商标的商品案系列集群战役（闵行分局）

侦破“2·03”跨国妨害信用卡管理团伙案（徐汇分局）

侦破“3·03”中国明明商组织、领导传销案（奉贤分局）

侦破“4·15”侵犯著作权案（嘉定分局）

侦破“10·08”非法经营境外“猎狐”案（浦东分局）

侦破“6·05”网上销售假冒自然堂化妆品案集群战役（嘉定分局）

分（县）局组银奖（10个）：

侦破“2·12”复合型团伙信用卡诈骗案（虹口分局）

侦破“7·28”非法吸收公众存款案（金

山分局）

侦破“9·02”制售假冒红酒、白酒案（金山分局）

侦破“12·17”虚开增值税专用发票案（浦东分局）

侦破“3·06”“沪乾贷”非法吸收公众存款案（虹口分局）

侦破“10·16”新型伪冒银行卡案（浦东分局）

侦破“12·04”系列伪冒银行卡团伙诈骗案（黄浦分局）

侦破“5·26”集资诈骗、非法吸收公众存款复合型案（静安分局）

侦破“8·05”信用卡诈骗、非法经营、出售公民个人信息案（宝山分局）

侦破“3·23”广东翔宇上海分公司集资诈骗案（黄浦分局）

分（县）局组铜奖（11个）：

侦破“6·18”虚开增值税专用发票境外“猎狐”专案（宝山分局）

侦破“2·10”贷款诈骗案（松江分局）

侦破“8·27”系列虚开增值税专用发票案（普陀分局）

侦破“12·26”非法吸收公众存款案（长宁分局）

侦破“2·24”票据诈骗境外“猎狐”案（浦东分局）

侦破“6·15”非法吸收公众存款案（浦东分局）

侦破“6·29”合同诈骗境外“猎狐”专案（闸北分局）

侦破“4·29”非法吸收公众存款案（青浦分局）

侦破“7·10”挪用资金、诈骗案（闵行分局）

侦破“3·03”比翼公司非法吸收公众存款案（徐汇分局）

侦破“1·06”非国家工作人员受贿、虚开增值税专用发票案（闵行分局）

（韩季萍）

【侦破“6·14”骗取贷款、贷款诈骗案】 2013年6月，市局经侦总队根据光大银行股份有限公司上海分行报案立案侦查该案，经过2年多研判、侦查，于2015年9月将涉案金额过亿元，涉案公司30余家，涉及京、津、沪、赣、闽五地的该案移送起诉。该案系上海首例将银行保理业务定性为银行贷款，并以骗取贷款、贷款诈骗罪追诉的案件，对今后此类案件的侦办具有指导意义。经查，2012年6月至2013年3月间，上海汉奇投资集团有限公司实际控制人陈少昌（男，44岁，福建省福安县人）伙同该公司法定代表人陈小川（男，31岁，福建省福安县人），采取虚构贸易背景、提供虚假财务资料等手段，骗取银行保理融资款4.48亿元。该案的侦破工作在2015年度上海经侦系统“经济犯罪案件侦查破案精品案例”评选中被评为“市局组一等奖”。（韩季萍）

【侦破“7·16”利用票据贴现诈骗案】 7月，上海鹰悦投资集团有限公司向市局经侦总队报案：称其公司将金额为1086万余元的电子银行承兑汇票背书给通过QQ群搭识的常州金赞建筑装饰有限公司后，该公司未按约定支付贴现款，且联系人手机关闭，失去踪迹。经侦总队成立专案组，在网安等部门的协助下，综合运用侦查、情报等手段，辗转苏、浙、粤三省七地，抓获该犯罪团伙成员曹志伟（男，45岁，浙江省嘉善县人）、余志刚（男，41岁，浙江省嘉善县人）等5人，查冻全部赃款。经查，该犯罪团伙长期流窜于苏、浙、沪等地，专门以电子银行承兑汇票贴现为名，骗取企业贴现款，专案组并串了该团伙流窜作案的同类型案件，涉案金额达3亿余元。该案的侦破工作在2015年度上海经侦系统“经济犯罪案件侦查破案精品案例”评选中被评为“市局组一等奖”。(韩季萍)

治安管理

【概况】 2015 年，上海公安治安部门坚持反恐标准、底线思维、问题导向，以深化社会治安防控体系建设为抓手，以夯实基层基础建设为保障，大力推进公安部“四项建设”和市局“六项重点建设任务”，扎实开展打击整治、治安管理、安全防控等各项工作，建立健全常态长效机制，着力提高驾驭动态化、信息化条件下社会治安局势的能力水平，有力地维护了上海社会大局稳定和治安局势持续平稳。(张天宇)

【打击危害食品药品安全犯罪】 市局治安总队深入开展食药打假“利剑”行动，指导全市各级治安部门坚持“办大案、办精品案”，集中精力严厉打击群众反映强烈、社会危害严重的团伙型犯罪。其间，市局与市食药监局联合会签下发关于加强食品药品安全行政执法与刑事司法衔接配合工作的意见，有效深化以打促管。为增强食药侦队伍专业化打击能力，市局治安总队建立全市案件典型判例库、食药侦工作专业人才库及重大案件督办机制，将具有一定地区影响力或新型疑难案件作为总队督办案件，由总队进行“点对点”指导，并选择重点案件推荐申报部督。全年共侦破危害食品药品安全犯罪案件 727 起，抓获犯罪嫌疑人 1107 人。(张天宇)

【打击涉黄涉赌违法犯罪】 全市治安部门以打击源头、斩断链条为目标，强化重大案件线索经营和破案攻坚，提升打击质量。市局治安总队牵头制定并提请市局印发上海市公安局娱乐服务场所治安管理工作失职渎职行为责任追究办法（试行），以制度推动责任落实。全年共侦破涉黄涉赌刑事案件 2328 起，刑事拘留 4651 人，取缔娱乐服务场所 2628 家。(张天宇)

【打击环境污染犯罪】 市局治安总队根据公安部治安管理局关于打击环境污染违法犯罪“清水蓝天”行动部署要求，结合最高人民法院、最高人民检察院《关于办理环境污染刑事案件适用法律若干问题的解释》，指导全市治安部门严厉打击社会影响大、群众反响强烈的环境污染犯罪。切实加强与环保等部门的沟通协作，以“完善监管制度、健全监管体制”为目标，建立联动执法联席会议，重大案件协商，案件督办，以及针对突发重大环境案件的联合调查机制等多项常态化制度，落实刑事打击和行政监管的有效衔接。全年共侦破污染环境刑事案件 33 起，抓获犯罪嫌疑人 80 人。(张天宇)

【推进缉枪治爆专项行动】 全市治安部门深入推进缉枪治爆专项行动，加大对重点区域、重点场所、重点人员的清查力度及涉枪线索的深挖力度，全面收缴流散于社会面的非法枪爆物品、管制刀具等危险物品。全年共收缴各类枪支2058支、子弹14.4万余发、仿真枪1450支、管制刀具1.6万余把、剧毒化学品6.86千克；破获涉枪案件20起，查处涉案人员25人。（张天宇）

【加强民爆物品、易制爆危险化学品管理】 市局治安总队有效开展涉爆危险物品流向监控和安全监督管理。督导组织全市治安部门采取公开检查、抽查随访等形式，对各类涉爆物品从业单位开展安全检查。全年，各级治安部门共出动警力28564人次，抽检涉爆单位17660家次，依法处理易制爆危化品违法单位201家。对民用爆炸物品购买及运输依法开展行政许可审批，全年依法受理各类涉爆行政许可申请243批次，许可并开具民用爆炸物品购买许可证159张、民用爆炸物品运输许可证882张；许可批准爆破作业项目3件，核发爆破作业单位许可证1张。（张天宇）

【推进治安巡逻防控网建设】 市局治安总队推动建立“上海公安机关街面巡逻防控工作统筹规划领导小组”，推动市、区（县）两级建立健全情报导巡、统一指挥、互通协调、联合督导、统一考核五项机制，形成“任务统一部署、力量统管统用、勤务统筹规划、处置统一指挥、考核统筹实施”的工作格局。以提高街面见警率、管事率为目标，指导实行网格化巡逻的派出所充实专职巡逻警力，加强重点区域、重点时段警力投放，强化视频监控与街面警力联动，严格落实亮灯执勤等显性用警措施，加大对街面可疑人员、车辆盘查力度。指导闵行、宝山、嘉定、奉贤等8个分局的23个重点城镇派出所组建专职巡警队伍；督促机关警力足额增援社会面防控等级勤务，确保最大限度地将警力摆上街面。全年，全市专职巡警通过巡逻执勤共抓获各类违法犯罪嫌疑人20776人。（张天宇）

查获一非法经营、储存液化石油气黑窝点 （张天宇提供）

【推进武装应急处突网建设】 市局治安总队以提高快速反应能力和应急处置效能为目标，推进特种机动队规范化建设。在人民广场等人员密集、易受袭击的部位设置“1分钟到场处置区域”“3、5分钟到场处置区域”，按“一点一方案”要求明确执勤点位、人员配备和勤务模式，形成全市以“1、3、5分钟到场处置区域”为主要阵地，

以各分（县）局特种机动队及特警、公安武警联合武装巡逻警力为主要力量的应急处突体系，并通过不间断的开展模拟实战演练来提高应急处突能力，确保一旦发生突发情况能够第一时间开展有效处置。全年，特种机动队共成功处置暴力犯罪案件120余起。（张天宇）

【检查指导重点要害单位的安保工作】 全市治安部门以反恐为标准，常态化对党政机关、水电油气等“城市生命线工程”单位、金融机构、学校、医院等重点单位的内部安全保卫制度、责任、措施落实情况，及应急预案制定、演练情况开展指导检查，逢重大敏感节点组织开展重点单位内部安全隐患大排查，及时消除潜在风险点，提升单位内部安全防范水平。全年共检查重点单位2.2万余家（次），发现并督促整改隐患850余处；围绕抗战胜利70周年纪念活动等重大节点，组织开展重点单位安全隐患大排查3次；指导重点单位开展应急处突演练430余次。（张天宇）

【排查化解矛盾纠纷】 市局治安总队指导派出所结合110接处警、社区巡访、治安管理、巡逻盘查等工作，依托矛盾纠纷信息员队伍，深入社区、企业，全面排查各类矛盾纠纷和不稳定因素。对排查出的矛盾纠纷，按照纠纷性质、对社会稳定影响程度、激化可能性等分为“一般类”“关注类”和“重点类”，积极会同街道、乡镇和责任单位开展矛盾纠纷化解工作，着力调解小纠纷、消除小隐患、解决小难题，努力从源头上预防群体性事件和个人极端行为的发生。以市委、市政府印发《关于进一步创新社会治理加强基层建设的意见》为契机，与司法部门密切协作，联合起草公安派出所与司法所进一步联动化解社区矛盾的相关意见，进一步完善派出所与司法所联动机制，开展矛盾纠纷多元化解，形成工作合力。全年共排查各类社区矛盾纠纷39273起，化解36823起（其中，一般类38441起，化解36344起；关注类726起，化解425起；重点类106起，化解54起）。（张天宇）

【加强治安防范宣传】 市局治安总队以提高防范知识知晓率为目标，在充分发挥电视、电台、报纸、“防范宣传进社区活动”等传统载体作用的基础上，进一步做强“社区安全屋—为平安加油”微信订阅平台，通过在宣传海报上添加二维码，举办“微粉”见面会、有奖竞赛活动等方式扩大微信平台影响力；借助其传播速度快、传播范围广的优势，及时推送诈骗新动向、典型案件剖析、安全防范妙招。全年共推送防骗微信230余条，平均阅读量1万余次，“微粉”数已达9万余人，全面提升了治安防范宣传的影响力和覆盖面。（张天宇）

【加强保安服务市场监管】 市局治安总队继续推进保安公司等级评定工作，将注册资本、经营状况、人员规模等内容作为评估指标，由市保安行业协会向社会公布评定结果并推荐服务，推动保安服务企业加强自身管理和建设，不断提高服务质量。全年，对符合相应等级评定标准的97家保安公司（其中一级26家、二级42家、三级29家）颁发上海市保安服务企业等级评定证书。持续开展保安服务市场清理整治，规范市场经营秩序。全年共查处违法提供保安服务案件592起（其中，刑事案件14起、治安案件578起），没收非法所得1.3万元，罚款40万元。（张天宇）

【评选2015年度“上海治安系统精品案例”】

全市治安部门结合打击整治涉网违法犯罪“断链”行动、食药打假“利剑”行动等专项行动部署要求，深入打击涉黄涉赌、危害食品药品安全、污染环境等违法犯罪，成功侦破一批重大、典型案件。通过网上投票、公开评议、专家组评审，评选出2015年度治安系统精品案例。

金奖（10个）：

侦破“7·16”利用车载伪基站介绍卖淫案（治安总队）

侦破“11·25”特大跨境生产、销售不符合安全标准牛肉案（治安总队）

侦破利用“上海龙凤网”组织卖淫案（徐汇分局）

侦破“3·2”介绍卖淫案（长宁分局）

侦破利用“神话QQ群”介绍卖淫案（普陀分局）

侦破“5·6”生产、销售伪劣产品案（虹口分局）

侦破“5·20”设置赌博机开设赌场案（闵行分局）

侦破马某等涉赌专案（宝山分局）

侦破“8·4”非法组织卖血案（嘉定分局）

侦破“4·16”生产、销售假药案（金山分局）

银奖（10个）：

侦破“7·15”生产、销售不符合安全标准的食品案（浦东分局）

侦破“5·21”聚众淫乱案（黄浦分局）

侦破“4·29”组织卖淫案（静安分局）

侦破“3·6”网络传播淫秽物品案（闸北分局）

侦破“7·9”非法买卖枪支案（杨浦分局）

侦破“3·5”非法制造、买卖枪支案（金山分局）

侦破于某等污染环境案（松江分局）

侦破胡某等网络侵犯著作权案（青浦分局）

侦破王某等销售有毒、有害食品案（奉贤分局）

侦破“8·5”组织卖淫案（崇明县局）

（张天宇）

【评选2015年度派出所巡逻工作精品案（事）例】 市局治安总队根据全市派出所通过巡逻工作抓获违法犯罪分子、查破重大刑事案件和治安案件、处置各类突发事件、为民服务以及参与社会综合管理的情况，经初选和投票评选，评选出2015年度派出所巡逻工作精品案（事）例和优秀案（事）例各10个。

精品案（事）例（10个）：

查破“9·26”寻衅滋事案（浦东分局潍坊新村派出所）

查破“3·3”杀人案（黄浦分局南京东路派出所）

查破“3·15”纵火案（徐汇分局华泾派出所）

处置“7·26”救助群众事件（长宁分局北新泾派出所）

查破“7·5”盗窃案（静安分局曹家渡派出所）

查破“6·15”扰乱公共秩序案（静安分局上海站地区治安派出所）

查破“8·31”强奸案（普陀分局甘泉路派出所）

查破“7·12”抢夺案（虹口分局四川北路派出所）

查破“5·17”强奸案（杨浦分局五角场派出所）

查破“8·15”抢劫案（宝山分局杨行派出所）

优秀案（事）例（10个）：

查破“3·28”纵火案（浦东分局永泰路派出所）

查破“6·8”盗窃案（黄浦分局淮海中路派出所）

查破“3·31”故意伤害案（徐汇分局漕河泾派出所）

查破“1·2”寻衅滋事案（静安分局南京西路派出所）

查破“8·24”危害公共安全案（静安分局天目西路派出所）

查破“4·16”抢劫案（普陀分局白玉路派出所）

查破“7·9”抢劫案（虹口分局嘉兴路派出所）

查破“9·6”盗窃案（杨浦分局中原路派出所）

查破“4·21”寻衅滋事案（闵行分局新镇派出所）

查破“6·3”入室盗窃案（奉贤分局光明派出所）

（张天宇）

【侦破“11·25”特大跨境生产、销售不符合安全标准牛肉案】 3月25日，市局治安总队在市局网安总队等部门和黄浦分局治安支队的大力协助下，联合市局走私犯罪侦查局先后辗转沪、滇、川等三省四地，历经前期4个月缜密侦查，组织近百名警力联合市食药监局开展集中收网行动，成功破获部督“11·25”特大跨境生产、销售不符合安全标准牛肉案，在上海及云南昆明、西双版纳先后抓获犯罪嫌疑人17人，查获涉案牛肉约13吨。经查，犯罪嫌疑人山内秀介（男，62岁，日本国籍）系“日本东藏株式会社”负责人，自2013年10月起，山内将日本牛肉先后通过多个国家中转后以“水果”名义走私进入我国。至案发，该团伙已先后销售43批日本牛肉共97吨，涉案金额达3000余万元。该案的侦破工作在2015年度“上海治安系统精品案例”评选中被评为“金奖”。（张天宇）

研究跨境生产销售不符合安全标准牛肉案办理工作　　（张天宇提供）

【侦破“7·16”利用车载伪基站介绍卖淫案】 8月6日，市局治安总队会同市局网安总队等部门在河北廊坊警方的大力支持下，成功侦破上海首例利用车载伪基站介绍卖淫案，在上海闵行、黄浦、浦东、徐汇等区的住宅、酒店及河北省廊坊市抓获涉嫌介绍卖淫的违法犯罪嫌疑人29人，查扣车载伪基站组成设备2套及车辆2部，查获运送卖淫女的车辆5部。经查，犯罪嫌疑人卢海宽（男，28岁，河北省固安县人）系该团伙位于上海的为首成员，负责编辑介绍卖淫短信并利用车载伪基站发布短信信息；犯罪嫌疑人冯函（女，21岁，河北省固安县人）长期在河北省廊坊市，负责接听嫖客电话并将嫖客信息反馈给卢海宽；犯罪嫌疑人杨武勇（男，34岁，重庆市大足区人）、夏敏（女，26岁，重庆市大足区人）系活动在上海的“鸡头”，其在收到卢的指示后，安排卖淫女前往位于上海的指定宾馆、酒店提供卖淫服务；犯罪嫌疑人宋振川（男，27岁，河北省固安县人）等4人每日分别驾驶车辆装载伪基站设备，在上海繁华地段及各大宾馆附近向不特定的手机公众用户发送招嫖信息。该案的侦破工作在2015年度“上海治安系统精品案例”评选中被评为“金奖”。(张天宇)

【上海公安机关查处治安案件走势图】

单位：起

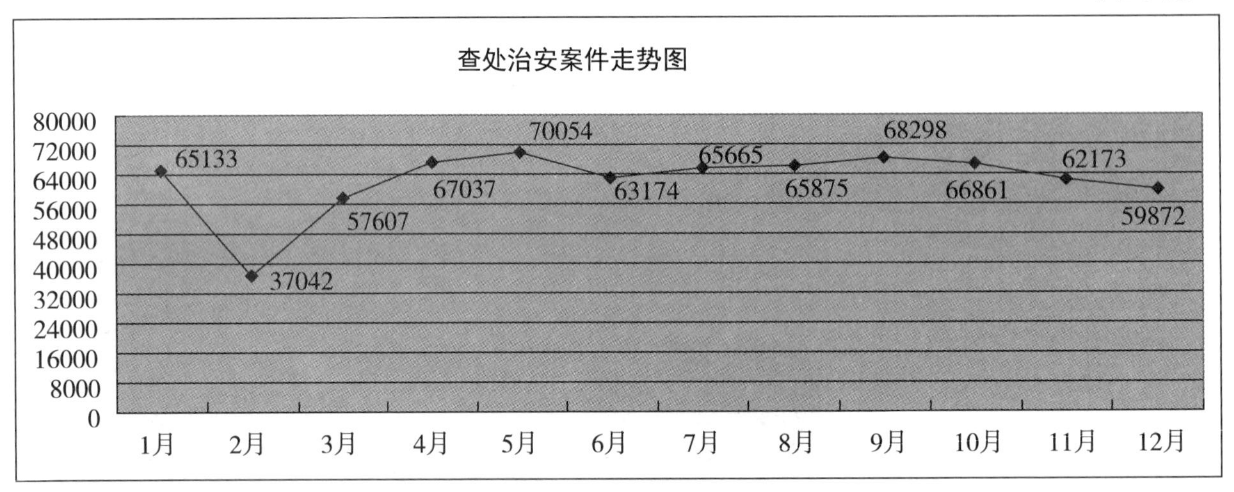

（薛莹）

【上海公安机关查处治安案件统计表】

类别 \ 数据		查处治安案件（起）
合计		748791
扰乱公共秩序	小　计	27500
	扰乱单位秩序	696
	扰乱公共场所秩序	16157
	扰乱公共交通工具秩序	3398
	妨碍交通工具正常行驶	4656
	扰乱大型群众性活动秩序	13
	虚构事实扰乱公共秩序	76
	投放虚假危险物质	6

续表

类别 \ 数据		查处治安案件（起）
	寻衅滋事	1941
	组织、教唆、胁迫、诱骗他人从事邪教、会道门活动	310
	利用邪教、会道门、迷信活动或冒用宗教、气功名义危害社会	124
	非法侵入、破坏计算机信息系统	21
	其　他	102
妨害公共安全	小　计	1080
	违反危险物质管理规定	399
	非法携带枪支、弹药及管制刀具	313
	盗窃、损毁公共设施	249
	危害铁路安全	4
	违法举办大型群众性活动	3
	其　他	112
侵犯人身权利、财产权利	小　计	511974
	强迫他人劳动	0
	非法限制人身自由	203
	非法搜查他人身体	1
	胁迫、诱骗、利用他人乞讨或以滋扰他人方式乞讨	45
	侮辱、诽谤、诬告陷害他人	263
	发送信息干扰他人正常生活	238
	偷窥、偷拍、窃听、散布他人隐私	420
	殴打他人	51798
	故意伤害他人	1851
	虐　待	6
	遗　弃	19
	强迫交易	269
	盗　窃	343770
	诈　骗	69691
	哄　抢	0
	抢　夺	197
	敲诈勒索	919
	故意损毁财物	39896
	其　他	2388

续表

类别	数据	查处治安案件（起）
妨害社会管理秩序	小 计	208237
	阻碍执行职务	1772
	招摇撞骗	24
	违反公文、证章管理	171
	伪造、变造、倒卖有价票证、凭证	59
	违反社团管理	21
	擅自经营需公安机关许可的行业	79
	煽动、策划非法集会、游行、示威	22
	违反旅馆业管理	251
	违反房屋出租管理	429
	收购赃物、有赃物嫌疑的物品	37
	伪造、隐匿、毁灭证据或提供虚假证言	24
	谎报案情	4480
	窝藏、转移、代销赃物	18
	违反监管规定	14
	违反国边境管理	9
	故意损坏文物、名胜古迹	10
	卖淫嫖娼	9543
	拉客招嫖	1730
	引诱、容留、介绍他人卖淫	137
	制作、运输、复制、出售、出租淫秽物品	171
	传播淫秽信息	36
	组织播放淫秽音像或组织、进行淫秽表演	42
	参与聚众淫乱	1
	为从事淫秽活动提供条件	290
	赌博或为赌博提供条件	72057
	毒品违法活动	17684
	为吸毒、赌博、卖淫、嫖娼违法犯罪人员通风报信	5
	其 他	99121

（薛莹）

【上海公安机关各单位查处治安案件统计表】

单位 \ 数据 \ 项目	查处案件（起）	查处违法人员（人）
合计	748791	96058
黄浦	21313	3094
徐汇	31727	1878
长宁	17429	2594
静安	8185	743
普陀	56136	4359
闸北	23967	4221
虹口	35566	4696
杨浦	39394	3520
闵行	84058	6863
宝山	75520	7188
嘉定	58604	6740
金山	9912	3011
松江	53652	6021
青浦	23449	4961
奉贤	18849	3841
崇明	8264	2324
浦东新区	164056	15266
治安	57	1089
边防	0	0
水上	72	57
轨道	14103	10726
公交	17	41
文保	831	25
机场	3446	2793
化工	7	1
自由贸易试验区	172	5
农场	4	0

（薛莹）

【上海公安机关各项治安管理数据表】

类　别	主要数据
旅馆业管理	全市有旅馆业单位7137家，其中星级宾馆290家、中小旅馆6847家、留宿浴场497家、酒店式公寓64家。全年在宾、旅馆中发生刑事案件10起，查处治安案件407起，查处违法犯罪嫌疑人543人
印刷、印章刻制业管理	全市有印刷企业3211家、印章刻制业323家
废旧行业管理	全市有旧货业单位2384家（其中生产性废旧金属收购单位982家）
影视、音像出版管理	全市查处制贩淫秽物品案件171起，查处涉案人员108人
公共场所管理	全市有公共场所28744家，其中舞厅223家、游戏（艺）机房（厅）1132家、游乐场97家、咖啡室835家、酒吧557家、茶室1200家、KTV851家、卡拉OK厅315家、棋牌室2428家、网吧1732家、浴室（场）1861家、美容美发12452家、足浴5061家。查处违法单位5477家次，其中停业整顿908家次、警告18家次、罚款112家次、取缔无证经营44363家，从中查处治安案件6862起
枪支管理	全年共收缴各类枪支2058支、子弹144403发，仿真枪1450支
剧毒化学品、放射性同位素管理	全市有生产、销售、使用剧毒化学品单位602家，使用放射性同位素单位341家
犬类管理	全市核发犬类准养证147469张，捕捉流浪犬10661条
大型活动保卫	协助市局指挥部组织和直接参与各类大型活动62项120场次
查寻迷途失踪人员	受理登记报失、查询、招领迷途失踪人员1559次，查实找回1113人，占受理总数的71.4%

（金柏石）

人口管理

【概况】 2015年，市局人口办认真贯彻落实市委、市政府、公安部和市局党委的部署要求，将做实基层作为提升人口管理工作水平的“支撑力”和“内驱力”，积极稳妥、规范有序地落实本市户籍制度改革各项措施，扎实做好户籍管理基础工作，较好地完成了各项工作任务。(程雪峰)

【推进基层基础建设顶层设计】 市局人口办贯彻落实市委、市政府关于进一步创新社会治理加强基层建设的意见。会同市发改委、市综治办、市民政局等部门，在调研、座谈交流和广泛听取意见、建议的基础上，研究制定并提请市政府办公厅转发了关于进一步加强基层人口服务管理工作的实施意见，围绕完善组织体系、加强力量建设、落实工作任务、推进机制创新、落实保障措施等方面提出18项具体任务要求。(程雪峰)

【推进实有人口管理社区实施】 市局人口办组织开展实有人口管理星级居（村）委评定工作，制定实有人口管理星级居（村）委评定标准，在全市范围内评定102个居（村）委为实有人口管理星级居（村）委，总结、推广实有人口管理星级居（村）委的经验做法，进一步拓展全市实有人口信息采集室覆盖面。年内，全市已有5577个居（村）委开设实有人口信息采集室，占全市居（村）委总数的95.04%。(程雪峰)

【加强社区综合协管队伍建设】 市局人口办探索实行社区综合协管队员“一人一号”管理，强化信息质量监控与绩效管理工作。结合严打整治专项行动，组织开展社区综合协管队评比表彰，坚持“一案一奖、一事一奖、一查一奖”制度，累计奖励社区综合协管队员2634人次，奖励金额54.2万元。全市社区综合协管队伍工作成效明显，累计更新来沪人员信息1195.73万条，提供各类违法犯罪线索3421条，协破刑事案件784起、治安案件2841起，抓获违法犯罪嫌疑人4586人。针对社区综合协管队伍年龄老化、素质偏低、配置不足、待遇偏低等问题，组织开展专题调研，拟定关于进一步加强社区综合协管队伍建设的指导意见。探索从社区综合协管队伍中选拔素质高、能力强的队员组建人口调查员队伍，参与上海大学开展“上海大都市社区调查”课题研究。(程雪峰)

【创新实有人口信息采集标准化】 市局人口

办印发关于全面推进实有人口基础信息标准化的工作方案，以人口普查常用统计标准及政府相关职能部门通用口径为依据，进一步统一来沪人员基础信息采集、填报标准，科学调整、完善人口信息登记表格样式，组织在长宁、宝山、金山区开展试点工作，实现来沪人员基础信息采集全覆盖，打造实有人口信息采集工作“升级版”。(程雪峰)

【推进实有人口管理专项行动】 市局人口办组织各级人口管理部门全力投入市局“迎新春保平安”、春季、夏季、秋冬等严打整治专项行动，组织对来沪人员聚居的居村、各类非正规“落脚点”以及重点区域、重点房屋开展整治。专项行动期间，全市各级公安人口管理部门共采集、维护来沪人员信息1195.73万条，其中新增信息485.16万条、变更289.11万条、注销421.46万条。(程雪峰)

【抓好实有人口信息质量测查监控】 市局人口办完善“实有人口动态分析监控平台”功能，实现对全市5868个居（村）委实有人口数据变动情况的实时统计、监控，对出现数据异常的居（村）委，指导、督促分（县）局人口办分析数据、查找问题。优化实有人口信息管理系统功能，实时推送变动情况，加大对无人居住房屋等重点房屋的监控、清理力度。全年，各级人口管理部门测查实有人口信息质量162.9万人，清查整治各类重点区域2000余处，清理维护“重点房屋”信息69.98万间。全市实有人口、实有房屋信息质量保持在较高水平。(程雪峰)

【取消户口性质区分】 市局人口办全面清理138万存量农业户口人员，及时纠正问题数据，实现全市农业户口人员底数清、情况明。会同市发改委组织市各有关部门梳理与户口性质挂钩的各项政策，协调做好政策调整衔接。研究提出取消户口性质区分的实施方案，采取“后台备注、锁定存量”方式，保留农业户口人员原始依据，为全市停止办理户口“农转非”，统一将本市户籍人员登记为“居民户口”打下基础。(程雪峰)

核查实有人口信息登记情况 (程雪峰提供)

【规范本市落户管理工作】 市局人口办围绕“一个办法、一个平台”的工作要求，在对本市落户政策进行全面梳理的基础上，研究起草本市落户管理工作办法，明确市各有关职能部

门的职责分工，平衡和明晰各个落户渠道的资格认定和落户办理的基本条件，固化落户受理、审核、审批办理工作流程和管理制度。探索建立统一的落户管理信息平台，实现一口受理，简化办理流程，推进各职能部门审核信息网上流转和档案电子化。率先与市教委开展试点对接，通过统一的落户管理信息平台，实现2015年非上海生源应届高校毕业生落户审批信息的网上流转。(程雪峰)

【做好居住证办理工作】 全面推进房屋编码信息在居住证件办理工作中的“嵌入式”应用，依法规范出具住所证明材料，严把居住证办理的“合法稳定居住关”。梳理现行居住证政策和业务规范，编写《上海市居住证政策解读及业务指南》，落实对各区（县）的业务培训，推进居住证工作岗位能力认证体系建设。在居住证办理工作中，实行“上海市居住证”到期后台自动签注、短信提醒、网上查询等居住证办理便民服务措施。全年，来沪人员新办“上海市居住证”44.18万张，旧证换新证2.47万张，新办“上海市临时居住证”59.96万张。(程雪峰)

召开“阳光警务”建设现场会 (程雪峰提供)

【深入推进户口登记管理专项清理整顿工作】 市局人口办深入推进户口登记管理专项清理整顿工作，广泛发动群众举报违法违规办理户口问题线索，在常住人口信息管理系统中实现人像比对嵌入式应用，加强对疑似重复户口的核查力度。年内，共发现户口案件线索83条，核实情况78起，查获重复户口案件55起，清理应销未销户口204个，清理纠正户口登记项目差错15239笔。(程雪峰)

【提升户籍管理规范化、信息化、专业化水平】 市局人口办着力构建“户口审批事项目录化，审批程序流程化，审批标准规范化，审批依据公开化，审批档案电子化，执法监督信息化”六位一体的户政工作标准化管理框架。加强对退役士兵、驻沪办人员、弃婴落户的政策研究。推动户政执法规范性文件主动公开，接受监督。完善“户口审批信息管理系统”功能，完善执法监督模块，推进审批材料档案电子化。全年，市局人口办共审批材料4087份（其中审批同意3320份）。建立人口管理执法监督系统，开展户口执法网上检查。依托上海公安户籍民警能力认证中心，建立健全户籍岗位民警职业能力体系，推动户籍岗位民警岗前培训，举办户籍岗位民

警任职资格考试，逐步实现户籍民警持证上岗。年内，组织全市户籍岗位民警1539人参加考试，1476人合格。（程雪峰）

【加强居民身份证管理】 市局人口办认真组织实施全市120万居民集中换发居民身份证工作，增设居民身份证拍照点28个，方便居民就近拍照，对到期未换证人员加强宣传，完成换证74万余人。推动公民身份号码重号纠正收尾工作，坚持“一人一策，逐一研究解决”办法，纠正公民身份号码重号217人。组织开展本市户籍人员就近办理居民身份证工作，制定关于开展本市户籍人员跨区域就近办理居民身份证工作的实施方案，选取闵行分局古美派出所、普陀分局宜川派出所开展试点工作，为在全市范围实行户籍人员跨区域办理居民身份证工作夯实基础。（程雪峰）

【拓宽人口数据共享“信息源”】 市局人口办会同市住建委对建筑工地实名制登记的13万条人员信息与实有人口信息库进行比对，为建筑工地实名制登记全面推广后，建筑工地从业人员数据入库打好基础。与市教委开展17万余条适龄入学儿童信息的比对工作，配合市征信办做好2015年上海市政府实事项目“信用报告免费查”后台查询支撑，提供查询420万人次。上海市实有人口信息管理系统共容纳13.5亿余条实有人口业务信息，全年累计为50余个政府部门提供实有人口业务信息1.5亿余条，比对数据1893万余条。（程雪峰）

【加强基层调查研究】 市局人口办整合公安人口管理部门调研工作力量和资源，制定下发基层特约通讯员聘任管理办法，聘任分（县）局人口办、派出所30位同志担任第一届市局人口办基层特约通讯员，增强基层调研力量。（程雪峰）

【提升服务决策能力】 市局人口办会同来自本市高等院校、科研院所的14名专家、学者开展人口决策咨询课题调研工作，围绕人口调控服务和管理、人口数据采集和应用等专题开展课题调研。会同复旦大学社会发展与人口政策研究中心举办“人口发展与人口政策论坛”，交流课题研究成果，邀请专家、学者围绕人口热点问题作主题演讲，进一步提升本市人口管理部门决策咨询工作影响力。会同上海大学社会学院合办《人口通讯》刊物，介绍人口问题前沿理论知识和研究成果。定期发布人口工作情况和动态，研究人口政策发展问题，推广经验做法。（程雪峰）

【全市户籍人口536.76万户、1442.97万人】 截至2015年年底，全市户籍人口536.76万户、1442.97万人。其中，城镇人口1255.98万人，乡村人口186.98万人。

一是户籍人口总量增速略有下降。2015年，全市户籍人口总量增加4.27万人，年递增率为0.30%，比上年减少0.14%。户籍人口总量排在全市前三位的区（县）分别是浦东新区（291.87万人）、杨浦区（108.48万人）、闵行区（106.58万人）。户籍人口年递增率排在全市前三位的区（县）分别是闵行区（1.97%）、嘉定区（1.66%）、宝山区（1.28%）。

二是户籍人口机械增长数比上年增加。2015年，全市外省市迁入11.61万人，迁往外省市5.32万人。全市户籍人口机械增长数为6.29万人，比上年增加0.52万人。其中，经人力资源和社会保障部门审批入沪的有3.16万人，比上年增加6.04%；经教委大中专招生及毕业分配入沪 4.66 万人，比上年增加 6.15%；经公安部门审批入沪 3.14 万人，比上年减少 15.36%；经民政部门审批入沪 0.65 万人，比上年增加 38.30%。

三是全市出生人口减少，人口自然变动负增长。2015 年，全市登记出生人口 10.59 万人，比上年减少 1.82 万人，出生率 7.34‰，比上年减少 1.29 个千分点；死亡 12.42 万人，比上年增加 0.47 万人，死亡率 8.61‰，比上年增加 0.30 个千分点。2015 年，全市人口自然增长数减少 1.83 万人，自然增长率为 -1.27‰，比上年减少 1.59 个千分点，人口自然变动负增长。

四是户籍人口老龄化趋势明显。2015 年，全市户籍人口中 60 岁及以上的有 435.95 万人，占总人口的 30.21%，比上年增加 1.44 个百分点。2015 年末，户籍人口中 60 岁及以上人口比重排在前三位的区（县）分别是静安区（33.86%）、虹口区（33.59%）和黄浦区（33.05%）。在全市范围内，中心城区户籍人口老龄化程度更为明显，户籍人口中 60 岁及以上人口比重均值达到 32.36%；近郊区户籍人口中 60 岁及以上人口比重相对较低，均值为 29.09%，比中心城区低 3.27%；崇明县作为本市唯一的农村县级地区，由于大量青壮年人口到市区就业等原因，加剧了老龄化的趋势，户籍人口中 60 岁及以上人口比重均值达到 32.56%，反超中心城区的均值。

虽然本市户籍人口老龄化趋势明显，但随着人民生活质量及医疗水平的提高，死亡人口数及死亡率并未同步增长。近 4 年，全市户籍人口死亡数小幅平稳波动。据市卫计委统计，2015 年，本市户籍人口期望寿命为 82.75 岁，其中男性 80.47 岁，女性 85.09 岁，均比上年有所上升。

五是全市范围内人口迁移变动量较去年有所增加。2015 年，全市范围内人口迁移变动量为 102.69 万人次，比上年增加 11.09 万人次，增幅为 12.11%。其中，市区迁入、移入 50.47 万人次，迁出、移出 50.37 万人次；郊县迁入、移入 0.80 万人次，迁出、移出 1.06 万人次。

注：本文部分数据合计数或相对数由于单位取舍不同产生的计算误差均未作机械调整。（楼哲）

特　　警

【概况】 2015年，市局特警总队坚持底线思维、问题导向，以改革精神主动适应反恐维稳新常态、新形势，积极推进深化公安特警改革和警务实战化建设，狠抓政治建警、反恐训练、力量建设、综合保障等重点工作的推进落实，不断提升公安特警队伍正规化建设水平。全年全市特警共投入警力10273人次，先后完成突发事件处置、重大活动安保警卫和集中备勤等各类任务9103次，为维护社会大局稳定，建设平安上海、法治上海发挥了积极作用。(江亮)

【完成中塔特警联合反恐演习】 根据公安部统一部署，6月5日至6日，市局特警总队参加在塔吉克斯坦首都杜尚别举行的中塔特警联合反恐演习。此次演习旨在加强国际执法安全合作，共同应对跨国犯罪、维护地区安全稳定。演习分为模拟实战联合行动、特警基本技能演练两部分，市局特警总队参加了班用机枪远距离火力压制、小组战术对抗射击、长短枪应用射击等技能展示，以及与塔方特警联合解救人质实战演习任务。这是上海公安特警首次成建制参加跨国演习。通过演习，磨砺特警队伍在高山峡谷等复杂环境下的实战能力，展示上海特警的坚强战斗力和良好精神风貌。国务委员、公安部部长郭声琨和出席上合组织成员国第三次公安内务部长会议的各国代表团团长共同观摩了演习。(江亮)

【严密社会面防控】 市局特警总队主动融入立体化社会治安防控体系建设，积极探索“前置备勤、多点辐射、全面覆盖”的特警实战勤务机制建设，在重点区域建立反恐应急处突驻

2015上海花样滑冰世锦赛安保工作 (江亮提供)

勤点，试行常态化的叠加武装巡逻和摩托车巡逻工作，进一步提高特警街面武装防控机动性，增强显性用警威慑力。同时，加强对全市特警武装巡逻的督导检查，指导全市特警结合辖区实际屯警街面、动中备勤，进一步提高见警率、管事率，确保一旦发生重大突发事件能够快速响应、迅速处置。全年共执行一级勤务35天、二级勤务89天、三级勤务241天，累计出动武装巡逻车30918辆次、警力61836人次，共接处警21302起，抓获各类违法犯罪嫌疑人702人。（江亮）

【处置各类突发事件】　年内，全市特警处置各类突发案（事）件6619起，比上年减少3.76%。其中，严重暴力性案件26起，群体性事件359起。先后完成了处置浦东“5·18”扬言爆炸案、浦东“5·19”“6·4”盗销柴油犯罪团伙案以及宝山“5·27”故意杀人案等任务。（江亮）

【加强特警专业训练】　市局特警总队按照反恐处突的实战标准，分步骤、有计划地推进全市特警实战技能练兵比武、会操演练和能级考核工作。全年，全市共有3750人次参加35个课目的专项比武、考核和会操活动，7235余名特警参加一、二能级考核，其中一能级合格率100%。在此基础上，积极探索创新特警新警集中见习培训机制和项目化反恐技战术训练，加强教官队伍建设，不断增强特警专业训练的有效性和岗位适应性。（江亮）

【加强装备管理应用和基础工作】　市局特警总队在市局警保部的支持和指导下，以提高克敌制胜的能力水平、完善综合保障等为重点，加强装备建设应用管理和各类新型武器、车辆的引进使用。全年共采购“多功能战术快瞄镜”“头盔式微光夜视仪”等高、精、尖装备73项5751件，增配特制摩托车、防弹运兵车、冲锋车等特种车辆。通过完善特警装备应用实战培训机制，有效提升上海特警装备建设和应用管理水平。（江亮）

出入境、边防管理

出入境管理

【概况】 2015 年，全市出入境管理部门围绕公安中心工作和要求，以改革创新为动力，不断夯实出入境安全基础，进一步规范出入境执法，努力构建警务实战制高点，全面推进公安出入境管理现代警务机制建设，为上海经济社会发展提供优质服务和保障。全年查获并阻止法定不准出入境人员 350 人。查处各类出入境案（事）件 12509 起，处罚违法违章外国人 11366 人。签发各类出入境证件（含签注）5283266 证次，比上年减少 0.42%。其中签发中国公民因私出国证件 1122519 证次（含首次出国 940336 证次），比上年增加 12.37%；签发内地居民往来港澳地区通行证（含签注）2549450 证次，比上年减少 9.41%；签发大陆居民往来台湾地区通行证（含签注）1246357 证次，比上年减少 1.78%；签发港澳台居民各类出入境证件（含签注）130155 证次，比上年减少 41.67%。办理外国人各类出入境证件（含签证、居留许可）234785 证次，比上年增长 5.69%。临时来沪境外人员 6257141 人次，比上年增加 2.36%。在沪常住境外人员 243212 人，比上年减少 4.58%。在沪外国和港、澳、台机构 53786 家，比上年减少 19.14%。（郑琴）

【完成 2015 花样滑冰世锦赛等涉外安保工作】 年内，市局出入境管理局成立 2015 花样滑冰世锦赛安保工作领导小组涉外管理组，从建立机制、制定方案、动员部署、督导检查等方面，明确涉外管理组 17 家成员单位职责及分工。涉外管理组先后开展专题培训、防暴警务技能大比武、出警拉练和桌面推演等警务实战培训演练，提升处置突发事件工作合力。其间，共出动警力 1700 余人次。同时，完成“上海国际汽车展”、“两会”、抗日战争胜利 70 周年纪念日等重要会议、重大活动安保任务。（郑琴）

【开展专项整治行动】 年内，市局出入境管理局先后开展春、夏季涉外严打整治专项行动，通过全面排摸，深挖研判，重点预警及部门联动，组织清查37次，专项行动12次，侦破偷渡案件52起，查获“三非”人员3036人，违临（外国人违反临时注销登记管理规定）人员7938人。（郑琴）

【实施支持上海科创中心建设出入境政策】 7月1日，市局出入境管理局正式实施公安部支持上海科创中心建设12项出入境政策，通过建立市场认定人才机制，创造更具活力的环境；放宽准入门槛，构建更为开放的环境；促进国内人才流动，提供更高效的环境；提高专业化服务水平，营造更便利的环境。在全市出入境办证窗口实现外国人签证、居留许可、永久居留业务全覆盖，并推出电子港澳签注自主办证机、中国公民办证流程自助引导机、政务查询机、多媒体办证服务系统等多项配套措施。（郑琴）

【推出出入境证件新证新规】 1月1日，实行本市居民办理出入境证件免查验户口簿；1月6日推出电子往来港澳通行证签注全自动办证系统，实现受理、审批、收费、制证、发证一体化的自助服务；4月1日实施往来港澳通行证签注签发新规范；7月1日放宽外省市居民在本市办理出入境证件范围，实施取消台胞签注政策；9月1日实施台湾居民往来大陆通行证签发管理工作实施细则；9月21日，全市出入境办公室均可受理电子台胞证业务。（郑琴）

【2015版电子台胞证正式签发】 9月28日，市局出入境管理局签发2015版台湾居民来往大陆通行证，即电子台胞证。该证沿用“一人一号，终身不变”编制规则，采用电子卡式旅行证样式，内嵌安全智能芯片，采用机读码及数字安全防伪技术，提升防伪性能，提高签发率和查验率。（郑琴）

【“张江国家自主创新示范区出入境办证服务点”揭牌】 7月1日，“张江国家自主创新示范区出入境管理局办证服务点”和“张江国家自主创新示范区核心园出入境办证服务点”揭牌。服务点的建立旨在进一步服务好园区的长远发展，充分发挥“互联网+”的优势，让信息多跑腿，群众少跑路，更好地适应社会经济发展，服务引才战略。（郑琴）

“张江国家自主创新示范区出入境办证服务点”揭牌　（郑琴提供）

【加强涉外社工试点建设】 随着自贸区扩大、迪士尼及科创中心的建立，更多的境外人员来沪开展商务、旅游等活动或就业、落户，“来登去销”的基础管理手段面临挑战，促使管理部门重新思考投资环境与管理压力之间的关系。9月，首批57名涉外社工在浦东新区9处重点街道的10个服务站正式上岗，实施“寓管理于服务”的新型管理模式，提升政府部门综合管理服务能力和境外人员的归属感和满意度。(郑琴)

【“阳光警务”示范点正式启用】 年内，在市局出入境管理局中国公民出国（境）证件处和浦东分局出入境办公室先行先试设立“阳光警务”示范点后，又新增闵行、静安、宝山分局出入境办公室、市局出入境管理局案件调查处和自贸区分局出入境管理支队5个示范点。新示范点推行“一张清单全告知”、执法现场“释法说理”等制度，以“借力、提质、提速、提量”为目标，推进出入境“阳光警务”建设，提升出入境公共服务管理能力。(郑琴)

【开展出入境窗口服务专项检查】 6月5日，市局出入境管理局为落实公安部“加强和改进公安机关出入境管理部门窗口服务工作电视电话会议”要求，对全市公安出入境窗口工作开展专项对照检查。11月，结合市局“严格执法、严格管理”活动，再次对窗口的警容风纪、警务公开、窗口服务，便利措施新政落实等情况进行“回头看”检查，通过交叉、督导及视频检查，找到工作短板，进一步规范工作程序，完善服务举措，整肃警容警纪，提升服务水平。(郑琴)

【“上海公安出入境管理”微信位列上海十大微信公众号】 2月2日，腾讯、复旦大学、上海信息服务行业协会共同举办“2015智慧城市峰会”。市局出入境管理局“上海公安出入境管理”微信公众号获评政务及公共服务类十强，在全市微信公众号中排名第二（仅次于“上海发布”），粉丝数超20万。“上海公安出入境管理”微信公众号旨在为本市居民提供更便捷的办证信息服务。(郑琴)

“上海公安出入境管理”微信获评“2014上海十大微信公众号”(郑琴提供)

【召开第三届因私出入境服务行业协会会员大会】 3月30日，本市因私出入境服务行业协会召开第三届会员第一次会议，选举产生新一届理事会成员、会长及副会长。新一届理事会回顾市出入境服务中介机构发展、现状及存在的问题，建言今后发展规划与目标，积极为支持上海科创中心建设，提供更规范和专业的服务。市局出入境管理局等主管单位领导出席了会议。(郑琴)

【提升队伍素质】 市局出入境管理局牵头全市出入境管理部门强化队伍实战技能建设，开

设“青年微讲堂”、创建培育示范点、窗口岗位受理能力竞赛、打造年度双向跟班实训的特色培训模式，将工作中获得的技巧、方法推广应用于窗口，更好地服务出入境申请人。针对外国人“三非”工作中的重点、难点问题，开展年度出入境条线外国人非法就业案件查处优秀技战法评比活动，经层层筛选评选出10项优秀技战法。（郑琴）

【2015年来沪外国人人数表】

总数4958727人次

亚洲2602916人次

阿富汗	1159	约旦	3077	韩国	645157
巴林	549	科威特	582	斯里兰卡	14688
孟加拉国	10983	老挝	1931	叙利亚	2777
不丹	118	黎巴嫩	3029	泰国	69952
文莱	889	马来西亚	150472	土耳其	29372
缅甸	27591	马尔代夫	1528	阿联酋	1535
柬埔寨	4322	蒙古	4018	也门	2124
塞浦路斯	888	尼泊尔	3870	越南	38438
朝鲜	2290	阿曼	555	东帝汶	148
印度	195430	巴基斯坦	16279	哈萨克斯坦	5703
印度尼西亚	120454	巴勒斯坦	429	吉尔吉斯斯坦	1829
伊朗	31230	菲律宾	264473	塔吉克斯坦	1060
伊拉克	2672	卡塔尔	234	土库曼斯坦	655
以色列	21988	沙特阿拉伯	4909	乌兹别克斯坦	3674
日本	749720	新加坡	160135		

欧洲1201508人次

比利时	24001	直布罗陀	0	阿塞拜疆	1112
丹麦	25954	匈牙利	6257	白俄罗斯	2842
英国	175045	冰岛	1199	摩尔多瓦	745
德国	241791	列支敦士登	156	俄罗斯联邦	74288
法国	164762	马耳他	514	乌克兰	35093
爱尔兰	12866	摩纳哥	51	斯洛文尼亚	1869
意大利	96200	挪威	13803	克罗地亚	6616
卢森堡	995	波兰	24767	捷克	8322
荷兰	56989	罗马尼亚	16818	斯洛伐克	3717

续表

希腊	9790	圣马力诺	55	马其顿共和国	754
葡萄牙	8356	瑞典	40630	波黑	2218
西班牙	51202	瑞士	30554	梵蒂冈城国	3
阿尔巴尼亚	476	爱沙尼亚	1719	法罗群岛	0
安道尔	70	拉脱维亚	2259	塞尔维亚	3616
奥地利	20891	立陶宛	2715	黑山	2219
保加利亚	3283	格鲁吉亚	1003		
芬兰	22306	亚美尼亚	617		

大洋洲 188294 人次

澳大利亚	153710	新西兰	31181	萨摩亚	675
库克群岛	0	诺福克岛	0	基里巴斯	1339
斐济	557	巴布亚新几内亚	174	图瓦卢	383
盖比群岛	0	社会群岛	0	密克罗尼西亚	17
马克萨斯群岛	0	所罗门群岛	9	马绍尔群岛	47
瑙鲁	16	汤加	98	帕劳共和国	16
新喀里多尼亚	1	土阿莫土群岛	0	法属波利尼西亚	0
瓦努阿图	71	土布艾群岛	0	瓦利斯和浮图纳	0

非洲 72042 人次

阿尔及利亚	3038	几内亚	226	塞舌尔	269
安哥拉	572	几内亚（比绍）	174	塞拉利昂	180
贝宁	293	科特迪瓦	497	索马里	193
博茨瓦纳	220	肯尼亚	2738	南非	15486
布隆迪	324	利比里亚	227	西撒哈拉	8
喀麦隆	1194	利比亚	565	苏丹	1769
加那利群岛	0	马达加斯加	837	坦桑尼亚	4284
佛得角	139	马拉维	275	多哥	291
中非共和国	78	马里	418	突尼斯	2248
塞卜泰（休达）	0	毛里塔尼亚	163	乌干达	872
乍得	156	毛里求斯	4093	布基纳法索	150
科摩罗	168	摩洛哥	3206	民主刚果	455
刚果	286	莫桑比克	384	赞比亚	876
吉布提	254	纳米比亚	267	津巴布韦	132

续表

埃及	9397	尼日尔	396	莱索托	160
赤道几内亚	145	尼日利亚	3041	梅利利亚	0
埃塞俄比亚	7532	留尼汪	7	斯威士兰	18
加蓬	212	卢旺达	244	厄立特里亚	196
冈比亚	61	圣多美普林西比	2	马约特岛	0
加纳	2018	塞内加尔	608	南苏丹共和国	0

美洲 892529 人次

加拿大	152470	古巴	1404	秘鲁	5628
美国	621846	库腊索岛	0	波多黎各	7
格陵兰	1	多米尼加共和国	745	萨巴	0
百慕大群岛	13	厄瓜多尔	2902	圣卢西亚	50
安提瓜和巴布达	156	法属圭亚那	220	圣马丁岛	0
阿根廷	10806	格林纳达	213	圣文森特和格林纳丁斯	165
阿鲁巴岛	912	瓜德罗普岛	0	萨尔瓦多	323
巴哈马	267	危地马拉	1203	苏里南	110
巴巴多斯	134	圭亚那	0	特立尼达和多巴哥	675
伯利兹	143	海地	135	特克斯和凯科斯	4
玻利维亚	1248	洪都拉斯	2287	乌拉圭	1978
博内尔	0	牙买加	1000	委内瑞拉	3243
巴西	25399	马提尼克岛	0	英属维尔京群岛	1
开曼群岛	11	墨西哥	33580	圣其茨——尼维斯	208
智利	8888	蒙特赛拉特	0	圣皮埃尔和密克隆	1
哥伦比亚	10187	尼加拉瓜	409	荷属安地列斯群岛	0
多米尼克	90	巴拿马	1643		
哥斯达黎加	1478	巴拉圭	346		

其他 1438 人次

（李斌）

边防检查

【概况】 2015 年，上海边检总站全面推进“四项建设”，突出能力提升，注重机制创新，强化风险管控，狠抓责任落实，全力维护国家安全和社会稳定，进一步提升边检机关依法履职能力和队伍作风形象。全年，检查入出境人员 3756.3 万余人次，比上年增加 13.9%，浦东机场入出境人数突破 3000 万。检查入出境交通运输工具 24.4 万余架（艘、列）次，比上年增加 8.1%。浦东、虹桥两机场口岸共办理 72 小时过境免签证旅客 2.1 万余人次，浦东机场 24 小时直接过境免办边检手续旅客 33.5 万余人次。（刘江萍）

【完成抗战胜利 70 周年纪念活动等重大活动边检及安保任务】 上海边检总站通过建立健全外国人入境审查、重点人员检查工作机制，加强与地方相关部门的联系协作，强化分析研判，狠抓关键环节，加强人身和行李物品检查等方式，推动口岸反恐查堵工作取得新成效，完成全国“两会”、抗战胜利 70 周年纪念活动、首届“上海国际游艇节”、2015 花样滑冰世锦赛、“中国—中东欧国家第五届经贸论坛”等重要会议、重大活动期间的安保和边检工作。（刘江萍）

【配合反腐追逃工作】 上海边检总站在“猎狐 2015”专项行动中，通过边检数据深度分析和排查，及时发现并上报一批涉嫌变换身份的在逃人员信息，其中 40 人被查获。在反腐“天网”行动中，上海边检总站配合相关部门对百名外逃国家工作人员和重要腐败案件涉案人身份进行深入排查。4 月，市局根据上海边检总站提供的线索，成功抓获“红色通缉令”犯罪嫌疑人戴学民（男，57 岁，安徽省蒙城县人），这是“天网”行动百名在逃人员红色通缉令发布以来首名落网到案人员。中央反腐败协调小组国际追逃追赃工作办公室专门致信感谢。（刘江萍）

【推进边检管理创新】 上海边检总站积极谋划延长外国人 72 小时过境免签时限、扩大适用口岸和停留区域范围等便利政策，争取相关政策在上海率先实施。起草对部分国家人员实施 144 小时过境免签政策和外国旅游团乘坐邮轮入境 15 天免签政策的实施方案，支持上海科创中心建设。参与“上海国际贸易单一窗口”建设，在上海各海港口岸全面启用船舶申报功能。分别在吴淞边检站、外高桥边检站、洋山边检站、金山边检站和崇明边检站辖区增设综合执勤队或办证点，方便船舶公司、代理人员就近办理边检手续，实现海港口岸边检通关“零等候”。配合上海中国邮轮旅游发展实验区战略，对悬挂方便旗的中资邮轮给予更多通关便利。年内，上海边检总站利用浦东机场入境边检自助查验通道入境人员达到 114.8 万人次，比上年增加 178.7%。在全国范围内率先在上海国际客运中心和吴淞口国际邮轮港边检执勤现场分别设置了 10 条和 16 条自助查验通道。其中，在吴淞口国际邮轮港的自助通道查验系统于 12 月 16 日起试运行。（刘江萍）

【加强执法规范化建设】 上海边检总站结合“秉公执法 人民公安为人民”主题教育活动，相继制定执法办案差错防范提示、行政决定案件法律文书制作规范、行政决定案件案卷归档规范等多项制度，进一步完善执法管理体系。同时，以提升执法保障为切入点，对现有执法场所进行了全面升级改造，解决人员询问、临时羁押等相关问题，最大限度消除执法工作隐患。坚持创新举措，推动执法服务工作走向机制化、常态化。通过召开航空公司工作例会、24小时直接过境免办边检手续专题会议、派员上门开展培训等形式，践行预防为主、前置执法理念，合力营造和谐、顺畅的出入境通关环境。定期回访部分执法对象，帮助分析案件发生原因，提出改进建议，不断完善法制监督，全年共办理行政案件5200余起，无一起有效行政复议案件。(刘江萍)

【加大边检品牌宣传力度】 上海边检总站运用“互联网+”思维模式，将传统媒体与新媒体有机结合，组织开展“中国边检·阳光国门”服务品牌现场集中宣传活动。全年在主流媒体上刊发新闻稿件4100余篇，网上宣传浏览量达20余万次。通过总站门户网站发布各类信息600余篇，官方微博“@上海边检”处理网友咨询500余件，为广大网友提供及时准确的政策、业务咨询服务，年内，总站微博“粉丝”数已超过74万，在《2015年上半年人民日报·政务微博影响力报告》公布的“上海政务微博影响力榜”上成功入围“上海十大公安系统微博”，位列第四。在上海边检总站组织开展的2015年提高边检服务水平外部评价活动中，总体满意率为98%。(刘江萍)

【提升队伍专业化水平】 年内，上海边检总站依托总站和地方师资力量，组织一线执勤队领导干部和新提任处科级领导干部开展集中轮训，上海机场边检站组织近300名处、科级领导干部、业务骨干进行轮训；抓好由公安部出入境管理局委托的北京、天津、上海、深圳、汕头五总站2015年新招录105名民警集中培训；组织开展“文明使者”推选宣传、赴港交流研修等活动，推荐100多名优秀干部参加跨总站学习交流，接待安排100余名职业制、现役制边检人员学习交流、干部挂职锻炼；开展防暴处突技能培训，挑选250余名骨干民警开展封闭式集中脱产培训，邀请市局特警总队战训处教官布置突发事件场景，变预案为实战，进一步提高处置突发事件能力。(刘江萍)

开展考评工作 (刘江萍提供)

【加强队伍监督管理】 上海边检总站对落实党风廉政建设党委主体责任和纪委监督责任的49项具体工作要求予以明确量化，将信息数字化引入监督工作，部署启用“九边检总站监督信息系统”，完善“党风廉政建设网上测评分析系统”，研发启用“旅检现场接送客和通行证管理系统”，采取“制度+科技”方式，利用科技手段分析预警，通过项目化定责，实现定量化履责。同时，结合队伍实际和形势需求，就党员干部操办婚丧喜庆、现场接送客和口岸通行证集中管理等方面开展专项排查，对苗头性的问题及时查处。(刘江萍)

总站领导为党员干部讲授“三严三实”专题党课 (刘江萍提供)

【强化警务信息科技保障】 上海边检总站全力推进边检技术研发支持中心建设，拟定生物识别签证项目总体建设方案，扎实做好出入境信息系统优化工作，为进一步提高查验效率提供保障。积极配合开展“上海国际贸易单一窗口”平台研发、推广，便利服务对象进行边检业务申报。研发针对邮轮边检查验工作的专用系统，对邮轮旅客实施自动排查，加大对邮轮脱团人员的查处力度。年内，查获邮轮旅客境外滞留不归案件20余起50余人次，抓获1名组织偷渡人员。研发针对国际船舶船员查验的相关系统，对船舶实施差异化管理。在浦东机场口岸开展警用数字集群（PDT）通信系统建设试点工作，为下一步建设覆盖全总站的数字化无线通讯指挥系统奠定基础。(刘江萍)

【创新文化育警】 上海边检总站坚持廉政文化先行，举办五期“廉政讲坛”，推出“清风国门”廉政微信公众号，开展“指尖上的廉政教育”。全年，总站廉政微信公众号阅读点击量超过4.5万次，民警原创边检廉政小说、漫画等受到广大民警和网友的关注与好评。坚持警营文化搭台，篮球、足球、羽毛球、乒乓球4大球类联赛贯穿全年，文体活动参与民警超过3500人次。年内，上海边检总站篮球队荣获上海市长宁区“双拥杯”篮球联赛冠军、“贺龙杯”中国篮球业余联赛（上海赛区）第四名，羽毛球队荣获上海市市级机关第二届羽毛球比赛团体亚军。年内，上海边检总站共有3人荣立二等功、72人荣立三等功、13个集体和162名个人获嘉奖，另有31个集体、179名个人获得各级各类表彰。机场边检站获评“全国文明单位”，浦江边检站、洋山边检站获“上海市文明单位”称号。机场边检站“高波证研创新工作室”由上海市市级机关劳模工作室升格为上海市劳模工作室。(刘江萍)

边防管理

【概况】 2015年，上海边防总队以深化“四项建设”为主线，坚持稳中求进，创新进取，围绕“做优做强”上海边防战略目标，始终注重真抓实干、固本强基，圆满完成各项工作任务。年内，完成“两会”、抗战胜利70周年纪念活动、2015花样滑冰世锦赛等重大边防安保任务26项。共接处警2485起，处理各类案（事）件569起，破获刑事案件8起，抓获网上在逃人员2人，协助江苏总队破获“3·18”特大组织偷渡案。开展“打非治违强基础”百日会战、“缉枪治爆”、涉渔“三无”船舶清理取缔等多个专项行动，开展“防爆炸、防袭击、防破坏、防事故”实战演练6次，发现并消除安全隐患20余起。走访群众4.8万余人次，调处矛盾纠纷500余起，调处率达100%；开展送证上门活动80余次，提供各类政策法规咨询120余次，开展便民利民服务150余次；累计募集爱心捐款20余万元，帮扶困难儿童24人次。群众对边防工作满意率达100%。（郭磊）

【创建平安边防】 上海边防总队创新社会管理新模式，制定实施“勤务模式规范2.0版”，新建群防群治队伍20个、辖区电子巡逻点75个。完成支队、大队、派出所三级主官进同级政法委、综治委班子工作，6名民警兼任辖区村党支部副书记。推进上海电气临港重机“爱民固边模范企业”、青草沙“爱民固边模范水库”创建工作。（郭磊）

【加强基础信息化建设】 上海边防总队坚持信息主导警务，实施“科技管边、科技管海”工程，协调地方单位，通过复接重点卡口视频监控图像，补充重点卡口视频管控覆盖范围，提升技防能力。总队“公共安全智能化综合应用指挥平台”建设项目获市发改委批复同意。建设完成接入市局的指挥网视频会议系统，实现总队指挥中心与市局指挥中心24小时可视通联。推进基层执勤执法信息化装备和“警综”“网上办案”“软件一体化”等25个业务系统的实战应用，日常工作实现“全警触网”。（郭磊）

【提高警务实战化能力】 上海边防总队坚持把“反恐能力”建设为最高标准，从作战指挥、装备配置、实战演练出发，提升部队警务实战能力。建立点名调度常态化制度，构建三角分工机制，优化指挥程序，缩短响应时间。为基层一线补充调配反恐维稳、勘查检验等装备器材1000余件、车辆64辆，保障常态实战需求。标绘辖区要素图，梳理完善6类24种预案，为实战提供要素支撑。健全完善勤务等级规范，构建情勤对接机制，辖区发案数比上年减少11%。参加特战教学组训骨干、实战教练员和警备区联合指挥编组等培训、联训，开展各类处突培训、实兵拉动和桌面推演23次，参加驻沪部队联合演习2次，选派8名训练骨干赴新疆边防总队机动部队跟班学习。（郭磊）

【提升执法规范化水平】 上海边防总队认真落实执法规范化建设三年规划，组织开展执法规范化建设大会战，推行警务公开，优化边防行政审批事项，培树执法示范单位和执法公开基层示范点。积极拓展边防派出所业务，提请市局印发边防派出所办理轻微刑事案件工作规范。完善各类行政处罚标准，市局正式印发沿海边防违法行为行政处罚裁量基准。强化执法主体建设，推行执法岗位资格认证考核，民警执法资格考试通过率100%。完善执法监督考核机制和绩效考评细则，开展立案突出问题专项治理。推动士官执法政策落地运行，3名士官取得基本级执法资格，1名士官取得中级执法资格。执法单位全部完成办案场所改造。(郭磊)

获得职业资格证书 （郭磊提供）

【加强队伍正规化建设】 上海边防总队贯彻落实公安边防部队基层建设要则，组织全部队开展大学习、大讨论活动。制定总队贯彻基层建设要则细则，将各项规定落到实处。坚定选人用人正确导向，严格落实干部“双考”等制度，强化结果运用。完善训练基地、训练设施建设，外聘师资12名，与10省（市）边防总队、浦东干部学院等签订教学合作协议。首次高质量完成全国公安边防部队正团职干部培训班办班任务，培训模式被公安部边防局政治部推广。全年完成公安部边防局、总队各级各类教学培训任务16期889人次。年内，总队新增编制员额100名，增设1个船艇大队和2个边防派出所。(郭磊)

【提升党建工作规范化水平】 年内，上海边防总队开展“增强党性、严守纪律、廉洁从政”专题教育和“讲清问题、划清界限、肃清影响”工作，修订完善总队党委常委会和全委会议事规则，坚持重大问题集体研究，全面贯彻“三不一末”和“三重一大”事项票决制，着眼“三个重点突破”，探索党委务虚和部局下达的“一重三大”党委票决试点等工作。全面落实党支部书记任职资格准入制，现任56名基层党支部书记100%通过考核、持证上岗。扎实开展“三严三实”专题教育整顿活动，全面落实四个整顿和七项专项清理整治，梳理解决重点整治项目65项。健全落实领导干部下基层当兵、重大任务常委一线督导和机关指导服务基层等制度。(郭磊)

【加强政治建警、文化育警工作】 年内，上海边防总队举办政治工作专题轮训班3期，开展各类主题教育、专题教育和大讨论活动，邀请地方专家、学者和部队英模作报告、办讲座以及座谈交流60余场，开展“争创先进政治机关、争当优秀政工干部”“忠诚党的事业，热爱政治工作”事业观教育和政治干部岗位练兵活动，在各类新闻媒体刊稿800余篇，4个单位被评为上海市文明单位。全面贯彻落实部局基层文化建设三年规划，加强警营文化建设，两次举办以“展四有风采·铸强警志向”和迎新春为主题的文艺汇演，开展评选年度边防好警嫂活动。投入60万元用于完善基层文化基础设施建设及为基层配发配齐文体器材，85%的基层单位达到文化基础设施建设标准。开展领导干部生活待遇专项清理整治、清房清车清人等活动，坚持办好“实事工程”，为30余名官兵解决实际困难，官兵子女入学、家属随军、转业安置实现“基本满意”目标。（郭磊）

新四军老兵讲述抗战经历　（郭磊提供）

【加强后勤保障能力建设】上海边防总队大力推进重大工程建设，投入资金用于总队机关和基层所队新建及营房修缮项目，完成横沙渔港所等3个基层所队项目的前期报建工作，总队综合指挥中心选址和土地证办理工作全面完成，3艘318B型巡逻艇于6月开建。开展“基层服务年”活动，筹措资金为基层办实事，先后对13个基层派出所进行“三餐四化”改造，与3家市三甲医院开通绿色就医渠道，全年组织“健康基层行”巡诊19次。采取与地方农副业生产基地合作生产模式，多渠道发展部队农副业生产。完成财务大清查检查验收工作，积极配合做好“三清”专项检查，并落实问题整改措施。（郭磊）

道路交通管理

【概况】 2015年，全市交警部门以依法严管严治道路交通为主线，紧紧围绕公安部“四项建设”和市局“六项重点任务”总体部署，牢牢把握公安交警部门核心任务，全力整治道路通行秩序，努力缓解城市交通拥堵，着力强化交通安全源头监管，全面推进上海公安交通管理各项工作，确保全市道路运行始终处于安全、有序状态。

交通秩序整治实现常态化运作，机动车违停、违法占用公交专用车道行驶等突出交通“顽症”得到有效遏制。年内，共查获各类交通违法行为1233.7万余起，比上年增加6.1%。

道路交通安全综合治理和安全源头监管机制进一步完善，全市道路交通安全形势持续可控。全市发生道路交通事故（上报）1044起，比上年减少10.9%；造成868人死亡，比上年减少3.9%；造成455人受伤，比上年减少27.3%。

进一步提升交通指挥调度和组织管理精细化、科学化水平，圆满完成3000余项大型施工配套交通组织工作，最大限度降低全市范围大规模占道施工对道路交通的影响。

坚持问题管理导向，加强交警队伍核心能力和党风廉政建设，进一步发挥队伍凝聚力和思想牵引力作用，提升交警队伍正规化、执法规范化水平。（朱伟君）

【完成各类交通警卫任务】 年内，市局交警总队继续按照“安全第一”和“不扰民、少扰民”相结合的要求开展警卫开道工作，并进一步优化完善流量调控“滴水法”、线路管控“三端工作法”、线路警卫“绿波控制法”、上下联动“立体布警”等一系列举措，圆满完成“F1赛车大奖赛”、2015花样滑冰世锦赛、“上海国际马拉松赛”等各类交通保卫任务658批、3449批次。（朱伟君）

【强化道路交通调度指挥】 市局交警总队修订完善重大突发事件、大雾天道路交通保障应急响应等一系列工作方案，坚持常态化开展各类重大活动、重要时间节点交通保障风险评估，并加大对主要交通节点、拥堵易发点、秩序易乱点及重要施工区域的日常视频监控巡查力度。同时，进一步完善扁平化指挥网络体系，及时发现、处置各类易引发交通拥堵的苗子性因素和重大道路交通案（事）件，圆满完成第16届上海国际汽车工业展览会、劳伦斯世界体育奖颁奖典礼、抗战胜利70周年纪念等重大活动以及清明、国庆等一系列重要节点交通保障任务。其间，市局指挥中心交通指挥台共监控重大交通警情4.3万余起，对重要交通拥堵节点视频巡逻4500余轮次，实施干预

指挥2800余次。(朱伟君)

【严管严治道路通行秩序】 全市各级交警部门坚持“严格执法”思路和“问题管理”导向，按照“市级层面每月多整、区级层面每周一整”的频率，对机动车违法停放、违法占用公交专用车道行驶、滞留路口、“酒驾”“假套牌”以及“五类车”等各类易影响道路通行秩序和安全的交通违法行为保持严管高压态势。年内，共组织开展市、区（县）两级集中整治行动850余次，民警现场执法查获各类交通违法行为767.4万余起。经现场检查和视频抽查，市中心区域机动车违停现象明显改善，人民广场、五角场、外滩、南京路步行街等市级重点区域及周边路段“五类车”候客现象基本消除。(朱伟君)

【推进道路交通缓堵排堵综合治理】 市局交警总队继续组织开展交通拥堵节点滚动排摸治理，会同交通、住建部门持续推进工程性小改小革措施，先后完成海宁路/乌镇路等10处路口、路段拥堵节点的治理工作，提升相关道路通行效率。科学、规范、合理调整设置道路机动车停放点，缓解“停车难”矛盾。其间，完成四批次道路停车场新增、调整、撤除方案，新增道路停车场37处、泊位1597个，设置临时道路停车场155处、泊位28570个。根据市政府统一部署，牵头开展“上海市单向交通系统适应性分析和规划实施方案”研究，拟定本市进一步推进单向交通建设的规划方案。(朱伟君)

【做好大型市政工程等配套交通组织工作】 全市各级交警部门精细化做好延安东路隧道大修等一系列大型市政工程配套交通组织工作。推进实施重大工程项目施工周期评估机制，强化占道施工监管，确保各项重大工程施工期间全市社会面交通有序畅通。在延安东路隧道大修工程交通组织中，交警部门共出动警力2.3万余人次，会同相关部门设置提示、引导、指示标志1100余块，通过道路挖潜改造、管理措施调整优化、交通流量流向科学综合诱导等多种手段，确保施工范围及受影响区域整体道路交通的始终可控、有序。(朱伟君)

【优化勤务管理模式】 市局交警总队试点将“一级岗”全时段定岗执勤模式调整为高峰弹性定岗执勤、平峰规定线路巡控模式，并同步落实其他岗位民警平峰定线巡逻、“必到点”等勤务管理措施，进一步扩大岗位民警管理覆盖面。以管理效果为目标导向，调整路口交警执勤工作评判标准，采取“基层交警部门交叉检查——总队叠加检查复核——综合考量社会评价”考评督改机制，促进道路交通严管严治。(朱伟君)

【推进“电子警察”执法网络建设】 市局交警总队继续推进“电子警察”监控设备建设和应用。全年共新增固定“电子警察”设备697套，初步建成由内环、中环、外环、郊环组成的“电子警察”执法圈层网络。其中，实施联网改造设备1700余套，“电子警察”设备总体联网率达65.9%，联网设备总数和联网率均创历史新高。年内，固定“电子警察”共查获各类交通违法行为261.2万余起，比上年增加6.6%。其间，“黄标车”限行范围扩大、国I标准汽油车外环以内限行、工作日外省市号牌小客车高架道路限行时段延长等市政府重大政策在执法层面得到有效落实。(朱伟君)

【拓展非现场执法应用】 全市各级交警部门不断挖掘重点客货运车辆动态监控数据利用空间。年内，交警部门以非现场手段查获长途客运车辆凌晨2时至5时违规运行297起、危险品运输车辆“闯禁区”482起、长途客运车超速787起。同时，进一步加强客货运车辆动态监控数据违法违规线索排查，协同职能部门进一步强化源头管理抓手，全年共排查并向相关行业部门转递客货运车辆“动态监控设备涉嫌离线”“客车夜间行驶速度超过限值80%”等行业违法违规线索9142条。（朱伟君）

【强化省际通道执法管控】 市局交警总队以推进高速公路交通安全防控体系建设为契机，完成全市道口公安检查站机动车缉查布控系统建设，并实现与本地车驾查控、高速公路ETC车道拦截等系统的有机整合，进一步扩大重点车辆的布控、比对、预警范围。扩大高速公路视频监控范围，在重点国、省道配建或共享视频监控578个，完成9个高速大（中）队视频监控专用室建设。各道口公安检查站严格落实24小时勤务、等级化安检查控等机制。全年共检查车辆280.3万余辆次、人员322.6万余人次，抓获网上在逃人员423人、犯罪嫌疑人1026人，查获毒品62.1千克、非法运输危险化学品100.9吨。（朱伟君）

【加强交通设施日常管养】 市局交警总队逐步完成直管22条国、省干道老旧信号灯改造和宝安公路、沪宜公路等道路信号灯更新及干线信号协调工作，加强“交通设施报修监管信息平台”和“12319”平台应用，确保各类设施运行平稳。其间，共处理“12319信息平台”流转的交通设施管养信息1379起。根据市政府道路交通设施管理职能调整划分，协同市交通委完成道路交通“四类设施”管理职责过渡、移交工作，并建立协调沟通机制。（朱伟君）

【强化客货运源头安全监管】 全市各级交警部门结合“深入排查交通安全隐患坚决防范重特大道路交通事故”“深入开展安全隐患大检查狠抓七项关键措施落实”等专项工作，深入排查整改人、车、路等方面的安全隐患，推进突出问题整改和监管制度落实。进一步巩固与交通、安监、绿化市容等部门的联动协作机制，通过定期通报、事后追责等方式，全力推动落实运输企业交通安全管理主体责任。其间，共深入“两客一危”（长途客车、旅游客车、危化品运输车）企业开展督导检查5582家次，开具隐患整改通知书1281份，约谈相

深入运输企业开展安全检查 （朱伟君提供）

关企业152家次；对504名疏于管理的企业主管人员进行处罚，对77家存在危险品车辆不按规定线路行驶违法的运输企业分别处以5万元罚款。(朱伟君)

【完善交通事故综合治理机制】 全市各级交警部门会同相关部门排查确定8处市级、17处区（县）级交通事故多发道路，分别以市、区（县）两级道路交通安全工作联席会议办公室名义予以挂牌督办。结合推进公路生命防护工程，协同交通部门对7类常见道路安全隐患开展整改。同时，市局交警总队继续深化“上海市道路交通事故分析预警系统”应用，下发两批次“预警建议单”，督促属地交警部门加强综合治理，落实“闭环”管理制度。年内，8处市级交通事故多发道路事故死亡、受伤人数比上年分别减少88.1%、47.2%；17处区（县）级交通事故多发道路事故死亡、受伤人数比上年分别减少78.7%、19.7%。(朱伟君)

【加强机动车、驾驶人管理】 市局交警总队会同相关部门继续加强机动车生产、改装、报废、回收、拆解等环节的全过程监管，全面应用全国统一版“机动车检验监管系统”，加强机动车检验管理。重点推进科目二考试“一次门禁、一车到底”改造和“GPS差分技术”评判应用，完善机动车驾驶人科目三考试考生、考试员“双盲”考试流程，进一步加强驾驶人考试监管。配合相关部门深入开展“黄标车”“老旧车辆”淘汰和“僵尸车”灭失注销登记工作，共办理灭失注销登记车辆8万余辆次。截至2015年底，本市“营转非”大客车检验率96.7%、报废率100%；大型公路客车检验率达99.8%、报废率达99.9%；大型旅游客车、校车检验率和报废率均达100%。(朱伟君)

【深化交通文明建设】 全市各级交警部门依托“文明交通行动计划”，持续组织开展“拒绝危险驾驶·安全文明出行”“上海好交警、上海好司机”评选等主题宣传活动，并通过邀请社会明星参与活动并综合应用微信同步直播、“手机+社交媒体”连线等手段和沙画表演、行为艺术等方式，提高宣传活动的穿透力和辐射效果。上线启动“第4焦点上海交警微发布”微信公众平台，通过记者随警采访、直播访谈、专题报道等多种形式，广泛开展社会面宣传。其间，共举办全市性大型宣传活动17场，社会面宣传活动6900余场次，发放宣传资料207.4万份，播放公益广告、宣传标语54.3万条次，在市级以上媒体刊播新闻稿件1850余件，发送提示短信376.3万余条。(朱伟君)

【完善道路交通严管制度保障】 市局交警总队细化分解17项“阳光警务”建设项目，完善日常工作制度，加强任务推进。通过对外服务“窗口”信息“公开化”、行政事业收费项目“透明化”、法律法规制度“明了化”等方式，加强“阳光警务”基层示范点建设，并依托主流媒体和互联网平台加强信息公开和管理引导。聚焦阻碍交警部门严格执法的法律难点和瓶颈问题，积极配合相关部门开展道路交通执法难点专项梳理工作，协调推进《上海市道路交通管理条例》修订，推动从法制层面解决执法难点问题。同时，进一步加强与法院、检察院等部门的具体司法协调工作，推动相关执法管理创新模式发挥社会效应。(朱伟君)

【提升交通管理为民服务水平】 市局交警总

队有序推进“互联网交通安全综合服务平台”建设，提供规范统一的互联网交通管理业务预约、受理、办理以及交通安全信息告知、查询、通报、抄告、公告、公布、警示教育等基础服务。依法简化路政设施等审批业务，下放新能源车辆注册登记等车辆管理业务，推动提高公安交通行政管理效能。推进交警系统对外服务“窗口”星级评定和“12345”市民服务热线效能监察工作，确保交警对外服务总体满意度维持在较高水平。试点开展交通事故调解保险进驻制度，加大道路交通事故社会救助基金使用推进力度，年内，共通过“线上申请”救助基金44笔。其间，根据公安部机动车驾驶人考试改革总体部署，及时制定本市驾考改革整体推进方案，为整体改革推进奠定基础。(朱伟君)

抢险救援　(朱伟君提供)

【营造道路交通执法严管氛围】　市局交警总队大力推进“严格执法、严格管理”主题活动和优秀中（大）队争创活动，推动解决制约严管效能提升的共性问题4项、个性问题29项，制订实施“五个一流”争创44项创建任务，突出中（大）队品牌建设，推动全市范围基层中（大）队和道口公安检查站严格执法管理、队伍建设水平整体进步。进一步推动落实市局关于进一步规范保障交警严格执法的指导意见等各项规定，保障一线交警严格执法管理。年内，全市共处理妨碍交警执行公务案件280余起，治安警告或罚款18人次、行政拘留37人次、刑事拘留237人次，对恶意信访投诉当事人批评教育并责令向当事民警道歉13起、发放“澄清单”恢复民警名誉8起。(朱伟君)

【提升交警核心业务能力】　市局交警总队组织开展“聚警心、严警纪、振警威、展形象”“三严三实”等主题教育活动，通过专题辅导讲座等形式，不断夯实队伍思想政治基础。同时，科学选设交警系统拓展型、专业型、互动型3大类共34门培训课程，分3批对全市319名基层中（大）队长、指导员和道口公安检查站站长开展专班集中集训，进一步增强全市交警队伍的系统性、关联性、融合性。其间，总队以“酒驾交通违法规范查处”和“窗口服务”为重点，组织区（县）两级交警部门综合运用短训班、岗前训示、案例教学、分层培训、远程学习等方法，不断提升交警专业能力。(朱伟君)

【加强党风廉政建设】　市局交警总队加强交警系统党风廉政建设责任落实，层层建立主体责任清单，形成一级管一级、一级带一级的责

任分解机制，将交警队伍管理压力自上而下分解到各级领导班子及全体民警。同时，充分运用“公安交通管理综合应用平台”“全国车驾信息系统”等信息化系统，定期排查、通报异常业务数据，加强预警发现，并及时开展通报和跟踪整改，依托“制度+科技”手段完善违法违纪惩防体系。（朱伟君）

【超载车辆货物倾覆致3人死亡】 3月28日11时55分，洪祖杨驾驶皖-A7A839重型半挂牵引车，装载38.65吨玻璃（超载157.6%）沿朱枫公路右侧车道由北向南行驶至康业路北约10米处时，因车辆紧急制动，导致车载玻璃向左倾覆在同向左侧车道内的轿车上，造成轿车内3人死亡、2人受伤。（朱伟君）

【多起交通违法致3人死亡】 7月29日14时38分，马战鸽驾驶沪-D28413重型半挂车沿G15沈海高速公路由北向南行驶至1312.3公里处时，因未注意观察路面情况，追尾撞击前方正在进行道路路面养护施工、但未按规定设置安全警示标志的货车，造成货车车厢内3人死亡、6人受伤。（朱伟君）

【连环相撞致多名学生受伤】 10月13日11时45分，叶红利驾驶沪-DF5819大型普通客车搭载50名乘客（其中小学生44人）沿南六公路由北向南行驶至宣春路口向东左转时，因未按规定让行，与沿南六公路由南向北直行的重型非载货专项作业车相撞后，向左侧翻并倾压在一辆小型越野客车上。同时，重型专项作业车又与同向车道的小型普通客车发生碰擦。造成大型普通客车上18名学生受伤。（朱伟君）

消防管理

【概况】 2015年，上海消防总队围绕“构建城市消防安全防控体系”战略目标，持续推进社会消防治理、专项调研、攻坚能力建设、基础保障、队伍建设等工作，被公安部消防局评为“全国消防年度工作目标任务完成优秀总队”。全年，全市共发生火灾4606起，比上年减少21.2%；造成52人死亡，比上年减少11.9%；40人受伤，比上年减少27.3%；直接经济损失1.5亿元，比上年增加104.2%。未发生重大以上火灾事故，重点区域、敏感场所未发生有影响火灾。全市公共消防站增至133个，新增各类消防车54辆，各类器材13.9万件（套），经费总量比上年增加7.41%，市政消火栓完好率保持在98%以上。完成“9·3”阅兵活动、2015花样滑冰世锦赛和春节、国庆等重大活动、节日消防安保任务，处置各类灭火和应急救援任务7.6万余起，抢救疏散被困人员13771人，挽回财产损失11.5亿元。（陶友恒）

【韩正、杨雄带队检查人员密集场所消防管理等工作】 1月4日，中共中央政治局委员、上海市委书记韩正，上海市委副书记、市长杨雄分别带队检查人员密集场所消防管理和安全生产工作。韩正检查上海轨道交通运营管理中心、曲阜路地铁站的消防管理和运营组织工作，要求全市上下认真吸取“12·31”外滩踩踏事件教训，举一反三，加强城市运行安全工作。杨雄对月星环球港商业中心消防管理工作等进行检查，并召开座谈会，分别听取市局党委副书记、副局长陈臻及上海消防总队负责人关于本市人员密集场所安全管理情况和加强冬季火灾防控、重大节日和活动消防安保、烟花爆竹管控、消防宣传教育培训等工作情况汇报，要求各级各部门按照中央领导重要批示精神，努力将城市安全运行水平提升到新高度。（陶友恒）

【完成2015花样滑冰世锦赛消防安保任务】 2015花样滑冰世锦赛在沪举办期间，上海消防总队借鉴亚信峰会消防安保模式，组建工作组6个，进驻“防消联勤”安保团队5个，制定预案26个，封闭安检赛场、训练场馆、住地面积共15万平方米，并24小时驻防备勤；开展以劳动密集型企业、大中型商市场、网吧为重点的消防安全专项行动，共检查社会单位4.1万家，督促整改火灾隐患6.5万处，临时查封50家，“三停”单位44家，行政拘留92人；播放消防安全提示、推送公益广告、曝光警示典型70条，向全市消防安全重点单位消

防安全负责人和管理人发送短信2.5万余条，培训重点单位消防安全责任人、管理人和消防安全员等重点岗位人员2000余人次；全市9000多名消防指战员、625辆消防执勤车辆落实等级战备，24小时严阵以待，全面实现“比赛、训练场馆和住地不发生影响赛事的火灾事故，社会面不发生较大以上和有影响火灾事故”的预定目标。(陶友恒)

【开展城市公共安全消防高风险专项调研】 3月起，上海消防总队集中开展城市公共安全消防高风险专项调研，重点排摸出易燃易爆危险品场所、低端商贸市场、城市综合体、大跨度仓储物流建筑、高层建筑、居民小区、地下空间、养老机构八类高风险场所，研究提出对策建议，并推动调研成果转化运用。其间，韩正专题听取调研工作汇报，市委第165次常委会、市政府第93次常务会议以及市委政法委专题会议分别听取审议调研报告及成果运用相关工作。各区（县）均参照市级模式开展调研，提交属地党委、政府研究审议。(陶友恒)

市领导听取城市公共安全消防高风险专项调研情况报告 (陶友恒提供)

【创新社会消防治理】 上海消防总队推动出台《上海市重大火灾隐患政府挂牌督办工作办法》，开展《上海市烟花爆竹安全管理条例》修订，加强《上海市住宅物业消防安全管理办法》立法调研。将消防工作成效纳入党委、政府绩效考核刚性内容。深化“多警联勤”消防工作机制，加强公安派出所消防三级管理，试点推进警综平台消防子系统开发升级，梳理《消防法》《安全生产法》等法律法规中可适用、可借用、可并用的法条，编发手册供全警执法参考。分两期审批公布142家社会机构承担消防咨询、评估、检测、维保职能，推动将消防安全失范行为纳入“社会征信系统”，探索在自贸区推行兼顾安全把关和灾后救济功能的火灾保险，启动消防“大数据”平台建设。(陶友恒)

【完成市政府实事项目】 市政府连续第五年将消防安全纳入政府实事工程，全面落实100个居民小区、500幢15年以上房龄高层售后公房消防安全专项改造和全市9481个居民小区开展消防疏散演练，惠及市民群众达97.4万余人。(陶友恒)

【推进火灾隐患综合治理】 上海消防总队推动建立“政府领导、部门联动、属地推进、消防指导、单位负责、群众自治”的火灾隐患综合治理机制，完成5处中央综治办书面警示、2处国务院安委办挂牌督办以及30处市级重点区域、1057处规模型

“三合一”场所排查整治任务，累计拆除违章建筑330万平方米。开展以养老院、医院、学校、劳动密集型企业、大中型商市场等人员密集场所、易燃易爆单位、文物古建筑、大跨度厂房等冬春火灾防控、消防安全治理、严打整治、夏季消防检查等系列专项行动，累计出动警力132.3万人次，检查单位77.8万家次，发现并督改火灾隐患129.3万处，依法临时查封和责令“三停”单位1203家。(陶友恒)

【推进公共消防基础设施建设】 上海消防总队力争将消防基础设施建设纳入市重大工程强力推进，年内建成投用江帆（原名春潮）、大港（原名西工一）、车墩、金汇4个新建站和惠南迁建站，完成迪士尼、嘉定新城、新浜3个消防站和上海特种消防车辆装备维修中心主体结构施工，开工建设恒丰、南站、延安、中兴、吕巷、张堰、罗南、朱桥、望新、城中、中环、泗泾、石洞口、庄行、化三15个消防站。协调市财政局首次以地方规范性文件形式出台《上海市区（县）消防装备基本保障标准》，并开展区域装备建设评估。全年新建市政消火栓1731只，市政管网消防水源覆盖率达100%。(陶友恒)

【提升部队实战能力】 上海消防总队依托城市3+X综合应急救援平台，召开非灭火与应急救援任务社会化处置研讨会，参与组织6次市级、60余次区（县）综合应急处置演练、联勤联训。依托特勤、宝山、崇明、化工区支队，组建高层、地铁、防化、排爆、大跨度、船舶、化工7支专业队，针对性制订6大类688个专业训练课目，研发改良9件新型装备。自主研发运用“辖区调研熟悉管理系统”，全年累计熟悉单位18855家次、实战演练7857次。修订社会救助类和消防勤务活动执勤力量调度规定，缓解“加强首批、充足调派”与“科学用警、减少空驶”间的矛盾。吸收190余名地方专家、高级技术人员，组建市、区两级建筑结构、石油化工、轨道交通、船舶运输等7类专业灭火救援专家库，定期研讨授课，随战辅助决策。全年，完成各类应急救援任务5.6万余起、抢救疏散被困人员4400余人、挽回财产损失5.7亿元。(陶友恒)

【开展士兵职业技能鉴定】 上海消防总队坚持“统筹布局、软硬并重，训鉴结合、质量为先”原则，整合培训基地优势资源，建成灭火救援、通信与计算机、车辆装备保障3个专业鉴定站，首次完成3个专业、5个工种、1243名士兵的职业技能鉴定，通过率达95%；同时，配合公安部消防局完成浙江、河南、山东3个总队315名士兵的职业技能鉴定工作。(陶友恒)

【加强多种形式消防力量建设】 上海消防总队授权成立“上海市专职消防员管理办公室”，专司政府专职消防员招退、管理、训练等工作，与应聘人员直接签约，并结合站点建设进度、消防执勤模式落实队员增编和薪酬保障，全年新增编制额度600名，招录队员646人，一线队员待遇标准提高2.13万元/人/年。全面贯彻《上海市社会消防组织管理规定》，加快推进多种形式消防力量建设，全市累计组建乡（镇）专职消防队30家，重点单位专职消防队109家，100米以上超高层建筑、轨道交通站点等高危单位志愿消防队1057家，1000人以上行政村志愿消防队884家。截至年底，全市22个全国重点镇、66个符合条件的乡（镇），消防队（站）

建有率分别达到77.2%和97%。(陶友恒)

【开展消防宣传教育培训】 上海消防总队持续推进警媒协作，在主流媒体播发稿件1300条次，推出消防专栏，持续曝光火灾隐患，公布消防不良行为单位，定期发布消防安全微博微信提示、指导信息4.5万余条次，目标人群达32万。协调市教委联合印发《关于开展暑期消防安全宣传教育行动的通知》，将消防宣传教育纳入中学生军训课目范畴，推广中小学《公共安全行为指南》教材和师资培训，举办中小学生公共安全知识和技能展示活动。在各区（县）至少建成1个消防体验设施，与临港集团合建上海现代消防体验馆。全年，累计开展各类大型宣传200多次，发放宣传资料350多万份，开放消防博物馆、消防站等消防科普教育基地9700多次，接待群众130余万人。依托全市8家社会消防培训机构、35个教学培训点的社会消防培训网络，培训建（构）筑物消防管理员1.3万人，重点岗位消防责任人、管理人和特殊工种操作人员3.75万人，义务培训市民群众20余万人，消防控制室操作人员持证上岗率和保安人员培训率分别达82%和100%。(陶友恒)

【加强队伍建设】 上海消防总队部署"学习践行强军目标，做新一代革命军人"主题教育活动，实施政治教育大讲堂制度。出台减负增效10项举措。组织官兵参观见学、打造6个正规化样板、开展基层模范评选，细化手机、网络等管理规定，针对性开展"两个经常性"试点和"提升部队管理教育能力，确保队伍安全稳定"专项活动。投入资金1.72亿为基层解决职业培训、配偶就业、子女入学等难题，积极改造、新增和开工建设公寓住房近400套。深化"三严三实"教育整顿和消防执法腐败集中整治，以"学先进、树新风"为主题推进执法规范化建设，大力开展"三清"整治，培育2个廉政文化示范点。(陶友恒)

开展政工岗位练兵　(陶友恒提供)

【处置轨道交通2号线列车停驶事故】 3月10日11时26分，上海轨道交通2号线世纪公园站至张江高科站因触网失电，致故障区段内243号列车迫停于距张江高科站站台约60米处，车内大量乘客被困。市应急联动中心接警后，立即调派总队、浦东支队、特勤支队全勤指挥部和6个消防中队的15辆消防车、100余名指战员赶赴现场救援，用时1小时，有序疏散出被困乘客560余人，避免踩踏等次生事故

发生，救援全程无人员伤亡。（陶友恒）

【处置“5·4”杨浦区老式居民住宅倒塌事故】 5月4日17时19分，杨浦区民壮路一栋两层老式居民住宅发生倒塌。市应急联动中心接警后，迅速调派总队、杨浦支队全勤指挥部，杨浦国和、黄浦车站、特勤彭浦等8个消防中队的11辆消防车，100余名指战员及5条搜救犬赶赴现场救援，历时3小时，成功解救出4名被困人员（其中2人深度埋压），并及时送医救治。（陶友恒）

【处置“6·3”上海畅辰纸箱包装有限公司火灾事故】 6月3日0时45分左右，金山区亭林镇松隐和丰路8号上海畅辰纸箱包装有限公司车间发生火灾，过火面积约9500平方米。市应急联动中心接警后，迅速调派总队15个消防中队的30辆消防车、195名指战员赶赴现场处置，2时35分控制火势，6月4日19时00分扑灭火灾，未造成人员伤亡。（陶友恒）

【2015年全市万人火灾发生率】

单位：起数/万人

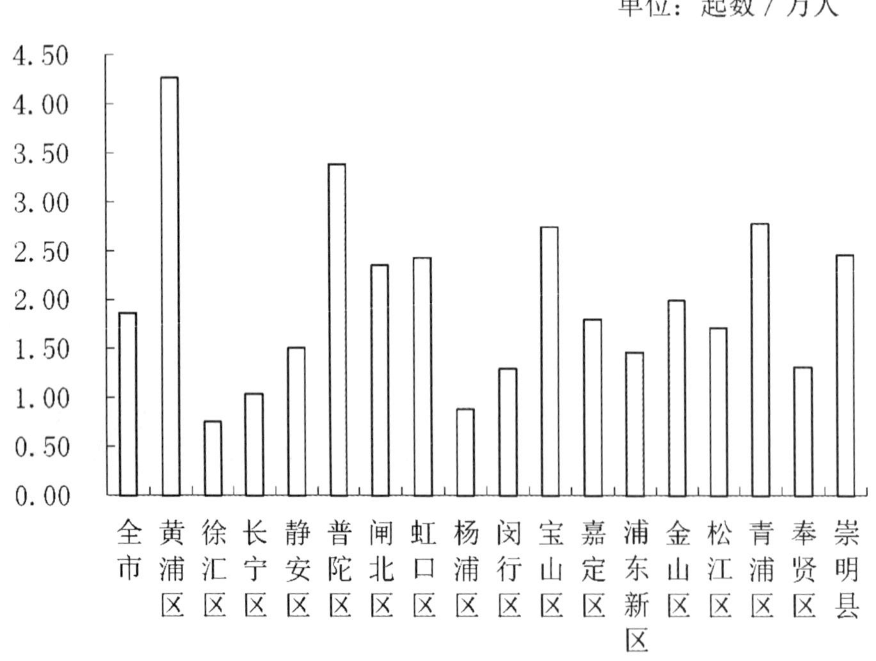

（王国磊）

【2015年全市火灾人均损失】

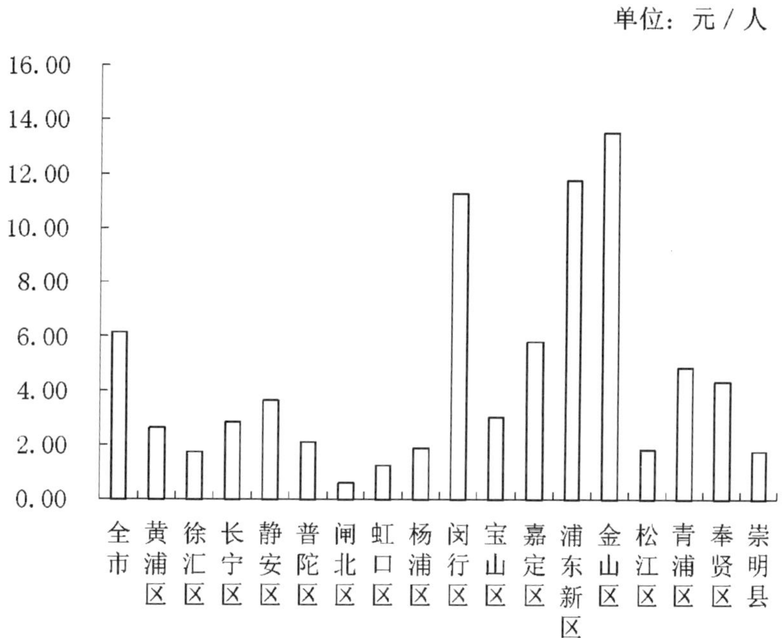

（王国磊）

【2015年次均火灾损失】

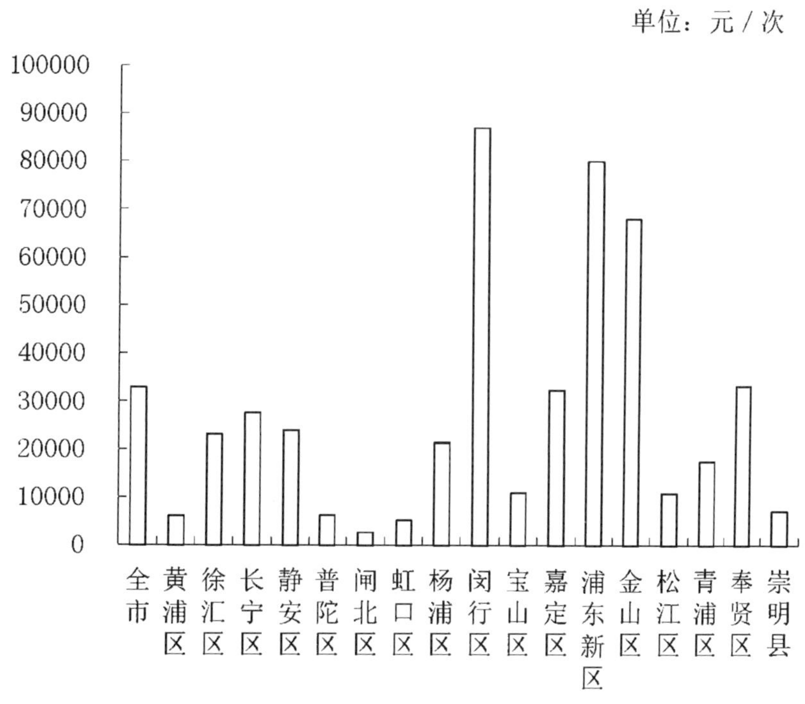

（王国磊）

【2015年每月火灾死伤人数】

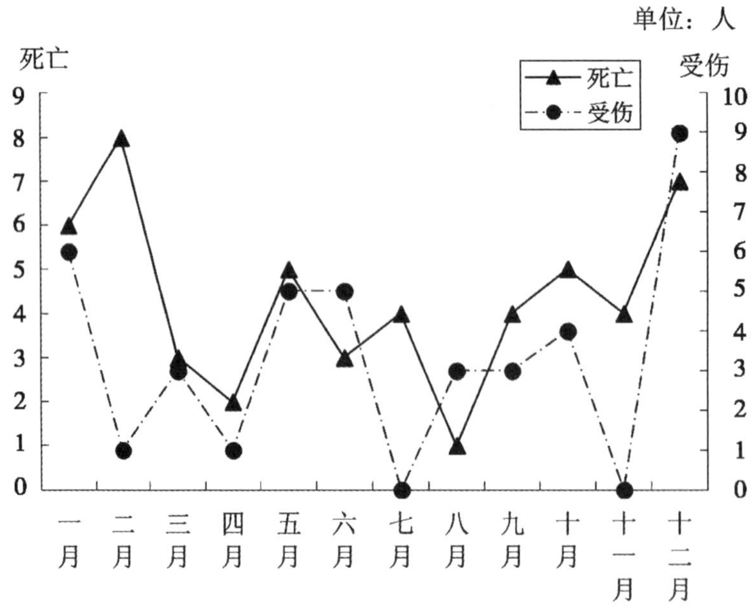

（王国磊）

【2015年每月火灾起数及损失】

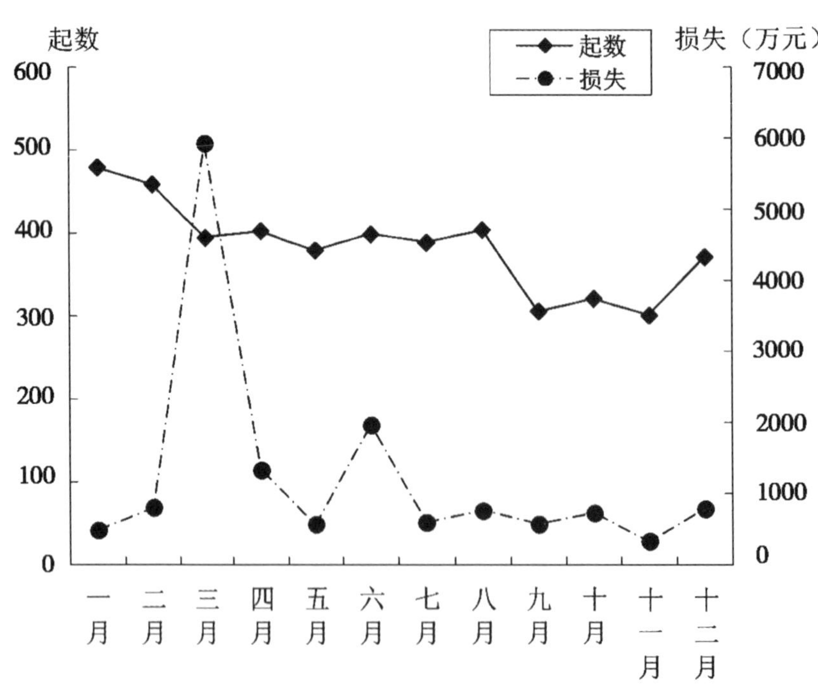

（王国磊）

【2015 年分地区火灾四项数值】

	火灾概况					
	起数	死人	伤人	损失		
				直接经济损失（元）	烧毁建筑（平方米）	受灾户数
合计	4606	52	40	151690811	112887.8	370
黄浦区	313	2	1	1916120	841.2	29
徐汇区	86		6	1990352	1753.3	19
长宁区	81	2	1	2233080	643	8
静安区	42	1	2	1010829	575.8	5
普陀区	415	5	0	2597587	1155.3	4
闸北区	193	2	2	496737	429.8	6
虹口区	191	2	7	980706	577.4	14
杨浦区	115	1	0	2462029	5396.3	0
闵行区	330	10	2	28734153	7447	25
宝山区	571	6	1	6292215	5005.9	1
嘉定区	285	2	2	9200103	11810.6	67
浦东新区	825	9	6	66105892	23823.6	70
金山区	168	4	4	11410101	17769.1	25
松江区	324	3	2	3482438	7079.9	21
青浦区	330	2	2	5775575	2943.6	37
奉贤区	148	1	2	4920960	11088	36
崇明县	173	0	0	1238579	13272	1
轨道区域	2	0	0	5260	32	1
化工区	5	0	0	651691	123	1
水上支队	9	0	0	186404	1121	0

（王国磊）

【“3·17”浦东新区益嘉物流配送中心仓库较大火灾】 3月17日，浦东新区东集路200号益嘉物流配送中心发生火灾，过火面积约9000平方米，烧毁食用油、大米、面粉等物品，直接财产损失4556.6万元。经查，起火原因为电气线路短路。（王国磊）

【“10·29”松江区村民住宅较大火灾】 10月29日，松江区车墩镇汇桥村3队148号老式村民楼发生火灾，过火面积100平方米，造成3人死亡，直接财产损失10万元。经查，起火原因为电瓶车充电过程中电线短路。（王国磊）

安全保卫

警卫工作

【概况】 2015年，市局警卫局会同各级公安机关、武警执勤部队和有关保卫部门，积极适应动态化、信息化条件下的警卫工作新常态，以公安警卫“四项建设”为抓手，依托全市“大警卫”格局，严密警卫措施，强化应急处突，改进警卫形式，守牢安全底线。全年顺利完成各类警卫任务424批，实施住地警卫勤务2005天、现场警卫勤务4506场次，确保市委等市级领导机关和警卫对象在沪住地的安全。选派干部赴北京、河南郑州支援抗战胜利70周年纪念活动及上海合作组织峰会警卫工作，圆满完成任务。(陈斌伟)

【确保189批来沪的党和国家领导人安全】市局警卫局执行来沪中共中央政治局常委级领导重大警卫任务9批，中共中央政治局委员、书记处书记、全国人大常委会副委员长、国务院副总理、国务委员、全国政协副主席、最高人民法院院长、最高人民检察院检察长和其他警卫对象180批次、1319天，执行现场警卫勤务1466场次。根据中央警卫部门要求，市局警卫局会同各执勤单位，积极探索首长警卫工作新模式，严密各项安全警卫措施，改进警卫形式，在确保中央领导在沪安全的前提下，为首长接触人民群众提供方便，实现安全警卫与政治保卫双安全。(陈斌伟)

【完成138批重要外宾在沪期间安全警卫任务】 市局警卫局执行来沪访问的外国国家元首和政府首脑级外宾有：比利时（2次来沪）、荷兰国王，韩国、厄瓜多尔、捷克、毛里塔尼亚、克罗地亚、塞浦路斯、赞比亚（2次来沪）总统，荷兰首相，新西兰总督（2次来沪），印度、法国、巴哈马、阿尔及利亚、喀麦隆、斐济总理，阿联酋王储以及第四次中国—中东欧国家领导人会晤暨中国—中东欧国家第五届经贸论坛期间波兰总统，爱沙尼亚、捷克、拉脱维亚、阿尔巴尼亚、波黑、保加利亚、匈牙利、立陶宛、马其顿、黑山、塞尔维亚、斯洛文尼亚总理，克罗地亚议长（各2次来沪）等49批、1669人次。另有有关国家副总统、副总理、议会正（副）议长、重要政府部长及国际组织的重要外宾共89批次。市局警卫局会同有关单位采取严密警卫措施，执行

住地警卫勤务280天，现场警卫勤务821场次，确保重要外宾在沪期间安全。(陈斌伟)

【完成88场次重要会议和重大活动警卫任务】 年内，市局警卫局会同有关单位，完成在上海举行的中国共产党上海市第十届委员会第八、九、十次全体会议，上海市第十四届人民代表大会第三次会议，中国人民政治协商会议上海市第十二届委员会第三次会议，市人大常委会第二十二次会议，沪港经贸合作会议第三次会议，第十届两岸经贸文化论坛，2015陆家嘴论坛，纪念抗战胜利70周年活动，第27届上海市市长国际企业家咨询会议，以及春节、五一、国庆等重要节日期间重大活动警卫任务，确保安全。(陈斌伟)

【完成纪念抗战胜利70周年大会及相关活动安全警卫工作】 为纪念抗战胜利70周年，8月13日，本市举行"八·一三"淞沪会战主题展开展和上海四行仓库抗战纪念馆开馆仪式，9月4日，在上海世博中心举行纪念抗战胜利70周年大会。中共中央政治局委员、上海市委书记韩正，市长杨雄等市领导，驻沪部队主要负责同志及抗战老战士、国际友人、海外侨胞代表等各界人士2400余人出席上述活动。市局警卫局会同各执勤单位在开展前期筹备工作的基础上，落实各项警卫措施，加强配合衔接，强化应急处突，并严格执行中央八项规定，优化警卫形式，圆满完成警卫任务，确保系列重大活动的安全顺利举行。(陈斌伟)

【韩正到市局警卫局调研】 9月28日，韩正在市委常委、市委秘书长尹弘，副市长，市公安局党委书记、局长白少康等领导陪同下，到市局警卫局调研。韩正先后观看了"上海公安警卫工作纪实片"和荣誉室、训练房以及警卫装备等。韩正指出：上海公安警卫部队要深入贯彻习近平总书记提出的"四个必须"要求，在政治上、思想上、行动上与党中央保持高度一致，不断提高综合素质，树立严格纪律意识，努力建设过硬队伍，确保各项警卫任务万无一失。市公安局党委副书记、副局长陈臻，市委办公厅副主任林龙斌等参加调研。(陈斌伟)

在纪念抗战胜利70周年大会现场进行安全检查 (陈斌伟提供)

【完成上海市"两会"警卫任务】 1月24日至28日，中国人民政治协商会议上海市第十二届委员会第三次会议在市委党校和上海世博中心举行。1月24日至29日，上海市第十四届人民代表大会第三次会议在上海世博中心举行。市局警卫局会同各执勤单位，严密会场警戒，做好周边治安管理和社会面控制，落实应急处突准备。同时，进一步优化工作方法、改进警卫形式，维护社会正常秩序，确保会议的安全顺利举行。（陈斌伟）

【完成印度总理访沪安全警卫任务】 5月15日至16日，印度总理纳伦德拉·莫迪一行12人来沪访问。其间，莫迪总理出席了印中商务论坛、复旦大学甘地印度研究中心揭幕仪式和与印度侨民见面会等活动。市局警卫局会同各执勤单位坚持理性平和、文明规范执勤，以最高规格、最严部署、最强措施、最佳状态全力确保莫迪总理访沪期间的绝对安全和各项活动顺利有序。（陈斌伟）

执行外国政要住地警卫任务 （陈斌伟提供）

【完成第四次中国—中东欧国家领导人会晤暨中国—中东欧国家第五届经贸论坛期间涉及上海要人警卫工作】 2015年11月24日至25日，“第四次中国—中东欧国家领导人会晤暨中国-中东欧国家第五届经贸论坛”在苏州举行。其间，有16个中东欧国家领导人由上海入境，其中波黑、保加利亚、捷克、爱沙尼亚、匈牙利、拉脱维亚总理及波兰总统率团顺访上海；25日，李克强总理与多国领导人从苏州乘高铁专列来沪考察，外国领导人转场乘包机与专机等赴京。市局警卫局会同各执勤单位，反复踏勘活动场所，制定完善的警卫方案和应急预案，理清工作序列架构，确保沟通顺畅、无缝衔接，依托安全保卫工作总体部署，突出重点、优化形式，确保中外警卫对象在沪期间安全。（陈斌伟）

【“全警大练兵大比武”活动取得阶段成果】 为切实提高警卫干部综合执勤能力，市局警卫局持续开展“全警大练兵大比武”活动。坚持从实战出发、从难从严，全员参训，分类施训，拓展训练内容及渠道，开展警卫专项岗位技能、体能、游泳、射击、驾驶、警卫搏击、警卫战术和队列等培训，为保障警卫任务完成夯实基础。年内，开展第五届“警捷杯”体技能竞赛，派出骨干力量赴内蒙古、湖北参加部局要人护卫队集训，组织2015年度比武竞赛、岗位大练兵活动，取得良好效果。（陈斌伟）

【坚持不懈抓好队伍建设】 年内，市局警卫局学习贯彻习近平总书记关于改革强军系列重要讲话和全军、公安现役部队、上海公安现役部队政治工作会议精神，结合国防建设和军队改革，开展践行“四个必须”，做新一代“四有”警卫战士主题教育、“三严三实”“聚警心、严警纪、振警威、展形象”“铸牢忠诚警魂、严格队伍管理、振奋队伍精神”等专题教育活动，倡导“忠诚奉献，责任荣誉”核心价值观，以执行条令条例为抓手，进一步加强执勤、训练、内务规范，严格各项纪律规定，确保官兵绝对忠诚可靠和队伍安全稳定。（陈斌伟）

【2015 年访（来）沪重要外宾一览表】

来访外宾	国家（地区）	人数	日期	活动内容
科雷亚	厄瓜多尔总统	137	1 月 8—10 日	会见中厄企业家，出席中厄企业家商务论坛，参观长兴江南造船基地、东方明珠广播电视塔和豫园
克里斯蒂	巴哈马总理	20	1 月 10—11 日	会见企业家，参观嘉定孔庙、汇龙潭公园和上海联影医疗科技有限公司、中华艺术宫和虹桥珍珠城，赴东航股份公司座谈等
瓦尔斯	法国总理	113	1 月 31 日	赴米其林轮胎研究开发中心（上海）有限公司出席揭幕仪式并与法国企业家座谈，赴上海城市规划展示馆作“法中携手、合作创新”演讲并答记者问，两次赴法国驻沪总领事官邸出席企业家授勋仪式和侨民见面会，会见在沪法国企业家等
埃德加·查格伦·伦古	赞比亚总统	28	3 月 26—27 日	下榻虹桥迎宾馆二号楼
斯凯里特	多米尼克总理	6	3 月 28—30 日	出席多米尼克投资论坛
埃德加·查格伦·伦古	赞比亚总统	26	4 月 1—2 日	下榻虹桥迎宾馆二号楼
阿卜杜勒-马利克·塞拉勒	阿尔及利亚总理	20	4 月 30 日	参观东方明珠广播电视塔、洋山深水港展示中心并座谈
纳伦德拉·莫迪	印度总理	12	5 月 15—16 日	会见企业家并出席印中商务论坛；赴复旦大学光华楼与杨雄共同出席甘地印度研究中心揭幕仪式；赴世博展览馆出席印度侨民见面会
菲勒盟·扬	喀麦隆总理	11	6 月 19—21 日	参观东方明珠广播电视塔，赴真丝大王商厦、虹桥珍珠城购物，游览黄浦江
菲利普·利奥波德·路易斯·玛丽	比利时国王	92	6 月 25—26 日 6 月 26 日（过境）	出席城市规划研讨会开幕式并致辞，参观索尔维集团创意展，出席“比利时的品质生活”招待晚宴，韩正会见代表团一行

续表

来访外宾	国家（地区）	人数	日期	活动内容
乔萨亚·沃伦盖·姆拜尼马拉马	斐济总理	7	7月20—23日	参观上海建工集团，赴百盛购物中心、虹桥珍珠城购物
杰里·迈特帕里	新西兰总督	9	7月20日—21日 24日（过境）	参观东方明珠广播电视塔，赴新西兰之窗出席侨民见面会
朴槿惠	韩国总统	150	9月3—4日	出席侨民见面会和中韩企业家商务论坛，赴大韩民国临时政府旧址与杨雄共同出席展馆更新启动仪式
米洛什·泽曼	捷克总统	27	9月4—6日	赴虹桥迎宾馆商讨在沪开办足球学校事宜，参观华信能源集团有限公司、静安寺、东方明珠广播电视塔，赴外滩华融大厦午餐
穆罕默德·乌尔德·阿卜杜勒·阿齐兹	毛里塔尼亚伊斯兰共和国总统	35	9月10—12日	游览黄浦江，参观上海水产总公司、中兴通讯上海研发中心、东方明珠广播电视塔、城市规划馆
科琳达·格拉巴尔·基塔罗维奇	克罗地亚总统	15	10月16—17日	参观上海城市规划馆、东方明珠广播电视塔，赴克罗地亚商会中国代表处参观并与企业家座谈，游览黄浦江
尼科斯·阿纳斯塔夏季斯	塞浦路斯总统	15	10月17—19日	赴浦东丽思卡尔顿酒店出席塞浦路斯房地产推介会，参观东方明珠广播电视塔、华为技术有限公司上海研发中心，游览黄浦江，赴南京西路购物游览
威廉·亚历山大	荷兰国王	54	10月27—29日	出席侨民招待会，会见荷兰媒体及企业家代表，赴浦东干部学院演讲并签约，赴崇明东滩湿地签署合作备忘录，参观自贸区管委会、国家设施农业工程技术研究中心
塔维·罗伊瓦斯	爱沙尼亚总理	13	11月20—23日 11月25日（过境）	出席上海理工大学音乐堂活动并作主旨演讲，随后步行至北欧文化交流中心揭幕，参观“新天地”、静安寺、南京西路步行街、外滩、青浦朱家角，游览黄浦江，赴苏州出席第四次中国—中东欧国家领导人会晤暨中国—中东欧国家第五届经贸论坛后经本市赴京

续表

来访外宾	国家（地区）	人数	日期	活动内容
莱姆多特·斯特拉乌尤玛	拉脱维亚总理	15	11 月 22—23 日 11 月 25 日（过境）	参观豫园、东方明珠广播电视塔，出席拉方招待会、“发现拉脱维亚”商务合作论坛，参观中国商飞公司上海飞机设计研究院、中兴通讯上海研发中心，赴复旦大学参观摄影展并与学生代表座谈。赴苏州出席第四次中国—中东欧国家领导人会晤暨中国—中东欧国家第五届经贸论坛后经本市赴京
茨维亚诺维奇	波黑总理	10	11 月 23 日 11 月 25 日（过境）	参观东方明珠广播电视塔、上海城市规划馆。赴苏州出席第四次中国—中东欧国家领导人会晤暨中国—中东欧国家第五届经贸论坛后经本市赴京
博胡斯拉夫·奈博特卡	捷克总理	40	11 月 22—24 日 11 月 25 日（过境）	出席中捷商务研讨会、欢迎晚宴，游览黄浦江，赴玉佛寺、华为上海研发中心、上海大众汽车三厂及浦东发展银行参观并座谈，参观东方明珠广播电视塔。赴苏州出席第四次中国—中东欧国家领导人会晤暨中国—中东欧国家第五届经贸论坛后经本市赴京
安杰伊·杜达	波兰总统	53	11 月 23—24 日 11 月 25 日（过境）	参观豫园、外滩、东方明珠广播电视塔及上海证券交易所，出席中波经贸投资论坛及媒体发布会。赴苏州出席第四次中国—中东欧国家领导人会晤暨中国—中东欧国家第五届经贸论坛后经本市赴京
博伊科·博里索夫	保加利亚总理	110	11 月 23—24 日 11 月 25 日（过境）	出席保加利亚投资论坛并参观游览外滩。赴苏州出席第四次中国—中东欧国家领导人会晤暨中国—中东欧国家第五届经贸论坛后经本市赴京
欧尔班	匈牙利总理	16	11 月 23—24 日 11 月 25 日（过境）	赴外滩观光游览。赴苏州出席第四次中国—中东欧国家领导人会晤暨中国—中东欧国家第五届经贸论坛后经本市赴京
阿尔吉尔达斯·布特克维丘斯	立陶宛总理	15	11 月 23 日（过境） 11 月 25 日（过境）	赴苏州出席第四次中国—中东欧国家领导人会晤暨中国—中东欧国家第五届经贸论坛后经本市赴京
亚历山大·武契奇	塞尔维亚总理	20	11 月 23 日（过境） 11 月 25 日（过境）	赴苏州出席第四次中国—中东欧国家领导人会晤暨中国—中东欧国家第五届经贸论坛后经本市赴京

续表

来访外宾	国家（地区）	人数	日期	活动内容
米洛·久卡诺维奇	黑山总理	12	11月23日（过境） 11月25日（过境）	赴苏州出席第四次中国—中东欧国家领导人会晤暨中国—中东欧国家第五届经贸论坛后经本市赴京
米罗·采拉尔	斯洛文尼亚总理	11	11月23日（过境） 11月25日（过境）	赴苏州出席第四次中国—中东欧国家领导人会晤暨中国—中东欧国家第五届经贸论坛后经本市赴京
尼科拉·格鲁埃夫斯基	马其顿总理	10	11月23日（过境） 11月25日（过境）	赴苏州出席第四次中国—中东欧国家领导人会晤暨中国—中东欧国家第五届经贸论坛后经本市赴京
埃迪·拉马	阿尔巴尼亚总理	10	11月23日（过境） 11月25日（过境）	赴苏州出席第四次中国—中东欧国家领导人会晤暨中国—中东欧国家第五届经贸论坛后经本市赴京
约西普·莱科	克罗地亚议长	11	11月23日（过境） 11月25日（过境）	赴苏州出席第四次中国—中东欧国家领导人会晤暨中国—中东欧国家第五届经贸论坛后经本市赴京
穆罕默德·本·扎耶德·阿勒纳哈扬	阿拉伯联合酋长国阿布扎比酋长国王储	54	12月14—15日	参观上海证券交易所、中国商飞上海设计研究院

（陈斌伟）

【2015年部分重要会议、重大活动一览表】

名称	地点	日期	人数
2014年度上海市重点工程实事立功竞赛表彰大会	上海展览中心	1月7日	900
市纪委四次全会第一次会议	市委党校	1月19日	1200
2014年市党政领导班子和领导干部年度考核测评会议	上海世博中心	1月21日	400
邹碧华同志追授命名表彰大会	上海展览中心	1月24日	500
上海市政协十二届三次会议	市委党校、上海世博中心	1月24-28日	1000

续表

名称	地点	日期	人数
上海市第十四届人大三次会议	上海世博中心	1月24—29日	1200
上海市老干部新春茶话会	上海展览中心	2月10日	500
市政法工作会议	上海展览中心	2月13日	400
上海市各界人士春节团拜会	上海展览中心	2月17日	1000
上海市审计工作会议	上海展览中心	2月26日	500
上海市信访工作会议	上海展览中心	2月27日	1100
2015花样滑冰世锦赛开幕式	东方体育中心	3月25日	1000
上海市对台工作会议	上海展览中心	3月26日	300
2015花样滑冰世锦赛闭幕式	东方体育中心	3月29日	1000
市精神文明建设工作表彰暨学雷锋志愿服务大会	上海展览中心	4月10日	1000
沪港经贸合作会议第三次会议	西郊宾馆	4月10日	300
2015劳伦斯世界体育奖颁奖典礼	上海大剧院	4月15日	1000
全面推进司法体制改革试点工作会议	上海展览中心	4月23日	450
2015年上海市庆祝“五一”国际劳动节暨劳动模范、先进工作者表彰大会	上海世博中心	4月29日	2000
第十届两岸经贸文化论坛	浦东香格里拉大酒店	5月3日	210
全市党政负责干部大会	上海展览中心	5月4日	400
中亚、黑海及巴尔干地区央行行长会议组织第33届行长会	人民银行上海总部、国会中心、中华艺术宫、外汇交易中心、上海清算所	5月14—16日	70
市科学技术奖励大会	上海展览中心	5月18日	1000
中共上海市委十届八次全会	上海展览中心	5月25日	500
第18届上海国际电影节开幕式	上海大剧院	6月13日	1600
2015陆家嘴论坛	浦东香格里拉大酒店	6月26—27日	1000
上海市第十一次归侨侨眷代表大会开幕式活动	上海展览中心	7月13日	1000
中共上海市委十届九次全会	上海展览中心	7月15—16日	500
市十四届人大常委会第二十二次会议（扩大）	上海展览中心	7月20日	1400
市委统战工作会议	上海展览中心	7月28日	500
上海市庆祝中国人民解放军建军88周年军民座谈会	上海展览中心	7月31日	300
全国司法体制改革试点推进工作会	西郊宾馆	7月23—24日	300
“八·一三”淞沪会战主题馆开展仪式	淞沪抗战纪念馆	8月13日	600

续表

名称	地点	日期	人数
上海四行仓库抗战纪念馆开馆仪式	四行仓库抗战纪念地	8月13日	500
上海市纪念抗战胜利70周年大会	上海世博中心	9月4日	1800
上海市各界人士向人民英雄敬献花篮仪式	龙华烈士陵园	9月30日	650
上海市庆祝中华人民共和国成立66周年招待会	上海展览中心	9月30日	800
2015浦江创新论坛	东郊宾馆	10月27—28日	1500
上海市党员负责干部会议	上海展览中心	10月30日	1000
2015世界城市论坛	上海展览中心	10月31日	300
第二十七次上海市市长国际企业家咨询会议	上海世博中心	10月31日—11月1日	400
2015年第十七届中国国际工业博览会开幕式	国家会展中心	11月3日	400
闸北、静安区撤建、设立新静安区工作大会	上海展览中心	11月4日	400
中央宣讲团党的十八届五中全会精神报告会	上海世博中心	11月8日	1500
第六届世界中国学论坛开幕式	国际会议中心	11月20日	700
第十届孔子学院大会开幕式	上海世博中心	12月6日	400
中共上海市委十届十次全会	上海世博中心	12月15—16日	500
2016上海新年音乐会	上海交响乐团音乐厅	12月31日	1200

（陈斌伟）

网络安全保卫

【概况】 2015年，上海公安网安部门充分履职、主动作为，全力做好维护上海网络环境、打击网络犯罪、保障网络与信息系统安全等各项工作。全年侦破各类案件4985起，比上年减少13.2%；抓获各类违法犯罪嫌疑人9113人，比上年增加50.3%。持续开展联网单位清理整顿工作，组织开展本市重要信息系统和网站安全执法检查，对415家重点网站开展执法检查，及时发现整改各类信息安全漏洞，快速妥善处置各类黑客攻击事件。加强市、区两级电子数据检验鉴定实验室建设，全市分（县）局实验室均通过公安部三级标准验收。完成涉网案件电子数据侦查分析系统建设，将电子取证工作延伸到基层派出所。（宋晨旭）

【全力打击涉网违法犯罪】 全市网安部门深入推进严打整治专项行动，健全与支付宝、腾讯公司合作的信息快查机制，建立驻广西南宁

工作站，围绕网络诈骗、盗窃、售假、“黄赌毒”及侵犯公民个人信息等群众反映强烈的涉网违法犯罪活动，牵头各警种开展专题化、集群化打击工作。年内侦破或协助侦破包括“1·15”特大网络虚假信息诈骗案、“千花网”组织卖淫案在内的各类涉网案件4985起，抓获犯罪嫌疑人9113人，共侦破网络诈骗案件281起（不含串并），比上年增加31.1%；抓获犯罪嫌疑人538人，比上年增加37.9%，涉案金额6000万余元。（宋晨旭）

【开展网络安全防范宣传】 全市网安部门树立“民众关注什么、案件高发什么，防范宣传就突出什么”理念，全天候、立体式、不间断开展防范和打击网络违法犯罪宣传工作。以网站专刊、微博微信为载体，发布网络安全防范知识百余条，网民转载评论28万余次；通过报刊、电视专栏、广播专题、政府网站等主流媒体推送新闻报道2318篇。（宋晨旭）

参加东方网采访　（宋晨旭供稿）

【加强重要信息系统和网站安全执法检查】 全市网安部门加强重要信息系统和网站安全执法检查，完成包括全市18家国家级重要信息系统单位在内的415家重点网站的执法检查，及时发现整改各类信息安全漏洞709个，发出限期整改通知、安全隐患告知书95份；新增备案信息系统403个（其中，三级信息系统86个，二级信息系统317个），纠正备案错误信息系统40余个，确保全市重要信息系统和重点网站始终处于平稳运行状态。以全市党、政机关网站为重点，强化远程检测、开展渗透测试、健全处突机制，快速妥善处置上海音乐学院附属网站等7起黑客攻击事件，将危害降至最低程度。（宋晨旭）

【加强电子数据检验鉴定工作】 市局网安总队立足实战，继续加强市、区两级电子数据检验鉴定实验室建设。总队电子数据检验鉴定中心通过中国合格评定国家认可委员会现场监督评审和扩项评审，成为全国公安机关唯一一家在移动终端取证领域通过扩项评审的实验室；全市分（县）局实验室全部通过公安部三级标准验收。完成涉网案件电子数据侦查分析系统建设，将电子取证工作直接延伸到基层派出所，累计汇聚涉案电子数据1.7亿余条，推动勘验取证工作体系化、实战化。年内，共开展电子数据鉴定和勘查取证71起，开展案件现场勘验10余次，勘验鉴定各类存储

介质177件，为“7·09”恶意做空股市案、“康师傅投毒案”等重大案件取证固证及侦查起诉奠定坚实基础。（宋晨旭）

【开展网络安全管理工作】 全市网安部门依托社会化数据共享平台，与市通管局、市工商局建立网站开办身份信息查询机制，共核实24万条网站开办者身份信息，完成1.2万余家本市网站的备案工作；把牢上海网络源头资质审核关。年内，依法关闭违法违规网站5162家。（宋晨旭）

网络安全防范宣传　（宋晨旭供稿）

【成立上海公安网安驻广西南宁工作站】 针对网络诈骗类案件居高不下现状，解决网络诈骗案件主要流出地属地管控和整治缺失，异地查证和抓捕困难，涉案人员兼有地域性和亲缘性，作案手法趋于职业化和产业化等问题，市局网安总队于8月成立打击网络诈骗广西南宁侦查工作组，在广西南宁试行建立电信诈骗驻点侦查工作机制。年内，侦破盗用QQ号、利用木马实施短信诈骗案件30余起，抓获犯罪嫌疑人20余人。（宋晨旭）

【侦破“1·15”特大网络虚假信息诈骗案】 市局网安总队会同青浦分局历时4个月，先后赴厦门、漳州、福州、泉州等地查找线索，于5月7日成功侦破“1·15”特大网络虚假信息诈骗案，抓获福建安溪籍犯罪嫌疑人吴江滨（男，25岁）、苏瑞启（男，26岁）、苏振红（男，33岁）。串并案件10起，涉及上海、江苏、黑龙江、四川、贵州、山西等多个省市，涉案金额150万余元。（宋晨旭）

【侦破“千花网”组织卖淫案】 3月13日，市局网安总队会同徐汇分局成功侦破“千花网”组织卖淫案，抓获犯罪嫌疑人朱孟明（男，35岁，江苏省南京市人），当场缴获电脑3台，以及假身份证、手机、银行卡等涉案物品。经查，自2011年4月起，朱孟明在美国架设“千花网”服务器，通过设立“上海交友”等板块，发布本市卖淫女信息及提供为嫖客交流的网上互动平台，并以向会员和访客出售网站金币，向场所和卖淫女提供网站广告服务等方式非法牟利。至案发，网站注册会员达17.5万人，日均点击浏览量6万余人次，论坛累计发帖30余万篇，非法获利80余万元。（宋晨旭）

【侦破“0908”走私普通货物案】 10月10日，市局网安总队会同海关缉私局，侦破“0908”走私普通货物案，抓获犯罪嫌疑人姜某（男，32岁，江苏句容人）、张某某（男，27岁，重庆丰都人）、马某（女，39岁，江苏南通人）等13人，涉案走私貂皮共1353包（约10万张），案值达5000余万元，摧毁上海骁腾进出口贸易有限公司走私貂皮的犯罪网络。（宋晨旭）

文化系统安全保卫

【概况】 2015年，市局文保分局坚持以改革为动力、以法治为引领、以反恐为标准，着力推进高校领域治安防控体系建设，确保全市高校文化领域治安持续安定。全年侦破刑事案件332起，其中侦破盗窃案件301起，破案率39.1%，追赃率55.3%，抓获违法犯罪嫌疑人79人；处置各类不稳定因素、群体性事件隐患40余起；完成警卫任务工作86批91次。全年文化系统未发生重大治安灾害事故和影响社会稳定的重大刑事案件。（何大宝）

【推进高校领域治安防控体系建设】 市局文保分局以建设“平安高校”为目标，加强高校“三网”建设、高校安全示范点建设及高校治安、反恐信息员建设等基础工作，着力打造高校领域治安防控体系。指导21所高校优化升级内部防范设施；会同市教委对全市7个安全示范点授牌；开展安全防范宣传100余次，师生受众30余万人次；加强打击力量，新成立东华大学、上海理工大学等高校5支便衣队，抓获违法犯罪嫌疑人16人、破案46起。（何大宝）

【开展严打整治专项行动】 针对高校领域治安形势和违法犯罪季节性特点，市局文保分局组织开展严打整治专项行动，重点打击扒窃拎包、入宿舍盗窃、网络购物诈骗等侵财犯罪案件。年内，侦破刑事案件332起；先后侦破“12·7”上海体育学院盗窃案、“平安夜”复旦大学持刀伤人案等重大案件。检查高校重点目标部位280余处，整改火灾隐患、宾（旅）馆安全隐患40余处。（何大宝）

在校园内开展治安防范宣传　（何大宝提供）

【做好警卫安保工作】 贯彻“警卫工作无小事，确保各项任务万无一失”的工作思路，市局文保分局周密部署、科学调度，圆满完成各项警卫安保工作。全年共出动警力483人次，先后完成印度总理到访复旦大学、国庆招待会、中央首长视察复旦大学、拉脱维亚总理到访复旦大学、爱沙尼亚总理到访上海理工大学等警卫工作。（何大宝）

【推动执法规范化建设】 市局文保分局深入推进“阳光警务”建设，建立执法规范化联席会议制度，全年开展执法质量检查和专项抽查9次，制发执法问题提示单18份，发现纠正“网上办案”数据质量问题90处；深化立案突出问题专项治理，自查、整改问题案件140余起，整改率100%；充实完善分局执法手册，进一步规范执法操作标准；完善执法问题责任追究制度，健全问责方式和程序；加强执法办案场所硬件规范化建设。（何大宝）

【加强信息化建设和应用】 市局文保分局加强“分局网站”和“执法取证音像资料管理系统”两个项目建设；持续推动“文保综合业务系统”和“文保基础信息系统”应用，新增录入综合业务数据万余条和文保基础信息数据1.5万余条；强化刑事案件“涉案视频库”和“历史对象数据库”应用，视频破案率逾65%，通过数据库串并侦查，抓获犯罪嫌疑人13人、破案67起。（何大宝）

【加强公安文保队伍建设】 市局文保分局以忠诚教育、能力提升和品牌建设为核心，全面推进队伍专业化、正规化、职业化建设。开展“三严三实”主题活动和忠诚教育等100余次，查摆整改“不严不实”问题14项。强化教育培训，开展文保讲坛、送教上门等练兵活动70余次，总结提炼各类技战法和执法典型案例21篇，深化岗位能力标准建设工作被公安部一局全国推广。年内，先后有11个集体和55名民警获得各类表彰，获得市局队伍建设重点课题调研创新奖、市局歌唱比赛金奖等。严格队伍管理，全年无有责投诉和违法违纪，党风廉政建设考评连续4年优秀；落实爱警惠警措施，为8个集体和36名民警送奖上门，走访慰问民警223人次。（何大宝）

华东师范大学校园内视频巡逻　　（何大宝提供）

【打造“谢蜀黍”微信工作品牌】 市局文保分局组建微博微信团队，成功打造“那个谢蜀黍”微信品牌，助推高校领域治安防控体系建设，被本市多家主流媒体先后报道宣传15次，线上粉丝超万人。聘请35名知名学者、网络大V担任首批志愿者，举办“阳光警察进校园”法制宣讲活动

100余场，成功阻止电信和网络诈骗案件380余起，为师生避免经济损失近50万元。（何大宝）

【侦破“平安夜”复旦大学持刀伤人案】 12月24日20时许，一名男子在复旦大学管理学院持刀捅伤一女子，引发社会舆论高度关注。市局文保分局接报后迅速成立专案组开展侦查，抓获复旦大学管理学院MBA班在读犯罪嫌疑人王成（男，45岁，湖北省武汉市人），并及时公布王因感情纠葛引起争吵，继而捅伤同班女同学顾某的案情信息，迅速回应社会关切，消除负面影响。（何大宝）

水上安全保卫

【概况】 2015年，市局水上公安局以维护水域辖区政治安定和治安稳定为目标，围绕2015花样滑冰世锦赛、全国“两会”、抗战胜利70周年纪念活动等重大安保工作，严厉打击水域突出违法犯罪，不断强化水域安全管理和治安防控，确保上海水域环境一方平安。

年内，先后开展水上“迎新春、保平安”、水上春季、夏季及秋冬严打整治等一系列专项行动，侦破各类刑事案件116起，刑事拘留72人，提请批准逮捕52人，移送起诉85人；抓获网上在逃人员18人，捣毁犯罪团伙5个；查处各类行政案件271起（含消防案件245起），行政拘留36人。（江敏）

【完成各类水域安保警卫工作】 市局水上公安局进一步完善工作模式，加大水上巡逻和查控力度，加强工作指导和督导检查，加强与异地警方协作，完成抗战胜利70周年纪念活动、中国—中东欧国家领导人会晤活动、第二届世界互联网大会等重大水上安保工作；完成2015上海之春国际音乐节中外管乐浦江大巡游、第十届两岸经贸文化论坛青年代表联谊活动、第五届上海外滩老码头国际啤酒节、2015年上海半程马拉松赛、上海—喀什青少年手拉手夏令营游江活动、第十二届上海苏州河城市龙舟邀请赛、喀麦隆代表团游江活动、上海旅游节浦江彩船大巡游等一系列大型涉水活动安保警卫工作。（江敏）

执行外舰安保护航任务 （江敏提供）

【完成水上春运安保任务】 2月4日，历时40天的春运工作开始后，市局水上公安局牵头各水上春运安保任务单位，贯彻“以客为主、安全第一、服务至上、保障有力”的要求，落实各项安全管理措施，确保水上治安、交通、消防安全持续稳定。其间，各任务单位共出动警力3185人次、警车1633辆次，安全运送旅客527136人次，查处交通违法行为2051起，破获刑事案件1起，刑事拘留1人，行政拘留2人。(江敏)

【打击水上违法犯罪活动】 市局水上公安局根据涉水违法犯罪活动特点，组织开展水上“迎新春、保平安”，水上春季、夏季及秋冬严打整治等专项行动，成功侦破“3·15”中海立新船厂等沿江单位物资系列盗窃案、“5·12”盗窃案、“8·13”销售假冒注册商标商品案、“10·15”强奸案、“11·7”非法拘禁案、“12·2”嘉里粮油公司员工职务侵占案、“12·9”沪东中华造船厂废旧钢板盗窃案等一批刑事案件，有效净化辖区水域治安环境。(江敏)

【推进水上多警联勤消防工作】 市局水上公安局组织开展火灾防控战役、消防安全“零点行动”、彩钢板建筑住人“清零行动”及夏季消防检查等专项行动，重点加强轮渡等消防重点单位、游艇、游览船的安全检查和火灾隐患督促整改。全年检查内保（租赁）单位（场所）3390家次、船舶2510艘，查处消防行政案件245起，行政拘留4人，罚款16万余元。(江敏)

【加大水域治安管控力度】 3月，市局水上公安局联合市渔政监督管理处、相关区渔政站和水上治安派出所，对黄浦江上游闵行、奉贤、松江、青浦等区水域开展联合巡航检查，查处电捕鱼等严重破坏渔业资源的非法捕捞行为。其间，出动执法人员40余人、执法船艇8艘，检查捕鱼船只20艘，发放宣传资料200余份。会同浦东新区综治办、周浦镇政府对长期滞留在浦东六灶港水域的“三无居家船”开展法制宣传和整治行动，共出动公安、城管、水务执法人员100余人、执法艇10艘，驱离和销毁“三无居家船”11艘。(江敏)

水上反恐防暴演练 (江敏提供)

【建立苏浙沪公安海事联动联勤工作机制】 11月，市局水上公安局联合市地方海事局，牵头嘉定、青浦、金山公安分局和三区地方海事

部门，与江苏、浙江两省4个县市公安和地方海事部门签订苏浙沪内河交界水域水上公安、地方海事应急联动协议，并在两省一市内河交界水域设立8个水上公安、地方海事省际水上联合执勤点，建立苏浙沪内河交界水域治安防控体系和联动联勤协作机制，强化省际水上道口治安管控。(江敏)

【侦破“8·13”销售假冒注册商标的商品案】

4月，市局水上公安局联合市局经侦总队，成功侦破一起利用互联网售卖假冒LV名牌包的特大跨境销售假冒注册商标的商品案，抓获林青（男，27岁，福建省莆田市人）、李文銮（男，32岁，福建省莆田市人）等22名犯罪嫌疑人，涉案金额达8000余万元。该案的侦破工作在2015年度上海经侦系统“经济犯罪案件侦查破案精品案例”评选中被评为“市局组三等奖”。(江敏)

【2015年外轮、海员来沪情况表】

类别＼项目	国家（地区）	艘　次	人　数	比上年增减（±%）	
外轮	104	14426	870531	艘次	-4.0
				人数	63.4
海员	外籍		610432		70.0
	香港		547		42.1
	台湾		13731		71.9
	国内外派		245821		48.8
查处涉外案（事）件	58起，涉及11个国家和地区				

(江敏)

【2015年外国军舰访沪情况表】

单位：人

国籍	时间	舰型	来访人数
新加坡	4月7—12日	“坚决”号坦克登陆舰	221
法国	5月9—15日	“迪克斯莫德”号投送指挥舰 “阿克尼特”号护卫舰	570
韩国	8月29—31日	“姜邯赞”号驱逐舰 “大清”号补给舰	647
俄罗斯	10月30日—11月1日	“福季·克雷洛夫”号救援舰 “格洛瓦尼”号测量船	103
美国	11月16—20日	“斯特蒂姆”号驱逐舰	365

(江敏)

【2015年度上海水上浮尸情况表】

单位：人

类别	数据＼项目	无名尸	家庭纠纷	恋爱纠纷	职业问题	因病厌世	醉酒后	失足落水	海损事故	精神病	他杀	弃婴	其他	小计	占总数（%）	比上年增减（±%）
死亡	男	22	4	2	6	13		14		5			11	77	80.2	1.2
	女	3	2	4				2		1			7	19	19.8	-0.79
年龄	婴儿													0		
	18岁以下				1									1	1	-50
	19—35岁	14	1	5	5	1		3		2			9	40	41.7	1.02
	36—55岁	8	2	1		4		9		3			8	35	36.5	1.4
	56岁以上	3	3			8		4		1			1	20	20.8	0
职业	干部													0		0
	职工			1		1							1	3	3.1	-33.3
	学生													0		-100
	待业、无业		6	4	6	11		14		6			16	63	65.6	233.3
	船员、农民工													0		-100
	退休					1		1					1	3	3.1	-36.3
	其他	25		1				1						27	28.2	1.3
户籍	上海市		4	1		8		7		3			6	29	30.2	1.2
	外省、市		2	5	6	5		9		3			12	42	43.8	0
	不明	25												25	26	1.13
合计		25	6	6	6	13	0	16	0	6			18	96	100	1.09

（江敏）

轨道公交安全保卫

【概况】 2015年，市局轨道公交总队围绕“夯实基层基础、创新安防机制、提升队伍素质”总目标，不断巩固完善轨道交通“三道防线”、公交“三防建设”和长途运输“双向安检”等安防机制建设，确保轨道公交公共安全和治安秩序稳定。全年轨道交通15条线共安全运送乘客30.5亿人次（日均837.6万人次），比上年增加8.1%。轨道区域安检收缴各类危险、违禁品3.7万余件，盘查抓获在逃人员234人；全年提请批准逮捕、移送起诉扒窃犯罪嫌疑人910人，破案1348起；查处“四乱”“五类车”违法人员1.1万余人次，治安

类投诉警情比上年减少15.5%。排查整改消防类安全隐患3.5万余处，其他轨道公交安全隐患3.6万余处；开展大客流、火灾等多课目、多层面演练1140余次，妥善处置各类突发事件35起。（任家鑫）

【开展轨道公交公共安全专项调研】　市局轨道公交总队围绕轨道安检、大客流、应急处置、消防、法律法规、队伍建设以及公交长途安全防范和应急处置等重点内容，会同市交通委、申通集团对轨道、公交和长途公共安全工作开展调研，针对存在的问题，逐项研究对策措施，形成“轨道交通安全隐患专项调研报告”“关于进一步加强上海轨道交通公共安全防范体系建设的意见”等调研成果，提出进一步加强轨道公交公共安全体系建设的措施和建议。（任家鑫）

【加强轨道交通公共安全防范体系建设】　市局轨道公交总队坚持以进站安检为核心，识疑盘查为手段、视频巡逻为补充的轨道交通“三道防线”，严格按照“大包必查、小包抽查、逢疑必查”和“四个必查”原则，加强轨道安检工作。完善特警巡逻、携犬巡检、视频巡逻等多警种叠加防控机制，强化各类易燃易爆和管制刀具等危险违禁品检查。全年共安检各类箱包5.1亿包次，查获危险物品、违禁品3.7万余件；盘查可疑人员938万人次，查获网上在逃人员234人、查处违法人员203人。（任家鑫）

【落实公交和长途车“三防双检”安防措施】　市局轨道公交总队会同市交通委加强公交长途客运安全防范专项检查，督促指导企业严格落实公交人防、物防、技防措施和长途客运始发、到达安检工作。全年发现安全隐患136处，开具“督导通知书”43份。牵头地区分局开展全市公交长途客运集中临检行动5次。落实群防群治守护网建设，进一步加强出租车治安信息员的培训和管理。（任家鑫）

【召开地铁公共安全区域警务合作联席会议】　市局轨道公交总队牵头召开2015年苏浙沪地铁公共安全区域警务合作联席会议。苏浙沪区域地铁公安机关、上海市公安局区域警务合作办公室领导等20余人出席会议。各地地铁公安机关领导、代表就轨道安检、大客流应对、应急处置、消防管理等进行交流。（任家鑫）

苏浙沪地铁公共安全区域警务合作　　（任家鑫提供）

【加强轨道交通客流疏导管理措施】 市局轨道公交总队会同申通集团在做好33座车站早晚高峰常态限流管控的基础上，梳理排查出127座大客流拥堵车站、425个客流险情点，逐项落实增设硬隔离、增派人员疏导、调整运营方式等措施，确保乘客安全出行。全年安全运送乘客30.5亿人次（日均837.6万人次），比上年增加8.1%。（任家鑫）

【加强轨道区域消防内保管理】 市局轨道公交总队组织开展各类消防安全专项行动，夯实“多警联勤”消防机制，提升隐患排查整治和火灾先期处置能力。全年共排查整改消防安全隐患及违法行为3.5万余处。对19座车辆基地危险品仓库进行集中检查，落实物理加固防范、分类分库存放等措施。会同申通集团组织开展轨道车站内部安全隐患专项大排查，全年共发现各类安全隐患198处，当场整改166处，开具“安全整改意见书”31份。健全月度通报、安全例会、综治考核等工作机制，完善内保基础台账，逐步实现内保工作标准化。（任家鑫）

【严厉打击违法犯罪活动】 市局轨道公交总队加强情报信息分析研判，对扒窃案件高发区域开展现行打击，全年共抓获扒窃违法犯罪嫌疑人1142人，提请批准逮捕、移送起诉910人。破获“两抢”案件9起，破案率100%；捣毁犯罪团伙42个，抓获团伙成员144个，捣毁涉假窝点36个。加强与属地公安机关反扒协作，抓获并移交扒窃嫌疑人308人。（任家鑫）

【加强轨道交通区域治安秩序管理】 市局轨道公交总队依托“所所联动”“所站联动”常态化机制，会同申通行政执法大队开展联合整治行动，形成警企联动整治合力。全年共查处“四乱”违法行为2万余起，行政处罚1万余人。进一步深化“五类车”联动管控机制，会同地区交警、派出所开展联合整治行动，形成“五类车”管控合力，共查处“五类车”违法行为4840余起，协助地区交警暂扣车辆2110余辆，行政处罚违法人员1370余人。（任家鑫）

枢纽站巡逻车巡逻 （任家鑫提供）

【夯实“信息化”大数据应用基础】 依托相关信息管理系统，会同中科院上海高等研究院、地铁运营企业在10号线豫园站试点地铁客流大数据研判平台，建立轨道区域客流动态监测预警和大客流风险评估机制，实时分析、分级预警可能出现的大客流风险隐

患。（任家鑫）

【加强队伍正规化管理】 市局轨道公交总队围绕“三严三实”活动，组织开展党委中心组学习、党支部党课、市委讲师团主题讲座130余场，全面开展党纪作风、保密管理等教育。严格落实领导干部一线工作制度、总队党委班子成员和职能部门每周二、五到重点车站执勤制度；完善干部选拔机制和梯队培养制度，制订优秀青年干部培训5年计划；加强公安文职队伍管理培训，完成新增30个文职用人额度调配、技能等级晋升、管理职务聘任以及文职警犬驯导、后勤保障、技防比武等专项工作；优化教官队伍和课程体系，开发完成10个市局优秀微课程，完成33名助理教官轮训、120名小教官培养以及23名基层所队勤务指挥员、治安组民警、助理教官实训工作；组织各类主题教育辩论赛，开展“十大阳光警务标兵”“双十佳”民警评比活动。年内，对遭受不法侵害及因公负伤民警开展慰问51起（57人次），发放慰问金28500元；落实探望慰问、谈心谈话、退休“欢颂”等制度；举办歌唱、棋牌、足球、羽毛球等文体竞赛，丰富警营文体生活。（任家鑫）

【2015年新线开通一览表（至12月19日）】

线路	车站
11号线迪士尼段（2座车站）	秀沿路站、康新公路站
12号线二期（16座车站）	汉中路站、南京西路站、陕西南路站、嘉善路站、大木桥路站、龙华中路站、龙华站、龙漕路站、漕宝路站、桂林公园站、虹漕路站、虹梅路站、东兰路站、顾戴路站、虹莘路站、七莘路站
13号线浦西段（9座车站）	江宁路站、汉中路站、自然博物馆站、南京西路站、淮海中路站、新天地站、马当路站、世博会博物馆站、世博大道站

（任家鑫）

上海化工区安全保卫

【概况】 2015年，上海化工区坚持稳中求进工作总基调，克服经济下行持续增大的压力，完成全年预定的目标任务，保持园区经济平稳发展和社会和谐稳定。全年实现销售收入948.7亿元，比上年减少5.6%；工业总产值915.7亿元，比上年减少5.7%；完成固定资产投资64.4亿元，比上年减少46.5%；招商引资10.7亿美元，比上年减少46.5%；上缴税金80.4亿元，比上年增加50.6%。

市局化工区分局以“保稳定、保安全”为

主线，围绕化工区实际，深入推进园区智能型封闭式管理模式，深化队伍凝聚力、战斗力建设，不断提升维护园区稳定和安全运行能力、水平，实现“六个不发生”和“四个确保”工作目标，取得全年110处警、刑事治安案件发案、交通事故及火灾数同比“四下降”的工作成效。妥善处置不稳定因素、化解矛盾纠纷46起，比上年减少55.8%。全年处警298起，比上年减少21.4%。全年共立刑事案件9起，比上年增加28.6%；受理治安案件9起、办结4起，分别比上年减少52.6%、50.0%。全年未发生亡人重大交通事故。依法处理各类交通事故173起，比上年减少37.1%；纠处交通违法行为290起，比上年减少62.7%；依法暂扣机动车辆42辆，比上年减少41.7%；审批保卫大件运输41批次，比上年减少71.7%。全年发生火灾8起，比上年减少73%，未发生亡人、伤人火灾事故，未发生危险化学品被盗、丢失等问题。(付震)

【推进封闭式管理硬件改造】 市局化工区分局加强与管委会沟通协调，完成高清数字视频监控系统、智能化出入门禁系统及标准化执勤岗亭等项目建设并投入运行，对10平方公里封闭区域实施一人一证、一车一证通行，实现由“半开放”到“全天候”、由“粗放型”到“智能型”封闭式管理的转变。开展园区全封闭基础设施专题调研，梳理、报告29.4平方公里“全封闭”基础设施建设需求，经管委会主任办公会议审议批复立项，计划于2016年建成投入使用。(付震)

严格执行“一人一证、一车一证”辖区封闭式通行管理 （付震提供）

【推进封闭式管理软件升级】 市局化工区分局报请管委会支持，新增85名封闭式管理辅警人员编制，健全完善240名辅警队伍日常管理、业务指导与综合保障工作制度，发布实施新的封闭式管理人员及机动车通行证管理规定，建立封闭式管理卡口持证通行情况每月通报、关于进一步加强封闭式管理区域卡口办证检查及日常管理工作实施方案、封闭式管理辅警队伍奖惩办法等工作机制和规范，强化对过往车辆、人员的检查。全年封闭式管理区域内没有发生刑事案件；共阻止无证车辆进入17231辆次、无证人员进入14229人次；查处冒用车辆通行证3次、人员通行证42次。(付震)

【参加上海市特种设备应急处置综合演练】 9月23日，市局化工区分局参加上海市特种设备应急处置综合演练。模拟上海化工区巴斯夫聚氨酯有限公司硝酸装置反应器发生泄漏引发火灾，启动火灾应急处置预案，由治安、交通、消防及特质监、环保、医疗等力量联动处置，实施稀释、侦检、堵漏、管制、救护和疏散等措施，控制灾情危害程度和影响范围，最终排除险情。（付震）

【加强公共安全防范宣传】 市局化工区分局拍摄制作《化工区公共安全管理须知》宣传片，加强园区企业及封闭式管理卡口的入园安全培训。结合日常治安巡逻、内保工作走访等，开展“防恐、防盗、防骗、防事故、防火”安全防范宣传月等系列防范宣传活动，发放宣传资料8500余份，提升企业员工安全防范意识；完善警银协作机制，组建电信诈骗防范宣传巡逻队，成功追回被害人损失1起，劝阻电信诈骗案件1起，挽回群众经济损失8000余元。（付震）

开展劳动密集场所消防检查零点行动　（付震提供）

【加强危化物品管控】 市局化工区分局严格剧毒品购销行政许可，从严易制毒、易制爆物品备案管理，将各单位购销备案情况纳入年度企事业单位目标管理考核，查处违法行为2起。制作下发剧毒品出入库、使用流向登记等台账，规范从业单位危化品流向登记。加强民爆、易制爆品单位、从业人员等信息采集，开展易制毒品安全大检查、醋酸酐专项检查，对48家易制毒品单位库存和流向台账落实核查。年内，累计办理剧毒品购买许可179张、易制毒品购买备案895次、售后备案277次、运输备案1441次；办理易制爆品购买备案182次。（付震）

【加强易燃易爆企业消防安全监管】 市局化工区分局吸取天津港“8·12”事故教训，探索出台上海化学工业区易燃易爆火灾高危单位消防安全管理标准（试行），明确企业消防安全职责、消防管理制度、消防管理措施、消防应急响应管理、消防评估、消防档案管理等工作标准，并纳入化工区企事业单位内部安全保卫工作目标管理考核范畴，加强和规范易燃易爆企业消防安全监管，预防和减少火灾隐患事故。全年，检查单位775家次，排查整改火灾隐患、违法行为929起，下发责令改正通知书536份，行政处罚单位17家。（付震）

【加强道路交通安全管理】 市局化工区分局深化“2015道路运输平安年”活动，加强园区道路交通安全管理。开展专项整治25次，行政拘留2人；开展大型交通安全宣讲活动14次，走访企业52家次，发放宣传资料1800余份。完善治安、交通、消防与政府安监、交通委联合执法检查以及交警部门与消防支队联勤联动机制，增加园区管理部门联勤联动执法检查频次，组织开展危化品装载、道路运输安全联合专项执法，加大对危化品运输车辆的检查整治力度，查处灭火设备过期、GPS登记不符等违法行为50余起。（付震）

航空安全保卫

【概况】 2015年，市局机场分局坚持以服务机场改革发展大局、服务旅客群众和驻场单位为目标，围绕中国—东欧国家领导人会晤活动等重大安全保卫任务，推进“平安机场”“平安民航”建设，深入开展“暴恐严打年”“迎新春、保平安”等专项行动，维护上海机场地区的社会稳定、治安安定和空防安全，实现上海机场第十六个安全年的工作目标。全年侦破刑事案件132起，抓获犯罪嫌疑人53人，抓获网上在逃人员94人；查处治安案件3445起、行政拘留384人。汲取天津港“8·12”爆炸事故教训，加强消防安全管理，消除各类安全隐患484处。探索研究航站楼道路“非现场执法”管理，查处各类交通违法行为78953起。推进落实空防安全隐患大排查、大整治，查处违反空防安全管理规定的案（事）件2495起，发现并整改各类空防安全隐患37处。完成中国—中东欧国家领导人会晤、抗战胜利70周年纪念活动、2015年花样滑冰世锦赛、上海航展、上海国际汽车展以及“两节”“两会”等重大活动、重要节点安全保卫任务，完成各级警卫任务482批次。（李文辰）

【推进“平安民航”建设工作】 市局机场分局按照民航局“平安民航”建设工作总体方案，针对性调整落实社会治安防控措施，严厉打击、防范具有民航特点的违法犯罪活动，加强航站楼公共区域等重点部位显性警力部署，

对托运行李进行安检 （李文辰提供）

提高治安防范能力，并以符合率99%（名列民航华东地区第一）的优异成绩通过“平安民航”建设专项行动考核。（李文辰）

【完成中国—中东欧国家领导人会晤上海机场安全保卫任务】 中国—中东欧国家领导人会晤活动期间，市局机场分局精心组织、严密部署、全力投入，严格落实要人警卫、情报研判、反恐防范、口岸查控、社会维稳等各项安保措施，出动警力2054人次，圆满完成27批次中外政要抵、离沪警卫任务。（李文辰）

【严格消防安全管理】 市局机场分局牵头召开机场地区2015年度消防安全工作会议，研究确定2015年度机场地区66家消防安全重点单位，组织开展彩钢板建筑租住“清零行动”、秋季火灾防控等专项行动。年内，共整改火灾隐患484处，开具整改通知书457份。（李文辰）

【强化反恐应急处置工作】 市局机场分局以深入推进“暴恐严打年”专项行动为契机，优化完善机场各航站楼及公共区域暴力恐怖事件处置工作预案，严格实施以航站楼公共区域人员密集点为重点的分区域、分时段包干负责的武装巡逻，实现“目能所视、耳能所闻、呼能所应”工作要求。11月20日，分局牵头在浦东机场组织实施2015年上海空港地区反恐防暴综合演练，该演练被评为上海空港社区文明共治优秀项目。（李文辰）

【完善控制区通行证分值管理】 市局机场分局修订完善上海机场控制区通行证分值管理实施细则，并向各驻场单位配套推出“上海机场控制区通行证人员违规记分标准”宣传手册，完善工作要求和标准，并根据需要和变化拓展工作广度和深度，形成齐抓共管的良好局面。（李文辰）

【加强应急处突能力建设】 市局机场分局结合实际制定下发社会面整体防控勤务方案，参与完成浦东机场大面积航班延误桌面推演，并以提升应急处突能力为重点，完成民警业务手册（应急处置）题库、2014年度指挥调度精品案例编写等工作，加强案例剖析、预案演练和战术培训，确保一旦发生突发事件，能够快速反应、稳妥处置。快速处置“5·31”春秋航班受涉恐信息非法干扰事件的案例在市局年度“指挥调度精品案例”评比中被评为铜奖。（李文辰）

在机场候机室值守　　（李文辰提供）

【推进反腐倡廉建设】 市局机场分局深入推进反腐倡廉建设，召开党风廉政建设大会，逐级签订“党风廉政建设责任书”，并制定出台分局党风廉政建设党委主体责任和纪委监督责任实施意见。开展廉洁文化建设专题月活动和"以案论纪"警示教育，推进廉洁文化"一单位一品牌"创建活动，建成"廉政文化墙"，实施"警示教育日制度"，为机场公安工作提供纪律保障。(李文辰)

【保障上海机场重大工程建设】 市局机场分局紧盯浦东、虹桥两机场重大工程进展情况，保持与主管部门、建设单位联系沟通，及时就浦东机场新增土地和施工区域安全管理、虹桥市政配套一期、交通中心引导标识等建设方案提出专业意见，部署落实空防、治安、交通、消防等安全保障措施，确保机场边建设边运营期间的安全稳定。(李文辰)

【侦破"5·31"浦东机场故意伤害致死案】

5月31日，市局机场分局接到报案称，在浦东机场T1航站楼P1出租车候车区一名出租车驾驶员颈部、鼻子流血，情况不明。民警迅速赶到现场，将伤者顾某送至川沙人民医院抢救。10时20分左右，顾某经抢救无效死亡。分局即成立专案组，于案发当日18时许，抓获犯罪嫌疑人张怡林（男，55岁，上海市普陀区人，上海蓝色联盟出租车公司驾驶员）。经查，张患有妄想型精神分裂症，在出租车等候区突然用刀捅伤素不相识的顾某，致顾某伤重死亡。(李文辰)

域外农场安全保卫

【概况】 2015年，市局农场分局自我加压、全力以赴，以深入推进公安部"四项建设"、市局"六项重点建设任务"为牵引，坚持"反恐防暴"标准，紧紧围绕"两降一升"目标，"抓打击、抓防范、抓基础、抓队伍"，确保辖区社会政治和治安秩序持续稳定。农场居民的安全感、对公安工作满意度保持在95%以上，连续多年实现"双高"。

组织开展贯穿全年的"平安"系列行动和春季、夏季、秋冬严打整治专项行动，破获各类刑事案件15起，破案率60%，比上年增加22个百分点；查处行政案件11起，查处率78.6%。成功侦破案值20余万元

治安检查 (廖源提供)

的海丰农场“10·30”风力发电设施被盗案、“9·8”强制猥亵妇女案等一批案件。(廖源)

【完成抗战胜利70周年纪念活动安保任务】 市局农场分局精心组织抗战胜利70周年纪念活动期间的域外农场安保工作。在安保实战阶段，全体民警驻守域外农场，以“最高标准、最强措施、最严要求”，狠抓社会面治安防控及交通、消防等公安行政管理。期间，组织开展集中清查行动4次，累计排查来场车辆500余辆，核对人员信息1000余条。启动一级巡逻勤务，投入警力300余人次，确保域外农场治安警情平稳。(廖源)

【推进农场安全管理】 市局农场分局开展完善消防和交通安全管理机制调研，推动消防和交通管理工作规范化。组织开展域外农场企事业单位消防安全隐患大排查、大整治等工作，辖区火灾事故比上年减少66.6%。强化场区道路交通安全隐患排查整治，全年未发生重特大道路交通安全事故。协助光明食品（集团）有限公司规范域外农场内保工作，建立常态化督促、检查和考核机制，保障内部安全。（廖源）

【推进基层基础建设】 市局农场分局立足实际需要，建成上海农场高清视频监控系统、高清探头40余支，并实现上农、海丰两个派出所“共享”运行。完成与市局信息化平台的对接，实现数据联网畅通。推动群防群治、公安巡逻、武装巡逻“三张网”建设，推进实有人口管理、阳光警务和政府信息公开，“12345”热线受理率100%，全面完成合格档案室、枪库设置等派出所基础建设。(廖源)

【加强队伍建设】 市局农场分局深入开展“聚警心、严警纪、振警威、展形象”“严格执法、严格管理”等专题教育活动，强化保密、枪支使用、用车管理等工作，确保绝对安全。优化科所绩效考评，促进民警履职尽责；制定实施农场分局“关于2015-2019年优秀年轻干部培养选拔工作的实施意见”和回沪交流机制，拓宽民警职业发展道路。强化落实党风廉政建设“两个责任”，全年实现零违纪。(廖源)

开展纪律作风教育　　(廖源提供)

【建立域外农场武装巡逻工作机制】 市局农场分局与武警上海总队八支队沟通协调，并报请市局、武警上海总队同意，在上海农场区域建立武装巡逻机制，组织武警指战员与公安民警开展常态化联合巡逻，进一步提高农场应急处突、社会面治安管控能力。(廖源)

【侦破“10·30”风力发电设施被盗案】 4月30日9时许，市局农场分局接报警：海丰农场知青纪念馆西侧电力风塔内发生盗窃案件，69号电力风塔内及部分地下电缆线被盗，直接经济损失约20万元。分局即成立专案组，从350小时、1万余张图像的监控资料中挖掘线索，于11月9日抓获犯罪嫌疑人于元华（男，36岁，山东省青岛市人）等3人，缴获作案用车2辆，侦破周边同类案件2起。（廖源）

自贸区安全保卫

【概况】 2015年，市局自贸区分局瞄准“创建平安保驾经济领跑、创新机制服务标杆亮丽”目标，立足自贸园区特点，聚焦“双自联动”战略，驱动“事中事后监管、金融风险防控和服务企业主体”警务机制创新“三驾马车”，全力打造“最开放、最安全、最有序”园区，营造良好营商环境。全年，共有10项警务创新分别纳入中央级、市级、市局级试点推广事项；创建“海外人才服务科创示范项目”；建设“一门式受理”“一体化”监管的车驾管办证大厅；创建“警企在线”互联网应用平台，构建直连互通服务监管“四合一”平台。共妥善处置各类风险矛盾300余起，化解率95%；妥善处置各类重大群体性风险矛盾50余起，化解率100%。荣获集体二等功2次、集体三等功1次；30余名民警受到各级各类表彰，荣获“上海市优秀青年突击队”“上海市模范集体”“上海市文明单位”“上海市打击卷烟非法流通工作先进集体”等荣誉称号。（徐俊俊）

【创建“海外人才服务科创示范项目”】 9月24日，市局自贸区分局会同保税区管理部门、上海药明康德新药开发有限公司，共同启动实施“海外人才服务科创示范项目”，吸引、促进医药研发人才高地和离岸人才基地建设，让更多“注册在外高桥、总部在外高桥、经营领域在长三角、‘一带一路’战略区域”的企业受益。（徐俊俊）

“海外人才服务科创示范项目”揭牌 （徐俊俊提供）

【提升出入境管理服务水平】 自贸区分局建成“种类全、权限高、效率优”的出入境办证中心，先行试点15项中外人员出入境证件受理审批权限和4项外籍人员办证便利措施，实现外国人证件业务“窗口全覆盖”，受理办证申请6.1万人次，比上年增加23.7%。创建“海外人才服务科创示范项目”，口岸人才签证、口岸工作签证、在沪就业外国留学生工作类居留许可三项工作位列全国第一。(徐俊俊)

【新建车驾管办证大厅】 12月1日，投入207万元，建筑面积717平方米的交警车驾管办证大厅建成启用，对机动车远程监控、六年车辆免检、驾驶人审验、A1A2驾照扣分违法教育、剧毒品公路通行、机动车超限许可等多项业务实行“一门式”受理和“一体化”监管。(徐俊俊)

【创建“警企在线”应用平台】 市局自贸区分局创建“警企在线”(www.jqw.sh.cn)，构建“一个窗口、一个平台、一个渠道、一个载体”直连互通服务监管“四合一”网络应用平台，面向辖区企业“点对点”直线推送“预约服务、防范贴士、在线咨询、政策法规、警务新闻”等“一体化”公安服务。主动服务注册企业近2000家，落地解决企业个性化服务需求500余项，发布预警防控信息300余条，主动告知惠企政策100余条。(徐俊俊)

【创新“打防同轴、打防并进”机制】 市局自贸区分局坚持“防新、防早、防小、不停地防”和“打新、打早、打小、不停地打”同步推进，将打击犯罪和预警防范风险相结合，注重对犯罪活动的早期干预和危害中止，注重防范和阻止可能发生的潜在性、关联性、衍生性犯罪，最大限度地减少犯罪现实侵害。共召开新闻发布会4次、主流媒体宣传180篇次、围绕典型案例发布预警信息100余次，组织对辖区内企业开展“防金融诈骗”“防电信诈骗”等系列专题讲座10余次、向5000余家企业发放防范宣传手册。(徐俊俊)

【侦破“5.20”互联网金融票据诈骗案】 5月20日，市局自贸区分局接上海友庭贸易有限公司报案称：该公司通过微信平台结识的“上海具才贸易有限公司”“李总”等人，表示可提供上门电子银行承兑汇票的买断贴现服务，随后派人携带预先植入虚假网银软件的电脑，至友庭公司现场演示，得到信任后，骗取友庭公司的5000万元承兑汇票。自贸区分局

“警企在线”平台上线服务　(徐俊俊提供)

会同市局经侦总队成立联合专案组，在市局有关部门支持和浙、鄂、渝、苏四地警方配合下，仅用一周时间就查清了犯罪团伙的组织架构、作案手法、行踪轨迹及落脚点，抓获犯罪嫌疑人杨逢建（男，28岁，重庆市黔江区人）等25名涉案团伙成员，追缴赃款2100余万元。该案的侦破工作在2015年度上海经侦系统“经济犯罪案件侦查破案精品案例”评选中被评为“市局组一等奖”。(徐俊俊)

【侦破“11·11”骗取出口退税案】 2015年初，市局自贸区分局获得线索，园区内上海乾景进出口有限公司（以下简称“乾景公司”）指使山东青岛一家公司虚开数千万元增值税专用发票，有危害税收征管的重大犯罪嫌疑。自贸区分局即会同市局经侦总队成立联合专案组，先后投入警力200余人次，辗转京、鲁、豫、赣、粤、港等地开展调查取证，依法查明“乾景公司”与犯罪嫌疑人洪翀（男，44岁，上海市徐汇区人）等人自2012年10月起，利用自贸区内企业代理进出口管理的疏漏，虚构出口贸易，骗取国家出口退税款，涉及价税1.46亿余元，骗得国家税款1900余万元。经全力追赃，挽回国家税款近600万元。该案的侦破工作在2015年度上海经侦系统“经济犯罪案件侦查破案精品案例”评选中被评为“市局组二等奖”。(徐俊俊)

保安服务

【概况】 2015年，全市30家市、区、县、专业保安公司（以下简称30家公司）深入推进改革，突出创新驱动，努力提升保安服务专业化、多元化和科技化水平，着力打造适应保安行业市场化要求的经营管理机制，切实加强保安队伍职业化建设，较好地完成了各项目标任务。全年完成营业总额51.67亿元；上交国家税金2.32亿元，比上年增加13.72%。30家公司从业人员65418人。派驻客户单位总数5901家，派驻保安员总数57733人。承接展览、展销、文艺体育等大型活动保安服务781次，投入保安力量48227人次。承担专项保安服务365批，投入保安力量23217人次。保安区域联网报警系统入网用户总数为52409户，入网用户防区总数246455个。全年“电子警察”监控系统收集交通违法信息4442389条，比上年增加386129条。承接综合工程项目合同584个，完成工程营业额2.895亿元。投入押运车941辆；承接金融网点10254个；承接上门收款客户6628家，守护金库44个。保安员为客户消除各类事故隐患和不安全因素17969起，发现和扑灭火警266起，投入扑救人员1551人次。在门卫执勤中，保安员查获无证人员进入责任区168869次，堵截无证物资出门3432次，为客户单位避免经济损失483万余元；保安员制止违法犯罪活动2673起，抓获违法犯罪嫌疑人1083人。经全市保安区域联网报警系统准确报警，处警人员先后抓获违法犯罪嫌疑人21人，制止现行偷、盗窃等违法犯罪活动635起。保安员为客户做好人好事35982件，其中拾物交公2243次，价值453万余元，抢险救灾、救危解困1778起。(凌奇)

【强化企业经营管理】 市保安服务总公司等30家公司研究制定了上海市保安服务总公司三年发展规划（2015-2017年），并以上海保安服务发展30周年为契机，举办“风雨同行、合作共赢”主题纪念活动。开展ISO9001：2015质量管理体系培训，顺利通过ISO9001：2008质量管理体系监督审核。制定上海市保安服务总公司授权管理办法和上海市保安服务总公司实习生管理办法。参展第十五届上海社会公共安全产品国际博览会和2015中国国际保安装备技术产品博览会，再度荣获“2015第二届中国报警运营服务优秀企业”奖项。筹备并承办中国保安协会安全技术防范专业委员会成立大会。（凌奇）

参加“2015中国国际保安装备技术产品博览会” （凌奇提供）

【调整人防队伍战略定位】 市保安服务总公司等30家公司加强政策和市场研究，调整战略定位，优化客户结构，组建一支200人的特保队，协助市交通委、市环保局开展本市高污染车辆环保治理工作。同时以推进“基层保安队一个带头、二个依靠、三个量化工作法”活动为抓手，加强基层保安队规范化建设，提升保安员履职能力，提高保安服务质量。（凌奇）

【增强技防市场竞争力】 市保安服务总公司等30家公司顺利签订2015年“电子警察”平台运营合同，中标2015年新增“电子警察”项目和徐汇、奉贤等区道路违停管理项目。经技术攻关，获得“固定违法占用公交专用道系统主控软件”“基于卫星定位的车辆违法行为记录装置”“执法记录仪”“违法停车自动监控系统”“交通违法短信告知”“违法停车监控系统主控软件”“违法停车主控软件”和“监管系统智能终端软件”等8项软件著作权和专利；“停车事件自动抓拍系统”获上海市高新技术成果转化项目证书。成功通过国家住建部对建筑智能化系统设计专项甲级资质验核审批，获颁新证。总公司工程分公司智能交通部被命名为2015年“上海市团队创新特色班组”。（凌奇）

【促进联网报警升级发展】 市保安服务总公司等30家公司努力培育新的业务模式，开发网络智能摄像机；完成视频复核项目高清数字摄像机和8路数字网络硬盘录像机自主产品的开发，并通过公安部第三研究所型式检测，获得相应检测报告。根据市质监局发布的新地方标准，总公司牵头，协调各区、县和专业公司，实施工行、中行、浦发行等金融单位报警系统网络联网工程项目；完成全市140家联华快客便利店联网报警视频复核项目模拟转数字和245家2路扩4路网点改造、扩建。强化规范管理，优化充实联网报警用户现场标识组合；完成全市联网报警一线人员施工、巡检工具定制发放；完善客服热线受理，全力做好远程故障排除服务；规范用户钥匙保管、交接，并以联华快客视频复核项目改扩建为契机，做好租赁设备管理、产品选型等工作。（凌奇）

【加快押运业务发展】 市保安押运有限公司成功中标上海银行自助机具外包业务，为农行上海市分行视频监控中心提供24小时守护服务，金融后端业务稳步发展。改变传统营销被动接受模式，对有外包服务需求的潜在客户群实施主动上门、“扫街式”营销策略，提高外包服务领域品牌知名度和客户知晓率。开展安全技术防范产品销售、危险品押运等业务的市场调研、可行性分析研究和申报工作，并对金库安防系统升级改造。狠抓车辆管理，坚持送教到基层和检查督导双管齐下，对运钞车外摆门门锁等10余项部件配置进行升级。狠抓枪支管理，全面深入开展公务用枪清理整顿，查找安全隐患和管理漏洞，坚决杜绝公务用枪漏管失控。合作研发并测试ATM钞箱智能监控管理系统，同步做好PDA培训、钞箱标签安装等配套项目的推进。（凌奇）

【完善保安培训机制】 市保安职业技能学校通过高效、优质、贴心的培训服务和不断完善的个性化教学模式，巩固和强化保安培训优势。严格控制教学质量，定期开展有针对性、实效性的教学研讨活动；组织外聘授课老师、部分考评员和教官对重点科目开展专题教研，对鉴定考核项目进行重点研讨，不断提高培训合格率。以国家职业标准和职业活动为依据，将基础技能、岗位技能和拓展技能的设计与安检行业标准接轨，建立理论、实务模块体系，与市局轨道和公交总队合作汇编《城市轨道交通危险品、违禁品安检理论与实务》安检类岗位职业培训教材，于6月由中国劳动社会保障出版社出版发行。通过市人保局在全市职业技能培训机构开展办学质量和诚信等级评估，再获A级资质。（凌奇）

整装待发 （凌奇提供）

【拓宽交通设施业务】 市保安服务总公司所属宝航公司在南昌注册宝航江西分公司，并成功中标南昌市道路热熔复线工程。制作全市道

路指示牌2000多平方米，奉贤电子识号牌生产销售累计达60万块，成为交通设施产品开发新的增长点。成功申领由国家知识产权局颁发的“人房信息动态巡控系统”和“一种人房信息动态巡控门牌”两项实用新型专利证书。加强工程项目管理，先后完成迪士尼配套道路S2公路新建辅道交通设施、中环线浦东段新建工程19标交通附属标志标线、上海市公交车专用道标牌安装和道路划线等重点工程。（凌奇）

【完成重要节点安保任务】 市保安服务总公司等30家公司做好2015花样滑冰世锦赛、元旦、春节、“五一”和国庆节期间安全保卫工作，全力协助公安机关维护社会治安，确保客户安全。其间，各单位认真制定、完善各类安全保卫工作方案和突发事件处置预案，组织开展防火、防盗、防事故安全大检查。各级领导深入基层，督促指导保安工作，慰问基层一线员工。广大驻点保安员、押运守护人员和技防接、处警及维修人员坚守岗位，确保保安驻点单位、押运守护标的和技防用户安全。（凌奇）

警务航空

【概况】 2015年，市局警务航空队突出“能力”和“安全”两大主题，以改革创新为动力，以“六项重点建设任务”为抓手，推进落实各项工作。在加强飞行能力建设的同时，不断提升警用直升机在公安工作和城市管理中的参与度，执行第二届世界互联网大会等空中安保任务；协同交警总队在重要节日期间对快速干道、高速公路、重点道口的交通流量进行空中巡查，并开展道路交通日常空中巡逻；配合消防总队开展火灾扑救工作；配合边防总队对青草沙水源地进行空中巡逻监控；与特警总队开展处突联勤演练。会同市交通委、市水务局、市环境保护局、中国海监上海市总队等开展整治交通秩序、整治非法捕捞、查处秸秆焚烧、海底电缆保护等空地协同执法管理工作。为第十六届上海国际汽车展、F1中国大奖赛、2015花样滑冰世锦赛、2015年国际女子自行车赛、上海国际马拉松赛等重要体育赛事提供空中保障。全年飞行164场次、3949架次、2038小时，执行应急任务10架次、日常巡逻任务177架次。(程刚)

【搜寻“东方之星”客轮遇难人员】 6月1日21时30分许，载有454名游客和船员的“东方之星”客轮在长江湖北监利水域遭遇强风暴袭击倾覆沉入江中。按照国务院统一部署，根据市局指令，6月7日至12日，市局警务航空队出动警用直升机在长江口（崇明岛与长兴岛间）近800平方公里水域进行拉网式搜寻，共飞行10架次、15小时零8分。(程刚)

【参加海底电缆保护协同执法演练】 6月9日（“世界海洋日”纪念活动期间），为加强海底通信电缆设施保护，严厉打击损坏海底通信电缆、危害通信安全的行为，中国海监上海市总队联合海事、渔政、警航、中国海底电缆建设公司等开展上海崇明水域海底电缆保护海空专项协同执法演练。市局警务航空队出动1架警用直升机，执行空中巡查、空中喊话、空中护航等任务，从空中支援海监、海事、渔政执法船艇开展海底通信电缆保护水面执法行动，飞行1架次、1小时37分。(程刚)

【首次参加远海搜救演练】 10月17日，由交通部上海海上搜救中心主办的大型邮轮海上人命医疗救援演练在距上海海岸线100公里的海域举行。市局警务航空队首次参加远海搜救演练，2架警用直升机飞抵演练区域后，按照海上搜救行动现场指挥部指令，1架EC155型警用直升机运用绞车将机上的救生员、医疗急救人员及相关人员投放至“海洋量子”号邮轮甲板上；1架EC135型警用直升机对邮轮实施空中监控，为开展救援工作提供空中支援，共飞行7架次、8小时47分。（程刚）

【参加燃气管线突发事件应急综合演练】 6月30日，市建委组织相关单位开展燃气管道泄漏引起爆燃应急处置综合演练。市局警务航空队出动1架警用直升机参加演练，对“受伤人员”实施空中应急救援，共飞行1架次、32分钟。（程刚）

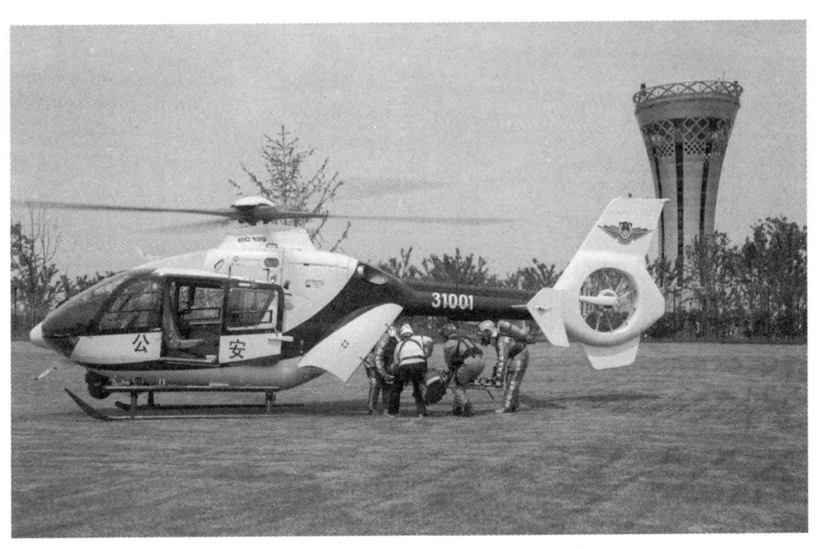

开展处置燃气管线突发事件应急演练 （程刚提供）

【参与“10·28”闵行圣品家具厂火灾扑救】 10月28日12时20分许，位于闵行区华漕镇朱建路680号的圣品家具厂厂房发生火灾。根据市局指令，市局警务航空队调派2架直升机执行任务。12时40分许，1架EC135型警用直升机飞抵火灾现场上空进行空中观察和图像传输任务。12时57分许，1架KA32型消防直升机在现场附近的河浜取水并进行空中洒水灭火作业，共向火灾现场洒水7吨。至13时08分许，根据地面消防指挥员指令，消防直升机完成空中洒水灭火任务返场。（程刚）

【参与大型石油化工装置灭火救援综合演练】 11月9日，市局警务航空队出动1架EC135型警用直升机、1架KA32型消防直升机，参加上海市大型石油化工装置灭火救援综合演练。EC135型警用直升机对火情进行空中侦察和监控；KA32型消防直升机机载水炮对高空化工装置喷水，与地面消防力量共同对化工装置实施洒水降温灭火，共飞行3架次、3小时40分。（程刚）

【开展“零事故、无差错”活动】 年内，市局警务航空队组织开展“零事故、无差错”活动，从机制、规章、管理、考核、科技等方面着手，制定警航“安全责任差错”标准、飞行安全责任制及安全目标考核办法，修订警务航空队部门岗位职责，强化安全问题上报、检查、整改工作机制；对EC135、EC155两个机型直升机的飞行参数软件进行升级，提升飞行员飞行安全技术手段。通过开展持续的飞行安全检查，共查出64项问题，及时整改61项。（程刚）

【举办全国警用直升机空勤人员水下逃生培训】 10月20日至23日，受公安部警用航空管理办公室委托，市局警务航空队在上海公安高等专科学校承办“全国警用直升机空勤人员水下逃生”第三期培训班，对来自北京、上海、浙江、广东、大连、武汉、合肥、深圳、南宁9支警航队的50名空勤人员进行培训，学习水

下逃生理论，开展水下模拟器逃生技巧训练。（程刚）

【警用直升机悬挂国旗外滩巡展】 10月1日，市局警务航空队3架警用直升机以“品”字队形，悬挂中华人民共和国国旗在黄浦江外滩沿线上空编队拉烟巡展，共飞行4架次、6小时。（程刚）

【聘任警航专业技术职位】 根据市局警务航空专业技术职位管理暂行办法，由市局警务航空专业技术评审委员会组织专家，对市局警务航空队的飞行员、任务员、机务人员的专业技术职位资格进行评审，经报市局政治部批准，同意聘任张茂华等27名同志为二级至六级飞行员职位，张徐海等14名同志为四级至六级任务员职位，赵勇等25名同志为三级至六级机务职位。（程刚）

【抓好飞行训练工作】 市局警务航空队严格按纲施训，抓住重点、突出难点，实行新老飞行员差异化训练，着力抓好老飞行员的实战应用技术保持和特情处置、楼顶和狭小地带起降等难度技术训练；重点抓好新飞行员基本技能训练和实战技能训练；突出抓好消防直升机的实战技术训练和飞行员、任务员、空中机械师和消防空勤人员等机组成员的协同训练，进一步提高机组协同作战能力。截至12月底，共计训练飞行1412小时，完成年度飞行时间101.8%。（程刚）

开展直升机索降等实战课目训练 （程刚提供）

监所管理

【概况】 2015年，上海公安监管部门以确保监所安全稳定为主线，坚持看守所“五化建设”和拘留所“三项重点工作”双轮驱动，紧扣监所安全重点环节，强化督导检查，实现全年监所安全无责任事故。全年，全市看守所收押犯罪嫌疑人60302人次，拘留所收拘58873人次，收容教育所收教53人次，强制隔离戒毒所收戒5273人次，强制医疗所收治58人次，合计124559人次。全年共制止被监管人员企图自杀、自伤自残、脱逃等9起，处置被监管人员突发性疾病260起，对不宜继续关押的513名被监管人员变更或解除强制措施。(周丽蓉)

开展业务培训　　(周丽蓉提供)

【推进监所执法管理规范化建设】 市局监管总队围绕执法标准体系建设、执法主体建设、执法装备建设等重点任务，以监所专项执法质量考评、监所等级化管理等工作为抓手，充分发挥职能作用，公安监管法制工作取得新进展。根据公安部等级评定办法，全市评出全国标兵看守所2个、一级看守所8个、二级看守所11个、不达标看守所1个；一级拘留所5个、二级拘留所6个、三级拘留所6个；一级强制隔离戒毒所1个、一级收容教育所1个。(周丽蓉)

【基本完成看守所“五化建设”和拘留所“三项重点工作”验收】 市局监管总队根据上海看守所“五化建设”标准和上海拘留所“三项重点工作”验收评定标准，制订“五化建设”序列表、“三项重点工作”落实要点，建立执法档案，制发指导意见，实地专项指导，对照标准开展验收和复查。年内，全市20个看守所通过“部标70条”验收，其中，8个看守所通过“市标100条”验收；启用的17个拘留所全部通过“部标46条”验收，基本完成达标任务。（周丽蓉）

【加强“阳光警务”建设】 年内，市局监管总队培育选树上海市看守所、闵行区看守所、浦东新区拘留所为监管条线“阳光警务”基层示范点，初步确定“阳光警务”监管条线“N+X”（基础+特色）建设标准。继续加大对社会开放力度，自觉接受检察机关及社会各界监督。全年全市公安监所对社会开放327批次，邀请人大代表、政协委员、特邀监督员及媒体记者、律师、被监管人员家属到监所参观7606人次。全年被中央和市级媒体正面宣传报道5篇、网络媒体报道30篇、公安内部刊物报道3篇。（周丽蓉）

【推动监管信息化建设和应用】 年内，市局监管总队立足活体指纹在监所的全面应用，积极探索自助式、多功能监管场所多媒体终端系统研发，整合监所业务管理系统和大账管理系统，实现被监管人员大账自主采集、数据长效汇聚和实时对接共享，全市20个看守所安装监室多媒体终端设备160余台。在全国率先完成全市公安监所视频图像上传公安部监管局工作任务。（周丽蓉）

【开展拘留所社会矛盾化解工作】 市局监管总队在全国率先推行公安与法院联合开展司法拘留社会矛盾化解工作，联合召开推进会并会签下发《上海司法拘留社会矛盾化解工作机制》，获得公安部部长郭声琨、最高人民法院院长周强、公安部副部长孟庆丰等领导批示肯定。年内，全市拘留所共收拘司法拘留人员765人，成功化解司法拘留社会矛盾461起，涉案金额9000万元，收到锦旗19面、感谢信15封。（周丽蓉）

【落实综合治理公安监所安全文明管理工作】 市局监管总队充分履行全市综合治理公安监所安全文明管理工作联席会议办公室职能，主动向市综治办汇报工作。9月22日，召开2015年上海综合治理公安监所安全文明管理工作联席会议，研究部署新常态下综合治理公安监所安全文明管理工作。主动与市发改委、市卫计委等综治成员单位协调沟通、争取支持，积极破解基础设施建设、医疗卫生专业化等瓶颈问题。（周丽蓉）

【召开上海看守所安全工作会议】 9月17日，市局和武警上海市总队联合召开上海看守所安全工作会议，联合印发关于贯彻落实公安部武警部队看守所安全工作会议精神，进一步加强看守所监管和执勤工作的实施方案，深化“三共”活动、构建“八联”机制实施细则，深入贯彻公安部、武警总部“5·14”“11·4”会议精神等进行部署。市局副局长曹忠平，武警上海市总队副司令员宋元俊、副参谋长王勤光，市局监管总队总队长王琦、政委丁雄锋出席会议。全市各公安分（县）局分管局领导，武警上海市总队相关处室及支队，全市看守所所长以及总队相关科室领导共90余人参加会议。（周丽蓉）

【调整在押人员伙食费标准】 根据公安部关于看守所在押人员伙食实物量标准执行问题的批复要求，结合本市实际情况，市局和市财政

局决定，自6月1日起，本市在押人员伙食费标准由原来每人每月210元，调整为每人每月260元。(周丽蓉)

【**深挖协破刑事案件3219起**】 市局监管总队结合上海教育感化深挖犯罪工作机制改革，完善深挖犯罪线索的流转、查证、反馈等工作机制，拟定教育感化深挖犯罪工作规范，全力支撑公安实战。全年深挖犯罪线索9600条，协破各类刑事案件3219起，其中协破八类案件2起、涉枪案件1起，查获在逃人员47人，协助办案部门侦破重大疑难案件67起。(周丽蓉)

开展禁毒宣传教育　　(周丽蓉提供)

科技工作

【概况】 2015年，上海公安科技部门着力推动基础信息化建设，不断深化信息共享和深度应用，重点抓好大数据应用创新和互联网警务建设开局，完成2015花样滑冰世锦赛等安保信息通信保障任务，进一步提升全局信息化建设与应用水平，支撑和服务公安中心工作与核心战斗力发展。

推进基础信息化建设。根据25类重点社会信息类别，更新市局指定信息647项次、新增社会信息数据约19亿条，数据质量合格率达到99%以上；图像监控设施建设与管理并进，取得新突破；组织开展2016年度信息化项目的申报、初审工作。全局共申报信息化项目104个。

提升信息共享和深度应用水平。完善两级大数据实战应用平台。市局大数据实战平台一键搜系统和超级搜索系统合并升级为新版“超级搜索系统”，实现百亿条数据秒级响应。分（县）局大数据实战应用平台进入实体化运作，功能应用不断成熟。推进数据标准化应用实践，制定上海市公安局信息共享工作实施方案。建立上海公安信息资源服务平台，累计提供3000多类资源的交互共享，服务总量达4.4亿多次。完善市局人像识别比对系统，并于10月起推广应用。

开启互联网警务建设新格局。警务PDA升级换发工作完成60%。围绕基础建设创新、警种业务创新、民生服务创新等方面提出大客流风险监测等23个项目。邀请百度、腾讯等企业举办专题讲座，共同研究“互联网+”形势下的警务工作。（柴珏）

【编制互联网警务建设和大数据应用创新行动计划】 根据公安部推进信息化建设的工作意见和上海公安现代警务机制升级版建设要求，市局编制互联网警务建设和大数据应用创新行动计划（以下简称行动计划）。行动计划以公安业务需求为主导，以引领、支撑、保障上海公安互联网警务发展为主线，进一步整合公安内部与外部数据资源，坚持“应用创新、突出重点”原则，将“互联网+”思维、大数据创新应用与公安业务工作相结合，推动公安工作由人力支撑型向科技支撑型转变。行动计划涉及基础建设创新、警种业务创新、公安大数据应用探索、民生服务创新和建设智能便捷的互联网警务等23个具体项目，并提出相关工作

保障措施。力争达成警务工作、信息数据和互联网技术的高度融合，逐步实现警务工作的贴心化、便捷化和“让数据多跑路，让群众少跑腿”的建设目标。（柴珏）

【完成2015花样滑冰世锦赛科技保障工作】 市局科技处通过推进现场指挥所信息通信、完善各类监控系统，建设与2015花样滑冰世锦赛安保工作相适应的信息通信保障体系。其间，完成光缆线路敷设、网络设备安装，开设36个信息点；安装指挥平台2×6显示大屏，完成安检区域和场馆住地的图像监控联网，实现区域图像监控实时调阅；安装四方可视对讲系统，架设350兆数字集群基站，实现对新闻中心和场馆周边的信号覆盖；安装现场IP电话模块，开设公安内线电话49门，直线电话5门；提供台式电脑22台、便携式电脑12台、传真打印机4台，确保指挥办公工作顺利开展。（柴珏）

2015花样滑冰世锦赛安保工作科技保障　（柴珏提供）

【开展新一代移动警务系统改造】 年内，市局科技处开展新一代移动警务系统改造。改造工作包含构建新一代基础平台及移动接入平台，PDA采购、换发和APP应用商店开发等内容。新一代PDA在网络连接上，同时支持移动、电信和联通三家运营商的无线接入；在终端设备上，可在符合公安部相关标准规范的前提下由使用者自主选型；在软件应用方面，鼓励使用者结合工作所需自行开发软件。市局先后下发上海市公安局新一代移动警务系统总体框架、上海公安移动警务终端（PDA）升级换发工作方案、上海公安移动警务终端选型指导意见和上海公安移动警务应用开发部署总体规范四个文件，确保新一代移动警务系统建设、应用的安全、有序、规范。年内，各级科技部门共采购11240台PDA终端，7个APP应用已投入使用。（柴珏）

【开展大客流聚集安全风险监测研究】 针对城市公共安全管理中面向非常规的群体性突发事件的主动感知和大型活动安保问题，结合上海市公共安全监控系统现状，市局开展大客流聚集安全风险监测研究。10月，经市科委评审立项。研究针对重点区域，引入大数据分析等前沿技术，探索基于大数据平台的多源信息融合分析和时间序列算法等核心技术，初步实现重点区域内当前人数估算、客流变化趋势预测、安全风险等级预警、周边轨交站点进出站人数提示、监控探头视频实时调用以及对相关历史数据的综合统计分析等功能，为公安机关应对大客流聚集时的指挥决策、风险防范、安全预警等提供技术支撑。（柴珏）

【推进全局图像监控设施建设】 通过加快建

设，完成全年新增1万个图像监控探头预定目标。各级科技部门围绕中心工作深入调研，组织开展公安图像监控及治安卡口设施运维情况专项排查，整改问题监控探头2868个、问题卡口断面287个，调整公安350兆数字集群系统基站站址3个、新增基站5个，有效改善图像监控和无线通信质量。（柴珏）

网络维护 （柴珏提供）

【签署互联网警务战略合作框架协议】 8月21日，市局与深圳市腾讯计算机系统有限公司签署互联网警务战略合作框架协议。双方以优势互补、共同发展为原则，以“互联网+”为发展理念，在上海公安“互联网警务”等方面开展合作，共同推进上海公安警务工作效能和服务群众水平的提高。（柴珏）

【科研成果】 市局刑侦总队开展“现场涉毒组分的高效富集材料与技术研究”，项目成果是纳米材料技术在刑事技术领域的应用，为涉毒物证的检测领域提供样品前处理新技术，方法更具针对性，更为简便，并保护检测人员的身体健康；市局刑侦总队开展“泥土物证的鉴定与溯源技术研究”，课题建立泥土物证物相表征分析判据，以区分不同区域的泥土物证来源，研究成果适用于司法物证鉴定领域，具有创新性；市局刑侦总队开展“裂解气相宽谱/质谱联用法在轮胎橡胶分析鉴别中的应用研究”，课题利用特征裂解产物，定量鉴别同一类别的轮胎橡胶，并进行品牌区分；市局出入境管理局研制“电子往来港澳通行的签注自助办理机”，设备集受理、审核、制证、缴费、找零、发证于一体，是人工受理申办港澳通行证签注、加注工作的辅助手段，且较人工方式更为快捷、便利，原先7个工作日的签注签发时间缩短为2分钟，有效解放了警力；市局消防总队开展“区域灭火救援作战实力综合评价技术研究及示范研究”，分析影响消防部队区域灭火救援作战实力的关键要素，并结合消防部队灭火救援作战的特点，构建多层次区域灭火救援作战实力综合评价指标体系，课题提出三级量化指标的测评方法和分级标准，为消防部队区域灭火救援作战实力的研究和消防部队建设提供参考依据。（柴珏）

【立科研项目29项】 年内，全局获准部、市、局级立项的科研项目共29项，资助项目经费1352万元。其中部应用创新计划项目2项，部技术研究计划面上项目1项，部级软科学研究项目1项，市级重点项目2项，市级保密专项5项，局管基金项目18项。全年，共验收科研项目26项。（柴珏）

【2015 年部分获部、市、局科技奖和局基层革新奖项目一览表】

项目名称	主要完成单位	主要完成人（限额内）	获奖等级
影响尸温下降因素的分级与系数研究	刑侦总队	陈新、费耿、吴荣奇、杨宇雷、马开军	公安部三等奖
关于 DNA 适体探针案发现场快速检测毒品的新技术建立	刑侦总队	曾立波、陈连康、张玉荣、胡小龙、丁国荣、张润生、汪蓉、梁晨、曹芳琦、周丽	市局一等奖
马钱子生物碱中毒的检测与判定关键技术	刑侦总队	张玉荣、郑水庆、梁晨、汪蓉、龚飞君、吴忠平、王威、张润生、倪春芳、严松茂	市局一等奖
疑难电气火灾物证鉴定技术研究	刑侦总队	丁敏菊、曾毅、张永丰、张成功、顾金龙、凌友青、谢松明、谈迅、顾海昕、王鹏	市局一等奖
曲面客体上指印检测的配光技术研究	刑侦总队	黄晓春、蔡能斌、温思博、邓南、陈清、孙文鼎、朱艳军	市局二等奖
刑侦大容量真空智能潜在痕迹显现设备	刑侦总队	糜忠良、张伟方、李玮、梁彦林、顾耀敏、王涛、许文锋	市局二等奖
地域性违法犯罪高危人群的预警和 GIS 定位	人口办	鲁明、陈海东、丁纯、徐丽峰	市局二等奖
战术多功能毯研究	上海公专	姚越、张军、邢春洪、彭斌、石子坚	市局三等奖
上海市公安局杨浦分局数据集中存储和虚拟化项目	杨浦分局	唐震、毛志敏、黄烨亮、谢碚钢、瞿志浩	市局三等奖
上海市重要信息系统等级保护综合管理系统	网安总队	王静、杨佳栋、陈骐、谢方军、洪珂一	市局三等奖
注册消防工程师制度研究	消防总队	张明灿、顾金龙、王宝伟、李惠菁、曾杰	市局三等奖
法庭科学双环短波紫外光源	刑侦总队	温思博、蔡能斌、黄晓春、邓南、崔刘虎	市局基层一等奖
伸缩式 T 型警棍	上海公专	张军、石子坚、姚越、时俊	市局基层一等奖
警综平台“碎片信息”模块	治安总队	张一平、张军、许峰、李霄文、鲁敏	市局基层二等奖
多功能组合训练架	消防总队	胡佳凌、吴培勇、王元、季春生、田飞	市局基层二等奖
警用多功能腰带车用座垫套	上海公专	肖翔、孙伟、吴钧、金曦东、朱伟	市局基层二等奖
大数据跨网实时交换同步技术研究	科技处	梁昌明、龚艳、殷小科、程丽华、管晓明	市局基层二等奖
警用催泪喷射器瞄准具	上海公专	张海波、袁文军	市局基层二等奖
网上快速落地查证工具	网安总队	宋晓斌、余谦、朱郑峰、田进	市局基层三等奖
互联网舆情移动推送系统	网安总队	郭林、赵浚淇	市局基层三等奖

（柴珏）

法制建设

【概况】 2015年，市局法制办按照公安部“四项建设”和市局“六项重点建设任务”部署，围绕“努力争当全国法治公安建设排头兵”目标，坚持全面推进法治公安建设与全面深化公安改革“双轮驱动”，扎实推进“阳光警务”和新一轮执法规范化建设，以改革创新为动力，进一步发挥法治引领和保障作用，努力提升公安工作法治化水平和执法公信力，为全局各项工作提供坚实的法制支撑和法制保障。（金逸）

【推进“阳光警务”建设】 市局法制办制定下发上海公安机关2015年度“阳光警务”建设重点任务推进表，提出10方面、21项具体工作任务，明确时间节点和工作职责。以市局首批命名的38家“阳光警务”示范点为基础，全局各单位共新增派出所示范点22个、业务支（大）队示范点15个，充分发挥示范引领作用。汇总各单位“阳光警务”建设经验，将适用于全局各单位的普遍性、硬性标准与各示范点探索推进的创新性标准相结合，以目录清单的形式明确基层派出所8大类、36项建设标准，并在7个派出所进行试点，完善全市统一的“阳光警务”标准体系。（金逸）

举行2015年人民警察高级执法资格考试 （金逸提供）

【抓好“三个清单”梳理工作】 年内，市局法制办按照行政处罚、行政强制等17类行政权力类别对行政权力清单进行分类梳理，确保清单的权力项目“一个不漏、一个不错”，进一步明确权力边界、规范权力运行；在对涉及

公安机关行政审批事项进行清理的基础上，编制全局行政审批目录和办事指南。对行政审批负面清单进行梳理，凡未纳入清单目录的，一律不实施审批管理；按照“有权必有责”的原则，逐项明确不履行法定职责的责任形式、追究情形、追究幅度、追究程序等内容，梳理出17020余项责任事项清单。通过“三个清单”的梳理，将法律赋予的执法职责细化分解到每个执法单位、执法岗位，打造覆盖执法办案全过程、全环节的责任链条。（金逸）

【“阳光警务”大厅正式启动】 市局法制办以信息化平台为载体，完成上海公安门户网站“阳光警务”大厅和案件进展情况网上查询平台建设。11月23日，市局举行“阳光警务”大厅启动仪式。副市长，市局党委书记、局长白少康出席会议并按下“阳光警务”大厅启动按钮。“阳光警务”大厅设立职责权利、执法依据、案件查询、法律文书、行政处罚、窗口信息、警情公开、便民服务8大栏目，最大限度公开执法依据、执法标准、执法过程、执法结果等内容。“案件进展情况网上查询平台”系针对报案人、受害人、犯罪嫌疑人近亲属等特定对象，提供公安机关办理案件进展情况的查询服务，以实现执法办案过程的公开透明。“阳光警务”大厅启用后，日均点击量800余次，“案件进展情况查询平台”日均点击600余次。（金逸）

【完善执法标准体系建设】 市局法制办以标准化工作为抓手，深入推进执法规范化建设，重点抓好三个标准制定工作：制定立案追诉标准，对现行司法解释及市公、检、法等部门会签的规范性文件进行全面梳理，系统整理公安机关管辖的常见刑事案件立案追诉标准，将涵盖《刑法》所规定的250类罪名汇编成册，下发全局各单位执行；制定行政处罚裁量基准。对治安、边防、消防、网络安全和出入境管理等领域行政处罚裁量基准开展制定和修订工作，进一步规范行政处罚自由裁量幅度；制订标准案卷。分类编写行政案件示范案卷和刑事案件示范案卷，将法律法规和规范性文件关于证据和程序的具体操作规范融入案卷之中，作为标准化案卷的“样板”，便于民警在执法办案中参照执行。（金逸）

会同市检察院举行第二十四次公检联席会议　（金逸提供）

【加强执法制度建设】 市局法制办积极推动《上海市公共场所人群聚集安全管理办法》制定及《上海市烟花爆竹安全管理条例》修订工

作，为维护城市公共安全提供法律保障。牵头制定上海市公安局行政规范性文件制定和备案规定、上海市公安局关于进一步加强规范性文件法制审核的工作意见，明确市局制定的对外公开的、涉及公民权利义务的行政规范性文件一律由法制部门进行合法性审核。年内，对《2015年国庆期间交通管制通告》、关于进一步加强本市警银打防电信诈骗违法犯罪协作工作的若干意见等30余件规范性文件进行法制审核，确保规范性文件内容符合上位法规定、制定程序合法规范，进一步提升规范性文件的质量。同时，严格落实规范性文件即时清理制度，对市局制定的32件即将到期的行政规范性文件进行全面清理，重新发布4件，修改后重新发布13件，宣布失效15件。（金逸）

【加大执法监督力度】 市局法制办在日常执法监督工作中，充分利用“网上办案”平台、联网实时监督系统等信息化手段，持续对办案场所内的执法活动开展网上巡查，累计制发执法问题提示单66份、责令整改通知书17份，共发现整改各类场所使用和执法不规范问题200余个。市局法制办会同刑侦、经侦、治安等业务条线先后组织开展对刑事、行政案件的专项检查数10次、检查案件1200余起，发现各类执法问题800余个；会同市局警保等部门组织开展对全局涉案财物管理的专项检查，发现整改各类问题100余个。（金逸）

宣传文化

【概况】 2015年，上海公安宣传文化工作主动服务、有序对接各项公安中心工作，培育宣传公安先进典型，形成正面传播集群效应，及时有效处置涉警舆情，深化推进阵地建设，为上海公安工作的顺利开展提供了有力的思想保证、舆论支持和精神动力。（陆敏犇）

【开展公安先进典型宣传】 年内，市局涌现出全国先进工作者陈峥，5个上海市模范集体、7名上海市先进工作者等先进典型，张宝发同志、“消防救灾四烈士”当选“2015感动上海年度人物”。7月25日，上海公安先进集体和先进个人代表得到孟建柱、韩正、郭声琨等中央领导的亲切接见和充分肯定。与此同时，市局在政治部主页“组图”栏目中推出“聚警心 振警威 争当排头兵”专栏，以图文并茂的形式即时宣传各警种、各条线涌现出的先进典型；通过网络访谈、基层宣讲、社会公益等多种形式，邀请先进典型现身说法，传授工作技巧，交流心得体会。（窦庆）

【开展舆论引导】 年内，市局政治部围绕“迎新春、保平安”专项行动、防范电信诈骗宣传月、打击整治专项行动、“严格执法、严格管理”主题活动等中心工作，依托“警媒联动、央地联动、网报联动”集中宣传模式，在中央和全市新闻媒体刊发各类报道7300余篇次。其中，头版、整版报道610余篇次，中央媒体报道1070余篇次，中央媒体头版、整版报道110余篇次。同时，严格落实舆论引导24小时值班制度，做好舆情监测和处置工作，做到及时发现、及时报告、及时引导。全年妥善处置了“3·9”高峰等人殴打他人事件、“6·10”44路公交车撞击高架立柱交通事故舆情、“9·18”男子劝架被打致右眼失明舆情等涉警舆情330余起，有效地维护了公安机关形象。（庄莉强）

【“@警民直通车·上海”推出网上办事大厅】 3月，先后在市局官方微博、官方微信“@警民直通车·上海”开通“网上办事大厅”，增设“在线查询交通违法信息”“预约办理出入境证件”“机动车检验预约”“派出所民警预约”“咨询求助”等12项交警、出入境、人口信息化服务功能，吸引市民群众对公安新媒体宣传平台的关注，提升公安网络宣传的传播力和影响力。（王继伟）

【印发加强公安微博微信建设和管理的工作意见】 针对自媒体广泛应用给公安新闻宣传工

作带来的挑战，市局制定下发上海市公安局新闻宣传保密纪律“四不准”、上海市公安局加强公安微博微信建设和管理的工作意见，把民警、文职和辅警人员全部纳入管理范畴，为规范网络社交工具在公安新闻宣传工作中的应用划出保密和新闻纪律红线。(陆敏韡)

【“@警民直通车·上海”获评“全国十大公安微博”】 2015年12月，上海市公安局官方微博“@警民直通车·上海”在人民日报、新浪微博2015年度评选中获评“全国十大公安微博”。2016年1月，上海市政府发布《2015年度上海市政务新媒体发展报告》，上海市公安局官方微博“@警民直通车·上海”以第一名佳绩被授予“2015年上海十大政务微博”称号。2016年1月，上海公安官方微信“@警民直通车·上海”获评“2015年度上海政务微信·微聚民心奖”。(王继伟)

【开展“东方讲坛——以案说防范·共建平安城”系列宣讲】 年内，组织消防安全、防范电信诈骗等专题宣讲1200余场，综合运用实地演练、实物展示等手法，使防范宣传更形象生动，进一步提升了广大市民群众的防范意识。充分运用互联网资源，将精品讲座录制成视频，在东方网上开辟专栏，首期100场网络防范小视频获得网友点赞。东方讲坛全年直接受众近2万，二次传播受众近10万，取得了良好的社会效益。(陆敏韡)

【出版《尚警》警察公共关系专刊】 1月，市局政治部联合上海报业集团旗下《I时代》报社合作编发警察公共关系专刊《尚警》。专刊以宣传公安形象、传播公安信息、提示防范要领为主要内容，旨在建立一个都市“上班族”与民警之间的沟通平台，让更多的“上班族”了解警务工作，及时获取公安便民服务信息。专刊每月发行一期，4版，随报纸免费发放。专刊紧贴年轻读者喜好，充分借助新媒体，以市局官方微博微信互动的形式招募读者参与警营开放活动，并组织3次较大规模活动，获得读者好评、网友点赞。全年共印发报纸11期，累计读者近500万。(陆敏韡)

【出版《基层所队那些事儿实例选编》】 市局政治部《政治工作情况》开设“基层所队的那些事儿”专栏，以民警工作实例回顾与领导点评相结合，介绍总结基层开展思想政治工作的鲜活案例。专栏共刊出35辑、120余篇，涵盖全局各单位基层所队。首批印刷1500册，为各基层单位学习、交流提供又一工作范本。(黄国祥)

【组织第五届全国公安系统“卫士之光”书法、美术、摄影展上海参展作品征集工作】 6月至10月，市局政治部公安书刊社根据公安部有关举办第五届“卫士之光”书法、美术、摄影展的通知要求，在全市公安系统组织上海参展作品创作、征集工作。共征集参展作品1238件（其中书法作品237件、美术作品107件、摄影作品894件）。经专家评审，选出优秀作品91件（书法作品27件、美术作品24件、摄影作品40件），报送公安部第五届“卫士之光”展览组委会。市局有21件作品分别获得不同奖项。上海市公安局荣获优秀组织工作奖。(陈展方)

【组织开展全局性文化体育活动】 7月，市局在上海音乐厅隆重举行“我们的歌声最嘹亮”上海公安系统合唱比赛，文保分局、黄浦

分局分获两个组别的金奖，上海公专、杨浦分局、虹口分局等分获两个组别的银奖，轨道公交总队、监管总队、政治部、闵行分局、宝山分局、金山分局分获两个组别的铜奖。交警总队、经侦总队、保安总公司、浦东分局、闸北分局、松江分局、嘉定分局等分获两个组别的优胜奖。10月，市局在上海体育学院举行上海公安系统乒乓球比赛，杨浦分局、宝山分局、消防总队代表队分别获得混合团体冠、亚、季军。10月至年底，举行2015年上海公安系统足球联赛，经过小组赛、复赛和决赛三个阶段104场比赛，普陀分局参赛队和虹口分局参赛队分别夺得甲组、乙组冠军，黄浦分局等12支参赛队获得“体育道德风尚奖”。（张佳莹）

【参加各类文体赛事活动获佳绩】 5月，上海公安足球队参加全国公安系统第二届男子五人制足球比赛荣获第五名。6月，上海公安棋类队参加全国公安系统棋类比赛，荣获围棋团体第九名、象棋团体第十六名，经侦总队民警娄昆荣获象棋个人第八名，徐汇分局民警顾彬荣获围棋个人第九名。11月，上海公安游泳队参加全国公安系统第三届游泳救生比赛，荣获团体总分第四和单项赛3金2银2铜的好成绩。（张佳莹）

【开展“警营青春大声说”主题活动】 12月，为引导团员青年积极投身公安改革进程，思考和承担青年担负的使命责任，发现和选拔一批有思想、擅表达的青年人才，市局团委启动“非同凡XIAGN，想！响！享！——警营青春大声说”主题活动。（盛国辉）

队伍管理

【概况】 2015年，上海公安政治工作深入贯彻落实党的十八大和十八届三中、四中、五中全会及习近平总书记系列重要讲话精神，围绕公安部“四项建设”、市局“六项重点建设任务”，突出“实战性”，保障公安中心工作；突出“创新性”，推进队伍管理改革；突出“纪律性”，加强队伍作风建设；突出“规范性”，推动队伍科学管理，不断增强队伍的凝聚力、战斗力，为圆满完成各项公安工作提供坚实的队伍保障。(朱翔)

【学习贯彻党的十八届五中全会精神】 11月11日，市局政治部下发关于认真学习贯彻党的十八届五中全会精神的通知，要求各单位进一步深入开展“三严三实”专题教育和上海公安机关“秉公执法，人民公安为人民”暨“严格执法、严格管理”主题教育活动，坚持政治建警、从严治警，确保公安队伍绝对忠诚、绝对纯洁、绝对可靠。市局理论宣讲队持续开展“走百警队、聚万警心”基层巡讲，全年宣讲105场次，直接听众逾8000人，连续第三年当选“上海市基层理论宣讲先进集体”。(陆敏韡)

【开展“三严三实”专题教育】 按照中央、市委的要求，聚焦对党忠诚、个人干净、敢于担当，市局党委开展“三严三实”专题教育，着力解决“不严不实”问题，推动全市公安机关领导干部更加坚定理想信念，强化党性原则，增强纪律意识和规矩意识。在开展党课教育和专题研讨的基础上，建立问题清单，共列出需要重点整改的五个方面问题，明确责任单位和整改措施，做到上下结合、即知即改、联动整改。(钟灵)

【开展系列主题教育活动】 市局政治部依托主题教育活动，进一步加强队伍教育管理，相继开展“聚警心、严警纪、振警威、展形象”、“秉公执法，人民公安为人民”暨“严格执法、严格管理”、“铸牢忠诚警魂、严格队伍管理、振奋队伍精神”等系列主题教育活动。全局各单位立足队伍实际，多措并举，通过深入开展队伍思想政治工作和纪律作风教育，进一步统一民警思想、振奋队伍精神、严格队伍管理，以饱满的精神状态、严整的纪律作风投身公安工作，为推进全局各项业务工作的顺利开展提供强有力的队伍保障。(朱翔)

【做好战时思想政治工作】 紧密围绕全年专项严打整治行动、“9·3”阅兵安保、2015上海花样滑冰世锦赛等重大工作任务，深入做好战前动员和战地发动、干部战时考察、实战实训和战时宣传引导，夯实各级领导干部和广大民警的思想根基，确保队伍以坚定的政治立场、饱满的精神状态、严整的纪律作风投入各项重大安保工作。（朱翔）

【开展队伍建设专题调研】 积极研究、探索上海公安队伍建设在“互联网+”思维下的理念创新、实现路径和发展方向，打造“智慧政工”，开展“互联网+”思维下上海公安队伍建设专题调研，形成专题报告，被公安部政治部、市委政法委等转发。同时，会同《上海公安高等专科学校学报》在全局开展2015年度上海公安队伍建设重点课题调研工作。全局各单位共上报51篇调研报告，经评审，5篇调研报告获“创新奖”，10篇调研报告获“入围奖”，为全面深化公安队伍管理改革提供强有力的智力支撑。（朱翔）

【选齐配强各级领导班子】 坚持以“面向基层、面向实践、面向群众”为导向，选齐配强各级领导班子。年内，配合市委组织部调整局级领导干部13人，其中提拔6人、交流2人、免职5人；在市局党委审批的处级领导干部层面，全年共调整74人，其中提拔54人、交流8人、免职12人；在市局政治部审批的领导干部层面，全年共调整274人，其中提拔105人、交流100人、免职69人。（钟灵）

【加强优秀年轻干部培养选拔工作】 深入贯彻落实中央、市委关于加强年轻干部培养选拔工作精神，确保上海公安事业的长远发展和各项战略目标的实现，结合实际制定关于2015-2019年优秀年轻干部培养选拔工作的实施意见。从优化结构选拔一批、改进方式培养一批、抓好源头储备一批以及进一步加大年轻干部的选拔力度、加强年轻干部实践锻炼、强化年轻干部的教育培训、抓好后备干部队伍建设等方面，提出加强和改进全局优秀年轻干部培养选拔工作的具体措施。同时，选派100名优秀年轻干部到市局28个青年民警锻炼基地挂职、轮岗锻炼，选派47名优秀正科职年轻干部参加市局第6期青年干部培训班。（钟灵）

市局举行2015年上海公安机关五四表彰大会（盛一鸣摄）

【严格干部日常监督管理】 按照对副处以上干部“逢提必查”的工作要求，对289名拟提任干部的个人有关事项报告开展重点核查工作，形成关于对拟提任领导干部个人有关事项报告，抽查核实工作的情况通报下发全局各单位。组织全局处级以上干部集中填报2014年度个人有关事项报告，并将2242名处级干部的2015年个人有关事项报告表录入系统。同时，按照10%的比例，随机抽取224名民警的个人有关事项报告材料，根据市委组织部反馈的查询结果，与领导干部的个人有关事项进行逐项比对，并形成关于领导干部个人有关事项报告核实情况通报。(钟灵)

【招录新警及公安学员1782人】 年内，市局招录新警和上海公专“二专科”学员1782人，其中新警1009人（包括计算机、外语、法律等通用专业人员233人，基层民警624人，特警、维语翻译以及医务人员特招152人），“二专科”学员773人。(杨帆)

【接收军转干部75人】 年内，市局接收军转干部75人，其中男性67人、女性8人；副团职1人，正营职及以下74人，主要安置在轨道公交总队及郊区分、县局工作。(杨帆)

【规范工资收入管理】 根据市政府的统一部署，顺利完成市局单位民警职务工资、级别工资调整、事业单位人员绩效工资总额调整以及相关补发工作；认真做好年度工资晋升组织实施和津补贴、加班费额度管理使用工作，确保薪酬管理规范有序；根据民警职务晋升和年度考核情况，完成局级干部工资晋升审核10人次，处级干部工资晋升审批583人次，工资、津补贴正常晋升18265人次。(管靖刚)

【开展优抚帮困送温暖活动】 年内，市局审批确认因公牺牲民警7人（其中1人被追认为烈士），因公负伤民警166人，共向公安优抚对象发放特别抚恤金、一次性优抚金、一次性抚恤金、伤残保健金等各类抚恤补助金合计2657.1万余元；元旦、春节期间，集中走访慰问烈属、因公牺牲民警遗属、因公致残民警、公安英模、援藏援疆民警、特困民警家庭1574人（户），发放各类慰问金201万余元；继续实行伤病民警即时慰问工作机制，全年市局共走访慰问因公负伤、在岗突发严重疾病和家庭遭遇重大变故民警67人次，发放慰问金17.3万元。(管靖刚)

【加强专业技术人员队伍建设】 市局组织164人参加2015年度刑事科学技术和技术侦察队伍专业考试；完成年度专业技术资格评审，有28人获得高级专业技术资格；共聘任刑事科学技术和技术侦察队伍专业技术人员974名。10名专业技术人员分获公安部2015年度优秀专业技术人才奖一、二、三等奖。推进市局科技人才培养，1位同志在领军人才中期考核中评定为优秀，获得市人社局资助科研经费20万元。开展专业技术应用绩效评选工作，评选出年度技术应用绩效一等奖1个、二等奖3个、三等奖7个，优秀论文2篇、优胜论文6篇、论文发表奖10篇。组织32位高级专家赴大连、三亚进行学术交流。不断完善“专技人员学术交流沙龙”机制，组织2批共150余人次进行学术交流活动。根据上海市公安局警务航空专业技术职位管理暂行办法，对66名警航专技人员进行资格评审和职位聘任。(陈谱良)

【做好警衔管理工作】 年内，全局共选升二级警监警衔3人、三级警监警衔118人。授予、晋升警督警衔2182人、警司警衔3454人。(陈谱良)

【指导宝山分局开展主办侦查员制度试点工作】 自2014年确定宝山分局率先试点主办侦查员制度以来，不断推进主办侦查员试点工作，将宝山分局主办侦查员改革范围从经侦、刑侦专业部门延伸至治安、交警和派出所，共聘任

主办侦查员 121 人，并先后在遴选聘任、职权范围、办案责任、绩效考核、案件审议、司法衔接等方面建立了十余项制度规范。(李骧)

【加大爱警惠警力度】 认真做好民警体检、体锻、疗休养等工作，共组织 31 批次、900 余人分赴内蒙古、贵州、重庆、浙江等地集中休养；组织全局 4000 名民警开展体检休养活动，有效缓解民警压力；开展夏季高温慰问活动，共向一线民警发放慰问金 135 万余元、慰问品 1200 份，各单位也从班子成员、基层所队领导等多个层面，向一线民警送上组织的关爱；积极协调市有关职能部门和健身场馆支持，通过“民警健身、单位补助”的方式为市局单位 1713 名民警办理了健身体锻卡，有效推动公安机关群众性健身活动；继续为市局单位全体民警投保个人保额最高为 26.6 万元的团体补充医疗保险，进一步减轻民警医疗负担。(管靖刚)

【开展全局文职岗位“三定”工作】 组织开展全局文职人员“定岗、定责、定员”工作，梳理各单位文职岗位职责，细化各岗位说明书，根据工作量饱和、保障核心战斗力的原则，制定上海市公安局各单位文职岗位“三定”规范汇编，确保岗位设置科学、规范。其间，各单位严格按照市局下发的指导意见，科学制定岗位设置方案。(章璐)

【开展第二届“十佳文职人员”优秀事迹系列宣讲活动】 10 月至 12 月，市局政治部组织 4 场上海公安第二届“十佳文职人员”优秀事迹巡回宣讲活动。10 名“十佳文职人员”获得者通过自编、自导、自演的方式讲述和演绎自己在文职岗位上的感悟和心得，受到广泛好评。全局 38 家文职用人单位的 800 名民警和文职人员代表聆听宣讲。(章璐)

【举办消防警卫部队学习贯彻全军和公安现役部队政治工作会议精神专题轮训班】 5 月 11 日至 23 日，根据干部管理权限，市局举办两期副团职干部（含专业技术 8 级以上干部）学习贯彻全军和公安现役部队政治工作会议精神专题轮训班。市局党委委员、政治部主任韩勇出席开班仪式并就做好轮训工作提出具体要求，消防、警卫部队和市局机关现役机构共 215 名学员参加轮训。轮训班邀请专家教授解读全军政治工作会议精神，安排观看教育纪录片，开展分组研讨，为更加全面、系统掌握全军政治工作会议精神奠定基础。消防总队、警卫局分别组织 1900 余名营以下干部脱产轮训。(张赟)

【评选出第三届“上海公安十大优秀青年”】 2 月 10 日，市局政治部举行第三届“上海公安十大优秀青年”评审会。市局党委副书记、副局长陈臻出席会议并讲话。会议评选产生“上海公安十大优秀青年”和 10 名“上海公安十大优秀青年”提名奖。(盛国辉)

【举行上海公安青年纪念抗战胜利 70 周年经典诵读大赛】 9 月 8 日，市局团委举行上海公安青年纪念抗战胜利 70 周年经典诵读大赛，市局政治部副主任赵杰英、团市委办公室主任胡喆出席并为获奖单位颁发荣誉证书。来自全局 40 个单位的 120 余名公安青年选手参加比赛，比赛最终评选产生金奖 3 个、银奖 6 个、铜奖 9 个。(盛国辉)

【组织巾帼文明岗创建评选】 年内，全局各巾帼文明岗创建单位根据自身特点制订创建目标和创建计划，坚持与“聚警心、严警纪、振警威、展形象”和“秉公执法，人民公安为人民”暨“严格执法、严格管理”等主题教育活动结合，突出公安特色、细化岗位分工、落实责任建设，扩展巾帼文明岗创建活动内涵。通过开展巾帼文明岗创建活动，进一步提升各警种岗位业务水平和服务对象满意度，激发全局广大女民警巾帼建功、争先创优，在公安工作和重大安保等各项工作实践中撑起“半边天”。全局有10个基层女性集体和班组被授予“上海市巾帼文明岗”称号；有4名个人被授予“上海市巾帼建功标兵”称号。(王海燕)

【开展寻找“最美家庭”活动】 3月31日，市局会同市妇联举行“传承家风、锤炼警风”寻找最美警察之家活动启动暨警察家庭故事分享会。4月21日至5月8日，市局政治部组织10场“传承家风、锤炼警风”警察家庭故事巡回宣讲活动，全局共有28家单位的3200余名民警、文职和家属代表参加活动。5月14日，由全国妇联组织的全国“最美家庭”评选活动揭晓，普陀分局民警陈德骅家庭成功入选全国100户“最美家庭”，并光荣参加“9·3”阅兵观礼。10月8日，公安部、全国妇联在北京举行“好警嫂”推选宣传活动揭晓仪式。市局刑侦总队一支队支队长何玮妻子孙瑛、特警总队防暴突击二支队副大队长王春军妻子李敏、静安分局曹家渡派出所巡逻队副队长姜慧妻子王燕丽、奉贤分局柘林派出所所长高群飞妻子陈春霞4位同志获评全国“好警嫂”。同时，上述四户民警家庭也荣获上海市“最美家庭”称号。(王海燕)

【开展“放心家园”安心暑托班活动】 市局妇委会会同市妇联、市儿童基金会等单位在7-8月暑假期间，分两批组织“放心家园”安心暑托班，暑托班与学校放暑假时间无缝衔接，解决民警后顾之忧。暑托班在新东方和新贝青少儿教育中心的10个校区13个教学点开班，全局共有272名民警及文职子女参加。其间，市妇联、市儿童基金会和市局领导多次前往各教学点，关切询问民警子女在暑托班的学习和生活情况，赠送学习用品。(王海燕)

教育培训

【概况】 2015年，上海公安教育培训工作坚持“面向实战、讲求实用、追求实效”原则，组织开展各类民警教育活动。上海公专牢牢锁定建设“亚洲一流、世界先进”警察院校的目标，深化公安高等职业教育改革，全面推进升本发展，不断提高教育教学质量和科研水平，为提升上海公安民警队伍实战能力和综合素质提供了有力支撑。全年，举办各类培训班216期，培训学员1.19万余人次。其中，举办处级领导干部培训班2期、培训90人，各警种专业岗位警衔晋升培训班71期、培训2878人，各警种专业岗位“轮训轮值”培训班39期、培训1730人，其他各警种专业岗位培训班85期、培训6197人。受公安部委托，为境外警方举办高级外警培训班7期、培训129人，举办全国公安机关、公安院校业务骨干和骨干师资培训班12期、培训840人。共招收第二专科、本科学生804人，毕业学生712人。（李刘江、丁晓丹）

【推进公专转型升级】 抓住上海教育综合改革契机，全力开展上海公专升格为本科院校建设工作。市局成立升本工作专职机构，市局党委副书记、副局长陈臻担任组长，市局党委委员、政治部主任韩勇担任副组长。同时，上海公专成立升本工作领导小组和办公室，下设8个项目组，抽调80余名骨干，分别负责材料编制、师资建设、专业建设、台账数据、宣传教育、房地产手续及后勤保障、信息化保障、指挥协调等。学校编制完成“关于学校升格为本科院校的论证报告”“学校章程（草案）”“学校发展规划（2016—2020年）（草案）”等20余万字的申报材料和10大类共146册基础台账。8月2日，学校升本通过市教委组织的专家评审。深化治安学、侦查学、警务指挥与战术、刑事科学技术、网络安全与执法五个拟新设本科专业的内涵建设，为迎接专业评审做好充分准备。根据公专升本后的发展规划，紧密对接警务发展需要，优化学科专业布局，大力加强刑事技术、网络安全等核心战斗力领域的专业建设力度，在做精第二专科专业的基础上，努力培养高素质警务专业人才。（李刘江、丁晓丹）

【开展专项训练活动】 围绕市局开展的“三警一展”、“双严”、2015花样滑冰世锦赛、“9·3”阅兵安保等重点专项工作，组织相关单位和部门梳理50余项实战培训项目，开发警务实战训练系列微课程、“严格执法、严格管理”精品案例集等各类课程和教材，组织

6.1万余人开展专项训练，指导基层单位组织一线民警广泛开展边战边训，提升民警实战能力。组织5288名特种机动队和派出所佩枪执勤民警开展现场形势研判、处置战术、手枪快速射击、警械装备应用、盘查缉捕、车辆拦截、驾驶技能和法律法规应用等警务实战技能训练和考核。根据实战需求，会同市局交警总队，组织1500余人次公安道口检查站工作人员开展专项在岗练兵，并组织模拟场景检查演练，检验培训成效。对全局50个重点专业能力提升活动培育点进行三年建设成效的验收评估，开展培育点示范创建评审，评选出浦东分局经侦支队等9个培育点为示范创建单位。围绕“用师资、用教材、用标准”的工作目标，启动为期一年的示范创建工作，试点在经侦等业务条线逐步推进专业带头人选拔、课程教材体系建设及岗位能力标准升级等内涵建设。(李刘江)

【启动全国微课程研发中心建设】 培养微课程开发的骨干师资，逐步形成覆盖“市局—分(县)局—基层所队”三个层级、共300余人的微课程开发师资团队。定期编发微课程学习目录，组织全局各单位积极开发涵盖治安管理、侦查办案、巡逻防控、反恐防暴等公安实战业务微课程共600余门。建立分类分级的微课程资源库，共收录1200余门，已基本实现按专业分类管理。10月，公安部人事训练局在市局举行全国公安微课程研发中心成立揭牌仪式，依托市局政治部成立全国公安微课程研发中心，市局全面启动全国公安微课程研发中心建设工作。上海公专会同市局相关单位重点打造“实有人口管理”“治安行政案件办理”等20余门课程，并选取部分重点课程参加市级精品课程申报。积极参与市局2015年度星级课程评选等活动，加强上海公安星级课程库建设，进一步提升服务公安实战效能。(李刘江、丁晓丹)

【在全国警务实战教官比武中取得佳绩】 在全局选拔警务实战教官开展为期6个月的集训，在公安部举办的第二届全国公安机关警务实战教官技能比武活动中，市局荣获比武总团体一等奖、优秀组织奖，手枪快速射击团体一等奖，实战理论考试、抗压武力推进、反暴恐实训课、武器警械使用公开课4个单项团体二等奖，6个个人奖项等殊荣。(李刘江)

【加强学生德育工作】 上海公专坚持以做实德育工作、做强警务化管理为抓手，加强德育工作顶层设计，切实加强学生思想政治教育和日常养成教育。通过加强制度建设、开展主题教育活动、建立德育工作评价体系、加大学生警务化管理和日常养成教育力度等，进一步强化学生政治意识、政权意识和警察意识。(丁晓丹)

【取得多项教学成果】 上海公专坚持一流标准，深化教学内涵建设，强化人才培养模式改革，加快教学特色建设，进一步提升教学质量和实力。年内，上海公专组织训练的上海公安参赛队在全国公安机关第二届警务实战教官技能比武中获得团体一等奖，“警察指挥与战术”专业获评“2015年全国公安高等教育重点专业建设点”，“建筑物搜索”“刑事办案程序”2门课程被评为“市级精品课程”。(丁晓丹)

【加快教学特色建设】 上海公专深化校队合作，建立信息实时共享、人员互派、重大任务协作等长效联动工作机制，建成公安基本法律

知识专项学习题库，创新翻转课堂模式，引入国际刑警组织知识产权保护在线课程，会同市局相关单位编制特种机动队工作规范，组建警训类外聘师资库，打造“警务驾驶第二能级”“刑事侦查警务英语”“治安行政案件办理实训”“道路交通组织”等品牌教材和课程。（丁晓丹）

【推进微课程建设】 公安部在上海公专设立全国微课程研发中心，上海公专会同市局相关单位重点打造“实有人口管理”“治安行政案件办理”等20余门课程，并选取部分重点课程参加市级精品课程申报。积极参与市局2015年度星级课程评选等活动，加强上海公安星级课程库建设，进一步提升服务公安实战的效能。（丁晓丹）

举办公安部培训管理干部培训班　（丁晓丹提供）

【提升机动部队实战效能】 上海公专强化“轮训轮值”机动部队战斗精神培育和实战演练，推进防暴处突专业能级建设，优化专业内容和标准，加强与实战单位的沟通协作和校外实训基地建设，制定岗位工作规范，提升应急指挥和实战处置效能。全年，根据市局工作部署和指令，组织“轮训轮值”和第二专、本科学员88900余人次圆满完成了“两会”“春节”“国庆”“劳伦斯颁奖”和抗战胜利70周年纪念活动、2015花样滑冰世锦赛等各类处警备勤任务600天次。（丁晓丹）

【加强信息化教学】 上海公专建成教务管理平台课程库，深入推进第二专科、本科学生互联网选修课工作，组织800名学生参加选学，累计1600余人次，参考率达100%。“警察现场急救”“机动车违法停车行为现场查处”“交通台指挥员对偶发性交通拥堵的协同人工干预”三门课程在全国职业院校信息化教学大赛中获三等奖。（丁晓丹）

【通过语言文字工作评估】 上海公专成立语言文字规范化工作领导小组，制定语言文字规范化建设标准和实施细则，完善语言文字迎评工作体系，构建三级语言文字迎评工作网络，明确工作职责任务，并邀请专家来校指导，推进迎评工作。6月16日，上海市语委对学校语言文字在使用、宣传、推广、规范等方面进行评估，经过听取汇报、座谈交流、问卷调查、实地检查等环节，学校通过上海市语委的评估检查。（丁晓丹）

【加强师资队伍建设】 上海公专聘任长聘制

专职教官3名，新聘校内专职专业带头人1名、行业兼职专业带头人3名、教学骨干12名，培训121名教学部门负责人、专业带头人、教学骨干和辅导员，组织209名教官教师参加公安行业及教育条线组织开展的岗位练兵，选拔4批次7名教官教师赴澳大利亚、阿联酋、新加坡等国家，以及台湾等地区参加培训。年内，上海公专1个集体荣获“上海市巾帼文明岗”称号；1名教官荣获“上海市教学名师”称号，1个集体和1名个人被授予市局“三八红旗集体”和“三八红旗手”称号；2名教官荣获“市局优秀共产党员”称号，1名教官荣获“市局优秀党务干部”称号，3名外籍教官入选上海市“海外名师项目”，9名教官教师荣获“市局优秀教官教师”称号。(丁晓丹)

【提升警学研究水平】 上海公专成功举办第四届“上海国际警察教育学术研讨会”，来自海内外的100余名专家、学者围绕“大数据时代的警务变革”主题进行深入的研讨。全年，组织师生投入科研活动，举办上海公安论坛17场，完成13个科研项目研究，编印2本论文集，并与实战单位合作，在自贸区、闵行、青浦分局建立科研基地。“伸缩式T型警棍”科研项目荣获2015年市局基层技术革新一等奖，“战术多功能毯研究”荣获2015年市局科技项目三等奖。(丁晓丹)

【加快智慧校园建设】 上海公专加强智慧校园的顶层设计和软硬件建设，进一步提升学校信息化、科学化管理水平。建成警察职业心理能力评价等8个信息系统，更新上海公安远程教育网等7个项目，安装智慧教室和上海教育统一通信音视频平台设备。优化完善公安实务案例数据库，为广大民警开展电子图书库深度搜索平台、中国知网、EBSCO外文数据库等专题培训和“送书上门”活动，数字图书馆资源总量已达46T，数字图书馆访问总量突破660万人次。(丁晓丹)

【深化公民警校办学活动】 上海公专进一步加强公民警校规范化建设，顺利通过“市级民办非企业单位规范化建设”评审，获得国家AAAAA级单位资质。多层面开展公民警校办学活动，着力推进“三级办学体系”建设，在全局累计建立了337家基层派出所办学点，覆盖率达100%。年内，围绕“公民反恐防暴”“青少年安全教育”等主题举办各类培训班847期，培训学员5.2万余人，组织开展各类校友活动530余次，服务市民群众5万余人次。(丁晓丹)

立功创模

【概况】 2015年，全局共有550个集体、11391名个人立功嘉奖，其中集体一等功2个，集体二等功94个，集体三等功181个，集体嘉奖273个；全国公安系统二级英雄模范2人，个人一等功9人，个人二等功103人，个人三等功1299人，个人嘉奖9979人。表彰上海市优秀公安局4个，上海市公安局优秀单位4个。（窦庆）

【表彰“上海市优秀公安局”“上海市公安局优秀单位”】 荣获2015年度上海市优秀公安局荣誉称号的是：黄浦分局、徐汇分局、宝山分局、嘉定分局；荣获2015年度上海市公安局优秀单位荣誉称号的是：经侦总队、刑侦总队等。（窦庆）

【陈峥当选全国先进工作者】 4月28日，2015年庆祝“五一”国际劳动节暨表彰全国劳动模范和先进工作者大会在北京人民大会堂举行，轨道公交总队陈峥被授予“全国先进工作者”荣誉称号。（窦庆）

【5个集体当选上海市模范集体，7名个人当选上海市先进工作者】 4月29日，2015年上海市庆祝“五一”国际劳动节暨劳动模范、先进工作者表彰大会在世博中心举行，经侦总队一支队、自贸区分局治安支队、浦东分局金杨新村派出所、宝山分局交警支队等当选上海市模范集体，刑侦总队何玮、特警总队王春军、轨道公交总队雷震、长宁分局吕洁、静安分局姜慧、闵行分局谢俊明等当选上海市先进工作者。（窦庆）

【市局“3·27”证券领域系列案件专案组被公安部记集体一等功】 1月25日，公安部下发《关于给上海市公安局“3·27”证券领域系列案件专案组记集体一等功的命令》（公奖字〔2015〕44号）。由经侦总队牵头的专案组成功侦破利用未公开信息交易案件13起，涉案总金额达35亿余元。（窦庆）

【市局“11·12”专案组被公安部记集体一等功】 10月30日，公安部下发《关于给上海市公安局“11·12”专案组记集体一等功的命令》（公奖字〔2015〕126号）。市局“11·12”专案组在上海、江苏、广东等地抓获全部犯罪嫌疑人22名，及时消除了涉恐隐患。（窦庆）

【长宁分局吕洁、消防总队李旻被公安部授予

“全国公安系统二级英雄模范”荣誉称号】 1月14日，公安部下发《关于授予吕洁、李旻同志全国公安系统二级英雄模范称号的命令》（公奖字〔2015〕11号），授予长宁分局吕洁、消防总队李旻“全国公安系统二级英雄模范”荣誉称号。（寞庆）

【特警总队防暴突击二支队王春军当选第十八届“上海十大杰出青年”】 在第十八届“上海十大杰出青年”评选活动中，通过层层遴选，特警总队防暴突击二支队王春军从现场25名候选人中脱颖而出，获得第十八届“上海十大杰出青年”荣誉称号。（盛国辉）

【个人一等功】

刑侦总队	蔡维林
特警总队	侯为强、张霏、唐贤、付桑、韩聪
轨道公交总队	李中明
虹口分局	钱宏
金山分局	陈卫彪

（寞庆）

警务保障

【概况】 2015年，市局各级警务保障部门以"210工程"建设收官工作为主线，以"深化改革""四项建设"和"六项重点建设任务"等为重点，坚持反恐标准，坚持改革创新，坚持服务实战，进一步加强警务保障基层基础工作，有效提升警务保障能力和水平，为公安机关维护国家公共安全和社会稳定提供强有力的保障支撑。

市局勤务保障中心注重"服务公安业务、拓展效益渠道、提升队伍素质"，连续推出"爱警、惠警、服务于警"措施，提升民警满意率。全年收到市局业务单位各类来电、来信表扬和感谢信9封（次）；先后有18个部门（单位）、3个党支部、21个班组及272人次受到表彰奖励。全面完成既定利润目标1500万元，保障服务满意率超过90%，较好地完成后勤服务和经营创收任务。（王健、罗凤美）

【完成2015花样滑冰世锦赛安保等重大活动保障任务】 市局警保部围绕2015花样滑冰世锦赛、"劳伦斯颁奖典礼"和春节、国庆、"9·3"等重大节点期间重大安保任务需求，成立安保保障工作专班，制定保障工作方案，落实专人入驻"安保办"，全力做好各项警务保障工作。协调落实2015花样滑冰世锦赛安保专项经费1370万元，"科创中心""NGO"建设、"猎狐2015"专项行动境外办案、市局赴印尼押解犯罪嫌疑人等重大专项保障经费1000余万元。指导相关单位和属地分（县）局加强比赛场馆、媒体驻地等安保现场安检设备、防暴装备、单警装备配备保障和使用检查，紧急调运5000余件反光背心、双功能肩闪灯、单警六件套等装备到市局相关对口支援单位、公专等参战单位，并调集大巴士100辆次、警务车辆100余辆开展运兵，有力支撑各项安保工作的开展。（王健）

【推动"210工程"建设圆满收官】 在市局党委统一领导下，市局"210办"牵头各任务单位，梳理对标、攻坚克难，强力推进收官冲刺阶段各项重点任务建设。通过建立"领导约谈、实时通报、多部门会商、联合检查督导"四项机制，采取"周小结、月通报、定期例会、上门督导、实地调研、联合检查"等方式，加强面上工作统筹和督导力度，并根据公安部装财局相关工作部署，专门制定上海"210工程"终期评估工作实施方案，成立评估工作小组，先后对标组织开展6轮预评估，确保各项重点任务圆满收官。年内，70个全国公安装备"十二五"规划重点项目全部完成，位列全国第一。全市112个公安基建“十二五”规划项目已完成立项100个，立项率达到89.3%；5个中央投资建设的公安基建项目开工率100%、竣工率80%。10个新增的大居派出所项目全部落实建设用地。(王健)

召开上海公安机关“210工程”建设工作部署会议　（王健提供）

【完成装备、基建“十三五”规划框架编制】　年内，市局警保部牵头各警种、各部门、各分（县）局全面启动编制公安装备、基建“十三五”规划，拟定上海公安市级基础设施“十三五”建设规划（初稿），将“特警营区改建”“警务航空队扩建”等5大类13项市级重大基建项目纳入规划，并组织调研论证编制上海公安装备建设“十三五”规划（初稿），将一批支撑公安机关“四项建设”和保障核心战斗力、反恐处突能力提升的重要装备纳入规划。(王健)

【推进警保深化改革工作】　年内，市局警保部大力推进警保深化改革重点项目建设，修订上海市公安局财务管理办法和上海市公安局财务网上核销管理规定，建立开展公安机关经济活动风险评估调研小组，启动公安机关经济风险评估工作。深入推进公车改革，科学分类执勤执法用车，并按照上级部署和实战要求完成公安车改方案拟制工作。联合市局法制办修订完善市局涉案财物管理规定，起草涉案财物后续处置工作规定，开展全局涉案财物管理工作专项检查和“公检法涉案财物共管平台”专项课题研究，并在浦东、嘉定分局进行平台试点建设。(王健)

【提高公安经费保障管理水平】　积极争取市委、市政府和相关职能部门的支持，加大公安经费投入。2015年市级财政预算比上年增加5.08亿元，实现经费总量“六连增”工作目标。会同市财政局联合开展专项调研，联合下发关于调整上海市区县公安机关公用经费保障标准的通知，实现区县公安公用经费保障标准再提升。依托“每月通报、网上巡查、重点抽查、交叉稽查”管理机制，加大中央公安转移支付资金和禁毒、打拐等中央专款的执行督导力度，有效提高资金使用效益，转移支付资金到位率、执行率连续第五年达到双100%。完善预算项目库、协同管理、网上核销、绩效评价四大机制，强化预算项目库建设和项目滚动管理，通过完善定期报告通报机制、下发“财务提醒单”、“财务建议函”和“督办单”等方式，加强预算经费执行督导，深入组织实施预算绩效管理。年内，市局预、决算和绩效管理工作均被市财政局评为“优

秀”（A级），在136家市级预算单位考核中名列前茅。（王健）

【强化实战装备车辆建设配备】 根据市局立体化治安防控体系和“三张网”建设要求，完成特种机动队车辆改装、92式手枪统一换发、特警总队巡逻大队60辆武装巡逻摩托车配备工作，为基层增配“警闪肩灯”“发光指挥棒”等装备。组织基层试用枪弹收弹器、T形伸缩警棍、约束服、伸缩式防暴盾牌、新式手铐、伸缩警棍等12种新装备。会同市局指挥部、治安、交警、科技处等单位有序推进新型执法记录仪配发工作，完成市局指挥车（方舱）建设方案拟订并启动建设。加大与市财政等部门沟通协调，有序推进特种车辆三年建设规划，完成全局7000余辆警车号牌更换，加强警用车辆防冲撞设施改装，并为部分警车加装行车记录仪和抓捕、破拆等随车多功能应急工具。（王健）

【深化装备“大共享”平台应用】 按照“共建共享、集约高效”的原则，结合实战需求，对“投入大、使用率低”项目分片区开展交叉共建。扩大全局装备共享范围，定期督促检查各单位平台装备申报借用工作。市局共享平台纳入装备1662种16795件，其中一级平台264种3191件，比上年增加10%，各单位开展装备共享借用640次，比上年增加12%。（王健）

【深化警保信息化系统建设】 深入推进“上海公安警保综合应用管理系统”建设应用，根据公安部要求完成200余万条装备资产信息的采集、导入以及原有装备、车辆、资产系统内58743条数据信息核对工作。完成系统（二期）建设开发相关需求、方案拟订以及项目招标等工作。制定下发上海公安警保综合应用管理系统（分县局版）建设指导意见，组织分（县）局全面推进系统规范化建设。（王健）

【加强内部安全防范和执法办案场所规范化管理】 市局警保部汲取天津港爆炸等重大安全事故教训，深入6个市局综合大院、16个公安分（县）局、23个市局单位及45个基层派出所、12个看守所、19个交警支队和6个在建施工工地开展内部安全大检查，发现并及时整改安全隐患43起，投入500余万元加强安防基础设施建设。落实安全措施，抓好综合指挥室改建、市局大数据情报综合研判平台二期、市局大楼地下车库改造等工程项目建设。会同市局法制办对26个执法办案场所进行审核验收，发现整改问题130余个。（王健）

【优化基层一线民警实战被装配备】 针对冬季雨雪冰冻、低温大风等极端天气下一线交警、巡警和特警驾驶摩托车执勤防寒保暖需求情况，深入调研拟定全局统一的摩托车执勤皮夹克、皮靴和保暖护膝等被装试用样式，第一时间生产、采购并配发到相关单位和分（县）局985名交警、特警等一线民警。立足基层一线民警雨天执勤的实战需求，全面完成本市7551名民警新款雨衣配发试用工作，大幅提升警用雨衣防雨、透气、透湿性和民警执法的安全性、规范性。在全局升设84个量体点，组织完成31家单位51978名民警警服量体工作。（王健）

【健全警保廉政体系】 通过制定下发2015年市局警保部党风廉政建设和反腐败工作意见，明确班子成员工作任务、责任定位、权力清单和职责分工，结合年度重点任务逐级签订党风廉政责任书（承诺书）。组织党员干部和民警观看警示教育片和保密教育片，结合“纪检日”，组织微型廉政党课、“廉政文化伴我行”等主题活动。坚持每季度队伍状况分析和滚动排查机制，加强对民警“八小时”以外管理；强化内审监督程序和操作要求，加强项目审核整改。（王健）

【强化警保队伍思想政治和专业能力建设】 深入开展“三严三实”“三警一展”“严格执法、严格管理”等主题教育活动，深入开展向张宝发、朱爱民、余珍朗学习活动，在全局警保条线组织开展“朱爱民式警务保障好民警”暨第三届“上海公安警保标兵”争创活动，评选产生“上海公安警保标兵”及提名奖各10名，并择优向公安部推荐“朱爱民式警务保障好民警”候选人1名，大力弘扬“服务、求实、勤俭、廉洁”警保精神，树立展示警保队伍良好风貌。加大警保专业人才引进力度，完成在市局警保部设立总会计师制度工作。年内，举办警保系统财务、装备、综合管理及领导干部培训班，参训民警120余人次；完成会计人员继续教育、物联网培训等专业短训班的组织保障工作，累计培训民警和文职人员200余人次。（王健）

【开展服务技能劳动竞赛】 年内，市局勤务保障中心开展各式面包、蛋糕等多种西点和粽子、八宝饭等各式传统中式点心及夏季特色饮品的制作技能培训7次，并于9月至10月组织开展“餐饮服务与厨艺交流活动”，9个部门（单位）以分组（对抗）切磋方式参加服务与厨艺交流，以百分制打分形式评出1个“最受欢迎的桌菜”、16个“最喜欢的菜肴”、4个“最喜欢的点心”和2名“最满意的服务员”等奖项。（罗凤美）

开展点心制作技艺考核　（罗凤美提供）

【细化为警服务措施】 7月至9月，市局勤务保障中心针对夏季警员体能需要与膳食结构等特点，在其所保障的12个市局机关大院的午餐时段，同时启动夏季送清凉活动，每周内不重样推出芋圆、西米露、南瓜、仙草4个系列计20个品种的清凉饮品，整个活动共为就餐民警免费提供26余万份饮品；9月24日至25日，会同市局警保部在武宁南路128号大院开展为期两天的“惠警融真情·中秋品月饼”活动，1350余名公安民警、武警官兵及文职人员免费品尝了中心送展的迎“两节”劳动竞赛获奖月饼；同时，在保障服务的市局机关大院及所属派出所等20个业务单位开展“迎国庆”点心大巡展活动，巡回展

销25个品种7927份次自制中、西各式点心；10月8日起，在福州路、思南路等6个市局机关大院正式启动“主食免费”惠警服务举措。(罗凤美)

【开展警务保障工作交流活动】 年内，市局勤务保障中心分批组织民警和厨师组成的交流考察小组，带着调研课题及厨艺交流作品，分赴山东、江西、河南省公安厅和重庆市公安局进行现场厨艺工作交流活动，学习“为警服务”新招和地方菜肴技艺。(罗凤美)

【编撰“警苑菜谱365”工具书】 市局勤务保障中心以“吃好、吃出健康、吃出战斗力”为目标，按照警种、岗位、年龄层次等特点，提出平衡膳食营养配餐基本要求，并以食堂大灶菜为基础，结合四季时令养生知识、科学饮食指导、食材营养分析等内容，编撰166例警营实用菜谱工具书，赠送给民警，为民警健康养生服务。(罗凤美)

纪检监察

【概况】 2015年，上海公安机关围绕公安部“四项建设”、上海公安“六项重点建设任务”总体部署要求，深化落实“两个责任”，持续推动“三个转变”，在新常态下夯实新举措，为圆满完成全年各项公安工作提供坚强的纪律保障。全年，市局纪检监察机关直接受理群众来信举报510件（含现役），比上年减少1.9%；立案查处民警违法违纪案件78起（含现役），比上年增加34.5%，立案查处民警违法违纪人数89人（含现役），比上年增加34.8%；案件自排率75.6%；案件自查率97.4%；案件结案率93.6%，在2015年全市8个执法管理单位综合考核中位列第一。（张玮）

【推进“两个责任”落实与考核】 市局印发2015年上海公安机关党风廉政建设和反腐败工作意见、2015年上海公安党风廉政建设和反腐败工作重点项目一览表等系列文件，明确2015年全局反腐倡廉工作任务和责任分工。同时，市局纪委严格执行中共上海市公安局委员会落实党风廉政建设党委主体责任纪委监督责任检查考核办法，在加强常态督导的基础上，全面开展对全局49家单位年度落实党风廉政建设责任制的检查考核，并发放调查问卷22915份。（张玮）

【加强干部监督】 年内，市局纪委开展干部个人有关事项抽查核实工作，共对289名拟提任干部的个人有关事项报告开展重点核查，对其中77名填报存在轻微问题的干部，责令限期补报并说明情况；对6名因填报存在严重偏差的干部，暂缓或停止选拔任用程序。（张玮）

【改进工作作风】 市局将季度工作会整合为半年度工作部署会，明确不再重复召开条线全局性会议，年内全局性会议比上年减少29.6%，市局下发文件比上年减少38%。各单位领导班子严格执行公安部关于公安机关领导干部联系群众“八项制度”，年内共开展基层调研3462次，确定联系基层联系点317个、联系1861次，接待群众来访567次462批，进一步密切了干群关系和警民关系。（张玮）

【加强监督检查】 市局纪委督导推进立案突出问题专项治理、违规办理和持有因私出国（境）证件专项治理、公安现役部队违规住房用车和超面积办公用房专项清理整治等活动。紧盯元旦、春节、五一、中秋、国庆等重要节点，严明纪律要求，强化监督检查，严防“四风”问题反弹。年内，共组织开展各类明察暗访和突击检查220余批次。（张玮）

【围绕重大活动开展随警监督】 市局纪委围绕抗战胜利70周年纪念活动、2015花样滑冰世锦赛等重大安保活动开展随警监督，聚焦反恐基础工作，社会面巡逻防控，道口安检防控，消防、交通、轨交等城市运行安全，防范电信诈骗等民生热点问题等96项重点警务工作，抓好专项督察，全力保障各项安保措施落实到位。全年发现并督促整改各类问题4896个，提出督察建议2642条，开具督察通知书、建议书696份。(张玮)

陆东检查松江分局“迎新春、保平安”专项行动推进情况

(张玮提供)

【严格问责追究制度】 市局纪委强化问题线索处置“五类标准”的落实，严格执行问责追究抄告单、公安民警违法违纪案件报告规定等制度，督促各级领导干部和全体民警切实提高履职尽责意识。全年共实施问责追究318人，其中处科实职干部162人，党政纪处分37人，组织处理281人。(张玮)

【严格教育预警】 市局纪委组织开展学习贯彻《中国共产党廉洁自律准则》和《中国共产党纪律处分条例》活动，筑牢党员民警的道德高线和纪律底线。制定实施上海市公安局新闻宣传保密纪律“四不准”，上海公安机关内部人员干预、插手案件办理的记录、通报和责任追究实施细则，上海市公安局娱乐服务场所治安管理工作失职渎职行为责任追究办法（试行）等规定，并通过开展“秉公执法，人民公安为人民”“严格执法，严格管理”“聚警心、严警纪、振警威、展形象”等一系列专题教育活动，以及定期播放警示教育片、组织基层廉政文化示范点创建评选等多种形式，发挥教育警示和廉政文化熏陶等作用。(张玮)

【开展维权工作】 年内，市局维权办共走访慰问869名遭受不法侵害的民警和协警，发放慰问金48.23万元、慰问牌14块。(张玮)

【狠抓政风监察】 市局印发上海市公安局“12345”市民服务热线效能监察考核实施细则，在实施过程中，市局纪委通过检查，及时发现问题并督促整改。同时，持续推进公安窗口规范化建设。年内，先后两次通过实地检查、声像监控巡查等方式对112个窗口集中检查，对发现的各类政风问题及时督促整改，并通报全局。另外，还不断深化特邀监督员工作，组织开展特邀监督员意见建议集中征询活动，收到54位市局特邀监督员反馈的各类意见建议65条。(张玮)

【落实审计监督】 市局审计室印发上海市公安局经济合同审计实施办法和上海市公安局绩效审计实施办法等文件，开展领导干部经济责任审计、重大基建工程项目全过程跟踪监督。年内，共完成各类内部审计项目4342项，审计金额约248亿元，发现和纠正违规金额约5.9亿元，核减和节约资金9200余万元，提出审计意见和建议2860条。(张玮)

【推进监督管理信息平台项目建设】 市局纪委研发建设上海市公安局监督系统一体运作的上海公安监督管理信息平台，打造公安纪检监察自身业务网上运行链和警务实时网上监督链，在平台上全面开展纪检监察机关网上办信、网上办案和“两个责任”网上考核等工作，并借助“大数据”，实时监督警务执法办案和行政管理信息，即时监督预警各类违规违纪行为。(张玮)

【开展违规住房、用车和超面积办公用房专项清理整治】 市局纪委严格落实公安部政治部、纪委关于“开展违规住房、用车和超面积办公用房专项清理整治”工作的部署要求，认真做好公安现役部队“三清”工作。年内，共清退违规住房1处，清理超标准公务车辆86辆、外借武警牌照车辆15辆、超面积办公用房67处。(张玮)

区、县公安机关

浦东分局

【概况】 2015年，浦东分局对标“定位高、标准高、水平高”要求，保障城市公共安全，有效掌控全区社会治安局势，进一步推动浦东公安的传承与发展，较好地完成了年度各项工作。

完善社会治安防控体系。做强治安巡逻防范网，建立巡逻“必到点”全天候视频签到制度。做实群防群治守护网，发挥群防群治队伍作用，提高可防性案件防范能力。探索非机动车智能防范系统建设，推进老旧居民小区防范设施建设。强化治安复杂场所管理。年内，对195家“问题场所”进行整治。排摸不安定因素436起，开展社会风险评估22次，成功处置群体性事件289起、1.8万余人次。完成2015花样滑冰世锦赛、抗战胜利70周年纪念活动、中国—中东欧国家领导人会晤等警卫、安保任务771次。新区年度公众安全感得分较上年提升0.83分。

持续严打各类违法犯罪活动。开展“150X”系列专项行动4次；全年破获刑事案件9397起，比上年减少9.8%；抓获犯罪嫌疑人11008人，比上年减少9.7%，其中逮捕4601人，起诉7620人。加强八类案件的侦破，全年侦破杀人和伤害致死案46起，现行命案全破；侦破“两抢”案件153起，破案率92.7%；抓获“两抢”案件犯罪嫌疑人232人。侦破涉毒刑事案件753起，抓获涉毒犯罪嫌疑人840人，缴获各类毒品65千克。侦破经济犯罪案件1249起，抓获各类犯罪嫌疑人480人，追缴赃款30.58亿元。侦破非法集资犯罪等涉众型经济犯罪案件15起，涉案资金9亿余元。在“猎狐2015”专项行动中抓获境外在逃人员11人，列全市第一。按照公安部示范刑事科学技术室标准，在三林、川沙分区指挥部启动分区刑科所配套建设试点。年内，查处行政案件1878647起，比上年增加3.8%；查处违法人员1591313人，比上年增加2.5%。查处“黄赌毒”案件19392起，比上年增加19.3%；查处违法人员11390人次，比上年减少20.4%。查破涉枪、涉爆刑事案件11起、行政案件53起，查处违法犯罪嫌疑人64人；收缴管制刀具520把、仿真枪266支、民用气枪58支、自制土枪1支、子弹65发。

加强公安行政执法管理。加强道路交通管理，全年查处交通违法行为156.4万起，发生道路交通事故（上报）216起，比上年减少3.6%；造成344人死亡，比上年增加20.3%。汲取“8·12”天津港爆炸教训，集中开展消防安全大检查和消防安全隐患专项治理，整改火灾隐患22.5万处，处罚单位366家，处罚金额363.17万元。发生火灾857起，比上年减少18.5%；造成9人死亡，比上年增加28.6%；5人受伤，比上年减少66.7%；直接经济损失6441.1万元，比上年增加213%。排查确定区级“易形成大客流场所、区域”17处，按“一点一方案”落实安全管控措施。加强节假日期间陆家嘴滨江、上海野生动物园等旅游景点的安保工作。

提高执法管理能力。创新人口管理，全面推广升级境外人员服务站建设，在金桥、张江等处增设10处境外人员服务站，首批招录57名涉外社工，推进出入境新政落地。推出网上咨询和落户查询等便民利民服务。探索迪士尼旅游度假区综合管理，成立度假区工作专班，探索创新度假区公安管理模式。推进合庆地区环境综合治理，重点加强车辆超载问题联合整治和高污染、高隐患“六小”单位联动整治，整改消防安全隐患1538处。开展行政审批清理，年内取消原行政审批事项14项，并简化环节、优化审批流程。

提升队伍正规化建设水平。开展“三严三实”“三警一展”“严格管理、严格执法”等主题教育活动，举办职务性“潜规则”问题预防访谈会，重点加强职务性违法违纪多发、高发单位的廉政教育，深化派出所廉政文化示范点建设。推进分局大政工信息平台基础建设，规范数据采集与积累。开展年度岗位优秀民警评选、第三届“乐享警营　你我同行”警营文化节等活动。开展“阳光警务”示范点建设，在执法公开与信息化手段、规范执法办案与提供便民服务相结合上创新。加强执法培训，加大案件督导检查力度、执法问题整改追责力度、薄弱环节攻坚力度，制定执法指导意见，破解执法难题。完成“210工程”建设验收等重点工作，完成装备“十二五”规划任务，有序推进基础设施及大型居住区派出所建设。（尹玮）

【做好迪士尼乐园开园前准备工作】　浦东分局加快迪士尼园区公安机构筹建及开园后各项警务工作的筹备，将安保运营方案纳入园区整体建设。年内，落实园区公安处办公大楼建设（建筑面积11000平方米），全面启动总投资7000余万元的公安指挥平台、交通信号灯控制系统改造、新增动静态诱导设施、4G宽带数据专网项目、大客流监测项目以及对车流、客流可实时统计预测、预警的“三维GIS应用”6项科技安保项目建设，规划制定园区通行方式、街面综合执法、应急管理等方案。构筑区域联勤联动治安防控体系，落实229名辅警和597名综合辅助人员，组建公安、城管执法联勤联动队伍；应对节假日与常态客流的差异化，建立和完善客流监测及预警响应机制，做好应急力量与应急物资准备。实行由内而外三级圈层交通管理措施和三级勤务机制，常态单班次保持20名交警、50名交通协警在街面执勤。园区公安处牵头与周边川沙、三林分区指挥部及相关派出所建立协作联勤联动机制，应对度假区客流“溢出效应”。（尹玮）

【开展“四镇”治安专项治理】　5月起，浦东分局会同区综治办联合启动川沙、惠南、高桥、周浦4个中心集镇治安专项治理工作。成立治安、刑侦、交警、人口、消防参加的4个治理专班，力推7项措施：严厉打击涉黑涉恶案件；紧盯问题场所严查涉黄涉赌；改造老旧城区道路功能；滚动排查火灾隐患，加大处罚力度；对镇区周边来沪人员聚居区域持续整治；在治安复杂区域、部位优化勤务布局；加强对外宣传提升群众关注度和知晓率。年内，在4个镇累计开展集中整治行动140次，侦破刑事案件1786起，打掉涉黑涉恶团伙43个，刑事拘留1336人，查破涉黄涉赌刑事案件53起；4个镇区域总警情比上年减少5.1%。（尹玮）

启动重点地区治安专项整治　（尹玮提供）

【研发“问题场所监控平台”】　1月26日，浦东分局研发的“问题场所监控平台”在分局推广应用。平台整合“110信箱”、公安信访、“12345”热线、领导批示、“一点多警”、网络舆情等涉及的所有涉黄涉赌类线索，将线索下转、核查、反馈，对人员、场所处罚和暗访复查、履职督导等工作流程整合在系统上，并具有自动统计分析、跟踪督导功能，如实反映并详细记录场所管控、查禁工作流程。年内，通过该平台采集录入涉黄涉赌违法线索1362条，线索查实率78.5%。涉及“问题场所”1664家次，查实或部分查实1115家次。其中转变业态229家次，收回租赁房屋89家次，停业整顿96家次，取缔535家次，查封137家次，警告、罚款25家次，其他行政处罚123家次。查获违法犯罪嫌疑人2168人。平台运行以来，分局“110信箱”受理举报线索比上年同期下降36.8%，查实率67.1%，比上年同期增加6.4个百分点。（尹玮）

【做实消防安全措施】　浦东分局不断做实消防安全措施。年内，完成11个老旧小区和105幢楼宇消防设施专项改造等市政府消防实事项目；完成81幢高层建筑改造，安装简易喷淋1236个，警报装置346个，组织居民消防演练100余万人次。开展国务院挂牌督办的高行镇大陆村、周桥村消防安全隐患整治，拆除违章建筑1.2万平方米，清退“三合一”住宿人员800余人，建设消防水源7处。年内，先后完成易燃易爆危险品场所、规模性“三合一”场所、劳动密集型企业、大中型商场市场、彩钢板建筑住人“清零行动”等专项治理，整改火灾隐患22.5万余处。运用“警民直通车”“浦东119”官方微博微信和借助主流媒体推送公益广告3000余条，曝光火灾隐患20余次。建立行业协会、社区“2+4+4”防火小组，提高基层消防能力。推进迪士尼、惠南、川沙、前滩、大团、五洲大道等消防站硬件建设，组建6支街镇专职消防队伍，287支村（居）志愿消防队。完成养老院、护理院等涉老场所消防管网排摸和消防改造方案设计。（尹玮）

夏季社区消防演练 （尹玮提供）

【周浦镇“电动自行车智能防范系统”成效初显】 浦东分局应用大数据“物联网”技术，在周浦镇试点“电动自行车智能防范系统”，利用现有公安图像网络资源加装监测雷达，对覆盖范围内已安装电子防盗芯片车辆实行24小时定位监测，实时记录车辆行动轨迹，提高现行抓捕率和案件破案率，降低盗窃“三车”发案率。年内，周浦、周东等派出所通过该系统追回被盗电动自行车24辆，抓获犯罪嫌疑人11人，辖区盗窃电动自行车发案比上年减少32.2%。（尹玮）

【侦破“6·24”绑架案】 6月23日20时30分，浦东分局接陈某报警称，其妻子和父母被两个房产中介的男子关在沪南公路某弄家中，索要人民币100万元。分局立即展开侦查，锁定犯罪嫌疑人曾三洋（男，29岁，湖北省鄂州市人），并于24日下午将其和另一名犯罪嫌疑人邓元元（男，20岁，甘肃省环县人）抓获，成功解救3名人质。经审讯，曾交代因经济拮据萌生绑架歹念，伙同网上搭识的邓，经事先预谋，携带匕首等物，于23日17时许闯入与其相识的报警人家中实施绑架并勒索赎金的作案经过。该案的侦破工作在2015年度“刑警803破案奖”评比中被评为“金奖”。（尹玮）

【侦破凌桥杀人碎尸案】 5月11日，浦东分局接报“辽宁籍女子穆某霞（50岁，暂住凌桥地区）于4月30日晚失踪”，即启动“疑似被侵害案侦查机制”并成立专案组。经侦查，快速锁定犯罪嫌疑人徐守川（男，47岁，江苏省宿迁市人）。14日，专案组将徐抓获，在其暂住处获取穆某霞部分首饰及血迹等生物检材，后又在徐的关系人处起获穆的手机1部。经审讯，徐交代于4月30日晚，在暂住处因嫖资纠纷与被害人发生争执，继而将其杀害、分尸、抛尸的作案经过。该案的侦破工作在2015年度“刑警803破案奖”评比中被评为“银奖”。（尹玮）

【侦破“2015·570”贩卖运输毒品案】 1月12日，浦东分局通过线索梳理、研判，抓获贩毒“下家”桑维强（男，55岁，上海市浦东新区人），查获冰毒105克及其“上家”

相关线索。后被列为公安部挂牌督办专案。5月12日，分局专案组在市局刑侦总队等单位指导和贵州、广东警方支持下，历时6个月，抓获以犯罪嫌疑人陈进士（男，26岁，广东省汕尾市人）为首，横跨粤、黔、沪的职业贩毒团伙成员14人，缴获毒品冰毒53.5千克。该案的侦破工作在2015年度“刑警803破案奖”评比中被评为“铜奖”。（尹玮）

【侦破“10·08”非法经营境外“猎狐”案】 2007年8月，犯罪嫌疑人张维智（男，54岁，台湾地区台中市人）纠集王银花（女，52岁，安徽省宣城市人）等7名犯罪嫌疑人，以传销方式向数十名不明真相群众推销非法的“瑞士共同基金”，骗取加盟群众200余万元。王等7名团伙成员相继落网并被依法惩处，张出境外逃，浦东分局成立专案组持续追踪线索。2015年6月，专案组循线追踪，在广东抓获潜逃9年的张。该案的侦破工作在2015年度上海市经侦系统“经济犯罪侦查破案精品案例”评选中被评为“金奖”。（尹玮）

【侦破“10·16”新型伪冒银行卡案】 2014年10月，浦东分局高桥派出所连续接报3起信用卡盗刷案件。经侦查，某快递公司离职员工“谢某”“王某”有重大嫌疑，但二人身份信息为假。同年10月16日至24日，侦查员抓获以送货员身份为掩护，趁顾客刷卡付款之机，利用改装的POS机窃取银行卡信息，再伪造银行卡实施信用卡诈骗犯罪的嫌疑人张宝（男，35岁，安徽省滁州市人）、宗国华（男，38岁，江苏省江阴市人）、雷丰长（男，34岁，湖南省蓝山县）3人。专案组继续追踪扩案，于2015年1月30日抓获犯罪嫌疑人薛小孙（男，32岁，浙江省温州市人）、胡立办（男，39岁，浙江省平阳县人）；4月9日，在深圳抓获犯罪嫌疑人杨双祥（男，27岁，广东省深圳市人），缴获大量用于改装POS机的集成芯片、密码键盘、发射天线等赃物和工具。至此，本市首例利用改装POS机窃取客户信息实施伪冒银行卡诈骗案件告破。该案的侦破工作在2015年度上海市经侦系统“经济犯罪侦查破案精品案例”评选中被评为“银奖”。（尹玮）

【侦破“12·17”虚开增值税专用发票案】 2014年12月17日，浦东分局工作中发现，上海浦东晓昕工贸有限公司等3家单位有涉嫌虚开增值税专用发票嫌疑。经侦支队历时一年深追细查，查明犯罪嫌疑人邱根良（男，68岁，上海市浦东新区人）收取8.5%的“开票费”，虚开代开增值税专用发票，受票单位涉及江浙、安徽、山东等地2000余家单位。专案组先后抓获犯罪嫌疑人177人（其中刑拘26人，提请批准逮捕19人，移送起诉144人），追回流失税款1.1亿余元。该案的侦破工作在2015年度上海市经侦系统“经济犯罪侦查破案精品案例”评选中被评为“银奖”。（尹玮）

【侦破“2·24”票据诈骗境外“猎狐”案】 浦东分局借助“大数据实战应用平台”开展“二次侦查”，于8月27日，抓获从巴黎抵沪，潜逃15年之久的涉嫌票据诈骗犯罪嫌疑人LILI（原名李莉，女，50岁，山东省烟台市人）。经查，2000年2月24日，上海依特佳超市有限公司经营者李莉、吴志瑜（男，51岁，浙江省镇海县人），经预谋以该超市名义向本市200多家供货商购买价值1000余万元货物，开具空头期票，再将货物低价抛售，提现后潜逃至阿根廷隐匿（后加入阿根廷籍）。该案的

侦破工作在2015年度上海市经侦系统“经济犯罪侦查破案精品案例”评选中被评为“铜奖”。(尹玮)

【侦破“6·15”非法吸收公众存款案】　6月15日，浦东分局接到上海驰融金融信息服务有限公司员工报案，称公司老板孙洪振（男，30岁，黑龙江省哈尔滨市人）将公司关闭，导致员工及其发展客户的投资款无法兑付。专案组第一时间取得原始账册，并于次日凌晨抓获犯罪嫌疑人孙洪振。经查，孙利用P2P网络借贷手法非法吸收公众存款，涉案人数达400余人、涉案金额2亿元。该案的侦破工作在2015年度上海市经侦系统“经济犯罪侦查破案精品案例”评选中被评为“铜奖”。(尹玮)

【侦破“7·15”生产、销售不符合安全标准的食品案】　6月，浦东分局接“兰维乐公司”（新西兰SANFORD牌“新西兰鳌虾”在中国唯一代理商）举报线索称，该公司通过中间人沈荣（男，56岁，江苏省滨海县人），委托上海永煜实业发展有限公司销毁超过保质期的约76吨价值3000余万元冷冻“新西兰鳌虾”被发现正在上海市场上销售。分局成立专案组侦办查明，4月以来，沈荣伙同沈长华（男，38岁，江苏省滨海县人）借上海永煜实业发展有限公司的销毁资质与“兰维乐公司”以7万余元的价格签订销毁过期食品协议后，沈长华又以每箱120元价格将过期“新西兰鳌虾”分别销售给高国宏（男，37岁，江苏省高邮市人）、魏建朋（男，32岁，辽宁省建平县人）、张有财（男，47岁，黑龙江省齐齐哈尔市人）等人。专案组查获过期冷冻“新西兰鳌虾”6130箱，约38吨。该案的侦破工作在2015年度“上海治安系统精品案例”评选中被评为“银奖”。(尹玮)

黄浦分局

【概况】　2015年，黄浦分局以科技创新、实战实用为龙头，以重塑形象、重振警威为动力，以反恐防暴、应急处置为标准，以依法严管、确保安全为底线，围绕防控标准最高、安全管理最严、社区警务最实、队伍状态最佳的目标，确保城区社会稳定和公共安全，公众安全感、公安工作满意度双双位列全市第五。

完成重大安保任务。完成春节期间宗教场所和庙宇进香、豫园元宵节、2015劳伦斯体育奖颁奖典礼、上海国际电影节开幕和闭幕式、纪念抗战胜利70周年、上海旅游节开幕式、国庆66周年彩灯开放、上海国际马拉松赛等30余批次重大安保工作，完成其他重大安保和警卫任务280余批次。

维护社会政治稳定。全年处置不安定因素及群体性突发事件300余起；处理信访1425件，比上年减少21.7%；持续开展每周三市政府信访秩序“净化”行动，做好全国“两会”等重要节点的社会面安保工作。

确保社会治安良好稳定。开展“迎新春、保平安”及春季、夏季、秋冬等严打整治专项行动。全年立刑事案件9454起，比上年增加32.4%。侦破刑事案件2812起，比上年增加4.7%，破案率29.7%。其中侦破八类案件103

起，破案率70.9%；侦破“两抢”案件15起，破案率100%；侦破入室盗窃案件280起，破案率33.7%；侦破诈骗案件173起，破案率10.5%；命案侦破率100%。查处违法犯罪嫌疑人3843人，比上年减少14.0%，其中移送起诉1100人。抓获在逃人员129人。立经济犯罪案件226起，比上年增加13.6%，侦破90起，比上年减少10.9%，抓获犯罪嫌疑人81人，比上年增加20.9%；追缴赃款5830.4万元，追缴率42.2%。查处治安案件21313起，比上年增加6.6%，其中“黄赌毒”案件2338起，比上年减少12.9%。报警类案件“110”处警数17811起，比上年增加17.1%。

推进街面警务战略。按照市局“三张网”建设要求，坚持把推进街面警务作为深化公安改革重点。研究出台加强和改进街面巡逻工作实施意见以及巡逻民警履职考核和保障激励措施。实施特种机动队、武装特警、15辆移动警务指挥平台24小时全天候街面警务勤务机制，确保重点部位和景观区域全时段防控。会同区综治部门试点实施“1+3+X”群防群治联勤工作模式。

保障城市公共安全。以排堵保畅和降压事故为核心，全年纠处交通违法行为470492起，发生交通事故（上报）12起，比上年减少14.3%；死亡12人，比上年减少20.0%。加强烟花爆竹禁售和管控，完成市政府消防实事工程。全年发生火灾事故229起，比上年增加148.9%，造成2人死亡，财产损失186.2万元，比上年增加24.1%。实施上海科技创新中心出入境新政。全年办理证照180509人次，比上年增加41.1%；查处外国人“三非”案件199起，比上年增加5.3%。

促进基层基础建设。率先建立“大数据实战应用主平台+侦查打击分平台+反恐分平台”的“1+2”模式。制定“110”警情及时回访制度，开展群众安全感满意度测评、十佳社区民警评选等活动。采取户籍人户分离人员落脚点查找、居住证办证审核、居委会信息采集室建设以及人口信息质量抽查等措施，完成全区人口调控目标。推进阳光警务建设，分局被市局选为“阳光警务”示范点，南京东路和淮海中路派出所被选为基层派出所示范点。分局DNA和毒品毒物实验室、电子数据鉴定实验室建设取得明显进展。

加强公安队伍建设。开展“三严三实”“重塑形象、重振警威”“聚警心、严警纪、振警威、展形象”等专题教育活动。选派3名干部前往市局单位挂职锻炼。组织民警参加轮训、警衔晋升培训86批次，共364人次；开展警械使用、快速射击、人员基础排查、群体性事件处置、临检设卡查堵、摩托车驾驶等培训5300余人次。完成基层领导和综合部门民警非领导职务晋升和执法勤务机构警员职务晋升工作，297名民警获得晋升。年内，分局获2015年度上海市优秀公安局荣誉称号；6个集体、9名个人获市局表彰（其中记集体二等功5个、集体三等功1个；记个人二等功5个、三等功4个）。拘留所女监区警务组被上海市妇女联合会评为“巾帼文明岗”，蒋仁杰当选上海公安“十佳优秀社区民警”。（李德全）

【开展“重塑形象、重振警威”专项活动】 2月至6月，黄浦分局开展“重塑形象、重振警威”专项活动。成立专项活动领导小组，制定专项活动实施方案，采取召开部署会、思想问卷调查、黄浦公安精神大讨论、看宣传落实比措施实效、树立先进典型等方法，稳定队伍、振作士气，吸取外滩拥挤踩踏事件教训，推进各项公安工作顺利开展和公安任务的圆满

完成。(李德全)

【加强和改进街面巡逻工作】 4月，为提升掌控街面社会治安和反恐防暴处突能力，黄浦分局成立巡逻指导工作办公室，主要承担街面执勤警力统筹安排、勤务运作指导和检查、制定各类巡逻工作方案等职责。制定“关于进一步加强和改进街面巡逻工作的实施意见”，明确街面巡逻工作的指导思想、力量构成、职责分工、工作措施和相关要求等，重点规定街面巡逻警力专警专用、各派出所实有巡逻民警不得少于40人等事项。(李德全)

街面警力入驻南京路步行街 (李德全提供)

【成立大型活动安保工作办公室】 4月，黄浦分局成立大型活动安全保卫工作办公室，承担大型活动风险评估、对外联络、活动审批、方案制定等职责；按照统一受理、分类审核、共同参与、各负其责的原则和效果服从安全的指导思想，统筹各类大型活动的受理、审核、申报、管理等环节，形成较为系统规范的大型活动管理和操作程序。(李德全)

【移动警务指挥平台投入应用】 7月，按照战线前移、指挥前置的反恐防暴处突需要，黄浦分局在15个重点区域建立移动警务指挥平台。平台平时由属地派出所指挥，遇重大突发案（事）件时，由分局指挥中心指挥，实行24小时勤务，主要承担现场指挥、视频巡控、图像传输、街面屯兵等职能。平台内配置升降式监控探头、车载监控屏幕、4G传输设备、基地电台、警棍盾牌等，至少配备4名民警和8名辅警。(李德全)

【大客流信息监测系统投入应用】 9月，黄浦分局建成大客流信息监测系统，将WIFI信号“嗅探”、图像监控识别、手机基站“计数”等大数据技术采集的各类信息，利用图像网、公安网等渠道向系统服务器传输汇聚，对各路数据进行存储、处理和汇聚，通过浏览器方式呈现系统各个功能界面，由指挥部门根据经验和现场观察，确定分色预警阈值。经过场景测试，大客流信息监测系统效果良好，基本达到“数量级上准确、趋势上一致、点面上兼顾”的设计标准。(李德全)

【组建交警摩托机动专业队】 9月，黄浦分局根据中心城区道路交通管理需要，组建交警摩托机动专业队，承担交通顽症治理、排堵疏导、应急处突等职能，以及增加见警率、增强整治力量、提高应急处置水平等任务。摩托机动专业队按照业务突出、技术全面、经验丰富等标

准，选拔21名队员组成。成立后即投入残疾车专项整治、国庆假日大客流应对、外滩观灯期间交通疏导等工作，收到良好效果。（李德全）

【开展“1+3+X”联勤联动模式试点】 11月，为加强城市公共安全建设和社会治安综合治理，黄浦分局会同区综治部门联合制定加强群防群治守护网建设实施意见，明确综治、公安、街道、城管及相关综治成员单位的职责分工、联勤模式、工作重点和相关制度等，并先行在外滩滨水区、南京路步行街、人民广场、豫园商城四个景观区域试点“1+3+X”（移动警务指挥平台+民警、城管队员、风景区特种保安队员+风景区内群防群治力量）24小时网格化全天候联动执勤模式，实现群防群治实体化运作。（李德全）

【开展重点区域反恐防撞装置建设】 年内，黄浦分局针对反恐怖斗争形势和中心城区特点，协调政府有关部门，累计投入965万元，在人民广场、外滩、南京路步行街、豫园、田子坊、思南公馆、日月光中心、文化广场、新天地南北里九处反恐防范重点区域安装防冲撞路桩、花厢、石球。至年底，全区共建防冲撞路桩368根、花厢260只、石球441个。该项工作得到国家反恐怖工作督导检查组的肯定。（李德全）

【完善特定时节大客流应对处置措施】 黄浦分局针对双休日和国定假日期间南京路步行街、外滩滨水区游客人流量增大，存在安全风险隐患状况，建立机关警力叠加增援一线工作机制，增加对上述时段和区域执勤警力的勤务布局。同时，依托大客流信息监测系统和大数据实战研判平台对大客流进行科学化、精细化疏导管控，随时做好应对突发情况的准备，确保景观区域秩序良好和游客观光安全。（李德全）

五一节外滩安保工作　（李德全提供）

【创新商店刀具销售管控措施】 年内，黄浦分局加强商店刀具销售管控工作。全区18家刀具经销商店实行刀具销售入柜上锁制度；落实刀具销售实名登记和“四禁三报告”（禁止向疑似涉恐涉暴、行为异常、精神异常、未成年四类人员出售刀具，在经营活动中发现行为异常、精神异常、疑似涉恐涉暴购买人，及时向属地公安机关报告）制度；启动商店安装身份证识别仪试点。（李德全）

【整治低端商品市场消防安全隐患】 年内，为整治区内低端商品交易市场占道经营、违章搭建、多产权经营、租借民宅“居改非”等顽疾，黄浦分局会同区政法委、商务委等部门，采取将市场列入城市管理顽症治理内容、引导市场业态调整、组建消防联防队伍、火灾隐患消防工程改造、临时查封和行政刚性执法等措施。至年底，全区关停东台路古玩市场、四牌楼路餐饮一条街、东街旧货市场，提升各类室内商品市场消防安全系数；整治乱设摊和跨门经营500余个，拆除违章搭建300余处逾2000平方米，取缔无证无照经营户100余户，临时查封商铺300余间，处罚单位43家，处罚个人49人，罚款20余万元，行政拘留60余人。（李德全）

【侦破“7·15”涉外强迫交易恶势力专案】 3月，市局刑侦总队在核查一起诈骗案件中发现涉恶团伙作案线索，即与黄浦分局成立专案组开展侦查。在市局有关部门的协助下，8月20日，在上海抓获犯罪嫌疑人黄明（男，60岁，天津市南开区人）、朱新国（男，46岁，江苏省泰兴市人）、杨寿（男，24岁，甘肃省天祝市人）等专门针对外籍人员实施敲诈勒索、强迫交易的涉恶犯罪团伙成员25人，破获敲诈勒索案件30余起，涉案金额500余万元。该案的侦破工作在2015年度“刑警803破案奖”评比中被评为“金奖”。（李德全）

【侦破“12·04”系列伪冒银行卡团伙诈骗案】 2014年11月，黄浦分局接群众报案称：银行卡内30余万元被盗，即成立专案组开展侦查。在市局有关部门协助下，2015年4月9日，分别在广东省深圳市和福建省厦门市、三明市抓获犯罪嫌疑人李佩青（男，42岁，福建省宁化县人）等5人，缴获伪卡36张、拉卡拉查询终端3台、卡信息读写器1部、电子存储设备等作案工具及197.7万元赃款，查获涉及银行卡交易信息1070余万条。该案的侦破工作在2015年度上海经侦系统“经济犯罪案件侦查破案精品案例”评选中被评为“银奖”，专案组被市局记集体二等功。（李德全）

【侦破“3·23”广东翔宇上海分公司集资诈骗案】 3月，黄浦分局接群众举报称：广州翔宇资产管理有限公司上海分公司以高额利率向投资人借款后逃跑，涉案金额500余万元、被害人80余人。分局即成立专案组开展侦查。4月8日至13日，在广西壮族自治区钦州市、浙江省宁波市、福建省三明市抓获犯罪嫌疑人邹鹏飞（男，48岁，海南省东方市人）、罗昌杰（男，34岁，福建省宁化县人）、陈丽琴（女，24岁，福建省古田县人）等13人。该案的侦破工作在2015年度上海经侦系统“经济犯罪案件侦查破案精品案例”评选中被评为“银奖”。（李德全）

【侦破“5·21”聚众淫乱案】 2014年11月，黄浦分局发现某网站以传播淫秽视频和通过微信、QQ等方式进行聚众淫乱活动，即成立专案组开展侦查。2015年5月至12月，在上海抓获犯罪嫌疑人赵雨辰（男，27岁，上海市黄浦区人）、郭晓栋（男，25岁，上海市虹口区人）、李威（男，40岁，上海市长宁区人）等13人。该案的侦破工作在2015年度“上海治安系统精品案例”评选中被评为“银奖”。（李德全）

【处置“4·17”持刀伤人案】 4月17日，

黄浦分局接“110”报警称：南京路步行街第一百货商店门前一男子持刀伤人，即启动快速处置机制，指令特种机动队到场处置，并在40秒内抓获肇事人张羽（男，37岁，安徽省濉溪县人，有精神病史）。民警邱志新、高卫民被市局记二等功。（李德全）

徐汇分局

【概况】 2015年，徐汇分局主动适应经济发展新常态，把提升人民群众安全感和满意度作为衡量各项公安工作的根本标准，攻坚克难，扎实有序地推进打击犯罪、治安防控、安全监管、服务群众、优化发展环境等各项年度工作任务，维护社会大局稳定。

维护社会和谐稳定。加强对重要目标、重点部位等周边区域正常秩序的维护；坚持排摸各类社会矛盾、纠纷等引发的不安定因素，及时处置群体性事件，完善常态化排查、通报、化解机制。全年处置各类群体性事件189起，完成各类警卫任务240批次，完成大型活动安保工作256项、933场次。其中，公安武警社会面联合武装巡逻模式和经验在全市推广。

严厉打击各类刑事犯罪。全年共侦破各类刑事案件3297起，比上年增加2.3%；命案侦破率100%；“两抢”案件侦破率84.6%；侦破涉毒案件255起，比上年减少2.3%，侦破毒品（千克级）案件5起，缴获各类毒品27.45千克；侦破食品药品犯罪案件14起；侦破经济犯罪案件285起，比上年减少4.0%，挽回经济损失1.42亿元。

整治治安复杂地区和突出治安问题。开展“徐汇利剑”系列集中统一行动，整治涉黄、涉赌、涉毒等治安顽症。全年共检查各类场所3580余家次，查处治安案件35133起，比上年增加9.5%；查处涉黄、涉赌、涉毒违法犯罪嫌疑人1595人，比上年增加25.0%。加强互联网基层基础管理，开展打击整治网络违法犯罪“净网行动”等专项行动，侦破各类涉网案件313起，抓获违法犯罪嫌疑人622人。

加强社会管理，维护城市公共安全。加强道路交通安全管理。开展道路交通秩序大整治行动，重点查处“五类车”、行人乱穿马路、非机动车乱骑行和机动车随意变道、滞留路口、违法停放等突出交通“顽症”。全年共查处各类交通违法行为42.83万余起，发生交通事故（上报）30起，比上年减少14.3%，造成16人死亡，比上年减少23.8%。全年交通类“110”警情总数比上年减少4.3%。强化剧毒化学品、放射性同位素、易制爆危险化学品以及涉枪等危险物品管控，开展缉枪治爆等专项行动。加强消防安全管理，推进重大火灾隐患集中整治行动。全年共检查单位57865家，整改消防安全隐患131842处，责令“三停”279家，临时查封30处。全年发生火灾事故92起，比上年减少8.0%。深化消防安全网格化管理、分级治理和“全警消防”多警联勤机制，完善重点单位消防安全“户籍化”管理制度。加强出入境服务管理。9月，开设全市首家外国人办证大厅，开设全市首家24小时电子港澳通行证自助加签服务室。全年共受理出入境证件18余万证次。全年开展各类涉外清查专项行动60余次。推进监所“五化建设”，提升硬件安防能力，完成全国一级看守所等级评定验收工作。监所深挖隐案线索452条，协破刑事案件399起。

加强基层基础建设。建成并启用“大数据实战应用平台”。推进监控高清卡口项目建设，新增230个固定高清监控点、27个标清一体化球机。推进新一代移动警务系统应用，加大社会信息资源采集力度，获取23类社会信息470余万条。深化社区警务建设，扎实推进实有人口全覆盖管理，完善居委“实有人口信息采集室”日常运作机制。开发建设宾旅馆入住和网吧上网人员自动报警核查系统，实现自动监控、报警核查功能。推进“阳光警务”示范点建设，建立律师驻所工作机制，完善“释法说理”制度，优化便民利民举措。构建系统化法制培训平台，加强执法问题梳理、整改。推进公安装备建设，完善警务保障体系。

加强队伍正规化建设。开展各项主题教育活动和组织生活案例征集活动。加强队伍教育管理，落实领导干部和民警个人有关事项报告制度管理。挖掘各警种、岗位急需解决的实战问题，征集课程课题30余个、微课程课题60余个，开发星级课程14门、星级微课程33门。35名教官通过2015年“教官能级初级鉴定”资质考核。成立“心理健康服务队”，开展心理健康服务活动。筹备、建成图书馆新馆。开展对外宣传，发布各类新闻统稿73篇，各类媒体刊登相关报道511篇次；“警民直通车——徐汇站”发布博文1335条，官方微信“901俱乐部”发布微信192篇。对劳模、工伤民警、罹患重大疾病民警、家庭困难民警走访慰问265人次。全年有1个集体、19人荣获三等功，5个集体、165人获嘉奖。完善对民警不实投诉澄清机制，从严查处妨碍民警正当执法的行为，维护民警执法权益。开展羽毛球、乒乓球、游泳、垂钓等体育活动。（樊健生）

【开展“汇剑”打击整治专项行动】 4月1日至5月15日，徐汇分局组织开展以入室盗窃、扒窃拎包等多发性侵财类案件和毒品犯罪为重点的“汇剑一号”打击整治专项行动。其间，共刑事拘留（取保候审）犯罪嫌疑人557人，实破案件569起；查处吸毒人员175人、收戒66人。（樊健生）

【深化“阳光警务”示范点建设】 根据徐汇分局2015年度“阳光警务”建设重点任务推进表，定向选取并推进漕河泾派出所“阳光警务”示范点建设，以项目化推进为主导、以常态化督导为倒逼、以责任制考核为手段、以联勤式制度为支撑，提升派出所规范执法能力水平。配套投入10万余元，用于信息化设施升级改造，先后优化、升级、新建身份证补办、户籍证明等八大自助语音咨询服务模块，实现“7×24小时”无占线户籍信息电话自助查询服务，拓宽警务信息公开渠道。引入社会法律资源，设置律师驻所工作室，与派出所、街道司法所共同开展疑难矛盾纠纷化解工作，已化解疑难纠纷6起，化解成功率100%。（樊健生）

【围绕重大节点加强道路交通管理】 徐汇分局围绕春节、“两会”、春运等关键时期和重要节点，以“防事故、保畅通、治顽症”为主线，加强道路交通安全管理，消除交通安全隐患，维护辖区道路通行秩序和保障居民群众出行安全。适时组织交通安全大检查行动，对专业运输单位落实企业安全管理责任、GPS动态行车监管、驾驶员安全教育、客运车辆安全检测核发春运证以及各类安全管理制度、台账等情况进行全面检查；对重点道路开展实地检

查，排查交通安全隐患，督导各项安全防范措施落实到位。春运期间，召开“徐汇区春运车辆和驾驶人安全管理工作会议”，与运输企业逐一签订交通安全责任书，共上门督导43家次，开具整改通知书2份，排查驾驶人安全隐患890余人次，检查车辆957辆次，发放宣传教育资料2220余份，查处各类交通违法行为27777起；重点查处超载超限、“滴飘洒漏”、闯禁令等违法行为540余起；查处“五类车”违法行为2407起；行政拘留4人；移送交通行政管理部门非法客运案件7起；查扣违法车辆11辆。(樊健生)

查处交通违法　　(樊健生提供)

【排查整治消防安全隐患】　5月至12月底，徐汇分局对租赁小商铺、小浴室、网吧等娱乐休闲场所存在的消防安全隐患开展3次大规模集中整治，共查封隐患场所、部位100余间(处)，劝离留宿人员200余人。针对全区违章搭建出租房存在的生产、生活、销售“三合一”、易燃材料搭建临房、消防通道堵塞、缺乏水源等消防安全、火灾隐患问题，组织警力1200余人次、其他执法力量300余人次，开展联合执法，查封“三合一”场所，劝离居住人员，拆除全部违章搭建，并落实责任，对整治区域加强固守。(樊健生)

【加强医院安全保卫工作】　徐汇分局整合警力资源，对“医托”“号贩”问题开展针对性、持续性打击，改善医院候诊秩序；针对医院易发袭医问题，组织讲座、传授自我保护方法，提升医院自防、自卫意识和能力；针对医患纠纷易激化问题，建立分管领导—内保科长—专管民警三级负责制度，落实责任，利用区医疗纠纷调解委员会等第三方调解平台，及时化解纠纷。全年参与调处各类医患纠纷60余起；落实人防、物防、技防等安全防范措施，在全区三甲医院加装视频监控探头200余个，大幅提高监控覆盖率。会同医院保卫部门，落实每月安全检查制度，全年检查医院112家次，排查内部隐患20余处，落实整改率100%。开展“防范医保社保电信诈骗宣传”活动，发放宣传资料1万余份，现场解答群众提问2000余人次。(樊健生)

【提升特警服务实战能力】　参加特警实战技能练兵比武竞赛活动，徐汇分局特警支队以服务实战、提升核心战斗力为重点，精心选拔10名参赛队员，实行昼夜、无休的全封闭高强度体能、技能训练。在“2015年上海公安特警实战技能练兵比武竞赛活动”中，分局特警获得团体总分第二名；其中，“突击攻坚”项目获得第一名，“长短枪互换应用射击”“20米折返×4运动后92式手枪利用掩体快速射击”项目获得第二名。（樊健生）

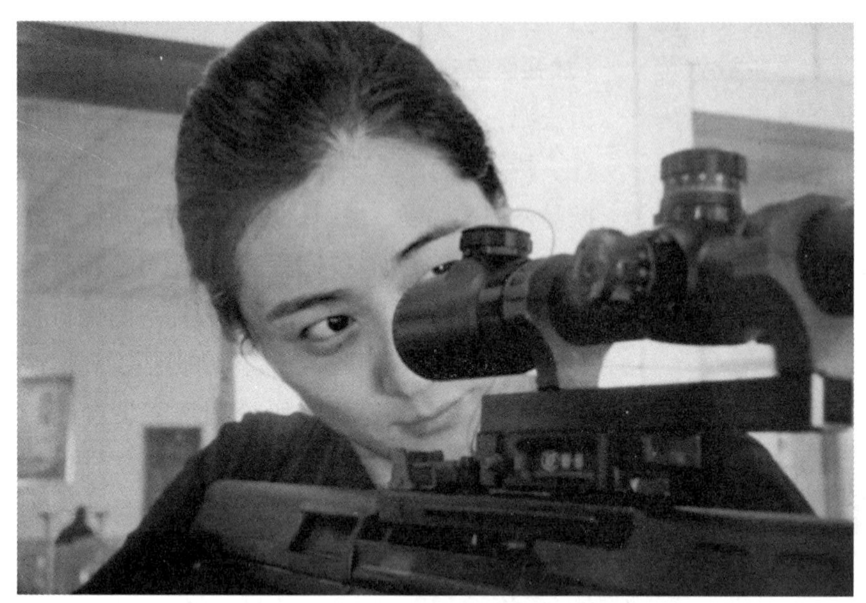

特警训练　（樊健生提供）

【侦破“4·2”故意杀人案】　4月2日18时19分，徐汇分局接支某电话报警称：其侄女陶影租住的田林三村2号某室内有一男子被发现死于卧室床上。经初步侦查，该男子疑似被他人利用药品故意杀害，分局即成立专案组，于案发12小时后抓获犯罪嫌疑人陶影（女，28岁，江西省南昌市人）。经审讯，陶影交代因感情纠纷利用注射过量胰岛素致男友死亡的犯罪事实。该案的侦破工作在2015年度“刑警803破案奖”评比中被评为“金奖”。（樊健生）

【侦破“10·5”故意杀人案】　10月3日，徐汇分局接报一起失踪案件，叶某自9月30日离开单位宿舍后一直未归，即启动失踪人员疑似被侵害案件工作机制进行调查。10月5日10时许，分局接“110”报警，襄阳南路351号2楼亭子内发现一具女尸，经初步辨认及甄别，正是失踪的叶某。分局即成立专案组开展侦查。10月15日22时30分，专案组抓获犯罪嫌疑人袁宗财（男，25岁，江西省于都县人）。经审讯，袁交代其于9月30日晚因感情纠纷将女友叶某勒死的犯罪事实。该案的侦破工作在2015年度“刑警803破案奖”评比中被评为“铜奖”。（樊健生）

【侦破“6·10”特大跨省贩运毒品案】　6月初，徐汇分局根据线索发现，一名有吸毒前科的上海籍男子与一名江西宜春籍男子有定期贩运毒品入沪的犯罪嫌疑。分局立即成立专案组，开展侦查工作。在市局相关单位支持下，6月至11月，专案组先后抓获以姜理伟（男，40岁，上海市普陀区人）、阙承冬（男，37岁，江西省宜春市人）等涉毒犯罪嫌疑人10人，缴获冰毒11千克、毒资20余万元，查扣运毒车辆2部，成功侦破横跨沪粤、赣、沪三地的“6·10”特大跨省贩运毒品专案。该案的侦破工作在2015年度“刑警803破案奖”评比中被评为“铜奖”。（樊健生）

【侦破“2·3”跨国妨害信用卡管理团伙案】　2月3日，徐汇分局专案组破获一个流窜于罗马尼亚、俄罗斯、马来西亚等地，购买伪造的境外银行卡（白卡）和银行卡磁条信息携带入境，在中国境内ATM机上实施银行卡盗刷

取现的犯罪团伙，共抓获罗马尼亚籍犯罪嫌疑人3人，缴获白卡100余张，磁条信息200余条，盗刷获取的现金20余万元，制伪卡所使用的电脑、读写卡器、存储设备等物品。该案的侦破工作在2015年度上海经侦系统“经济犯罪案件侦查破案精品案例”评选中被评为“金奖”。(樊健生)

【侦破“3·03”比翼公司非法吸收公众存款案】 1月31日15时许，徐汇分局接匿名电话举报称：徐汇区中山西路2368号华鼎大厦12A室内有人从事非法集资活动。接报后，分局即成立专案组展开侦查。3月3日，在华鼎大厦抓获南昌市比翼网络科技有限公司上海分公司法人代表张红雨（男，46岁，陕西省西安市人）、经理白钢（男，39岁，四川省成都市人）、行政主管邱清水（男，43岁，江西省萍乡县人）等21名犯罪嫌疑人，当场缴获留存于保险箱内的涉案资金10万余元、《借款合同》30余份。3月至5月，又在江西等地冻结涉案账户资金300余万元，查封房产102套。经审查：自2014年9月起，犯罪嫌疑人张、白、邱等人以中老年人群认购专用服务器为由，以承诺年收益24%的高额回报为诱饵实施非法吸收公众存款犯罪，涉及被害中老年人300余人。该案的侦破工作在2015年度上海经侦系统“经济犯罪案件侦查破案精品案例”评选中被评为“铜奖”。(樊健生)

【侦破利用“上海龙凤网”组织卖淫案】 4月18日，徐汇分局在工作中获取线索，一个名为“上海龙凤网”的网站存在招嫖信息，即成立专案组开展侦查。经查，“上海龙凤网”会员数达628万，总发帖量253万余篇，通过网站发布广告的涉黄场所近百家。4月18日至29日，专案组抓获违法犯罪嫌疑人翁秉祚（男，30岁，上海市普陀区人）、胡海清（男，39岁，上海市宝山区人）、胡安云（男，53岁，上海市黄浦区人）、李世权（男，36岁，重庆市巫山县人）、张勇（男，22岁，湖南省永州市人）等13人，缴获大量涉案电脑、手机及银行卡。9月30日，通过与泰国警方合作，将境外在逃的犯罪嫌疑人滕飞（男，26岁，上海市浦东新区人）、孙健（男，29岁，黑龙江省哈尔滨市人）、罗静怡（女，24岁，广东省韶关市人）等4人抓捕押解回沪。该案的侦破工作在2015年度“上海治安系统精品案例”评选中被评为“金奖”。(樊健生)

长宁分局

【概况】 2015年，长宁分局主动适应新形势下打、防、管、控新常态，提升公安业务和队伍建设工作效能，打造“平安长宁”建设升级版，确保长宁区社会及治安形势持续稳定。

完成重要警卫和大型活动安全保卫任务。先后完成全国“两会”、抗战胜利70周年纪念活动等重大安保警卫任务587批次，完成重要会议、重大活动警卫任务9批，完成各类大型活动安保任务109场。为确保安全，全年共投入安保警卫任务警力35125人次。

加强侦查破案。针对多发性侵财类和严重暴力、制毒贩毒、新型经济犯罪等案件，深化刑侦、图侦、网侦等手段同步快速上案机制，缩短破案周期，加大涉案物品追赃力度。先后侦破“1·30”抢劫金店案、“4·22”利用“伪基站”实施电信诈骗案等具有较大社会影响的案件。全年侦破刑事案件3444起，比上年增加12.7%；刑事拘留1714人，比上年增加27.2%；行政拘留2141人，比上年减少1.3%；取保候审324名，比上年减少23.4%。

净化社会治安环境。开展春季、夏季严打整治、“利剑—断链”“治爆缉枪”等专项行动，先后组织15次全区性治安大整治及系列性专项打击行动，侦破涉黄、涉赌案件120起，抓获违法犯罪嫌疑人567人。加强违禁物品源头管控。全年共查缴各类枪支97支、子弹2万余发、管制刀具221把。

保障社会公共安全和公共秩序。开展排堵保畅，做好北翟路地道工程配套交通管理，综合治理临空园区“潮汐式”拥堵。开展“打非治违”“严格管理、严格执法”等专项治理，加强对非法客运、违法停车、违法占用公交车道等交通顽症整治。全年共查处各类交通违法行为29.9万起，酒后驾车367起，醉酒驾车323起。全年发生交通事故死亡16人。围绕敬老机构、人员密集及“三合一”场所、危爆品单位开展常态化整治。全年共整改消防隐患3.8万余处，处罚单位405家。推进落实市、区两级政府实事工程，在全区60幢高层建筑15层以上楼面安装简易喷淋，向全区独居老人、纯老家庭发放家用灭火器7000余支。全年共发生火灾105起，造成2人死亡，财产损失214.6万元。

加强实有人口管理。对全区5个人才类集体户进行清理整顿，户内人数由5.2万人降至1.4万人。登记实有户籍人员和居住半年以上来沪人员70余万人；为全区人口信息采集员配发人口信息移动采集终端229台，实现人口信息实时传输。依托全区187个居（村）委信息采集点，采集人口信息32.2万人次，依法处置违反人口、房屋管理规定案件2042起。取缔群租房773户，清退群租人员6300余人，拆除违章搭建7000余平方米。

加强公安队伍建设。围绕队伍正规化建设，加强思想、作风和制度建设，激发队伍创造力、凝聚力和战斗力。全年有5个集体和116名民警获得立功嘉奖，其中2个集体、1人荣获二等功，1个集体、9人荣获三等功，2个集体、106人获嘉奖。95%的表彰奖励名额为一线实战单位和普通民警。（陆伟斌）

【推进“阳光警务”建设】 长宁分局抓住权力运行、警务公开、公安服务三大环节，推进开放、动态、透明、便民的“阳光警务”建设。全面梳理行政许可、审批、处罚等13类共1151项权力，逐项修订完善约束性程序，由分局党委牵头纪委、督查办动态监管运行。完善警务公开机制，在立案、办案、对象关押等各环节建立信息公开和自主查询机制，保障报案人和犯罪嫌疑人合法权益。制定并实施“释法说理执法工作办法”，规定对现场处警、执法办案等5项工作23个环节87种情形，主动向群众说明事理、法理和情理，增进互信。向社会公开34种“窗口服务告知单”；在户政、交通等与群众联系密切的接待窗口，实行“一次性告知、一单清收费、一条龙办结”。运用公众微信号、官方微博、社区论坛等网络媒体平台，每月公布全区治安、交通、消防形势，动态发布案（事）件预警和防范信息。（陆伟斌）

【强化社区民警参与居民区治理机制】 自7月起，长宁分局通过“调整一批、交流一批、叠加一批”全面配齐、配强192名社区民警。其中103名党员民警兼任居民区党组织副书记。65名派出所领导干部对口联系145个居委会；10个地区派出所的20名主要领导逐一对口联系治安最为复杂的20个社区。推动落实185个居委的治保主任和调解主任专职化；通过政府购买服务充实人口信息员队伍。制作34项54课时的专题培训课目，分批集中培训，提高社区民警依法履职能力和水平。全年社区民警提供破案线索比上年增加17.8%，参与刑事及治安案件办理比上年增加11%，隐患顽症整治数据比上年增加8.8%。(陆伟斌)

启动长宁区社区法治共建活动 (陆伟斌提供)

【探索“三结对”居民区治理模式】 8月28日，长宁分局会同区司法局启动长宁区社区法治共建仪式暨公安派出所、街道司法所、律师事务所“三结对”签约仪式。全区21个律师事务所的64名律师与全区10个派出所签约结对。根据协议，签约律师事务所每月安排律师到居民区开展志愿法律服务，为群众在房屋物业纠纷、婚姻家庭、上学就医、劳动就业、环境保护等方面提供咨询意见，协同社区民警、居委干部和人民调解员参与基层矛盾纠纷的调处，并采取以案说法等方式普及法律知识。(陆伟斌)

【落实出入境便民新政】 7月1日，公安部支持上海科创中心建设12项出入境政策实施细则实施后，长宁分局扎实推进便民新政及配套措施落实。深化服务机制建设，简化流程，试行手机微信预约和缴费机制，将居民信息采集关口前移；新增虹桥豪苑社区境外人员服务站，全区服务站数量增至6个。开展出入境新政宣讲宣传，先后到中外企业宣讲、授课29场次；组织200余人次前往境外人员聚居社区上门宣传，并发放宣传资料；在分局出入境办大厅设置“新政菜单专区”，并依托分局及出入境办官博、派出所微信公众号推送信息，在线答疑。改善硬件设施，新增政务公开机、办证流程引导机、电子港澳通行证签注办理机、多媒体受理辅助机等。截至年底，外国人入境及居留手续办理比上年增加12%，来沪人员出入境证件办理比上年增加23%，信息化平台办证数量比上年增加31%，来沪人员办证周期缩短40%。(陆伟斌)

【完善巡逻防控网络】 长宁分局坚持“警力跟着警情走”的巡逻勤务模式，将警力投放到街面，部署在重点时段、重点区域、重点部位。会同区综治办在案件多发小区出入口新建1177路监控探头，提升视频巡逻打击效率。全年，投入街面巡逻警力18.8万人次，盘查可疑人员147万人（次）、可疑车辆58.4万辆（次），查扣各类可疑车辆403辆，抓获各类违法犯罪嫌疑人1632人。（陆伟斌）

检查社区治安防范设施　（陆伟斌提供）

【开展防范电信诈骗“集中宣传月”活动】 自4月2日活动启动至年底，长宁分局共发放宣传单28万份，宣传光盘500张，其他宣传品7万余份，张贴宣传海报8000份，巡回展示宣传展板400余块，召开警情通报会300余场次，入户走访1000余户，防阻电信诈骗案件99起，涉及金额人民币86.5万元。（陆伟斌）

【看守所建成指纹智能终端平台】 长宁区看守所与长宁分局科技科合作，集成融合大账管理系统、律师预约平台和监管信息系统，实地测试，建成“监仓一体机”综合智能管理平台。该平台具有被监管人员自助消费、自助查询信息，自助预约会见、投诉、就诊，自助点名及电子阅读、问卷调查、事项提醒等功能，投入使用后，提高了看守所精细化管理水平和效率。（陆伟斌）

【开展反恐实战专项练兵活动】 为确保公共安全，长宁分局开展针对性练兵活动。组织分局特种机动队和各派出所配枪民警开展以单警装备、长警棍、盾牌实战技能等课目的反恐防暴专项训练，共培训494人次，考核通过率100%；邀请专业师资协助培训，开展专题辅导10余场，出入境办、反恐支队取得全市条线专业练兵比武第一名。从年初开始为全体特种机动队成员及配枪民警建立、维护心理档案，先后开展分县局间心理交叉服务6次。（陆伟斌）

【开展机动车“两占”交通违法专项整治行动】 自10月开展“两占”（机动车违法占路停车、社会车辆违法占用公交车道行驶）专项整治起，长宁分局以“肃清道路违法，净化通行秩序”为目标，先后开展17次全区性“两占”集中整治行动，出动警力408人次，开展区域性巡逻执法管理98处（次）。其间，查处早晚高峰期间违规占用“公交专用车道”违法行为2800余起，查获机动车违法停车2.3万余起，教育劝离现场违停司机8600余人次。（陆伟斌）

【清除消防安全隐患】 针对中山西路1257号住安物业综合楼及周边1900余平方米违章建筑（高峰时有700余人在此租住），消防设施匮乏、消防通道不畅、火险隐患严重的情况，长宁分局消防支队会同区建交委、安监局、房地局、虹桥街道等成立整治工作组，约谈产权单位及其授权下属企业、物业单位、二房东等多方法人代表和主要负责人，开展消防安全和法制教育。2月3日，整治工作组采取集中行动，所有违章建筑被拆除，大楼内其他火险隐患亦陆续整改完毕。（陆伟斌）

【侦破“2002·1·12”故意伤害致死案】 2002年1月12日，长宁新泾地区发生一起故意伤害致死案。经查，荆好（男，43岁，安徽省颍上县人）、金宽修（男，39岁，安徽省颍上县人）有重大作案嫌疑。长宁分局遂对两名犯罪嫌疑人上网追逃。2015年10月15日，荆因驾驶无牌无证机动车被安徽淮南警方截获。长宁警方获悉后即将其押解回沪，并以此为突破口，在江西省上饶市皂头镇将金抓获。该案的侦破工作在2015年度“刑警803破案奖”评比中被评为“银奖”。（陆伟斌）

【侦破“12·26”非法吸收公众存款案】 2014年3月至12月，上海浩养投资有限公司以投资及养生旅游服务为名，以10%~20%的年利率为诱饵，先后骗取160余人1800万余元。经侦查，2015年1月至7月，长宁分局经侦支队先后抓获江苏籍人主要犯罪嫌疑人张建国等3人，侦破此案。该案的侦破工作在2015年度上海经侦系统“经济犯罪案件侦查破案精品案例”评选中被评为“铜奖”。（陆伟斌）

【侦破“3·2”介绍卖淫案】 3月上旬，长宁分局根据线索发现一个利用网络组织介绍卖淫犯罪团伙。该团伙由组织卖淫者、网络代聊、卖淫女三类人员构成，在四省（市）六地有15个落脚点。4月1日，分局组织200余名警力，兵分15路同时出击，抓获组织介绍卖淫人员杨国锡（男，33岁，浙江省永嘉县人）等14人，卖淫嫖娼人员薛银花（女，28岁，江苏省江阴市人）等26人；查获涉案电脑10台、手机52部、银行卡11张。该案的侦破工作在2015年度“上海治安系统精品案例”评选中被评为“金奖”。（陆伟斌）

静安分局

【概况】 2015年，静安分局积极适应经济发展新常态，坚持以反恐标准为引领，以组织开展春季、夏季、秋冬季等系列严打整治专项行动为抓手，以深入推进公安部“四项建设”暨市局“六项重点建设任务”为重点，落实打、防、管、控各项措施，切实维护辖区社会政治和治安秩序持续稳定，确保闸北区、静安区“撤二建一”工作平稳推进。

维护社会稳定。加强反恐安全防范，全年共检查重点目标单位176家次，发现督改安全隐患7处，组织开展反恐应急拉动演练7次，组建行业信息员队伍132人。完成印度总理、韩国总统访沪住地，市委十届八次全会等重大警卫任务141批次；完成上海书展等大型活动安保任务99场。

确保治安秩序平稳。严打刑事犯罪活动，全年立刑事案件3245起，比上年增加37.1%；侦破各类刑事案件1539起，比上年减少3.4%；刑事拘留606人，比上年增加3.9%；提请批准逮捕336人，比上年减少17.8%；命案（立3起）和“两抢”案件（立8起）破案率100%。严打经济犯罪活动，统筹推进“猎狐2015”境外追逃、“安宁-2015”打击保险诈骗犯罪、非法集资问题整治等专项行动，侦破各类经济犯罪案件133起，查处非法吸收公众存款犯罪窝点20处，追缴赃款3.6亿余元，成功劝返1名潜逃至西班牙的历年逃犯。整治治安突出问题，全年查处治安案件8185起，比上年增加4.4%，查处率99.25%，比上年增加0.25%。检查娱乐休闲场所8600余次，处罚违法违规经营场所41家，查处“黄赌毒”案件578起，比上年增加7%。全年违法犯罪案件接报数17790起，比上年减少2.9%，其中街面违法犯罪案件4961起，比上年减少5.8%。

保障城区公共安全。强化消防安全管理，全年检查单位15818家次，督改消防安全隐患25408处，责令“三停”单位27家；完成市级重大火灾隐患单位上海市公惠医院的整改销案；完成全区楼高100米以上综合性商务楼、3万平方米以上公共场所和三级甲等医院专职（志愿）消防队组建工作。恒丰消防站开工奠基。全年发生火灾事故41起，比上年增加1起。强化道路交通安全管理，深入推进“常熟路—华山路—万航渡路—武宁南路”市级交通文明示范线建设，加强交通顽症整治，全年共查处各类交通违法行为265356起，其中，查处机动车违法行为248106起、行人和非机动车违法行为17250起。发生交通事故7656起，比上年减少9.2%，交通死亡事故1起（死亡1人），比上年减少75%。强化社会顽症综合治理，配合相关部门依法整治群租户127家，拆除违章隔断房217间，劝散清退租客991人。

推进基层基础建设。加强信息化建设，推进全区图像监控“一张网”建设管理，完成“智慧城市”安防视频监控系统二期工程建设和40个老旧小区治安防控设施设备升级改造，累计新建高清图像监控点位551个，车牌采集系统12套，接入社会监控探头325路。加强核心战斗力建设，推进分局大数据平台和两级视侦平台规范化建设，建成三级电子数据检验鉴定实验室，完成辖区已安装上网安全审计系统非经场所加装嗅探功能升级改造。加强执法规范化建设，开展立案突出问题专项治理和分局行政权力、行政责任清理工作，推进“阳光警务”和法制员队伍建设，细化完善“噪音扰民”警情处置工作规范，会同区检察院、法院会签下发“关于进一步规范接受、移交刑事诉讼涉案财物工作的暂行规定”，联合区司法局、律师工作委员会召开公律协作联席会议。加强“两个实有”全覆盖管理，会同区发改委、区综治办联合制定下发关于进一步推动“两个实有”社区实施的工作意见，明确居委会、社区民警、综合（综治）协管员捆绑考核主体责任，先后组织开展集中核查行动16次，核对重点房屋4855间，来沪人员12287人，处罚违反实有人口管理规定单位112家。

加强队伍教育管理。开展“三严三实”“聚警心、严警纪、振警威、展形象”“严格执法、严格管理”等专题教育活动。探索实行领导干部季度履职考评制度，全局141名民警获得非领导职务晋升。推进分局训练基地扩容，

扩建面积500平方米。加强教官队伍建设和精品课程开发，21名兼职教官通过市局教官能级鉴定，7门专业课程和28门微课程获评市局星级课程。提升公安宣传效能，在中央、市级媒体刊播专题、新闻报道500余篇，在公安部、市局刊发简报300余篇次，策划推送的《穿越！方寸间的维和影像》《一张照片改变一个男人的家庭地位》《巡逻民警的夏天》三个主题宣传在上海公安“微博、微信、微电影”主题联播活动中获评全市最佳微博案例，并入围公安部年度优秀微博案例评选。全年共有6个集体、115名个人获记功嘉奖。(万戴骏)

帮助求助群众 （万戴骏提供）

【完成抗战胜利70周年纪念活动安保任务】纪念抗战胜利70周年安保任务期间，静安分局严格督促全区15个反恐重点目标单位强化落实安全防范措施，加大对辖区2家涉恐重点阵地管控力度，核查宾旅馆、网吧和街面活动重点人员763人次（均排除涉恐嫌疑）；侦破各类刑事案件53起，刑事拘留56人，查处“黄赌毒”案件60起；落实32名平安志愿者在南京西路沿线协同开展治安防范；检查单位1755家次，督改火灾隐患2657处，责令“三停”单位4家，对辖区7家易燃易爆重点单位负责人开展集中约谈和法律告知。累计出动警卫力量2084人次，完成韩国总统朴槿惠访沪住地和捷克总统泽曼活动现场警卫任务。（万戴骏）

【完成印度总理访沪期间住地安全警卫任务】5月15日至16日，印度总理莫迪访沪。静安分局出动住地警卫力量2400余人次、线路警卫力量539人次、社会面防控力量400余人次（含武警78人次），确保印度总理访沪期间下榻酒店、线路和活动现场的绝对安全。其间，累计安检人员12050人次，开包（箱）检查所携物品3500余件；盘查可疑人员500余人次、车辆270车次（均排除嫌疑）。(万戴骏)

【优化出入境管理服务】静安分局于9月起开设台胞证业务，10月起开设外国人窗口，受理外国人签证、永久居留等办证业务，推广自主办证服务和电子辅助办证服务；在静安丽都太平洋公寓酒店设立全区第三家境外人员服务站。全年受理出国出境办证业务193332证次，比上年增加18%，办证准确率99.5%。查处境外人员“违临”案件620起，外国人“三非”案件189人次。(万戴骏)

【深化商务楼宇服务管理】 静安分局结合辖

区商务楼宇日益增强的安全需求，将分局原“楼宇办”重组升级为商务楼宇管理服务领导小组联席会议办公室，通过明确业务指导关系和组织体系、健全完善联席会议制度和联勤机制、规范平安楼宇网站和商务楼宇信息平台日常运作等方式，进一步做实做强商务楼宇治安防控、警情通报、基础排摸、防范宣传等工作，全力打造公安商务楼宇管理服务特色品牌。新版“平安楼宇”网站于4月17日正式上线运行，年内累计发布各类信息资讯300余条。商务楼宇信息平台采集数据信息7万余条，其中楼宇信息111幢、公司信息5200余家、人员信息6.5万余人。(万戴骏)

【加强机动车违法停放治理】 年内，静安分局通过定期开展滚动排摸、集中整治行动，落实警力加强定点固守和流动执法，借助电子警察自动抓拍和视频实时监控等手段，不断加大对机动车违法停放行为的执法管理力度。全年共查处机动车违法停放174891起，其中电子警察抓拍违停25333起。针对违停驾驶人在车内导致民警无法当场处罚的执法难点，创新推出“二次贴单”工作法，设计制作“违法停车告知单”，并按照“一次警告、两次处罚”的原则由执勤民警结合日常巡查工作发放，提高民警教育劝离的震慑作用。年内，累计发放“告知单”2700余张，违停车辆劝离后再次折返现象得到有效控制。(万戴骏)

【打击涉黑涉恶犯罪活动】 按照“打早打小，露头就打，擒贼擒王，除恶务尽”的工作方针，静安分局结合市局和静安区综治委关于重点打击整治欺行霸市违法犯罪活动的部署，对高危人群和重点场所开展滚动排摸，通过加强情报研判、线索核查、侦查经营等措施，依法严厉打击涉黑涉恶团伙的组织者、策划者及其幕后“保护伞”。全年共侦破涉恶案件4起，涉恶专案1起，打击涉恶团伙13个，刑事拘留涉恶犯罪嫌疑人50余人。(万戴骏)

【加大电信诈骗案件打防力度】 静安分局全年共破获电信诈骗案件56起，刑事拘留犯罪嫌疑人11人，查处电信诈骗窝点及平台各1处，追缴赃款243.14万元。组织开展“防范电信诈骗集中宣传月”活动，累计发放宣传资料39.5万余份，制作展板展架116个，开展集中宣传31次，深入社区、学校、医院、银行、楼宇、商铺等37340余次（户）。成功防阻电信诈骗案件88起，挽回经济损失350余万元。(万戴骏)

开展防范电信诈骗宣传 (万戴骏提供)

【推进闸北分局、静安分局“撤二建一”工作】 11月23日，闸北分局、静安分局召开“撤二建一”干部大会，宣布成立上海市公安局闸北分局、静安分局“撤二建一”工作领导小组，市局党委副书记、副局长陈臻任组长。同时，建立中共上海市公安局闸北分局、静安分局“撤二建一”联合工作委员会。11月24日，“撤二建一”联合工作委员会召开第一次全体会议，审议通过一体化工作方案。12月4日，联合工作委员会召开干部大会，传达学习市委、市政府、市局及区联合党委相关会议精神，部署贯彻落实措施。按照市局党委提出的“工作不断、思想不散、队伍不乱”的要求，静安分局狠抓队伍履职状态，细化明确队伍管理纪律规范，制定下发“撤二建一”关键时期纪律提示，并在统筹做好社会面防控、重点人员管控、严打整治、公共安全管理等工作的基础上，通过实地走访调研、召开业务座谈会等方式，加强原闸北、静安分局工作对接，确保各项公安业务工作的无缝衔接和有序推进。(万戴骏)

【侦破“3·22”特大系列涉外盗窃高档商铺案】 3月22日、23日，静安区南京西路沿线两家高档商铺内发生两起盗窃案，店内所售高档皮衣被盗，总价值近120万元。经初查，发现系两名外籍男子所为，静安分局即成立专案组开展侦查。3月24日，专案组在上海市虹口区某酒店内抓获犯罪嫌疑人CHOUGRANI ABDELHAKIM（男，57岁，阿尔及利亚籍）、LAHRES SIDAHMED（男，50岁，阿尔及利亚籍）2人，当场查获各类高档名牌皮衣22件。该案的侦破工作在2015年度“刑警803破案奖”评比中被评为“银奖”。(万戴骏)

【侦破“1·26”跨国走私毒品专案】 1月，据哈萨克斯坦禁毒部门反映，一个跨中、哈两国的走私贩毒团伙从巴基斯坦境内运送大量毒品海洛因，途经土耳其、伊朗、哈萨克斯坦等国后进入中国境内，欲借道新疆、上海贩运至广州进行交易。1月26日，静安分局会同市局缉毒处等有关单位成立专案组，配合中哈联合工作组开展侦破工作，1月30日抓获犯罪嫌疑人穆拉夫·汗（男，44岁，巴基斯坦等），当场缴获毒品海洛因20.5千克。该案专案组荣立市局集体二等功。(万戴骏)

【侦破“5·26”集资诈骗、非法吸收公众存款复合型案】 年初，静安分局在工作中发现，位于静安区乌鲁木齐北路480号万泰国际大厦20楼的宇鹜财富管理有限公司有非法集资嫌疑。经进一步侦查查明，该公司自2014年4月起，通过虚构股权和投资项目，以7%~13%的年化收益率为诱饵，非法吸收公众存款2.3亿余元，至案发时资金缺口达5000余万元，涉及投资人员近千人。6月3日，分局出动60余名警力，在上海和江苏省徐州市两地成功抓获曹锦秀（女，37岁，江苏省徐州市人）、侯人丰（男，21岁，江苏省徐州市人）等23人。该案的侦破工作在2015年度上海经侦系统“经济犯罪案件侦查破案精品案例”评选中被评为分（县）局组“银奖”。(万戴骏)

【侦破“4·29”组织卖淫案】 4月初，根据线索反映，静安区新丰路561号地下一层的“萨瓦迪卡”会所有从事色情活动嫌疑。静安分局即成立专案组开展调查。4月29日，专案组在该会所内抓获涉嫌组织、协助组织卖淫及进行卖淫嫖娼活动违法犯罪嫌疑人韩勇（男，41岁，上海市静安区人）、刘芳红（女，25

岁，甘肃省清水县人）等14人。幕后老板韩爱民被“网上追逃”，并于6月28日被抓捕归案。该案的侦破工作在2015年度“上海治安系统精品案例”评选中被评为“银奖”。（万戴骏）

【侦破“韩宁”整形美容机构销售假药案】 7月，静安分局获悉线索，位于静安区北京西路758弄6号502室的“韩宁”私人整形美容机构有从事销售假药活动嫌疑，即成立专案组开展侦查。经查，该整形美容机构为无证经营，并涉嫌以招揽学员开展整形美容培训为名，进行非法行医和销售假药。7月17日，分局会同静安区市场监督管理局执法大队开展行动，在该整形美容机构内抓获犯罪嫌疑人金华（男，35岁，上海市普陀区人）、董宁（女，36岁，上海市普陀区人）、夏双（女，25岁，上海市静安区人）3人，现场查获价值200余万元人民币的假药及销售假药所使用的pos机和4本账本。（万戴骏）

普陀分局

【概况】 2015年，普陀分局以公安改革为主线，以制度建设为核心，以责任制为抓手，抓好社区警务改革试点、反恐维稳、打击整治、基础建设、队伍建设等工作，确保社会治安秩序持续稳定。

全力维护社会稳定。圆满完成全国“两会”、抗战胜利70周年纪念活动、玉佛寺和真如寺敬香祈福等大型活动安保任务。强化区级、分局层面反恐工作组织领导，组织开展反恐大排查和对月星环球港、长风公园等重点部位应急处置拉动演练。加强对不安定因素风险管控，全年处置不稳定案（事）件及人数比上年分别减少38.0%、29.8%，处置群体性事件及人数比上年分别减少21.7%、28.0%。完善涉法涉诉信访办理机制，规范工作流程，全年共受理信访件3815件，案访比为12.7‰。

严厉打击违法犯罪。立足地区特点，开展“迎新春、保平安”“春雷”及春夏季、秋冬严打整治等专项行动。全年侦破各类刑事案件2649起，比上年增加6.9%；抓获犯罪嫌疑人3557人，比上年增加11.4%。开展“猎狐2015”专项行动，抓获在逃境外经济犯罪嫌疑人9人。严厉整治治安顽症，全年共查处涉黄涉赌违法案件448起，抓获违法犯罪嫌疑人1333人，查处违法场所230家，收缴赌博机3596台。深化与区食药监等部门联动协作，连续侦破公安部、市局列督案件4起，侦破1起特大销售有毒有害食品案，缴获“问题牛肉”近15吨。

强化安全监管。加强对月星环球港等客流密集场所的安全管控和对铁路上海西站周边及2个客运站安检查控等工作。在桃浦地区等市、区两级重点区域高频次开展非法客运专项整治行动，共查处“五类车”14003辆（次）。全年发生道路交通事故（上报）24起，比上年减少4%；造成24人死亡，比上年减少4%；67人受伤，比上年减少1.5%。开展彩钢板建筑清零、重大火灾隐患集中整治等专项行动，完成红旗村、静宁路府村路地块等5个市、区两级重大火灾隐患区域整改摘牌销案工作；对

隐患突出的上海华环货物运输市场、永昌杨家桥市场分别予以责令停产停业、整体清除；为8个居民小区和70幢房龄在15年以上的高层售后公房改造和增设消防设施，新增市政消火栓93个。加大出入境管理力度，全年共查处“三非”案件205起，比上年减少21.8%，办理各类出入境证件29.8万余件，比上年增加6.4%。

夯实基础工作。加强执法规范化建设，开展立案突出问题专项治理，全年共整改问题10549起，问题整改率72.7%。加强实有人口管理，在宜川派出所完成办证受理申请、指纹信息登记、电子签名确认、审核签发等流程环节测试，为在全市推行打下基础。加强信息化建设，在我格广场、月星环球港等侵财案件高发区域，架设高清视频探头，抓获犯罪嫌疑人156人。加强警务保障，新建分局警犬基地，建成全市首个警犬泅渡训练池。做好档案管理工作，10家派出所通过市局合格档案室验收，真如所被评为上海市公安机关合格档案室示范点。严格保密措施，建立“星级保密员”评定制度，分局被评为2015年普陀区保密工作优秀单位。

提升队伍管理水平。围绕重大安保、专项行动等中心工作，做好战时思想政治工作，对基层单位涌现的先进典型做到快评快奖，“送奖不过夜”。分局连续6年荣获“上海市文明单位”荣誉称号，“普陀公安陈列室”正式揭牌对外开放，微电影《我和我的特警男朋友》在中央电视台黄金时段播放，并荣获上海市“行进上海，精彩故事”微电影大赛最具人气奖。强化干部民警业务能力建设，自主开发48门培训课程，教育培训工作在市局年度考核中获第一名。增设社会面顽症综合治理工作办公室为“普陀公安青年民警锻炼基地”，抽调10名青年骨干，在实战中培养锻炼。（王婕）

护　校　　（王婕提供）

【推进社区警务改革试点】　作为全市社区警务改革试点单位之一，普陀分局成立试点工作领导小组，制发分局总体实施意见，召开全局动员部署大会，就配齐配强社区民警、突出社区警务重点、创新评价手段、探索工作新模式等方面开展重点探索，并寻求区委、区政府、区委政法委支持，落实3080万元配套经费。推进社区民警遴选、社区警务室建设，按照“一居一警”要求配齐社区民警；加快“3+1”考评指数模型、普陀社区警务公众微信号平台研发，开展全区社区治保主任专题培训。（王婕）

【创新顽症综合治理机制】　7月，普陀分局牵头区文化、市场监督、卫计、城管、拆违等相关职能部门组建区社会面顽症综合治理工作领导小组办公室，整合全区各类执法资源及属地街（镇）力量，推进重点地块、治安复杂区域，非法客运、乱设摊、“群租房”问题等顽症的综合治理。全年清理静宁路府村路、云岭东路1000号、山华水果批发市场等一批“脏乱差”重点区域，查处四轮“黑车”85辆，取缔“群租房”66户、拆除隔间180间，拆除违法建筑37946.7平方米，清退租住人员2864人，消除火灾隐患51处。(王婕)

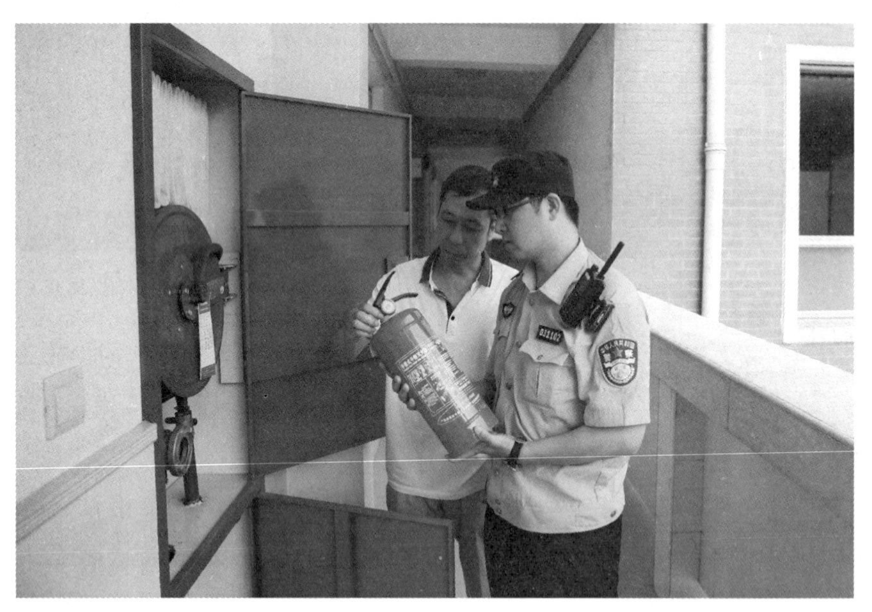

消防检查 (王婕提供)

【建立打击涉毒违法犯罪新机制】 普陀分局通过与市局缉毒部门深度协作，从4月起，探索建立打击涉毒违法犯罪新机制。组建专业探组，推进专职化建设，充实缉毒专业力量。加大对零包贩毒、吸毒等打击力度，先后开展4次全区性查处收戒吸毒人员集中行动，破获涉毒案件232起，比上年增加64.8%；查处吸毒人员979人，比上年增加4.4%。(王婕)

【推进“阳光警务”建设试点】 长寿路派出所以推进“阳光警务”建设试点为契机，以“六必”承诺为抓手（即接报受理必回执、社区发案必回访、立案与否必回复、案件侦破必回告、未破案件必复访、社区警情必通报），做到如实受理、依法立案、规范操作、信息公开。试点运作以来，基本实现所有侵财类案件有案必受、依法立案，提升公安机关的执法公信力，投诉类初信初访比上年减少36.7%、重信重访比上年减少38.7%。推动偷盗类案件打防工作，社区偷盗类“110”接报数比上年减少32.3%，打击质量积分制排名位居分局前两位，辖区群众安全感、满意度稳步提升。(王婕)

【建立实有人口管理“信仪模式”】 普陀分局针对信仪新村等老式居民区的特点，打造以紧密社区联系为纽带、以落实责任制为核心、以合作共赢为载体的老式居民区实有人口信息采集的“信仪模式”。突出抓好“三个一”，即建立“一个网络”，以信仪新村8个块、64幢楼为网格，聘任72名楼组长、居委干部为信息员，实行区域包干，确保信息采集“全覆盖”。用好“一本簿子”，属地石泉派出所为所有信息员配发一本工作记录簿，用于记录人口信息变动情况。严格“一套制度”。在落实协管员“一日两签到”制度基础上，明确社区民警重点上门采集的要求，并将工作情况每月公布，纳入考核。经过四个多月探索试点，在市局人口办开展的测查中，该社区实有人口信息登记

率、准确率分别达到96%和98%。(王婕)

【开通桃浦镇便民巴士线路】 针对桃浦地区非法客运屡禁不止情况，普陀分局会同区建管委、桃浦镇及巴士三汽公司于9月中旬在桃浦地区开通区域短驳、扬招即停的便民公交巴士(公交1230路)线路。根据先期收集图像及数据分析研判，在总长5.1公里的环形线路沿途，在卖场、学校、医院、轨交站点及8个主要居民小区等非法客运易聚集点位设置8个便民公交巴士扬招点，贯彻"'黑车'到哪里，便民巴士就到哪里"的营运理念，实施实时动态调整，有效解决居民出行"最后一公里"问题。(王婕)

【创新打击网络赌博方法】 普陀分局在春季严打整治专项行动中，立足实际，摸索出"三个一"工作法，即建立一套合成作战机制，细化一套核查固证流程，明确一套抓捕工作要点，捣毁两处网络赌博网点，抓获涉案人员12人，查证涉案赌资1000余万元。针对网络赌博案件大多采用网上虚拟、线下交收等手法，由治安、网安、相关派出所等单位同步上案，在第一时间迅速启动网络涉赌案件合成作战机制，与电信部门合作，充分利用各类资源手段，锁定违法犯罪嫌疑人、涉案地点、参赌设备。同时，进入抓捕现场时安排专人控制参赌设备，固定电子证据。(王婕)

【推进队伍正规化建设】 普陀分局以"六个狠下功夫"为着力点，推进队伍正规化建设。在思想聚焦上狠下功夫，规范制度、明确要求，深入开展系列专题教育活动。在齐抓共管上狠下功夫，形成由职能部门牵头，业务部门跟进格局，解决一批"老大难"问题。在警务执行力上狠下功夫，重点抓好党委督办事项上报质量，全年共制发"党委督查单"20份。在责任追究上狠下功夫，通过建立执法过错责任追究会商制度，抓好责任倒查和责任追究。在纪律监督上狠下功夫，每月梳理队伍情况，建立每月监督工作联席会议制度，对突出问题集中会商，跟进落实处理措施。在破解难题上狠下功夫，要求各级领导干部以身作则，善于在工作中发现问题、思考问题、研究问题、解决问题，不断创新队伍管理举措。(王婕)

【侦破"8·23"故意杀人抛尸案】 8月23日，普陀分局接徐汇分局移交一起"失联"求助报警，称报警人的女同事一夜未归。接报后，民警调查了解到报警人和"失联"女子王某(女，32岁，贵州省遵义市人)都在安远路一家足浴店打工，有卖淫嫌疑。28日上午，在市局相关部门指挥协调下，分局启动失踪人员疑似被侵害案件侦办工作机制，成立专案组开展侦查，于当日下午抓获犯罪嫌疑人陈旭东(男，39岁，江苏省射阳县人)。经审讯，陈交代其与被害人因嫖资问题发生肢体冲突，将王掐死，并抛尸于芦潮港一海堤边芦苇丛中的犯罪事实。该案的侦破工作在2015年度"刑警803破案奖"评比中被评为"金奖"。(王婕)

【侦破"2·2"杀人分尸案】 2月2日，一位年过六旬老人报警称儿子失踪。普陀分局接报后了解到老人的儿子与女友同居在位于曹杨路的出租房，民警即赶到出租房查看，发现房内有多处疑似血迹。分局即成立专案组展开侦查，于案发48小时内抓获犯罪嫌疑人高万里(男，40岁，黑龙江省绥化市人)。据高交代，其是被害人女友的前男友，在得知前女友已经结交新欢后，怀恨在心，利用机会偷配该出租房的钥匙。1月31日上午，趁前女友离开住处后持刀潜入，将熟睡中的被害人杀害。该案的侦破工作在2015年度“刑警803破案奖”评比中被评为“铜奖”。(王婕)

【侦破“8·27”系列虚开增值税专用发票案】 2014年8月，普陀分局根据已侦破的虚开增值税专用发票案件中的线索，发现以崔某为首的犯罪嫌疑人在没有真实货物往来情况下，以收取开票费方式为数十家企业虚开增值税专用发票，涉案发票超过1200余份，价税合计1.4亿元，税款超过2000万元，即成立专案组展开工作。历时1年多侦查，抓获主要犯罪嫌疑人崔荣涛（男，34岁，山东省潍坊市人），破获系列虚开增值税专用发票案件14起，涉案虚开金额价税合计1.4亿余元，抓获犯罪嫌疑人24人（其中境外逃犯6人），追缴税款1000万元。该案的侦破工作在2015年度上海经侦系统“经济犯罪案件侦查破案精品案例”评选中被评为分县局组铜奖。(王婕)

【侦破利用“神话QQ群”介绍卖淫案】 8月，普陀分局通过对利用论坛、QQ群、微信群等网络资源发布招嫖信息线索的排摸研判，发现一名为“神话QQ群”的网络群体较为活跃。该群通过每日更新推送本市色情服务场所信息、在线答复咨询及提供“服务指南”等方式，吸纳会员近8000人。分局即组成专案组开展侦查，于9月1日抓获涉嫌介绍卖淫的犯罪嫌疑人吴佳锋（男，34岁，上海市普陀区人）、吴寅（男，23岁，上海市虹口区人）、沈佳伟（男，26岁，上海市浦东新区人）3人。该案的侦破工作在2015年度“上海治安系统精品案例”评选中被评为“金奖”。(王婕)

闸北分局

【概况】 2015年，闸北分局坚持以反恐为标准引领推动公安工作，持续高效落实打、防、管、控各项工作措施，确保社会政治安定和治安稳定。全年未发生有重大影响的交通和火灾事故，公众安全感和满意度稳步提升。

有力维护社会政治稳定。全年完成抗战胜利70周年纪念活动、宝华寺新年撞钟、茶文化旅游节、上海旅游节花车巡游等大型安保活动13场次，完成缅甸全国民主同盟到访临汾社区文化中心、“8·13”四行仓库抗战纪念馆开馆仪式等警卫任务14批，投入警力2200余人次。会同相关职能部门加强对各类矛盾纠纷的疏导化解和稳控处置，处置各类不稳定因素680起；全力做好“东方之星”客轮翻沉事件的维稳工作。

有效开展打击整治工作。针对命案等严重暴力犯罪和引起社会影响的案件开展攻坚，先后侦破“1·9”交通银行款箱现金失窃案、“5·8”故意伤害致死案等一批大要案件，命案破案率连续6年保持100%。全年破获刑事案件2991起，比上年减少3.7%。其中破获八类案件74起，比上年减少8.6%。严厉打击经济犯罪，开展“打假”“打击地下钱庄”“打击集资诈骗”“猎狐2015”等专项行动。全年，

侦破案件 247 起，抓获各类经济犯罪嫌疑人员 183 人，抓获在逃人员 37 人。先后侦破“4·20”特大虚开增值税专用发票案、迅达（中国）职务侵占案等大要案件。开展“卓越 2015”“利剑-断链”“缉枪治爆”以及春季、夏季严打等系列专项行动，捣毁涉黄、涉赌窝点 40 余个，抓获违法嫌疑人 227 余人，处罚场所 30 余家。深挖网上违法犯罪线索 96 条，侦破网上违法犯罪案件 135 起。查处“三非”外国人 149 人次，办理偷渡类刑事案件 1 起 3 人次。查处涉食品、药品案件 50 余起，查获犯罪嫌疑人 70 余人。

推进公安基层基础建设。发动和整合各类群防群治资源，搭建社区服务管理平台，探索自治管理模式。依托区实事工程建设，推进 1 万户居民家庭防盗设施安装。开设派出所微信公共号，倾听社情民意，开展线上防范宣传和违法线索搜集。严格落实刑事、行政案件受理、立案、办理进度和处理结果公开措施，推动公安执法工作从内部评判向外部评判升级。加强警银协作和防范宣传，防阻电信诈骗案件 16 起，柜面防阻率比上年提高 23.1%，为群众挽回经济损失 230 余万元，比上年增加 177%。

深化城市公共安全管理。全面完成少年村路地块重大火灾隐患治理工作，为全区 25 家养老机构全面升级改造消防设施。全年安全检查单位 3337 家次，下发行政处罚决定书 95 份，责令“三停”单位 21 家，罚款 100.4 万元，行政拘留 10 人次。加强交通管理。完善事故防范、现场管理和严格执法长效机制。全年查扣“五类车”“黑车”9000 余辆次，查处交通违法行为 34 万余起，行政拘留 520 余人次，发生交通事故（上报）24 起，比上年减少 7.7%；造成 12 人死亡，比上年减少 4%。加强医院内部安全保卫工作，全年处置各类重大“涉医”矛盾 30 余起，开展各类宣传、培训活动 10 余次。严格执行小学、幼儿园“一校一警，全程护校”和中学定时巡逻签到守护制度。严控加油（气）站零售罐装成品油，排查摸底全区寄递企业，为后续管理落实“三个 100%”奠定基础。

优化民警队伍履职能力。深入开展“三严三实”专题教育，围绕“严以用权、严以修身、严以律己”三个专题召开主题研讨会 3 次，形成分局领导干部“三严三实”问题清单和整改方案，共计 12 个问题和 15 项整改事项。开展面向基层民警和面向社区群众的“我眼中的闸北公安精神”系列宣讲活动 15 场次。全年开展短平快培训 191 期 3840 余人次，开展信息化运用专题集中培训 16 期 320 人次，开展执法规范化专题集中培训 21 期 650 人次。发挥网络新媒体优势，着力网络微博微信平台建设，妥善处置“大宁持刀抢劫案”等 2 起重大舆情，获得市局优秀公关案例奖。全年收集好警好事 103 篇，28 个集体和 523 名个人获记功嘉奖；推送市局“十佳社区民警”张鑫、闸北区“十佳青年标兵”以及“荣誉之星”基层典型等先进集体和个人。分局连续两年被评为“上海市文明单位”。（殷晓洁）

【开展“卓越 2015”系列专项行动】 闸北分局从年初即启动贯穿全年的“卓越 2015”系列专项行动。将打击破案主要目标对准影响群众安全感满意度的多发性侵财类案件、涉众型经济犯罪和“黄赌毒”等治安突出问题，通过“月通报”和“周推进”方式，推动打击破案工作的顺利开展。全年共抓获各类违法犯罪嫌疑人员 5933 人，其中刑事拘留 2205 人；组织开展打击夜间违法犯罪联合查堵行动 6 次。（殷晓洁）

【强化火车站地区反恐防范建设】 闸北分局参与筹建并主持运行多部门进驻的铁路上海站地区一体化指挥平台，配合反恐基础建设工作，推动地方、铁路、轨交警方反恐防范和应急处突的一体化运作，有效提升铁路上海站地区防范能级。在武装巡逻处突网建设中，通过优化点位设置、强化实战演练，整合路地联合武装巡逻、特种机动、公安武警联合武装巡逻等7支力量，全面建设铁路上海站地区“一分钟到场处置”体系。（殷晓洁）

【打击防范电信诈骗】 全年，闸北分局破获电信诈骗案件292起，刑事拘留犯罪嫌疑人63人，查处电信诈骗窝点及平台8处，追缴赃款56万元。组织开展“防范电信诈骗集中宣传月”活动，发放宣传资料25万余份，开展集中大型宣传活动8次，社区民警进社区开展防范宣传2460余次。全年成功防阻电信诈骗案件46起。（殷晓洁）

【加强群防群治守护网建设】 闸北分局围绕“时间和空间”要素，整合各类政府性、社会性、市场性群防群治资源，构建分层分类的治安信息员网络。年内，通过实地调研、科学布点、优化巡线设置等措施，成功复制、推广铁路上海站地区群防群治“钉子岗”经验，在七浦路、大宁国际商圈建立2支常态化的群防群治守护队伍。（殷晓洁）

【深化社区警务机制建设】 闸北分局全力推动社区警务建设、网格化社区管理向纵深发展，完善基层派出所“一居一警”常态长效工作机制，明确社区民警30项工作职责，建立由内部“派出所考评”与外部“居委会考评”相结合的考评方式。严格按照市局要求完成社区民警的配比，区内“一居一警”配备率100%，党员社区民警担任社区党组织副书记达到84%。（殷晓洁）

电信诈骗防范宣传 （殷晓洁提供）

【优化道路交通监管机制】 闸北分局配合区建交委、安监等职能部门持续加强对重点车辆、重点人员、重点道路、重点单位、重点环节的隐患漏洞排查，梳理完善旅游客车、“营转非”大客车等信息，强化对客运企业的动态监控，深化客运企业安全宣传和督导检查。其间，对存在交通安全隐患的企业开具整改通知书46份，清理机动车违法行为8800余起。开展交通安全主题宣传教

育活动，联合各级新闻媒体发布、刊登（播）交通管理新闻稿108件，发送各类交通安全提示短信13万条。(殷晓洁)

【整治非法营运】 闸北分局依托市级交通管理示范线创建工作，结合“打非治违”集中整治、“两占”交通违法行为专项整治，不间断地打击整治“五类车”、四轮“黑车”、酒驾等交通顽症，以及查处非机动车交通违法行为。全年，开展各类整治行动200余次，查处各类交通违法行为34万余起；其中，查处违章停车16万余起，暂扣“五类车”、“黑车”9000余辆次，行政拘留各类违法人员520余人次，查处各类涉酒对象350余人。(殷晓洁)

夜间临检 (殷晓洁提供)

【提升出入境服务管理效能】 闸北分局不断完善出入境窗口硬件建设、强化人员配置和业务培训，通过增设境外人员服务站、创新微信公众服务号等方式，有效提升出入境管理服务效能。全年受理中国公民出入境证件18.5万证次，比上年增加12.4%。其中，受理外国人签证及居留许可7000余证次，比上年增加31.8%。(殷晓洁)

【推进公安队伍建设】 闸北分局围绕提升队伍核心战斗力，重点开展各业务条线的能力培育点建设以及重点岗位的“月练季赛”练兵比武活动，全年共组织1800余名民警参加各类练兵比武活动40余次，落实民警“育用衔接办法”和“非领导职务能力测试积分制”。配合市局“阳光警务大厅”建设，为群众提供高效、便捷、透明的执法服务。(殷晓洁)

【推进闸北分局、静安分局“撤二建一”工作】 11月23日，上海市公安局闸北分局、静安分局“撤二建一”工作领导小组成立后，闸北分局按照市局党委提出的“工作不断、思想不散、队伍不乱”的要求，细化明确队伍管理纪律规范，制定下发“撤二建一”关键时期纪律提示，并在统筹做好社会面防控、重点人员管控、严打整治、公共安全管理等工作的基础上，加强原闸北、静安分局工作对接，确保各项公安业务工作的无缝衔接和有序推进。(殷晓洁)

【侦破“5·3”特大盗窃案】 5月3日，位于闸北区江场西路上的北上海大酒店发生一起特大入室盗窃案件，酒店房客放于709房间内的一颗价值千万元的夜明珠和一枚红宝石戒指被盗。闸北分局即组成专案组，案发当晚便获取主要犯罪嫌疑人线索。专案组寻线追踪，跨省追捕，先后抓获刘从见（男，23岁，河南省息县人）等8名犯罪嫌疑人，缴获全部赃物。该案的侦破工作在2015年度“刑警803破案奖”评比中被评为“银奖”。（殷晓洁）

【侦破“1·20”迅达电梯（中国）有限公司“群蛀”案】 闸北分局在市局经侦总队的支持下，成立专案组，组织警力侦破全球知名电梯生产商——迅达电梯（中国）有限公司（以下简称迅达公司）职务侵占窝案。专案组历时近一年，清查迅达河北、深圳等5个分公司，抓获包括迅达公司总裁、副总裁在内的犯罪嫌疑人19人，挽回经济损失4000余万元。该案的侦破工作在2015年度上海经侦系统“经济犯罪案件侦查破案精品案例”评选中被评为“金奖”。（殷晓洁）

【侦破“4·20”虚开增值税专用发票案】 6月17日，闸北分局通过历时2个多月侦查，摧毁以王加金（男，46岁，江苏省盐城市人）、戴建明（男，38岁，江苏省盐城市人）、罗九华（男，48岁，江苏省盐城市人）等为首的特大虚开增值税专用发票犯罪团伙，抓获团伙主要成员18人，查处开票窝点10余处，查冻涉案银行账户100余个，查扣作案工具税控机10余台、电脑40余台、作案手机80余个，涉案价税金额合计60亿余元，涉及全国25个省市地区1300余家公司。该案的侦破工作在2015年度上海经侦系统“经济犯罪案件侦查破案精品案例”评选中被评为“金奖”。（殷晓洁）

【侦破“4·24”医保诈骗、妨碍信用卡管理秩序案】 3月，闸北分局经过3个多月缜密侦查和专案经营，查处多个医保诈骗团伙，并在北京、天津、上海、广东、浙江、湖北、辽宁七省市成功发起集群战役，抓获周柳春（男，39岁，上海市黄浦区人）等10余名违法犯罪嫌疑人，收缴犯罪所用的医保卡百余张，查获银行卡、身份证近万张，挽回经济损失百余万元。该案的侦破工作在2015年度上海经侦系统“经济犯罪案件侦查破案精品案例”评选中被评为“金奖”。（殷晓洁）

【侦破“3·6”网络传播淫秽物品系列案】 3月6日，闸北分局在市局相关部门支持配合下，经2个多月侦查，破获一起特大网络传播淫秽视频案，先后查处“上海细高跟黑丝群”等发布淫秽视频、招嫖信息的QQ群共19个（涉及群人员共6000余人），抓获包括群主、管理员、发布淫秽视频人员等犯罪嫌疑人14人（其中8人已被判处4至10个月不等的有期徒刑、4人被取保候审、2人行政处罚），查获容量达3T左右的淫秽视频500余部。该案的侦破工作在2015年度上海治安系统“十佳案件”评选中被评为“银奖”。

虹口分局

【概况】 2015 年，虹口分局以“争先创优”为目标，以法治为引领，以反恐为标准，以提升公众安全感和满意度为主线，全力维护虹口区社会政治和治安秩序的持续稳定。

全力维护社会治安稳定。完成抗战胜利 70 周年纪念活动、春节寺庙觐香、元宵节、清明祭扫、国庆彩灯开放和上海旅游节等活动的安保工作。

严厉打击违法犯罪活动。全年立刑事案件 8869 起，比上年增加 55.4%；破刑事案件 3379 起，比上年增加 63.2%。其中立命案 3 起，破案 3 起，破案率 100%；侦破八类案件 72 起，比上年增加 10.8%。查处违法犯罪嫌疑人 6287 人，比上年增加 32.3%。其中，行政拘留 3829 人，比上年增加 29.9%；刑事处罚 2458 人，比上年增加 36.1%。处报警类 110 案件 21999 起，比上年减少 16.9%。

提升公安行政管理效能。加强治安行政管理，检查 KTV、发廊、足浴等场所 1 万余家次、宾旅馆 5000 余家次、开锁业、旧手机回收业等重点行业 400 余家次；梳理辖区持枪证人员、军械枪迷等重点人员，对民用枪支使用单位和辖区内建材化工、五金加工、小商品批发等场所加强排查管控，收缴气枪 73 支、仿真枪 155 支、管制刀具 1624 把、各类弹药 21 万余发；银行网点防阻电信诈骗案件 31 起、社区 205 起，免受损失 2204 万余元。电信诈骗发案数下降 1.6%，整治各类消防安全隐患，检查单位 27602 家次，督促整改火险隐患 31562 处，临时查封 15 家，责令“三停”74 家；整治江杨南路 161－171 号地块，拆除违章建筑 50 余间、清退 250 余名租赁人员。严格道路交通安全管理，对大连路、新建路、外滩隧道等重点区域及乍浦路、四川北路等商业闹市区域加强巡查，及时排堵保畅，确保道路畅通有序；处

在学校向学生演示消防逃生技巧　　（丁晓艳提供）

罚各类交通违法行为29万余起，查扣“四轮”黑车313辆、“五类车”近万辆，处理非法从业者183人；加大对虹口足球场长途汽车站和市旅游集散中心虹口分中心的检查力度，督促相关客运企业严格落实车辆安全管理制度，确保区内不发生重特大交通事故。加强出入境管理，拓展出入境对外服务范围，共受理各类出入境证件157097证次，比上年增加5.35%；颁发各类出入境证件169191证次，比上年增加4.87%；港澳台通行证再次签注自助受理47262证次，比上年增加15.3%；查处各类出入境案件641起，比上年增加10.1%；处理违法犯罪嫌疑人725人，比上年增加15.8%。

扎实推进基层基础工作。加强公安信息化建设，合理规划设计区内高清图像监控系统和治安卡口系统建设布局，确保探头完好率保持在98%以上。加强执法规范化建设，开发建立10余门法制专业培训课程，围绕法律法规学习、执法程序规范、重点类案件办理、常见问题剖析等内容，对全体基层执法办案民警开展专项培训。推进实有人口管理，以各街道网格化服务体系为基础，建立“1+3+X+N”网格化模型，即一个网格化管理中心，三个片区，若干个居委会和居民区块组成的网格化综合管理模式，形成实有人口信息管理四级网格。

加强队伍正规化建设。扎实开展“聚警心、严警纪、振警威、展形象”“秉公执法人民公安为人民”暨“严格执法、严格管理”、“敬畏法纪、严守底线”等系列主题教育活动，深化队伍思想政治工作和纪律作风教育，振奋队伍精神。推进警营文化建设，成立太极拳、骑跑等协会，组织文化体育活动，丰富民警业余生活，在庆祝中国共产党成立94周年“我们的歌声最嘹亮”2015年上海公安系统合唱比赛决赛中获得银奖；获得“上海国际马拉松赛”上海公安系统参赛个人第2名。（丁晓艳）

【加大虹口足球场安保工作科技投入】 虹口分局以科技为支撑，助推虹口足球场球赛等各项大型活动安保工作管控效能，全年完成22场足球赛、4场演唱会安保任务。在球场各出入口、通道、广场、车库等处新装124个高清监控探头和广播设施，在球迷聚集处制作移动宣传屏进行实时宣传引导，实现赛场监控和音频引导全覆盖；球场内安装具有超高清监控和多帧动态抓拍功能的“天眼”监控设施，为民警现场处置、打击处理提供技术支撑；为参加大型活动安保的民警配发电台耳麦等单警装备，保障民警有效处置和通讯联络畅通。（丁晓艳）

【开展无证养老院消防安全隐患整治】 虹口分局会同区有关单位对区内无证养老院开展消防安全隐患整治。对无证养老院开具《消防监督检查意见书》，责令立即清退人员；对极不配合整治的，依法书面传唤，启动行政处罚程序；对个别消防安全隐患严重、涉及民事诉讼的予以查封。通过动员家属观看消防安全警示片、告知家属将老人滞留在无证养老院拒绝承担领回赡养义务应承担法律责任等宣传，争取老人家属对整治工作理解和支持。同时，会同区有关单位妥善做好老人分流安置工作，转送途中全程配备救护车，确保安全。全区9家无证照养老院，已关停7家，2家改建为“长者照顾之家”，246名住院老人全部分流至正规养老机构。（丁晓艳）

【整治规模化租赁房】 虹口区共有规模化租赁房163家，存在建筑分隔材料耐火等级低、缺少疏散通道和安全出口、违规用火用电等消防安全隐患。虹口分局联合区有关单位联动整治，按照规模租赁房国有产权、部队产权、私有产权分类，与旧区改造、拆违工作、整治无证照经营、实有人口管理相结合，对拒不配合整治的租赁房，采取查封、关停、停电等强制措施，做到清退一间，封闭一间。全年，共整治、关停规模租赁房 90 家，清退房间 3368 间、租客 5400 余人。（丁晓艳）

【提升街面应急处突能力】 虹口分局通过整合派出所武装巡逻力量、特种机动队巡逻力量、特警武装巡逻力量、公安武警联合武装巡逻力量 4 支街面力量，完善、细化通讯保障、勤务报备、检查督导 3 项常规制度，从加强指挥调度、优化勤务布局、强化合成作战等方面入手，结合安保任务、敏感节点、情报指向、发案规律等，对重点区域、点位、时段灵活投放街面警力，及时调整车巡、步巡模式，提升反应速度、提高实战效能，形成辖区全天候、全时段、全覆盖的武装巡逻防控格局。自街面武装巡逻力量整合启动起，及时处置精神病人闹事事件 5 起，持刀斗殴案件 2 起。（丁晓艳）

【打造辖区四平路沿线市级交通文明示范线】 针对虹口区“过境式”交通特点，虹口分局将辖区四平路沿线创建成展示文明管理、规范执法、安全畅通的市级交通文明示范线。沿线民警以路口交通秩序管理为核心，在交通违法多发部位加强站位和流动管理，提高示范线路面“见警率”；每周组织开展各类集中整治不少于 1 次，组织“特勤小分队”参与整治管理，降低示范线路面“违法率”；对示范线沿线交通信号设施定期开展排摸，及时调整优化不合理信号配时，以提升示范线路面“通行率”。（丁晓艳）

四平路沿线交通整治　　（丁晓艳提供）

【开展“净土”专项行动】 9 月起，虹口分局组织开展打击整治涉黄、涉赌违法犯罪“净土”专项行动。通过联动密集执法与集中定点清除相结合，落实娱乐场所场地出租人法律责任追究机制。截至 12 月底，共梳理排摸重点娱乐休闲场所 938 家，关停、查封 1365 家，改变经营业态 316 家，打击处理涉黄、涉赌违法人员 156 人，收缴赌博机、麻将机 217 台。（丁晓艳）

【两位民警因公牺牲】 7 月 20 日 14 时 45 分，虹口分局刑侦支队三级警长钱宏同志因工作期间突发心源性心脏病医治无效，在江湾医院去世，年仅 47 岁。钱宏生前是刑侦支队内勤，先后6次获得分局嘉奖。钱宏同志牺牲后，被市局追记为个人一等功。10月1日0时35分，四川北路派出所三级警长李新华同志因工作期间突发脑溢血医治无效，在上海市第一人民医院去世，年仅50岁。9月以来，李新华累计加班超过100小时。突发脑溢血当天，他连续调解多起纠纷，并巡查七浦路商场多个楼面，最终倒在岗位上。2016年3月17日，公安部追授李新华为全国公安系统二级英模。（丁晓艳）

【获得上海公安系统足球联赛乙组冠军】　虹口分局足球队经过艰苦训练和奋勇拼搏，在“2015年上海公安系统足球联赛”乙组的18支球队中脱颖而出，夺得乙组冠军。（丁晓艳）

【侦破“2014·819”毒品专案】　1月，虹口分局与市局有关单位组成联合专案组，历经5个多月侦查，侦破公安部挂牌督办“2014·819”毒品专案。在广东省汕尾市抓获犯罪嫌疑人陈少爱（男，36岁，广东省汕尾市人）、俞锡裕（男，44岁，广东省陆丰市人）等19人，缴获各类毒品1500余千克（其中，冰毒晶体491.4千克、液体冰毒1100余千克）及大量制毒原料和工具，查获毒资150余万元，缴获制式手枪2把、子弹11发，查扣涉毒车辆6辆。该案的侦破工作在2015年度“刑警803破案奖”评比中被评为“金奖”。（丁晓艳）

【侦破“11·14”特大诈骗案】　2014年11月14日，虹口分局接被害人张某报案称，其于当日上午将两张总价值8000万元的电子银行承兑汇票转账至刘义喜（男，29岁，湖南省邵阳市人，苏州恒锦国际货运代理有限公司法人代表）所在公司账户贴现，因约定的贴现资金久未到账，怀疑被骗。分局遂与市局有关单位成立“11·14”联合专案组，查清巨额资金流向，及时冻结大部分赃款，厘清团伙组织脉络并精确实施抓捕，先后在上海、江苏等地将刘义喜、陈志刚（男，40岁，浙江省嘉善市人）、吴敏卿（男，30岁，浙江嘉兴市人）等17名犯罪嫌疑人抓获，缴获涉案资金6939万余元，查获各类银行卡30余张以及手机23部等涉案物品。该案的侦破工作在2015年度“刑警803破案奖”评比中被评为“铜奖”。（丁晓艳）

【侦破“3·06”“沪乾贷”非法吸收公众存款案】　2015年5月6日，虹口分局会同市局有关单位在逸仙路158号2912室上海沪乾投资管理有限公司抓获犯罪嫌疑人周一玮（男，37岁，上海市杨浦区人）等10人，成功侦破“沪乾贷”非法吸收公众存款案，查扣部分赃款并对涉案资产采取冻结措施。经查，自2014年6月起，犯罪嫌疑人周一玮等人利用“沪乾贷”网站平台，假借P2P名义，许诺以18%至24%的年化利率非法吸收公众存款，并以直接转账或通过第三方支付平台将款项汇入周等人控制的个人账户后，用于高利贷放款和个人消费，涉案金额1亿余元，受骗群众2000余人。该案的侦破工作在2015年度上海经侦系统“经济犯罪案件侦查破案精品案例”评选中被评为“银奖”。（丁晓艳）

【侦破“2·12”复合型团伙信用卡诈骗案】　2月28日，虹口分局根据线索和研判，在普陀区凯旋北路一酒店内抓获犯罪嫌疑人李东海（男，25岁，广东省电白县人）等4人，现场缴获银行卡盗码器4台，查获窃取的银行卡卡号、密码等信息百余条，串并案件30余起，涉案金额100余万元。经查，1

月起，李东海等4人经事先共谋，通过应聘上海重要商圈知名连锁餐饮场所服务员，利用为客人刷卡结账的便利窃取他人银行卡信息，并制作成伪卡进行透支和提现消费。该案的侦破工作在2015年度上海经侦系统“经济犯罪案件侦查破案精品案例”评选中被评为“银奖”。(丁晓艳)

【侦破“5·6”生产、销售伪劣产品案】 2015年3月，虹口分局会同区有关单位对虹口区各大商场、超市出售的休闲食品开展联合抽样检验中发现，“宁老大”品牌的部分牛肉干产品内含猪源性成分。分局即开展深入调查。经查，发现以宁春贤（女，41岁，山西省太原市人）、宁春霞（女，38岁，山西省太原市人）为核心的制造、销售掺假肉制品的犯罪团伙。分局在市局及区有关单位的配合下，于2015年5月6日抓获宁春姣（女，34岁，山西省太原市人）等涉案人员25人，查处用于制作、储存伪劣产品的窝点4处，关停位于山西万荣县制假工厂1家，在厂内查获疑似掺假牛肉制品11种共718千克；在上海的经销仓库内查获疑似掺假牛肉制品和过期牛肉干、猪肉脯、儿童肉松等食品约10吨，价值16万余元。经查，仅2014年2月至案发，该公司销售涉案产品金额达500余万元。该案的侦破工作在2015年度“上海治安系统精品案例”评选中被评为“金奖”。(丁晓艳)

杨浦分局

【概况】 2015年，杨浦分局主动适应经济发展新常态，狠抓维护国家安全和社会稳定各项措施落实，加强基础性工作推进，全力提升人民群众安全感、满意度，圆满完成各项公安保卫任务。

全力维护社会稳定。开展矛盾纠纷排查调处，维护社会稳定。配合有关部门开展对不稳定因素进行风险评估、疏导化解等工作，用法治思维和法治方式妥善处置包括146街坊、蒋家浜、新凤城改建等动迁、欠薪矛盾等群体性事件435起。

确保城区公共安全。推进消防安全专项排查整治，检查社会单位2.9万余家，整改消防隐患3.9万余处，清除规模性“三合一”场所28处，处罚单位563家，行政罚款300万余元；完成8个老旧小区、65幢房龄15年以上的高层售后公房增配消防设施等市、区消防实事项目。全年发生火灾139起，比上年减少14.2%，死亡1人与上年持平。开展道路交通秩序大整治，做好10项重大市政工程配套交通和灾害性天气道路交通组织管理。查处各类交通违法行为291004起，比上年减少12.6%，罚金3767万余元，比上年增加10.6%。全年，受理道路交通事故14385起，比上年减少13.5%，发生道路交通死亡事故（上报）12起、造成12人死亡，均与上年持平。强化各类大型活动安全管理，圆满完成798场次大型活动安全保卫任务。

完善治安防控体系。开展春季、夏季、秋冬严打整治专项行动和“百城禁毒会战”等，违法犯罪类案件接报数和偷盗类案件接报数比上年分别减少5.1%、6.6%。侦破刑事案件

3829起，比上年增加6.7%；查处各类犯罪嫌疑人（刑事拘留、捕诉）2422人；缴获各类毒品43.8千克；命案和“两抢”案件破案率100%，禁毒会战综合绩效优秀。开展“打击非法集资”“打击假币、银行卡犯罪”和“猎狐2015”境外追逃等集中行动，侦破一批大要案件，挽回经济损失10亿余元。强化治安整治，开展“利剑—断链”“治爆缉枪”等专项行动，查处治安案件39394起，比上年减少4.6%，查处涉黄涉赌案件2665起，比上年增加10.3%，查缴各类枪支208支、子弹4.5万余发，管制刀具295把。深化“三张网”建设，组建摩托特战分队；首创组建由部队、高校、企事业单位、志愿者等4万余人组成的群防群治队伍，构建多元化的社会治安防控格局。

推进公安改革和基层基础建设。全年新增600个道路监控高清探头、33处治安卡口高清探头。采集社会信息2050万余条。推出专职法制员派驻制度和大数据实战平台与指挥、侦查和管理工作等“一体化”运作机制。加强科技装备建设和应用，侦破各类案件1521起，比上年增加6.8%；推行社区民警专职化，199名党员社区民警兼任地区党组织副书记；推进实有人口管理，开展重点区域及非正规落脚点清查整治44次，维护来沪人员信息71.3万余条，处罚违反人口、房屋管理规定案件1636起，查处外国人“三非”案件128起、境外人员违反临时住宿登记类案件532起。

加强公安队伍正规化建设。开展“三严三实”“聚警心、严警纪、振警威、展形象”等专题教育和“严格执法、严格管理”主题活动。26名优秀年轻干部参加市局或分局挂职轮岗锻炼。坚持素质强警，举办各类业务培训150批次，实战演练20次，受训民警2100余人次。细化上海公安机关内部人员干预、插手案件办理的记录、通报和责任追究实施细则，对违法违纪“零容忍”，全年民警违纪率1.7‰。选树先进典型，全年组织9次即时和专项奖励活动，共表彰先进集体12个（二等功4个、三等功3个、嘉奖5个）、先进个人187名（其中二等功2人、三等功18人），江浦路派出所马友庭荣获市局第五届百联杯“十佳”优秀社区民警称号，长白新村派出所“砺箭”青年突击队获得“2015年度上海市青年突击队”荣誉称号，出入境管理办公室冯陆俊获得“2015年度上海市青年岗位能手”荣誉称号。254名民警晋升职级。开展警营文化活动，合唱队获市局合唱比赛银奖，乒乓球队夺得市公安系统团体冠军。（胡光耀）

【公众安全感、公安工作满意度双提升】 杨浦分局将提升公众安全感和对公安工作满意度作为全年工作重点，明确目标和重点，将16项打击防范、服务管理任务逐项逐条确定牵头单位、责任单位及时间节点，加强面上统筹推进和督导，纳入各单位年度目标管理考核。强化措施，加大对影响群众安全感的侵犯人身权利、侵财等案件的打击力度，刑事案件破案数比上年增加6.7%、打击犯罪嫌疑人员数比上年增加7.7%，发还赃款赃物90余万元。健全完善“点、线、面”全覆盖巡逻防控体系，建立“涉黄涉赌”警情跟踪机制。全年，违法犯罪类案件接报数比上年减少5.1%，其中偷盗类接报数比上年减少6.6%。开展“警民恳谈暨警营开放日”活动，推出“缩短办证时间”“发布预警信息”等八项便民措施。在居民小区制作张贴发放10万份宣传资料；对7万余名中小学、幼儿园学生家长，开展学校所在地安全感满意度问卷调查，提升社区居民和学生家长对“安全感、满意度”测评的认知度和参与度。年度公众安全感总体评价指数82.9，比上年上升5位，公安工作满意度评价指数83.11，比上年上升3位。(胡光耀)

【成立摩托特战分队】 11月27日，杨浦分局在五角场环岛举行摩托特战分队发车仪式。分队配备20辆警用摩托车，分为5个小组，按照“突出重点、灵活机动、全面覆盖”要求，屯警街面、快速反应、先期处置，与其他街面巡控力量形成叠加互补机制，提升社会面动态管控和快速反应、应急处突能力。(胡光耀)

成立摩托特战分队 (胡光耀提供)

【严厉查处涉枪涉爆违法犯罪活动】 杨浦分局严厉打击涉枪涉爆违法犯罪活动。对五金建材市场、小商品市场强化滚动排查和高密度治安整治，查缴涉枪涉爆物品。加强网上巡查清理和线索核查，对寄递物流行业，督促落实“实名收寄”“开包验视”制度，阻断非法贩运渠道；加强街面重点部位、区域巡查，及时发现查处非法销售管制刀具、加油站违规销售散装汽油等行为。与安监、环保、卫生、教育等部门配合，从源头管控危险物品生产、经营、运输、储存、处置等环节。协助部队保卫部门排查、教育、劝导、收缴军队离休人员收藏枪支，共收到离休军官上交军用枪支2支，军用子弹40发。继续开展民用气枪有偿回购，共回购枪支118支。年内组织缉枪治爆宣传活动20余次，发放宣传资料19000余份；张贴通告7300余张，现场解答群众提问3000余人次；开展集中行动31次，检查危险物品从业单位586家次，其他各类场所503家次，发现整改隐患19处。查处涉枪涉爆案件8起，涉案人员9人（其中刑事拘留7人、行政拘留2人)，收缴各类枪支190支、子弹4.3万余发、仿真枪25支、管制刀具200把、剧毒化学品186千克。(胡光耀)

【组建杨浦特色群防群治队伍】 杨浦分局整合社会资源，建立“军地警联勤联动平台”，整合辖区7支驻军部队官兵参与群防群治，组建由辖区企业单位、部队和志愿者等4万余人参加的杨浦区特色群防群治队伍。以专带群，加强群防群治队伍正规化建设。明确群防群治人员任务职责，统一巡逻防控人员标志，规范日常线索信息发现、采集、报告、处置等工作流程，优化勤务组织模式，加大巡逻守护力度。依托公民警校，组织法律培训42次、防范技巧专题讲座56次、保安员巡逻识疑盘查和自身防护技能训练23次。五角场、五角场镇、新江湾城3个派出所建立民警、部队官兵和平安志愿者常态化巡逻联勤机制，辖区全年可防性案件接报数比上年分别减少49%、39%、12%。延吉派出所组建300余名大学生志愿者巡防队；动员仁安实业公司为社区居民免费安装防盗窗钩3万余把等。全年，群防群治队伍获取各类线索46条，从中破获刑事案件12起、查处治安案件34起、抓获各类违法犯罪嫌疑人78人，排查、调处矛盾纠纷1597起。会同区综治办设立群防群治专项保障基金，落实“一事一奖、一案一奖”，全年奖励提供有效线索、抓获犯罪嫌疑人的群防群治人员370人次，奖励金额25万余元。（胡光耀）

军地警联勤联动在社区巡逻（胡光耀提供）

【严格旅馆业治安管理】 杨浦分局以严格旅馆业住宿实名登记和旅馆业从业人员管理为重点，对辖区旅馆前台、保安等重点岗位员工开展业务培训，实施考核上岗制度。全年组织集中培训18次，培训人员1200余人次（其中60余人培训2次以上），从业人员持证上岗率100%。狠抓安全隐患排查。全年组织集中检查10次，检查从业单位352家次，查处旅馆业单位131家（停业整顿3家、罚款128家），处罚前台从业人员110人次。全年，旅馆业信息员传递线索160余条，抓获入住在逃人员7人；帮助查破案件11起，抓获违法犯罪嫌疑人17人。（胡光耀）

【严厉打击赌博犯罪活动】 杨浦分局严查严打“黄赌毒”等违法犯罪活动，重点打击赌博犯罪团伙。全年查处赌博违法犯罪嫌疑人873人，刑事拘留240人（移送起诉89人），行政拘留606人，罚款处罚27人。5月5日晚，分局组织警力打掉3处网络百家乐赌博窝点，抓获违法犯罪嫌疑人薛超（男，23岁，上海市杨浦区人）等19人，缴获赌资9万余元。10月8日晚，分局组织100余名警力对内江路3号琦琳锁具厂“斗蟋蟀”赌场实施围捕，抓获违法犯罪嫌疑人陈岗（男，40岁，上海市杨浦区人）、卞根元（男，48岁，山东省济宁市人）以及参赌人员87人，缴获赌资10万余元。（胡光耀）

【保障重大工程施工期间辖区道路交通畅通】 年内，杨浦区一系列重大市政建设项目相继开工，杨浦分局加强全过程管理和内部管理，做好道路交通排堵保畅工作。增设警示标志、夜间警闪灯、可视化围场护栏等安全防护设施，视情调整路面警力勤务布局，落实交叉口渠化、分流改道等措施缓解施工区域通行压力。全年，制定实施交通组织方案95处，优化相关拥堵节点30余处；调整执勤岗位8处，

设置特保执勤岗位22处。通过各类媒体和“双微”平台及时发布重要施工信息、道路和交通信息16条，开展宣传活动20余次，发放资料1000余份。查处机动车滞留路口、争道抢行、违反信号通行以及违法占道停车264352起，大型货运车交通违法行为3801起。(胡光耀)

【创建四平路市级交通文明示范线】 杨浦分局调整勤务模式，优化警力配置，强化视频巡控，加强四平路示范路段沿线交通秩序整体管控力度，示范线路口民警“管事率”高于全区平均“管事率”4.5个百分点。加强宣传，主动与示范线周边239家沿街商铺、居民小区和大中小学沟通联系，全年开展交通安全宣传活动40余次，发放宣传资料1万余份；拆除2处行人二次过街设施，增设中心隔离护栏和绿化隔离设施592米，漆划道路标线7375米，增设反光道钉60余个。全年在辖区四平路沿线查获交通违法行为2485起，比上年增加11.3%。其中，机动车违法1862起，比上年增加12.3%，行人、非机动车违法623起，比上年增加8.5%。交通组织效能、道路交通安全明显提升。(胡光耀)

【境外人员服务站建设赢得赞誉】 杨浦分局建有同和、新江湾城两处境外人员服务站。服务站对留学生开展上门、受理、审核办证服务，通过快递做到受理服务“零距离”。为留学生和外籍人士在服务站同时完成住宿登记和签证业务办理提供便利。两处服务站全年接待境外人员住宿登记1212人，为留学生、企业外籍工作人员提供咨询服务280人次，提醒签证到期人员37人，开展法律宣传活动5次。12月29日，杨浦分局境外人员服务站建设经验在市局专题会议上被介绍推广。(胡光耀)

【科技服务实战技术获奖】 7月1日，杨浦分局数据集中存储和虚拟化项目获得上海市公安局科技项目“科技建设类”三等奖。该项目将共用的基础架构资源聚合在“一池”服务器，有效提高资源利用率，并通过集中存储和服务器虚拟化，确保应用系统不中断和应用连续性。系统形成成熟可扩展的平台架构，可降低建设和运维费用。该项目经国家水平检索报告(ISTIS)鉴定，达到国际先进水平；获得公安部科技信息化局颁发的《科学技术成果登记证书》。(胡光耀)

【创新消防监督检查机制】 杨浦分局创新消防监督检查机制，变“分管片区”为“分配检查”，避免人情执法和权力寻租，执法成效明显提高。引入“执法APP”手机终端，实时查询、记录、掌握消防人员执法轨迹，检查时间节约15%。制定“执法终端使用管理规定”，规范监督检查手段，强化防火业务实训和典型案例月讲评，加强防火技术交流，提高消防参谋发现隐患和指导隐患整改能力。全年共检查36893家单位，比上年增加30.9%，检查数据准确率为100%。(胡光耀)

【殷行派出所打击整治成效明显】 杨浦分局殷行派出所紧扣辖区治安特点，深入推进“迎新春、保平安”“百城禁毒会战”和春季、夏季、秋冬严打整治专项行动，加强情报导侦、深化内外联动、提升侦查打击效能，确保辖区社会治安持续稳定。强化情报搜集，注重辖区警情的“日梳理、周分析”，通过“警务信息综合应用平台”发布警情分析和预警指令，引导合理布警、精确打击。梳理辖区二手机、打金店、修车行等易收赃行业及宾（旅）馆、休闲娱乐等易涉毒场所，加强管控。全年共侦破各类刑事案件201起，打击处理各类违法犯罪人员310人（其中，刑事拘留129人，行政拘留181人）。（胡光耀）

【侦破“2015·2·28”假冒贵金属交易平台系列电信网络诈骗案】 2015年2月28日，杨浦分局接群众报案称：2014年10月以来，河南珏贵银贵金属交易中心上海代理公司以投资白银现货等贵金属交易为名实施诈骗，造成其重大经济损失。经侦查，河南珏贵银贵金属交易中心上海代理公司无经营贵金属交易资质，无工商登记信息，虚构贵金属交易公司和交易平台，以远低于正常交易费率和承诺高收益为诱饵，诱使被害人使用其提供的虚假交易软件，收取“手续费”，甚至直接篡改客户端行情数据，制造被害人投资亏损假象，暗中将被害人“损失”钱款转入莫思静（男，27岁，广西壮族自治区柳州市人）、曾炜（男，27岁，广西壮族自治区柳州市人）等人银行账户。2015年3月24日，专案组抓获莫思静、曾炜等8名犯罪嫌疑人，查扣冻结赃款15万元，破获涉及上海、江苏、河北、广西等地的电信网络诈骗案件20余起，案值110万余元。该案的侦破工作在2015年度“刑警803破案奖”评比中被评为金奖。（胡光耀）

【侦破“9·26”在沪跨国企业高管系列商业贿赂案】 1月15日，杨浦分局根据线索抓获成都怀全食品有限公司、上海牧源食品有限公司、内蒙古科尔沁牛肉有限公司以及欧尚超市有限公司业务主管任春（男，46岁，上海市普陀区人）等9名犯罪嫌疑人，追缴、冻结涉案赃款赃物500余万元。经查，7名行贿人为使肉类制品顺利进入欧尚超市全国供应链系统，以及在欧尚超市每月两次上刊促销海报，按照销售额的1.5%向任等人行贿。任自2008年担任欧尚超市有限公司大中国区肉类采购主管以来，利用职务便利，每月按照销售额的1%~1.5%的不同扣率分别收受商业贿赂，案值237万余元。该案的侦破工作在2015年度上海经侦系统“经济犯罪案件侦查破案精品案例”评选中被评为“金奖”。（胡光耀）

【侦破“7·9”非法买卖枪支案】 2015年7月初，杨浦分局工作中获取线索，网络上有买家出售“快排”气枪及组件，且在上海有实体店。7月9日晚，专案组在沪、豫两地抓获犯罪嫌疑人汪本强（男，23岁，安徽省舒城县人）、赵东亚（男，27岁，河南省新蔡县人），之后又在广东湛江抓获犯罪嫌疑人陈超鸿（男，34岁，广东省湛江市人），查处非法制售窝点1处，缴获“快排”气枪3支、气枪配件100余套，涉案金额3万余元。经查：2014年8月至2015年7月间，赵从陈处购入“快排”阀200余套，又通过网络购入“快排”气枪零配件及钢珠弹，组成完整的“快排”气枪，以600至700元的价格出售给汪获利。汪再加价以成套950~2200元的价格在网上销售获利。该案的侦破工作在2015年度“上海治安系统精品案例”评选中被评为“银奖”。（胡光耀）

闵行分局

【概况】 2015年，闵行分局围绕争先创优总目标，推动机制改革创新和软硬件升级，打造符合闵行快速城市化地区治安特点的现代警务模式升级版，全面提升地区打、防、管、控效能和基层基础建设水平，为全区经济社会全面、协调、可持续发展提供安全、有序的社会环境。

维护社会稳定。加强与相关职能部门联动，开展区级反恐重点目标单位专项督导检查，全年共检查90余家次；加强本区公安特警、消防、卫生急救、疾控、环保、民防、水务、电力8支应急队伍联动应急处置机制建设，全年累计开展应急点名10次、实地检查5次、拉动演练6次。全年组织开展各类宣传活动30余次，发放宣传物品40余万份。配合相关职能部门，稳妥处置群体性事件132起，涉及5951人次，处置成功率100%。

打击违法犯罪。组织开展"闵剑"系列专项行动。全年分局共破获刑事案件6823起，比上年增加18.6%。破获命案19起，破案率100%。刑事拘留4823人，比上年增加12.0%；提请批准逮捕2841人，与上年持平；移送起诉4079人，比上年增加5.8%；打击总量列全市第2位。查处治安案件84074件，比上年减少5.8%。其中查处"黄赌毒"案件3704件，比上年增加2.2%。行政拘留5065人，比上年增加5.9%。分局接报110报警类案件18.4万余起。

规范公安行政管理。全年累计参与全市性交通整治65次，组织开展全区性集中整治180余次，查处各类交通违法118.4万余起，比上年增加47.2%，查获酒后驾车2618起；暂扣机动车3.7万余辆、"五类车"3.9万余辆，拘留相关违法人员835人。全年全区共发生道路交通事故（上报）132起，比上年减少35.3%；造成81人死亡，比上年减少1.2%；70人受伤，比上年减少57.8%。重点加强突出消防安全隐患治理，全年共检查单位3.6万余家次，发现火灾隐患或违法行为6万余处，督促整改5.8万余处；发生火灾事故408起，与上年基本持平；造成8人死亡，比上年减少11.1%；整治"三合一"场所698处，收缴非法液化气钢瓶4306个。全区建成并投入使用公共消防站9个，新增市政消火栓395支。出入境办证窗口共办理各类证件277万余证次，比上年增加20.0%，办证量居全市首位。全年累计办理"三非"案件340起，处罚"三非"人员363人；全区境外人员动态管控率、信息登记准确率保持在98%以上的市局A档标准。

夯实公安基层基础。强化实有人口基础工作，共采集、变更、注销流动人口信息192万余条，全区实有人口信息登记准确率达77.4%。2月16日，分局以6家派出所为试点，其他派出所按比例落实警力，正式挂牌成立派出所专职巡逻队伍并确立专职巡逻制度。全年共开具"物业单位整改单"842份；对22家小区进行技防改造，新增监控探头1020个；分局与莲花国际、友谊南方等闵行五大商圈建立"警商合作"机制，加强商圈商企、商铺业主等社会力量对商圈地区安全防范工作的参与度，商圈地区扒窃拎包等突出侵财类案件报警数比上年同期减少21.5%。累计建立派出所层面的平安家园微信群25个，286名社区民警建立微信群；开设“平安家园闵行治安防范宣传”“曹行警影”“风采吴警”等微信公众订阅号，推送治安防范信息。

加强公安队伍建设。先后组织开展“岗位先锋”系列评选比赛、“青春警星”及十佳优秀社区民警评选等评优活动。成立羽毛球社、足球社、骑跑社、文学社等6个文体社团，组织开展“闵劲杯”羽毛球赛，“闵剑杯”足球赛、篮球赛等一系列体育赛事。年内33个集体、843名个人受表彰。七宝派出所谢俊明被评为“上海市劳动模范”，刑侦支队姜峻荣获“上海市三八红旗手”标兵称号，莘光派出所朱春花荣获“上海市三八红旗手”标兵和“上海市公安十大优秀青年”称号。交警支队二中队民警茆盛泉被上海市人民政府批准为烈士。(奚龙珍)

朱春花（中女）荣获“上海公安十大优秀青年”称号　(奚龙珍提供)

【开展“闵剑”系列集中整治行动】　针对案件和季节性发案规律，组织开展“闵剑9、10、11号”专项行动。累计打击涉恶团伙218个，破市级恶势力专案8起，抓获犯罪嫌疑人770人。侦破“两抢”案件77起，破案率77.8%，侦破电信网络诈骗案件138起，比上年同期增加43.7%；打击并刑事拘留入室盗窃、扒窃拎包、盗“三车”犯罪嫌疑人1005人，占分局全年总刑事拘留数的20.8%。(奚龙珍)

【强化“黄赌毒”打击整治】　闵行分局深入推进“黄赌”专项整治、“禁毒”会战等行动。全年共查处“黄赌”案件2532起，打击处理违法犯罪嫌疑人3980人，比上年增加26.9%，其中刑事拘留783人，比上年增加54.4%。累计侦破毒品案件332起，查处吸毒人员1473人，其中强制隔离戒毒434人。3月19日起，分局在全区范围内开展为期一个半月“清场所、打黄赌、铲窝点、挖幕后”专项行动，共查处“黄赌”窝点316个、捣毁团伙17个，打击处理“黄赌”违法犯罪嫌疑人665人，其中刑事拘留147人。共检查娱乐休闲场所3.5万余家次，取缔违法犯罪场所849家，停业整顿37家，刑事拘留涉案场所房东11人。(奚龙珍)

【结合地区实际推进专项行动】　组织开展“猎狐2015”境外追逃、“打击整治网上买卖银行卡犯罪”“打假”等专项行动，维护地区经济秩序稳定。其间，成功侦破马桥正闵房产非法吸收公众存款案等一批重大案件。全年共破获各类经济犯罪案件377起，提请批准

逮捕157人，比上年增加30.5%；移送起诉352人；挽回群众经济损失9377万元，追缴率89.1%。立足地区民生，以市局部署“利剑—断链”专项行动为契机，严打食品药品、环境违法犯罪。全年累计侦办食药环类刑事案件94起，抓获犯罪嫌疑人110人，移送起诉60人。（奚龙珍）

【强化人员密集场所安全防范措施和应急处突能力】 闵行分局立足地区实际，落实针对性措施，在七宝老街、浦江召稼楼、闵行体育公园等重点景区，安排充足警力驻点，以特种机动队为第一波处置力量的成建制拉动、快速反应、科学处置等战术保障，制定预案、强化指挥、规范处置。全年累计出动景区驻点守护114场次、警力7800余人次，保障节假日期间景区等人员密集场所安全。此外，在虹桥综合交通枢纽等重点区域，进一步明确责任、细化任务，健全完善“1、3、5”分钟处置机制。（奚龙珍）

【快速处置轨道交通1号线停运事故】 7月28日6时23分，轨道交通1号线上行一列车发生故障停运，导致闵行区莘庄站台及周边区域出现大面积人员滞留。闵行分局快速反应，借助前期监控布点、应急预案及各部门联动处置机制，紧急驰援、合理控制，成功疏导聚集人员3万余人次，有效地维护了现场和周边秩序，保障了城市运行安全。（奚龙珍）

【成立特种机动队】 4月14日，闵行分局以原机动巡防队为班底挂牌成立了70人的特种机动队，主要承担叠加巡逻、处置涉恐涉暴和群体性突发事件等任务。机动队配有巡逻车辆5辆，除每名队员配备个人单警装备外，车上配有监控摄像装置、手枪、防暴头盔、盾牌，约束杆、金属探测仪等警用装备。通过巡逻盘查，查获各类涉案嫌疑车辆89辆，排查重点高危人员620余人。通过成建制快速拉动，迅速处置重大突发群体性事件76起，采取强制措施带离违法人员126人。（奚龙珍）

【推进刑事技术建设】 闵行分局挑选刑事技术业务骨干分批次至公安部、市局业务总队、先进省市进行专业培训，同时不断加强科研探索、实战验证工作，带动整体业务水平的提高。全年共勘查各类现场11501起，比上年增加24.3%；提取痕迹10179起，比上年增加40.3%，其中DNA提取4188起，比上年增加472.9%；累计比中犯罪嫌疑人513人，比上年增加14.0%，案件781起，比上年增加25.0%；采集手套印检材数2593个，检出452个，检出率17.4%。11月2日，分局在侦破一起抢劫案时，通过DNA比对，带破松江区“2014·1·4叶榭故意杀人案”。（奚龙珍）

【完善两级视频侦查体系】 健全完善“视频侦查专业队-派出所视频技术室”两级视频侦查体系，打造视频侦查精英队伍，强化基层所队视频技术应用能力、自侦能力，重点打击群众反映强烈的多发性侵财类案件。全年通过视频技术侦查，刑事拘留犯罪嫌疑人1562人，占刑事拘留总数的33.3%，其中侵财类846人，占犯罪嫌疑人总数的52.4%；在全部视频抓获人员中，通过派出所自侦抓获897人，占57.0%。（奚龙珍）

【茆盛泉被批准为烈士】 2015年3月11日17时26分许，闵行分局交通警察支队二中队民警茆盛泉在吴中路虹许路口纠处一起机动车交通违法行为时，驾驶员不服从指挥，并驾车将其拖行，致使茆盛泉头部着地重伤，经抢救无效，不幸牺牲。茆盛泉同志从警八年中始终坚持“严格执法、公正执法”，曾先后获得2009年度分局优秀团员、2010年分局嘉奖、2010年市局嘉奖、2014年区非法客运整治工作优秀个人等荣誉。2015年4月15日，上海市人民政府批准茆盛泉同志为烈士。（奚龙珍）

茆盛泉同志追悼会　（奚龙珍提供）

【侦破“4·25”特大入室盗窃案】　4月25日凌晨，闵行区红松路175弄宝虹公寓发生一起入室盗窃案，台湾籍被害人住处被盗珠宝玉石，价值5000余万元。经侦查，分局于4月26日在松江区九亭镇中心路小区73号抓获唐作华（男，35岁，重庆市万州区人）等3名犯罪嫌疑人。经审讯，唐等3人因经济拮据，于4月25日凌晨，窜至闵行区龙柏地区，以攀爬钻窗方式随机选择进入宝虹公寓被害人家中，窃得赃物后逃逸。该案侦破后缴获被窃全部珠宝玉石159件。该案的侦破工作在2015年度“刑警803破案奖”评比中被评为“金奖”。（奚龙珍）

【侦破“8·10”电信诈骗团伙案】　6月16日，闵行分局接报，一报案人称其遗失一部手机，后通过网络联系他人欲通过GPS找回手机，对方以安全保密为由让报案人汇款。随后几天内，报案人共分12次将18460元转给了对方。闵行分局会同市局有关部门组成专案组，在海南公安机关的配合下，8月10日，在海南省儋州市抓获刘土城（男，22岁）、陈文册（男，22岁）等4名海南儋州籍电信诈骗犯罪嫌疑人。该团伙以帮他人找回手机为幌子实施电信诈骗。该案的侦破工作在2015年度“刑警803破案奖”评比中被评为“铜奖”。（奚龙珍）

【侦破“11·4”抢劫杀人案】　11月4日凌晨2时许，漕宝路1467弄发生一起抢劫杀人案，被害人黄某在回家途中被持刀抢劫并杀害。闵行分局即会同市局有关部门组成专案组，历时20小时侦查，在漕宝路龙茗路路口将犯罪嫌疑人丁志明（男，27岁，湖北省孝感市人）抓获。据丁交代，11月4日凌晨，其因经济拮据，随机寻找目标作案，后在漕宝路1467弄发现被害人黄某，遂持刀抢劫其挎包，并将黄某杀害。该案的侦破工作在2015年度“刑警803破案奖”评比中被评为“铜奖”。（奚龙珍）

【侦破“4·10”销售假冒注册商标的商品案系列集群战役】　4月，闵行分局获悉，闵行

区金汇路大通阳商场某店铺有销售假冒名牌箱包的嫌疑。经侦查，发现这是一个专门制造、销售假冒名牌箱包给外籍人士的犯罪团伙，涉及上海、广东、辽宁、山东等地。6月至9月，分局在公安部经侦局的支持下发动“集群战役”，在上海、广东广州、广东江门、山东青岛、山东滨州等省市公安机关的配合下，抓获犯罪嫌疑人陈华安（男，35岁，江西省抚州市人）、付细平（男，43岁，江西省抚州市人）等11人。共查处加工、销售窝点6处，查获假冒香奈儿、江诗丹顿、雷达、欧米茄、浪琴、劳力士等品牌手表6100余块，“LV”、香奈儿等品牌箱包3100余件，各类手表零配件、包装材料3000余件，涉案价值1亿余元。该案的侦破工作在2015年度上海经侦系统“经济犯罪案件侦查破案精品案例”评选中被评为“金奖”。（奚龙珍）

【侦破“1·06”非国家工作人员受贿、虚开增值税专用发票案】 2015年1月，闵行分局工作获悉，卡骆驰（上海）贸易有限公司零售拓展部总监刘云峰（男，44岁，上海市闵行区人）涉嫌受贿，即成立专案组。经查，2010年1月至2014年6月，刘云峰利用其职务便利，多次向供应商索要回扣、好处费，受贿金额300余万元。另查，2008年8月至2014年6月，刘云峰设立上海宝菲贸易有限公司，并担任该公司的法定代表人。2012年3月至2014年9月，刘在明知无任何业务往来的情况下，要求下属供应商上海汇辰展览展示服务有限公司多次开具增值税专用发票给上海宝菲贸易有限公司，后非法抵扣国家税款33万余元。2015年2月11日，闵行分局抓获犯罪嫌疑人刘云峰，并追缴全部赃款。该案的侦破工作在2015年度上海经侦系统“经济犯罪案件侦查破案精品案例”评选中被评为“铜奖”。（奚龙珍）

【侦破“7·10”挪用资金、诈骗案】 2014年7月10日，闵行分局接报，招商银行上海闵行支行柜台理财人员汤敏强（男，31岁，上海市松江区人）涉嫌挪用客户资金后失踪。闵行分局即成立专案组开展侦查。2015年2月，在南昌市公安机关配合下，闵行分局在江西省南昌市将汤抓获。经查，汤在银行工作中谎称帮被害人购买银行理财产品，帮助被害人设置了密码，并将被害人的1800万元人民币分几次转入其以被害人名义办理的银行账户，再从该账户把资金转入汤家人的银行账户。为了骗取被害人信任，汤伪造了3份招商银行理财产品销售协议书并伪造账户交易明细表给被害人。汤敏强挪用客户资金主要用于投资贵金属白银期货，还用于炒股、购买彩票、地下赌博网站炒黄金等。该案的侦破工作在2015年度上海经侦系统“经济犯罪案件侦查破案精品案例”评选中被评为“铜奖”。（奚龙珍）

【侦破“5·20”设置赌博机开设赌场案】 4月初，闵行分局获悉，一福建浦城籍男子罗某在闵行区开设多家赌博游戏机场所。在市局相关部门的支持下，5月20日中午，侦破了以罗爱兴（男，48岁，福建省浦城县人）、黄国惠（女，43岁，四川省古蔺县人）夫妇为首的特大赌博团伙案，抓获涉案人员80余人（其中刑事拘留47人、取保候审2人、行政拘留13人），共清理赌博游戏机场所34家，缴获赌博机800余台、赌资20余万元。经查，该团伙以罗、黄为首，下有13个分区经理，各分区经理物色店长在全区开设多家赌博游戏机场所，开展赌博活动。该案的侦破工作在2015年度

“上海治安系统精品案例”评选中被评为“金　　奖”。(奚龙珍)

宝山分局

【概况】　2015年，宝山分局以保障城市安全为底线，以夯实基层基础工作为重点，以“先行先试、创新发展”为契机，完成各项公安工作任务，确保地区社会治安平稳有序。宝山分局连续第五年获得“上海市优秀公安局”荣誉称号。

维护社会稳定。推进社会面防控“三张网”建设，在12家派出所建立专职巡逻队。配合处置“8·31”国际邮轮港游客滞留等群体性事件和不安定因素274起，化解突出矛盾20起。完成抗战胜利70周年纪念活动、“2015上海樱花节”以及宝山国际民间艺术节、宝马高尔夫大师赛等安保任务332批次、警卫任务11批次。

严打违法犯罪。全年立刑事案件12598起，比上年增加43.1%。破获刑事案件3172起，比上年增加15.5%，破案率25.2%。其中侦破八类案件138起，破案率46.9%；侦破“两抢”案件47起，破案率61.0%；侦破盗窃案件1160起，破案率16.7%；侦破毒品案件273起，破案率73.0%；侦破故意杀人和伤害致死案件14起，破案率100%；侦破经济犯罪案件326起，破案率38.6%，追缴赃款13892.09万元；侦破诈骗案件319起，破案率14.1%；侦破敲诈案件21起，破案率42.0%。查处各类违法犯罪嫌疑人6124人，比上年增加33.0%，其中移送起诉3545人。抓获在逃人员446人。查处行政案件710714起，其中查处“黄赌毒”案件16863起。查处违法人员7188人，比上年增加12.6%。收缴民用枪支163支、仿真枪85支、管制刀具377把。全区110报警类案件57638起，比上年增加7.0%。

看望孤寡老人　　(姚文威提供)

保障公共安全。全年纠处交通违法行为60.7万余起，发生交通事故（上报）148起，与上年持平，造成90人死亡，比上年减少9.1%，直接经济损失19万元，比上年减少38.9%。率先完成年度市区政府消防实事项目，全年检查单位7万余家，整改隐患14万余处，责令“三停”单位42家，行政拘留256人，刑事拘留5人。开展消防培训300余次，组织疏散演练3.7万人，发放宣传资料14万余份。发生火灾672起，比上年减少7.4%；造成4人死亡，比上年减少63.6%。全年受理出国（境）申报材料102173份，办理境外人员申报临时住宿登记77590人次，查处“三非”外国人67人，查获组织偷渡案3起。以户政“阳光警务”平台建设为载体，夯实“两个实有”全覆盖工作基础，开展实有人口信息标准化采集试点工作，深入推进人口调控管理服务工作。加强监所“五化建设”，不断探索医疗社会化模式，严格落实监管措施，加大执法检查与监督。

夯实基层基础建设。建成分局二级互联网监控分中心项目并通过验收，完成新一代警务PDA首批升级换发工作，搭建公安业务网、视频网两套云计算虚拟化平台。加强对综合改造后50个村宅（社区）、173个点位维护管理，推动社区民警走访群众、案件回访和场所查控工作深入开展。以新一轮执法规范化建设和“阳光警务”建设为契机，加强执法监督、执法培训和法制员队伍建设，年内分局及治安、交警支队，人口办、罗泾派出所被市局评为“上海公安机关‘阳光警务’示范点”。

加强队伍建设。分局合唱队和乒乓球队在市局比赛中取得团体第二名。开展各类培训90余场次、心理疏导300余人次、送温暖慰问5300余人次，发放慰问金60余万元。组织巡回演讲50余人次、创作文化作品300余篇（幅）。编发即时表扬榜34期、奖惩素材半月报16期，推送新闻稿件视频180余篇次，发布博文2200余条，妥善处置涉警舆情90余起。分局政工网被市局评选为一、二、三、四季度优秀政工（队伍建设）网站。78家集体、965名个人被记功嘉奖、授予各类荣誉称号。朱永春、傅丽莉、胡杰、王惠芳被评为“宝山好人”，唐轶获宝山区第二届“平安英雄”称号。彭芳被评选为“上海市巾帼建功标兵”。（姚文威）

【推进主办侦查员制度改革试点工作】 在市局的指导下，宝山分局推进主办侦查员制度改革试点工作，探索建立员额制、遴选制、等级制、考核制、淘汰制等主办侦查员制度规范；遴选出121名主办侦查员，设定15个专业主办组和22个派驻派出所主办组；建立“权力清单”“责任清单”和相应监督管理、激励保障机制，努力实现责权利统一；主动对口衔接司法改革，确保步调一致。试点工作已取得阶段性成效，表现出破案规模、能力递增，团队整体、队所联动等效应。（姚文威）

【开展支持科创中心建设出入境政策措施工作调研】 为贯彻落实公安部在沪推出的支持科创中心建设12条出入境政策措施，宝山分局成立工作调研组，就出入境政策措施实施的可行性和相应配套等进行专题调研。走访宝山区相关政府职能部门和6家工业园区涉外企业，听取意见和需求。对涉外企业机构及境外人员、区经济发展和产业结构调整态势，以及12条政策措施实施后出入境工作面临的挑战进行排摸梳理和分析研判。9月至10月，开设外国人办证窗口，配备自助服务设施，提供网上办证便捷服务等便利。下半年，受理外国人办证36人、外省市人员办理出入境证照2675证次，为高新企业办理和待办口岸签证备案登记2家。（姚文威）

【综合治理新吴淞综合市场及周边消防隐患】 针对吴淞街道新吴淞综合市场及周边存在严重消防安全隐患，区消防安全委员会印发专项实施方案，分局消防支队和吴淞派出所会同街道，成立由综治、公安、城管、市场管理等部门组成的工作小组，开展前期调研，加强宣传告知，组织内外整治工作：对市场内，统一装配电表、漏电保护装置、灭火器材140套和应急照明灯、疏散指示标志40只，增设临时消防水源4处，清理防火间距500余平方米；对市场外，拆除隐患商铺44间，清退违规住宿人员750人，清除店面、仓库50家，搬离住户80户。提前完成整改并通过验收。（姚文威）

【探索整治非法运营“四手驱动”工作法】 宝山分局交警支队探索整治非法运营四轮车“撒、摸、打、滚”工作法：“撒”网布局，在重点街镇、区域加装电子警察违停抓拍系统，提高非现场执法力度，并组织执勤民警加强现场查处，制作简易笔录；充分调“摸”，开展对四轮“黑车”活动频繁区域、路线调查排摸，并通过调取视频监控和现场摄录像等手段，采集信息固定证据，提高查处针对性；“打”防并举，会同属地派出所、区交通执法大队，加强地铁车站、公交站点、客运码头等重点区域和部位巡查执法，并加派警力巡逻值守；“滚”动整治，组成联合执法小组，每日分早、晚高峰时段展开轮番设卡和整治。年内，查获并移交非法运营四轮“黑车”512辆，暂扣驾驶证525张，行政拘留违法人员176人。（姚文威）

【深化“阳光警务”建设】 宝山分局坚持公开、公正、透明导向，将“阳光警务”建设列为分局党委年度十项重点任务之一。分局制发推进实施方案、执法质量考核评议方案，遵循“能公开、尽公开”原则，出台办理刑事案件法制审核实施办法、执法办案公开规定、法制员考核工作办法等8项制度规范。对33种常见警情类型处置程序明确操作规范，清理分局行政审批事项25项、处罚事项862项。完善执法办案公开管理、监督、考核机制，实行督促检查与责任考评同步，不断提高执法水平和公信力。年内，分局被市局列为“阳光警务”分（县）局示范点。（姚文威）

【推进“12345”市民服务热线效能监察工作】 宝山分局完善和依托“12345”效能监察工作考核机制，细化逐级办理责任，建立承办单位和职能部门各负其责、分工协作的捆绑考核制，遇职能交叉的难点问题，实现由主办单位申报、监察部门协调、多部门共同会商解决；坚持问题导向，建立每周有检查、每月有分析、每季度有排名的工作机制。分局党委对每季度考核排名靠后单位，实行由政委带队调研，帮助基层单位发现问题、解决问题，提高群众满意度；坚持长效管理，把监督工作融入到民警执法活动的全过程。在2015年全市政风测评暨“12345”市民服务热线满意度方面，分局在17个分（县）局中排名第一。（姚文威）

【创新警营文化模式】 年内，宝山分局不断探索警营文化工作的新途径、新方法。开辟“忠魂永铸·英烈千秋”“宝山公安文化中心”

“滨江警园”“图书馆”“民警心声”等公安网上专栏；开设“这个春节‘我在岗位上’”“‘樱’为有你——樱花节安保系列报道”“警察的中秋”等宝山区广播电台专栏。开展“纪念抗战70周年”“扬宝剑精神，建平安宝山”“卫士之光”等主题专题创作征集、经典诵读大赛、公安法治知识竞赛、宝山公安第八届运动会、球类比赛、书法美术摄影篆刻作品展、图片展、好书悦读、警营开放日、文艺巡演、花艺培训等系列活动。开办与开设“宝剑”大讲坛、“书记讲党课”、官方微博微信公众号“便民指南”和警民互动“倪军工作室”等。（姚文威）

“文艺大篷车进社区”巡演　（姚文威提供）

【开展“宝剑之星”和“十佳贤内助”评选活动】　宝山分局为激发广大民警的工作积极性和创造性，感谢民警家属对公安工作的关心和支持，下半年制发关于开展“宝剑之星”和“十佳贤内助”评选活动实施方案。经过民主推荐、网络投票、评委评审、党委审核等方式，结合公务员年度履职考核和“贤内助”评选等工作，评选出“宝剑之星”“宝剑之星”提名奖和“十佳贤内助”各10名。（姚文威）

【侦破“假冒中国电信推销‘无线流量上网卡’电信诈骗案”】　7月，宝山分局获悉，本市多名被害人均接到前5位是“56641”的来电，以推销低价“无限流量上网卡”为名，诱骗被害人购买“99元”或“199元”面值的充值卡实施诈骗，即立案侦查。在四川眉山、江苏泰州等地公安机关的配合下，专案组于8月26日抓获程杰（男，33岁）等6名四川省眉山籍犯罪嫌疑人，缴获电脑、话务机、话术单等作案工具。9月10日，抓获江苏兴化籍犯罪嫌疑人顾正海（男，24岁）、丁萍（女，24岁），查处制假仓库1处，收缴伪劣中国电信“无限流量上网卡”3000余张，涉案金额20余万元，涉及全国各地诈骗案件1000多起。该案的侦破工作在2015年度“刑警803破案奖”评比中被评为“金奖”。（姚文威）

【侦破“2014·936”毒品案】　2014年11月初，宝山分局获悉，虹口区有一中老年妇女贩卖毒品，数量较大，即立案侦查，并报公安部目标“2014·936”毒品专案开展深挖。经侦查，毒品通过快递从广东深圳运至江苏常熟，然后驾车运至上海贩卖。在公安部禁毒局协调和市局有关部门、广东省公安部门的配合下，宝山分局于2015年1月抓获犯罪嫌疑人郑文如（男，50岁，广东省陆丰市人）、何金林（男，58岁，江苏省常熟市人）、杨华英（女，55岁，上海市虹口区人）等6人，缴获冰毒45千克，查扣涉毒车辆1辆。该案的侦破工作在2015年度“刑警803破案奖”评比中被评为“银奖”。（姚文威）

【侦破“8·05”信用卡诈骗、非法经营、出售公民个人信息案】 7月，宝山分局获悉，上海有多位居民的平安、广发、中国等银行信用卡被他人挂失补办，并被激活后盗用，涉案金额280万余元，遂立案侦查。经查，发现江苏淮安籍犯罪嫌疑人李强（男，28岁）、李丹（女，26岁）兄妹俩自2013年起，通过非法渠道与手段获取大量公民信息和信用卡，且大肆套现、取现并消费。10月14日，抓获犯罪嫌疑人李强、李丹，在其住所查获网站用户个人资料、QQ聊天记录、微信、银行资料、视频图像账本等信息1000余条和制卡作案工具。经深挖审查，先后抓获非法出售、经营公民个人信息的犯罪嫌疑人钟甫（男，36岁，上海市宝山区人）、陈飞（男，37岁，福建省福清市人）等4人。该案的侦破工作在2015年度上海经侦系统“经济犯罪案件侦查破案精品案例”评选中被评为“银奖”。（姚文威）

【侦破“6·18”虚开增值税专用发票境外“猎狐”专案】 2012年6月，宝山分局对兆能源酒店设备用品（上海）有限公司虚开增值税专用发票案开展立案侦查，涉案价税600余万元；11月2日，批准对该公司董事长郭方宁（男，44岁，广东省深圳市人，黑龙江省肇东市人大代表）刑事拘留；在向黑龙江省肇东市人大常委会报告待获许可期间，郭潜逃至国外。2015年4月郭被批准逮捕，被国际刑警组织发布红色通报。6月5日，宝山分局在公安部统一部署和马来西亚警方的配合下，在马来西亚抓获犯罪嫌疑人郭方宁。这是上海公安机关开展“猎狐2015”专项行动后首次在境外抓获的在逃人员。该案的侦破工作在2015年度上海经侦系统“经济犯罪案件侦查破案精品案例”评选中被评为“铜奖”。（姚文威）

嘉定分局

【概况】 2015年，嘉定公安分局以法治为引领、以改革为动力，扎实推进“四项建设”，不断提升社会面控制力、核心战斗力、执法公信力和队伍凝聚力，有力地维护了地区社会稳定和城市公共安全。2015年公众安全感指数83.71，列全市第十位，公安工作满意度指数82.52，列第十二位。

维护社会稳定。围绕重要节点，共出动警力1.8万余人次，完成纪念抗战胜利70周年、党的十八届五中全会等重要活动和重要节点安保工作。完善社会稳定风险评估和矛盾纠纷排查化解机制，健全与司法、检察、法院等部门的纠纷调处联动机制，妥善处置各类不安定因素和群体性事件。

严厉打击违法犯罪活动。以“嘉安”系列集中行动为载体，推进打黑除恶专项斗争，严厉打击入室盗窃、扒窃拎包等多发性违法犯罪活动。全年侦破各类刑事案件6292起，比上

年增加29.0%。其中侦破八类案件248起，比上年减少13.3%；侦破盗窃案件2546起，比上年增加10.1%；侦破涉黑涉恶案件110起，比上年增加3.8%；侦破毒品案件255起，比上年减少8.9%。缴获各类毒品18.3千克。侦破各类经济犯罪案件268起，比上年增加63.4%；挽回经济损失7814万元，比上年增加207.3%。

整治治安突出问题。组织开展“打黄赌、铲源头”等专项行动，推进“城中村”整治，对10个区级、11个镇级治安复杂村居委实行挂牌督办治理。全年查处治安案件5.86万起，比上年减少3.1%；处罚违法人员5139人，比上年增加0.9%。其中查处“黄赌毒”案件12212起，比上年增加8.7%；查处3652人次，比上年减少19.5%。处罚违法经营场所501家次，收缴赌博机1262台。

保障城市公共安全。整合武警、特警、特种机动队、派出所配枪巡逻等应急处突力量，实行社会面防控等级勤务巡逻机制。全年发生道路交通事故（上报）73起，比上年减少12.0%；死亡78人，比上年减少2.5%；受伤10人，比上年减少50.0%；直接经济损失37万元，比上年减少1.3%。发生火灾事故363起，比上年减少6.7%；死亡2人；直接经济损失755.5万元，比上年减少26.5%。

改进公安行政管理。开展寄递行业安全大检查和清理整顿，做好实有人口总量规模调控和人口登记管理。年内，增设张江国家自主创新示范区嘉定园出入境办证服务点。全年办理出入境证件9.5万余证次，查处“三非”、偷越国边境案件70起、75人次，查处非法经营宾旅馆等行业单位405家，查处非法储存、运输危险品案件4起，查缴枪支弹药、管制刀具121把（发）。

出入境办证服务点揭牌仪式　（樊卫华提供）

加强队伍正规化建设。坚持政治建警、素质强警、从严治警、从优待警，梳理群众来信来访、“110”投诉、“12345”市民服务热线等，及时发现和严格查纠队伍建设、业务工作薄弱环节和突出问题。继续落实民警体检、医疗保险等健康保障，组织开展足球比赛等文体活动。全年29个集体、503名个人获记功、嘉奖，31个集体、41名个人在市、区和市局各条线组织开展的评选活动中获表彰。（樊卫华）

【试点深化社区警务改革】　嘉定分局积极争取区委、区政府支持，成立深化社区警务改革工作领导小组及办公室，制定以社区警务与村居社会管理融合发展为主题，以马陆北管村为样板，以改革创新勤务运作、力量整合、考核评价、实战保障“四项机制10条措施”为主要内容的“1+4”全区深化社区警务改革总体方案和“1+6”分局深化社区警务改革实施方案，并采取党委成员划片牵头负责制和局长办公会双周听取报告制抓推进、抓落实。该经验做法被中共上海市委办公厅专门编发简报介绍推广。(樊卫华)

【加强核心战斗力建设】 完成DNA实验室、三级“电子数据鉴定实验室”和12家派出所视频技术室标准化建设。建立分局三级情报工作网络、案件现场勘查分级分类工作机制和分局、派出所两级视频侦查工作体系，提高情报研判、线索发现、证据收集固定等能力，服务破案打击。(樊卫华)

【推进“阳光警务”建设】 制定出台“阳光警务”建设重点项目推进工作方案，年内建立健全未破刑事案件“一案三回访”和已破案件破案、追赃、违法犯罪嫌疑人处理情况“三必告”机制，在安亭派出所设立“阳光警务”信息公开查询平台，主动提供案件办理进展、行业场所检查处罚等查询服务。在叶城派出所依托微博、微信、短信等平台，试点推出网上政策咨询、网上预审预约、短信友情提醒等便民利民举措。在交警支队优化车辆年检、人员验证换证、违法处理等短信提醒便民服务。(樊卫华)

【交通肇事致人死亡逃逸案件实行“类命案侦破”工作机制】 针对交通肇事逃逸案件社会危害性大、侦破难度高的特点，对其实行“类命案侦破”工作机制。指挥中心根据案发现场情况第一时间发布指令实施快速布控，刑侦支队、情报中心同步现场指导并开展配侦工作，法制办派驻法制员对案件定性、法律适用和证据要求进行指导，确保案件质量。年内全区侦破交通死亡逃逸事故5起，破案率为100%。(樊卫华)

【整治南翔镇新裕村火灾隐患】 南翔镇新裕村位于京沪高铁和沪通铁路沿线，面积2.3平方公里，区域内布料、木材等小型加工企业集聚，存在“三合一”、违章搭建等大量消防安全隐患，被列为全市生态环境综合整治工作重点区域。嘉定分局依托区消防委工作平台，整合相关部门、街镇力量挂牌开展环境综合整治。在拉网式排查摸底、逐一上门约谈告知、签订“承诺书”的基础上，采取集中清查整治、新闻跟踪曝光、责令限期整改、临时查封关停以及依法追究违法责任等方式，整治各类火灾隐患，有效改善区域消防安全环境。(樊卫华)

整治南翔镇新裕村火灾隐患 (樊卫华提供)

【侦破“8·12”故意杀人案】 8月12日21时40分许，嘉定分局接报警称，蔡某在嘉定区江桥镇华江路726弄133号摩登经典咖啡馆内被害，即展开专案侦查。8月14日专案组在宁波一网吧内抓获犯罪嫌疑人张西（男，22岁，安徽省颍上县人）。经审讯，张交代了8月12日凌晨在摩登经典咖啡馆内嫖娼过程中与卖淫女蔡某因嫖资纠纷，用水果刀将蔡刺死并逃逸的犯罪事实。该案的侦破工作在2015年度“刑警803破案奖”评比中被评为“银奖”。(樊卫华)

【侦破“2015·600”贩卖运输毒品案】 2014年11月，嘉定分局在工作中获悉，有人经常在上海市普陀区、嘉定区、长宁区等地贩毒，且毒品持有量较大，即组织开展专案侦查。2014年12月16日、2015年6月19日，分别抓获朱永莉（女，29岁，江苏省淮安市人）、王晨（男，41岁，上海市长宁区人）、许赟（男，33岁，上海市徐汇区人）、王亮（男，29岁，上海市嘉定区人）等制贩毒嫌疑人8人，缴获晶体冰毒660余克，半成品冰毒固液混合体1000余毫升，制毒原料麻黄素4300余克及若干制毒工具。该案的侦破工作在2015年度“刑警803破案奖”评比中被评为“银奖”。(樊卫华)

【侦破“6·05”网上销售假冒自然堂化妆品案集群战役】 6月，嘉定分局工作中发现，淘宝网上有多家店铺大量销售假冒“自然堂”品牌化妆品，即成立专案组开展侦查。9月15日至20日，公安部经侦局根据分局前期侦查线索，组织上海、浙江、广东、云南、河南等地实施集群战役，抓获沈文铸（男，30岁，广西壮族自治区玉林市人）等6名犯罪嫌疑人，捣毁制假售假窝点5处，现场缴获假冒“自然堂”各类化妆品7000余件，印有“自然堂”商标的标签、包装盒、防伪标签等制假物品5000余件，涉案价值人民币1400余万元。该案的侦破工作在2015年度上海经侦系统“经济犯罪案件侦查破案精品案例”评选中被评为“金奖”。(樊卫华)

【侦破“4·15”侵犯著作权案】 2015年4月，分局接上海奕奕数字技术有限公司报案称：1月起，有一款名为“海马”全图的外挂程序未经许可或授权，突破其公司运营的“11对战平台”的技术保护措施，对游戏实现地图全开的外挂功能，致使该公司流失大量玩家，造成巨大经济损失。分局即成立专案组立案侦查。7月23日、8月15日，专案组先后在上海、深圳抓获犯罪嫌疑人黄鑫（男，21岁，上海市宝山区人）、曹卿川（男，30岁，山东省青岛市人）。经查，曹于2012年制作了针对上海奕奕数字技术有限公司的“11对战平台”外挂软件。2015年起为谋取非法利益，曹将外挂软件交由黄以“海马全图” “大牛全图”“11全图”等名称在其开设的淘宝网店上对外销售，获利200余万元。该案的侦破工作在2015年度上海经侦系统“经济犯罪案件侦查破案精品案例”评选中被评为“金奖”。(樊卫华)

松江分局

【概况】 2015年，松江分局全力维护辖区社会政治稳定和城市公共安全，深入开展“三严三实”等专题教育活动，为松江经济社会发展和“十二五”规划圆满收官创造良好的社会环境。

维护社会安全稳定。深入推进社会稳定风险评估和矛盾纠纷滚动排查化解，有机衔接“12345”市民服务热线与信访工作，信访总量比上年减少17.7%，配合各级政府部门依法化解不安定因素215起，妥善处置民峰铝材市场拆违等引发的群体性事件67起。举办区城市轨道交通恐怖袭击等应急处置演练9次，完成第二届世界互联网大会、抗战胜利70周年等重大活动安保任务112项。

打击各类违法犯罪。不间断开展“迎新春、保平安”“春雷行动”等严打整治专项行动。全年立刑事案件12113起，比上年增加36.5%，侦破刑事案件3299起，比上年增加13.8%，破案率27.2%。其中侦破八类案件264起，破案率69.7%；侦破命案16起，破案率88.9%；侦破“两抢”案件58起，破案率70.7%；侦破盗窃类案件1324起，破案率19.2%。侦破各类经济犯罪案件264起，比上年减少8.0%，破案率52.1%，挽回经济损失6655万元。抓获各类违法犯罪嫌疑人9139人，比上年增加16.6%。查处治安案件53652起，比上年减少4.5%；行政处罚4697人次，比上年增加17.5%。

保障城市公共安全。开展“五类车”、机动车“两占”交通违法等专项整治，查处各类交通违法行为57.3万起，查扣“五类车”2.7万辆。全年发生交通死亡事故（上报）84起，比上年减少1.2%；造成89人死亡，与上年持平。统筹开展“查隐患、强整治、保平安”消防安全大检查、“五类场所”专项治理等专项行动，处罚单位1127家，清退规模型“三合一”住户756户1470人。全年发生火灾事故409起，比上年增加0.7%；造成3人死亡，比上年减少25.0%；2人受伤，比上年减少75.0%；直接经济损失341.7万元，比上年减少29.1%。增设科创人才服务专窗和外国人永久居留受理业务，受理出入境证件11.9万证次。

防范宣传 （郁小玲提供）

统筹推进基层基础工作。建成和启用大数据实战应用平台，依托平台侦破案件131起、抓获违法犯罪人员156人。推进松江区“十二五”图像监控系统建设，新建监控探头1964个。健全信息智能采集模式，采集录入实有人口信息60.7万条、变更38.8万条、注销58.0万条，新录入实有房屋4.1万间。构建治安防控“三张网”，组建特种机动队，建立1.5万余人的“红袖章”平安志愿者队伍。完成公安部一级示范技术室验收，建立二级电子数据勘验检查鉴定实验室，全面推动执法规范化建设“大讲堂”活动。

着力加强公安队伍建设。开展“三严三实”“秉公执法、人民公安为人民”等专题教育活动。举办警衔晋升、轮值轮训、警察夜校等培训35期，培训1300余人次。采取“集群性”宣传方式加强警察公共关系建设，刊载各类宣传报道645篇次；官方微博入围全国政务微博百强、上海政务微博十强；摄制松江公安形象宣传片《茸城虎贲》。有21个单位、446人获记功、嘉奖，涌现出“上海公安十大优秀青年”费海东等先进典型。(郁小玲)

【创新实有人口信息智能化采集模式】 针对松江区来沪人员持续大量涌入且流动频繁特点，松江分局在全市首创“松江区社会信息综合服务管理系统+两种采集终端（固定终端、移动终端）”的实有人口智能化采集模式。固定终端主要用于企事业单位自主采集员工信息，经互联网将信息传输至专用服务器，再导入公安网。移动终端主要用于社区综合协管员采集实有人口信息。共配置移动终端采集仪1625台，经电信网络接入政务网，再与公安网进行数据交换，实现“见人即采集、采集即录入、录入即核查”目标。相关做法先后被《人民公安报》《松江报》等媒体宣传报道。(郁小玲)

【组建特种机动队】 1月，松江分局抽调80名警力组建特种机动队，履行动中备勤、定点值守、武装震慑等职责任务。设4个中队，以“四班三运转”勤务模式，采取车巡、步巡与路口驻守盘查相结合等方式，每个巡逻最小单元均安排佩枪民警，并强化与特警巡逻、特警武警联合武装巡逻、派出所巡逻等力量的衔接策应、区域联动。年内，共出动警力6570人次，开展常态武装巡逻1095班次，配合夜间清查整治13次，完成安保警卫任务56批次。(郁小玲)

特种机动队勤务启动仪式 (郁小玲提供)

【交通违法审理窗口启用“排队叫号系统”】 松江分局从优化受理流程、改善窗口秩序出发，将取号人身份证和手机号码“双重”登记作为“排队叫号系统”生成排队号的前置条件，并将每个取号结果公布在窗口LED显示屏上进行语音提示。系统启用后，群众办理交通违法排队时间缩短近一半。严肃查处个别“黄牛”代取号、代办交通违法“买分卖分”等违法行为21起。对系统登记过的群众开展“点对点”个性化交通服务提示与交通安全宣传，累计发送交通宣传提示短信3万余条。(郁小玲)

【开展消防安全大检查】 2014年12月10日至2015年2月20日，松江分局自主开展“查隐患、强整治、保平安”消防安全大检查专项行动。依托消防“多警联勤”工作机制，重点排查整治劳动密集型企业、大中型商场市场、小单位及“底店上铺”场所等火灾隐患突出区域。对发现的火灾隐患依法下达法律文书，落实跟踪问效、按期复查等措施。共检查单位12233家次；发现火灾隐患或违法行为26423处，其中立即整改25843处，限期整改2715处，隐患整改率97.8%；复查单位3236家次，复查率119%；处罚单位342家。(郁小玲)

【强化司法拘留社会矛盾化解】 松江区拘留所在综合分析当事人年龄、矛盾类别、激化程度、诉求合理性基础上进行说理教化、用情感化；开设亲情电话，借助家属等关系密切力量做好规劝工作。与区法院执行局建立公法联调机制，即时互通信息，制作和完善被司法拘留人员档案，将承办法官提询内容与管教民警教育疏导切入点相互融合，提高矛盾化解成功率。加强与华东政法大学、社工服务社等单位合作，引入心理矫正、社工帮教、现身说法等社会化管理教育措施。共化解司法拘留社会矛盾47起，有效破解法院“执行难”问题。(郁小玲)

【推进法治公安建设】 松江分局开展执法规范化建设“大讲堂”活动，确立法治理念系列辅导讲座、突出执法问题集中剖析会、“上门式”执法讲评会和执法培训会、各执法办案单位法制员执法讲评会四类重点执法培训，分别有5人、222人取得高、中级执法资格。制订松江分局深化执法规范化建设三年规划；搭建公检协调平台，会商解决争议和分歧。依托“网办系统巡检”和“办案场所巡查”强化对执法活动的过程监督；以分局门户网站为载体搭建“阳光警务大厅”，主动接受社会监督。年内，未收到检察院纠违单，实现行政诉讼零败诉，分局消防支队、佘山派出所获市局“阳光警务”示范点称号。(郁小玲)

【教育培训】 松江分局将反恐防暴训练、师资培育情况、课程建设、新警带教、培训考核绩效等重点工作纳入考核，综合评估教官队伍，优化师资结构，聘任96名兼职教官、34名助理教官，其中22人通过基层教官能级(初级)鉴定。推进新警培育三年规划，完善新警带教机制。面向实战开发各类课程59门，其中35门被市局评为星级课程，获奖总数列全市第一。深化“育用衔接”结果运用，在非领导职务晋升中为民警加分2168人次，扣分482人次，有效激发民警学习积极性。(郁小玲)

【摄制松江公安宣传片】 8月，松江分局拍摄形象宣传片《茸城虎贲》，让群众真切感受到“松江公安就在身边”。全片由真实执法执

勤场景贯穿而成，片中所有警察角色均由松江公安民警本色出演。10月起，该形象宣传片陆续在全区20余块户外大屏、部分社区信息屏、各大网吧投放，并经局域网、互联网、区电视台及官方微博、微信等渠道同步推送，总阅读量80万余次。(郁小玲)

【侦破“5·15”抢劫金店案】 5月15日19时许，犯罪嫌疑人于列强（男，30岁，黑龙江省集贤县人）窜至新桥镇新育路165号中国金店加盟店，以选购金项链为名，趁店员不备抓起2根金项链夺门而逃，并将追赶的店员刺伤后逃逸。松江分局即成立专案组开展侦查，在案发后5小时抓获于列强，并追回被抢金项链。该案的侦破工作在2015年度“刑警803破案奖”评比中被评为“银奖”。(郁小玲)

【侦破“2·10”贷款诈骗案】 2月，松江分局在工作中发现，犯罪嫌疑人穆和培（男，45岁，福建省建瓯市人）、张宝泉（男，61岁，福建省南平市人）等人涉嫌贷款诈骗，即立案侦查。2013年4月，穆与张签订正式租赁合同，将3处房产出租给张，一次性收取15年租金406.9万元；再利用9个银行账户，通过连续转账方式将租金转回张的账户。后穆将已出租房产作为抵押，以上海幸悦仓储经营管理有限公司（法人代表穆和培）名义，通过虚假采购合同骗取工商银行松江支行一年期抵押贷款500万元，造成银行重大损失。该案的侦破工作在2015年度上海经侦系统“经济犯罪案件侦查破案精品案例”评选中被评为“铜奖”。(郁小玲)

【侦破于某等污染环境案】 4月，松江分局会同环保部门抓获犯罪嫌疑人于少光（男，32岁，安徽省利辛县人）等11人，查扣涉案废桶84.7吨。2014年起，于等人未经环保部门许可，租用新浜镇许村公路420号场地收购残留危险物质的废铁桶，并将废铁桶拆解后对外出售牟利，对附近土壤及地下水造成污染。经环保部门认定，环境治理费需260万余元。该案的侦破工作在2015年度“上海治安系统精品案例”评选中被评为“银奖”。(郁小玲)

金山分局

【概况】 2015年，金山分局围绕“顺应改革、务实奋进、强化责任、守牢底线、保持前列”的工作主基调，落实打、防、管、控各项措施，维护社会政治稳定和治安大局平稳。公众安全感、公安工作满意度总分排名均为全市第一，朱泾、枫泾、象州路派出所综合成绩位列全市三甲。

维护社会政治稳定。全年配合党委政府处置不安定因素121起。受理接待群众来信来访312件，比上年减少22.4%。完成“一个鸡蛋的暴走”“廊下半程马拉松”“水乡婚典”等大型活动和重要节点的安保工作任务。完成各等级路线、现场、住地警卫任务35批次。

保障社会治安稳定。开展“金鹰系列”等专项行动，全年立刑事案件6412起，比上年增加27.7%；破案2896起，比上年减少

32.2%；抓获犯罪嫌疑人1875人，比上年减少2.7%。其中，侦破八类案件97起，比上年减少5.8%；抓获“网上追逃”人员278人，比上年减少11.7%；侦破经济犯罪案件269起，比上年减少25.5%；抓获经济犯罪嫌疑人226人，比上年减少12.1%，追缴赃款17737.9万元。全年受理违反治安管理案件9917起，比上年减少6.3%；查处治安案件9912起，比上年减少6.3%。其中，查处“黄赌毒”案件2357起，比上年减少9.3%；行政处罚2337人，比上年增加44.2%。全年报警类110接处警6977起，比上年增加9.0%。

提升公安行政能力。持续严查重点交通违法行为，道路交通安全管理排名全市第一。查处道路交通违法行为20.1万起，未发生一次死亡3人以上和群死群伤等恶性交通事故。深化网格化管理和社会单位消防安全户籍化管理，检查单位2.7万（家）次，整改隐患3.4万处。积极筹建境外人员社区服务站，受理各类出入境证件5.7万人（证）次。共采集维护来沪人员信息71.2万条，核对、采集本市人户分离（人在户不在）信息7.1万条。

推动公安工作转型发展。成立特种机动队和朱泾派出所专职巡逻队，整合特警武装巡逻、公安武警联合巡逻力量。开通“金山公安法制”微信公众号。完成“十二五”图像监控系统建设、道口驾控系统改建、高清卡口全景摄像系统建设、新一代智能警务PDA换发、大数据实战应用平台硬件环境搭建及数据信息导入等信息化建设工作。推进分局视频分析室建设及DNA和毒化实验室筹建工作。

促进公安队伍健康发展。开展警务实战技能和重点专业能力练兵比武活动。举办各类“短平快”培训359期、培训5300余人次。推进逐级谈心谈话和走访慰问制度，用好“解困互助基金”，惠及民警及家属250余人次。建立“健康咨询”和“心理放松”2个服务队，累计服务民警400余人次。年内，共有15个先进集体和336人受到表彰，涌现出“制图达人”卫峥嵘、“铁关门神”杨维兰等先进典型。“2015年上海公安特警实战技能练兵比武”活动总团体成绩全市第一，交警支队“铁关”青年突击队被评为“上海市优秀青年突击队”，蒙山路派出所被授予“市廉政文化示范点创建单位”荣誉称号。（徐丽霞）

设卡盘查　　（徐丽霞提供）

【打击网络传播淫秽视频犯罪】　金山分局将利用即时聊天软件传播淫秽视频违法犯罪作为全年打击重点。各派出所落实专人定期对110警情、群众来电举报等线索进行汇总梳理。依

托区“两台两报”（金山电视台、石化电视台，金山报、新金山报）向群众开展普法宣传。通过公布举报电话、设立举报箱、加大案件线索奖励制度，多渠道地获取网络传播淫秽物品违法犯罪线索。年内，破获网络传播淫秽物品案件28起，抓获犯罪嫌疑人36人。（徐丽霞）

【创办“小杨说防范”栏目】 象州路派出所推出脱口秀式“小杨说防范”品牌宣传栏目。选拔民警作为栏目主持人，配以辅助工作组，负责案例及热点问题的收集整理。邀请本地媒体记者跟拍采访报道。“平安金山”“I金山”微信公众号、石化有线电视台、金山报等新闻媒体多次对栏目进行专题报道，在《石化社区报》开辟“小杨说防范”安全宣传专栏。4月份栏目推出后，举办讲座40场，受益群众4000余人，辖区成功劝阻电信诈骗数比上年同期增加300%，入室盗窃等侵财类案件发案率比上年同期减少30.0%。（徐丽霞）

【开展防范电信诈骗“集中宣传月”活动】 4月，金山分局制定防范电信诈骗“集中宣传月”活动方案，细化“六大”工作措施（即大走访、大讲座、大宣传、大巡查、大舆论和大报道）。其间，动员平安志愿者1800人，组织开展各类防范宣传活动2355场，举办防范讲座343场，召开专题警情通报会430场，发送防范短信8万余条，印制各类宣传资料50余万份。利用护校时段，在全区135个教学点向等候学生放学的家长发放宣传资料、讲解防骗知识。以每周三的走访日为契机，针对独居老人、家庭主妇等易受骗群体集中开展“进门入户”式宣传。（徐丽霞）

防范电信诈骗宣传　（徐丽霞提供）

【强化严重精神障碍患者管控】 金山分局与区精神卫生中心沟通联系，制定关于加强严重精神障碍住院患者因事请假离院管理工作的通知，规范严重精神障碍住院患者请假出院申请流程、双向风险评估及社区监管等有关工作。制定金山区关于开展肇事肇祸等严重精神障碍患者排查管控工作实施方案，社区民警会同各街（镇）（工业区）综治办、社区精防医生，对全区严重精神障碍患者进行梳理，逐一实地走访和排查核实，对患者开展风险评估。对居家监护的肇事肇祸精神障碍患者，落实由属地派出所、居（村）委、患者监护人负责的“三方监护”措施，建立定期上门随访制度。（徐丽霞）

【建立交通违法及事故情况定期通报制度】 金山分局交警支队协调区工商局、运管署等部门，上门滚动排查和核对企业、车辆、驾驶人相关信息，建立重点车辆单位安全监管工作台账。依托区道路交通安全工作联席会议办公室开展专项检查、落实奖惩措施等。每季度调取监控视频和社会车辆行车记录仪拍摄到的典型交通事故、交通违法视频资料进行整理、分析，制作时长15分钟左右的《“以案说法 共筑平安”金山区道路交通事故警示教育片》。通过联席会议、宣传活动、微博微信、“窗口”单位等进行播放。通过通报排名、媒体公布、抄告奖惩等手段，推进重点车辆单位交通违法及事故情况通报常态长效。(徐丽霞)

【创新境外人员治理机制】 金山分局出入境管理部门细化、明确、公开出入境管理部门服务类“责任清单”和外向型企业境外人员“负面清单”，推进“法宣先导、治理跟进”的境外人员治理新模式。落实分层分类管理，对辖区内的外向型企业及聘用外籍员工的内资企业上门开展宣传。发动社会力量，查处隐匿在劳动密集型企业、建筑工地内的毗邻国家非法入境妇女、非法居留新娘等。依托各类公安信息系统平台，对辖区内持“L”、“探亲”类签证(居留许可)长期停留在辖区的外籍人员信息进行比对，及时查处违法行为。赴市境道口调研指导，编撰“技战法”。9月初，根据该“技战法”查获5名非法入境的缅甸籍人员。(徐丽霞)

【夯实党建团建工作】 推进“社区民警兼任村官”工作，77名社区民警当选村（居）党组织副书记，23名社区民警担任村（居）主任助理。28个党（总）支部开展帮困助学、结对共建、慰问走访等活动。进行党建理论研讨，征集“微故事”21篇、DV秀10部、党建理论调研文章2篇以及党建案例2篇，其中，“基层服务型党组织建设路径选择”获市局党建理论研讨调研论文三等奖。开展“两优一先”评选表彰活动及“金山公安十大优秀青年”评选。组织“警营宝贝”才艺展示秀及“鸿雁寄情 金秋送暖”“好书乐分享”等活动。开展主题团建活动，各团（总）支部累计开展活动100余场，参与青年600余人次。(徐丽霞)

【侦破“7·15”故意杀人案】 7月15日，金山分局接报，在金山区亭林镇亭枫公路农业银行附近发现一具女尸。21日，在云南、四川和缅甸警方的协助下，在缅甸班康地区抓获犯罪嫌疑人杨兴荣（男，32岁，四川省凉山州人)。经讯问，杨交代6月15日与女友马某商谈分手事宜时发生争执，杨愤怒之中用双手掐住马某脖子，致马某窒息死亡的犯罪事实。该案的侦破工作在2015年度“刑警803破案奖”评比中被评为“银奖”。(徐丽霞)

【侦破“1·13”放火案】 1月13日1时10分许，金山区朱泾镇金龙新街全盛大酒店发生火灾。金山分局当日即抓获犯罪嫌疑人常伟(男，25岁，湖北省监利县人)。经讯问，常某供述因工作原因心生怨恨，于案发当晚，通过翻窗方式进入酒店财物办公室，打砸办公室内的办公用品后，又至酒店厨房内取得酒精，点燃酒店一楼及二楼的吧台，在确认火燃烧起来之后逃离现场的犯罪事实。该案的侦破工作在2015年度“刑警803破案奖”评比中被评为“铜奖”。(徐丽霞)

【侦破“7·28”非法吸收公众存款案】
2015年7月，金山分局获悉上海寅浔投资管理

中心（有限合伙）涉嫌诈骗，即立案侦查。9月，分局抓获陈成志（男，40岁，浙江省泰顺县人）等3名犯罪嫌疑人。经查，2013年5月起，上海寅浔投资管理中心以浙江联众杭州保障房投资基金名义公开募集资金2.8亿元，后无法按时兑现融资款，涉及人数150余人。本案是本市首例假借正规牌照信托公司，以“单一信托”模式，用7家有限合伙企业名义募集巨额资金的非法吸收公众存款案件。该案的侦破工作在2015年度上海经侦系统“经济犯罪案件侦查破案精品案例”评选中被评为“银奖”。（徐丽霞）

【侦破“9·02”制售假冒红酒、白酒案】 9月，金山分局在市局经侦总队和江苏、山东等六省市警方的协助下摧毁一条生产、销售假冒红酒、白酒犯罪产业链，抓获何和娟（女，32岁，安徽省六安市人）等15名犯罪嫌疑人。查处犯罪窝点10个，缴获假冒“茅台”“五粮液”等品牌红酒、白酒成品500余箱，收缴假冒瓶子、瓶盖、商标标识、包装箱等制假包装材料2万余件，及一批假酒灌制、包装工具，涉案金额4000余万元。该案的侦破工作在2015年度上海经侦系统“经济犯罪案件侦查破案精品案例”评选中被评为“银奖”。（徐丽霞）

【侦破“4·16”生产、销售假药案】 4月，金山分局获悉，在金山区亭林镇一仓库内堆放大量工业氯化钠，有假冒药用氯化钠的嫌疑。分局在市局治安总队的协助下，抓获左支工（男，47岁，湖北省孝感市人）等7名犯罪嫌疑人，查处一长期利用工业氯化钠冒充药用氯化钠提供给血液透析液生产企业的犯罪团伙，当场扣押工业氯化钠125千克，并配合行政部门及时召回涉案血液透析液54458桶，涉案金额255.2万元。该案的侦破工作在2015年度“上海治安系统精品案例”评选中被评为“金奖”。（徐丽霞）

【侦破“3·5”非法制造、买卖枪支案】 1月，金山分局获悉一QQ昵称为“风”的网民经常在其QQ空间及相册、日志中发布大量涉枪信息，有非法持有、买卖枪支嫌疑，即立案侦查。3月，分局在市局治安总队等单位的协助下，抓获赵少兵（男，36岁，河北省邯郸市人）等8名犯罪嫌疑人，缴获自制火药枪8支、气枪1支、制造枪支用机器2台、机器配件33件、子弹模具5套、枪支零部件219件以及空包弹、铅弹等6000余发，查处非法制造枪支、弹药窝点2处。该案的侦破工作在2015年度“上海治安系统精品案例”评选中被评为“银奖”。（徐丽霞）

青浦分局

【概况】 2015年，青浦分局贯彻落实党的十八大和十八届三中、四中、五中全会以及全国公安厅局长会议等一系列会议精神，结合实际推动平安青浦建设，维护全区社会治安稳定。

维护治安稳定。完成本区2015年春节、上海旅游节、第二届世界互联网大会、第四次中国—中东欧国家领导人会晤暨中国—中东欧第五届经贸论坛等专项工作安保工作，以及警卫任务和大型活动安保工作118批次。查破各类刑事案件4332起，比上年增加21.2%，命案全破；打击处理各类违法犯罪嫌疑人9778人，其中刑事拘留2941人、行政拘留4217人、提请批准逮捕1585人、移送起诉831人。年内，查处各类治安案件2.6万余起，其中“黄赌毒”案件3311起；收缴赌博机1668台、赌资35.9万余元。

加强行政管理。排摸规模性“三合一”场所60处，均已清理，清退人员1020人，提前完成2个市级督办重点区域火灾隐患整治。检查场所、单位5.3万余家，发现火灾隐患或违法行为10.2万余处，整改10.1万余处，临时查封89家，责令“三停”92家，罚款315.1万元，拆除违法搭建26.4万余平方米；查处涉烟花爆竹案件3起，收缴烟花爆竹1230余箱，行政拘留3人。发生火灾事故440起，造成2人死亡，直接经济损失573万余元。查处各类交通违法行为33.7万余起；发生亡人交通事故48起、造成55人死亡。探索“电子警察”查处高速违法行为，加强对区级危险道路和75处隐患路段点位的调研排摸和设施改造。严格道口安检查控措施，强化应急查堵防线联动，共检查车辆90.5万余辆次，查获网上在逃人员74人、涉毒人员193人，查获被盗抢车辆22辆、危险品118.5千克、毒品423.3克。受理出入境证件申请5.6万余件，登记境外人员住宿6.4万余人次，登记准确率99.7%；查处“三非”外国人68人次。发现、处置各类网络有害信息6017条，处罚上网场所180家次，侦破网络违法犯罪案件217起。

加强队伍建设。推进“三严三实”专题教育，组织开展党的群众路线教育实践活动“回头看”、纪念建党94周年以及“青年民警心声直达”“青年拓展之旅”等活动。推进“思想引领大教育”“内务管理大整治”“警务技能大比武”“服务群众大回访”四大特色活动，建立“守纪律、讲规范”常态督导工作机制。发布即时表扬33期，表扬集体27个，个人186人次；开展阶段性、即时表彰奖励7次，表彰集体25家，个人105人次。（张凯开）

冬季扫墓安保　　（张凯开提供）

【做好第十六届上海国际汽车工业展览会安保工作】　4月20日至29日，第十六届上海国际汽车工业展览会在国家会展中心（上海）举办。共有来自18个国家和地区的约2000家中外汽车展商，展出整车 1343 辆，总展出面积超过 35 万平方米，为历届之最。其间，共接待 2123 家媒体、9680 名记者，92.8 万人次参观。青浦分局制定现场安全、交通安全、维稳处突等专项安保方案和应急预案，推动临时停车场设置、图像监控建设、志愿者队伍组建等措施落实。收缴各类刀具 168 把，仿真枪 2 支，酒精、油漆等易燃易爆物品 114 瓶。每日部署 55 名便衣打击力量，破获扒窃、拎包、倒卖车展票证等各类案件 182 起，抓获违法犯罪嫌疑人 182 人。(张凯开)

车展安保　　(张凯开提供)

【开展经营场所集中专项整治】 青浦分局会同街道（镇）网格力量依法打击整治违规使用液化石油气钢瓶、消防设施损坏停用、安全出口封闭遮挡、占用消防车通道等突出消防隐患问题。组织街道社区工作人员广泛张贴发放火灾隐患整治告知书，对相关企业租户宣传法律政策、阐明违法后果。对公安机关有处罚权的违法行为，发现一起处罚一起。会同区相关职能部门对涉及危险化学品，偷排偷放有害物质，生产、销售不符合安全标准或有毒有害食品等违法线索排摸、梳理，对涉嫌违法犯罪的，依法追究相关人员责任。将长途旅游客运、危险品运输、公交客运、出租（租赁）客运、渣土运输等各类交通运输单位全部纳入重点监管单位，定期开展督导检查等工作。(张凯开)

【推进香花桥司法驻所试点机制】 青浦分局香花桥派出所与街道司法所对驻所人民调解室各组成部分的职责任务进行梳理和划分，实行“主办责任制”，对一般的因婚恋、家庭、劳资、债务等引发的矛盾纠纷，以及属于人民调解组织受理范围内的非警务类矛盾纠纷，在处警过程中由民警先期落实现场调解；如当场调解不成，又确系达不到行政或刑事处罚条件的，移交驻所人民调解室负责后续调处工作。对多次调解无效、涉及范围较广、涉众较多的矛盾纠纷，由该所会同调解室共同报请街道启动矛盾纠纷调处联席会议机制开展工作。建立街道层面联席会议制度，通报矛盾纠纷调处情况。年内，驻所人民调解室共受理各类矛盾纠纷 95 起，成功调处 91 起，调处成功率 95.8%。(张凯开)

【打击危害食品药品安全犯罪】 青浦分局通过走访食药监、环保等部门，了解掌握行政管理相关难点、要点，收集掌握食品药品生产、使用、销售、仓储等相关情况。依托社区警务建设，对重点区域开展排摸，与食药监、环保、卫监、规土局等部门协调构建信息互通、联勤联动机制。针对当前发案特点，分析打击危害食品药品安全犯罪中存在的各类问题，会同政府相关职能部门，利用报刊、电视、微信、微博等各种宣传载体，通过“以案说法”的形式宣传危害食品药品安全犯罪的危害及处罚标准，向市民发放食品安全法律法规和识假辨假的基本常识。年内，共收到区相关部门和市民群众提供线索89条，移交案件31起，开展联动处置97次。（张凯开）

【严厉查处酒后驾车】 青浦分局对查获的醉酒驾驶犯罪嫌疑人，依法采取刑事拘留的强制措施。印制重大交通违法当事人现场指纹采集表，对酒驾案件嫌疑人当场进行指纹采集，固定身份信息，防止当事人出现事后否认身份的情况。建立醉酒驾驶案件“七天办结制”，移交检察院审查起诉。（张凯开）

【确保高温期间监所安全】 青浦区看守所在高温期间根据每日天气情况开启空调降温，确保监区温度平稳可控。在监区走道安装纱窗；购置藿香正气滴丸、人丹、风油精等防暑药品，发放冷饮等解暑食品，增加监室每日饮用水的供应次数，防止在押人员中暑；及时调控各监区监室羁押人数，并分流部分在押人员至兄弟监所；定期召开狱情分析会，研究解决各监区日常难点工作；对重点病患人员进行普查梳理，增加“健康检查”次数；每周对监室消毒，发现疑似传染性疾病在押人员，及时送医；严把食品采购、存储、烹调等关口，对每日伙食进行留样备查，确保食品卫生。（张凯开）

【加强社区警务建设】 青浦分局成立“社区工作领导小组”，在治安支队设立“社区办”，统筹协调分局各条线涉及派出所的社区工作，避免任务随意下发；强调社区民警“基础信息采集、重点人员管控、社区安全防范、矛盾纠纷化解和提线破案”职能，做到“人口信息鲜活、警民感情良好、掌握信息准确”；明确社区民警原则上5年内不得调动，并按照“先进后出”的原则，先补充社区民警，再进行前任调动。明确社区民警在社区内要完成“走访调查、宣传发动、巡逻守护、实地检查、警情通报”等工作，每周在辖区工作时间不少于24小时。推广“驻村”警务机制，以文件形式明确全区非党员社区民警兼任村（居）委主任助理。（张凯开）

【侦破贵州沿河籍系列特大入室盗窃团伙案】 8月中旬，青浦区夏阳、盈浦街道连续发生多起作案手法类似的入室盗窃案件，涉案总价值300余万元。青浦分局即成立专案组，通过案件串并和前期侦查，摸清该团伙人员情况及作案规律。9月2日晚，当犯罪嫌疑人驾车至浦东新区川沙镇再次实施入室盗窃时，专案组开展抓捕行动，当场抓获贵州沿河籍犯罪嫌疑人符臣（男，32岁）等4人。该案的侦破工作在2015年度“刑警803破案奖”评比中被评为“银奖”。（张凯开）

【侦破“4·29”非法吸收公众存款案】 4月29日，青浦分局接报，上海玉红绿化工程有限公司和上海捷顺装饰装潢工程有限公司法人代表汤玉红（男，46岁，江苏省滨海县人）以公司资金周转为名，承诺支付月息3%的方式，向报案人何某等人借款2000余万元，后携款失踪，即成立专案组。5月13日，会同市局相关部门及江苏警方在江苏省大丰市一餐馆内将汤抓获。经审讯，汤交代近年来伙同他人以上

海玉红绿化工程有限公司名义向受害人出具3155张借款凭证，非法吸收公众存款6.31亿余元的犯罪事实。该案的侦破工作在2015年度上海经侦系统“经济犯罪案件侦查破案精品案例”评选中被评为“铜奖”。(张凯开)

【侦破胡某等网络侵犯著作权案】 7月10日，青浦分局接上海玄霆娱乐信息科技有限公司报案称：一家名为“比奇中文网”的网站未经授权许可，私自刊载其拥有独家信息网络传播权的文学作品，涉嫌侵犯知识产权。经调查，该网站域名所用服务器位置在境外，但经对网站广告信息分析，认证用户注册信息为中国账户，即成立专案组。在市局有关单位指导下，专案组于10月29日开展收网行动，在江西省高安市抓获江西高安籍犯罪嫌疑人胡锦（男，28岁）、罗飞龙（男，28岁）、刘钢（男，28岁）、杨璟（男，21岁），查处比奇中文网、舞若小说网等4个侵权网站，切断网站涉嫌违法盗版提供阅读的近4万余本正版小说的渠道。该案的侦破工作在2015年度“上海治安系统精品案例”评选中被评为“银奖”。(张凯开)

奉贤分局

【概况】 2015年，奉贤分局在主动管控风险、维护社会稳定、保障城市安全、夯实基层基础、提升专业能力中不断开创工作新局面，确保社会治安秩序持续良好。

维护社会稳定。完善搜集、汇总、研判社会信息机制，成功处置化解上海化工区环境影响评价公众参与等不安定因素，处置化解信访件1065件、各类矛盾纠纷78起。督导检查重点目标、重点行业单位106次，发现整改安全隐患18处。出动警力7150次，完成春节、国庆、抗战胜利70周年纪念活动，以及上海旅游节、“菜花节”等67次重大活动安保工作。

完善社会治安防控体系。全年接110报警20281起，比上年减少2.8%；立刑事案件11585起，比上年增加55.4%；侦破刑事案件4759起，比上年增加8.3%；提请批准逮捕2040人，移送起诉3043人。其中，侦破八类案件254起，比上年增加

“猎狐行动”抓捕犯罪嫌疑人 (王德明提供)

35.8%；侦破盗窃案件2121起，比上年增加8.4%，侦破经济犯罪案件266起，侦破命案12起，连续8年命案侦破率100%，抓获网上在逃人员278人。

推进基层基础工作建设。公开执法办案和行政管理流程，配发新型高清广角执法记录仪1089台，实现110接处警、对象抓捕、社区接待、消防管理、场所检查、现场辨认等警务活动全程录音录像。完成卡口三期项目和道路监控系统服务二期项目建设，试点基层派出所视频侦查工作机制，同步推进图像道路监控探头和移动探头建设，新增探头1450个。建立情报综合研判实战平台和侵财类重点人动态管控机制。成立特种机动队和江海派出所专职巡逻队，实行每月1次全区性集中清查和4次区域性分片整治的“1+4”分级整治模式，新增22名社区民警，推选62名优秀党员社区民警兼任居（村）委党组织副书记（委员），探索建立跨区域警务协作机制。

加强公安行政管理。推动全区实有房屋编码管理和人房动态巡控系统试点工作，实施人口管理规模调控、规范居住等举措，指导重点企业落实内部安保制度，排查整治治安、交通、消防领域突出隐患。查处治安案件18875起，比上年减少29.5%，行政拘留3216人，比上年增加6.4%。发生道路交通事故（上报）110起，比上年减少2.7%；造成111人死亡，比上年减少5.1%；物损864.8万元，比上年减少33.3%。发生火灾事故（上报）164起，比上年减少14.1%；造成1人死亡，比上年减少50.0%；直接经济损失207.9万元，比上年增加37.7%。

促进队伍健康发展。组织开展“三严三实”“三警一展”“双争”大讨论等系列主题教育实践活动。举行党风廉洁、政风建设责任书签约仪式。开展督察审计工作80项，提出审计意见和建议108条。创作《燕博长空——奉贤公安之歌》，建立奉贤公安纪念广场，建成警察训练示范基地，举办“贤警大讲坛”“只为平安千万家”——2015年度相约滨海之夏公安专场演出、廉政文化作品展、足球赛、羽毛球赛等活动。新招录民警58人，全部充实基层执法一线岗位。选树“感动奉贤十大人物”陶天明、全国“好警嫂”陈春霞等一批先进典型，开展“十佳贤警”“十佳好警嫂”等评选活动，全年有56个集体、422人获记功、嘉奖。（王德明）

设卡盘查 （王德明提供）

【加大民生类案件侦破力度】 奉贤分局通过实施严打体制机制改革、转型和升级，调整加大民生类案件在打防工作考核、精

品案件评选等权重，推行南桥等4个偷盗类案件高发区域队所联动打防模式，实行入民宅盗窃案件所、队、局三级打防机制，深化警种联动、“四侦合一”长效机制，成立食品、药品侦查大队等专业队伍，加大打击和防范金融、环保等新领域违法犯罪。年内，先后侦破“9·11”故意杀人案、“4·29”上海爱增投资管理有限公司集资诈骗案、黄海川等入室盗窃系列案等一批民生类案件，侦破民生类案件2762起，比上年增加10%。公众对公安工作满意度名列全市第7名，比上年上升6位。（王德明）

【成立特种机动队】 1月，奉贤分局成立特种机动队，执行反恐防暴、维稳处突、武装巡逻、警卫安保、机动备勤等任务。特种机动队配备32名警力、3辆特种警车、1辆运兵备勤车。每辆特种警车配备350兆数字集群车载电台（含GPS定位）、手枪、防暴枪、防暴盾牌、灭火毯、长警棍、手持喊话器、防暴头盔、防弹防刺衣、防弹头盔、救生衣等。制发特种机动队执勤工作规范，设置四个巡逻组在南桥、奉浦两个人流密集和重点区域周边实施全天候、机动化武装值守，提升反恐防暴处置能力和社会面管控能力。（王德明）

【排查整治消防安全隐患】 奉贤分局对安泰路工业园区等6家市、区两级重大火灾隐患督办区域、规模性租赁房和易燃易爆场所等排查整治。排摸劳动密集型企业885家、学校162家、大中型商市场35家、易燃易爆重点单位34家、医疗机构22家，开展夏季消防检查、规模型“三合一”、劳动密集型企业及人员密集场所等专项整治行动。其间，对易燃、易爆危险品生产、储存、运输等企业实施全面排查，集中约谈77家危化企业消防安全责任人和管理人，责令关停2家严重消防违法行为单位，临时查封13家“三合一”商铺，挂牌督办8家重大火灾隐患单位。（王德明）

【开展交通法治示范区创建活动】 9月至12月，奉贤分局在南桥新城开展交通法治示范区创建活动。抽调6名民警和6名特勤协管员组建“交通法治示范区警组”，制定落实“一路一策”“一点一勤务”工作方案，推行“高峰站岗、平峰巡路、低峰纠违”工作模式，落实分片包干责任制，建立“两天一小整、一周一大整”整治工作机制，设立“法治文化苑”、开设交通宣传小课堂、建立“小警察”实训基地等开展交通安全宣传。其间，完成5条道路交通设施改造，完善交通标线、引导标志等交通设施64处，安装使用电子警察探头10套，开展集中整治行动48次，查处各类交通违法行为1209起。（王德明）

【建成奉贤公安纪念广场】 奉贤分局为缅怀纪念奉贤公安烈士、因公牺牲及已故民警，在海湾园内建成奉贤公安纪念广场。广场占地面积550平方米，中央主碑高4米，上铸民警雕塑。主碑正面为“奉贤公安纪念广场”八个大字，背面镌刻主碑铭。两旁24块象征长城石碑，顶部镶嵌橄榄枝，矗立围绕主碑，上镌刻64名奉贤公安烈士、因公牺牲及已故民警名字、照片及生平。4月11日，分局在海湾园举行奉贤公安纪念广场落成仪式。（王德明）

【开播“贤城警事”电视节目】 7月25日，奉贤分局与奉贤电视台联合开设开播“贤城警事”公安专题电视节目。“贤城警事”电视节目每两周播出一期，首播时间周六19时45分，重播时间周六22时15分。栏目素材取自近期奉贤公安所破获案件，突出新闻性、纪实性和权威性，通过传递治安信息、解读法治热点、以案说法、案件剖析等对广大市民进行治安防范宣传和普及法律知识。（王德明）

【侦破“7·4”抢夺金店案】 7月4日14时48分，一男子至奉贤区南桥镇人民路前进弄88号“金城隍庙”金店，谎称购买黄金项链，待营业员拿出2根金色项链进行展示时，突然抢夺项链后徒步逃逸。接报后，奉贤分局即成立专案组展开侦查。7月6日，抓获犯罪嫌疑人王世乔（男，28岁，安徽省霍邱县人）。该案的侦破工作在2015年度“刑警803破案奖”评比中被评为“银奖”。（王德明）

【侦破“3·03”中国明明商组织、领导传销案】 3月初，奉贤分局接居民姚某报案称：他人介绍其入股即将开业的中国明明商银行，入股只需缴纳4010元，入股后若再介绍他人入股，可获得2000元返利，若再发展下家，可获叠加返利，怀疑该银行有传销嫌疑。经初查，“中国明明商”是被公安部、商务部、工商总局列入联合公布的全国性传销组织名录，即成立专案组展开侦查。至9月，先后抓获吕月娟（女，53岁，浙江省绍兴市人）等49名犯罪嫌疑人，涉案金额3400万元。该案的侦破工作在2015年度上海经侦系统“经济犯罪案件侦查破案精品案例”评选中被评为“金奖”。（王德明）

【侦破王某等销售有毒、有害食品案】 2015年7月17日，民警在设卡盘查过程中发现一行迹可疑人员王开亮（男，36岁，江苏省宝应县人），当场查获纸包动物骨头、带有血迹蛇皮袋等随身物品，有销售毒狗嫌疑。王开亮交代，骨头沾有氰化物，用于毒死狗然后销售。经进一步侦查，于7月28日在浦东新区抓获犯罪嫌疑人梁光华（男，40岁，江苏省泰州市人）等5人，查获已分解毒狗12条，未分解毒狗6条。经讯问，梁某交代自2014年起，其共低价收购毒狗600余条，宰杀后销售给饭店牟利3万余元的犯罪事实。该案的侦破工作在2015年度“上海治安系统精品案例”评选中被评为“银奖”。（王德明）

崇明县公安局

【概况】 2015年，崇明县局围绕生态岛建设和全国县级文明城市创建工作，结合深化公安改革、“四项建设”等重点工作，主动作为、统筹兼顾，完成各项公安保卫任务，确保社会大局和谐稳定。

维护社会稳定。围绕“春节”、上海“两会”、全国“两会”、“抗战胜利七十周年纪念日”等重要活动，全面加强反恐处突、维稳处置工作。处置、化解各类矛盾纠纷136批5735人次，完成群众迎春祈福、国际女子公路自行车赛、自行车嘉年华、森林旅游节花车巡游等大型活动安全保卫任务58次、警卫任务90

批次。

打击违法犯罪。抓住“安全稳定的治安环境”和“文明有序的安全环境”两个重点，推进严打整治专项行动，相继开展“迎新春、保平安”“春季严打整治”“夏季严打整治”等专项行动。全年，立各类刑事案件3392起，万人发案率为40.5。侦破各类刑事案件1787起，比上年减少16.7%；抓获犯罪嫌疑人1766人，比上年减少8.5%。捣毁各类恶势力团伙19个，抓获在逃人员172人。侦破经济犯罪案件61起，比上年减少2.7%；抓获犯罪嫌疑人73人，比上年增加19.7%；追缴赃款442.9万余元，比上年增加33.5%。全年共查处各类治安案件8264起，比上年减少18.8%；查处违法人员2324人，比上年增加16.6%。公众安全感和公安工作满意度均上升至全市第二位。

强化公共安全监管。全年共组织开展“打非治违”专项行动50余次，查处各类交通违法行为5.23万起。配合开展四轮“黑车”综合治理执法行动42次，查处四轮“黑车”80辆。组织开展“酒驾”集中整治行动54次，查处“酒驾”违法行为639起（其中醉酒75起）。全年共发生道路交通事故（上报）748起，其中，重大交通事故37起，造成37人死亡，死亡人数比上年减少2.6%。深化消防多警联勤工作机制，发生火灾事故252起，比上年减少5.3%，造成财产损失124.1万余元，未造成人员死亡。

加强基层基础建设。试点推行党员社区民警兼任村（居）委党组织副书记及社区民警“驻村制”，推广“十户联防”区域治安防控模式。改革长兴地区公安勤务机制。推出在沪（市区）崇明籍出租车驾驶员流动审证、出入境网上办证预约服务等工作举措。建立大数据实战应用平台。完成公安部一级示范刑事科学技术室、电子数据鉴定实验室建设，启动视频侦查队和派出所视频分析室等机构队伍建设。

提升队伍管理水平。推进党风廉政建设，杜绝违法违纪案件发生，做好即时奖励工作，落实从优待警措施。举办各类“短、平、快”业务培训，开展法制员、青年民警技能比武活动和岗位立功竞赛活动。推进警营文化建设，举办“在这里启航”青年民警技能比武系列活动及“平安杯”足球联赛。全年共有62个集体、350名个人受到表彰。（龚彬彬）

【开展“三严三实”专题教育活动】 5月，在崇明县局党委、各单位领导班子成员范围内组织开展“三严三实”专题教育活动。通过党委书记带头讲党课、党委成员下基层所队讲党课、基层党支部书记支部会讲党课的三讲党课形式，深化学习教育；围绕解决交通突出问题及试点如实立案、推进执法规范建设、坚持用权为民、强化队伍警规警纪等问题，共梳理领导班子“不严不实”问题清单12项，党委班子成员“不严不实”问题清单54项，各基层单位领导同步开展查摆工作并落实整改。（龚彬彬）

【“百城禁毒”会战完成率列全市第一】 自2014年10月公安部部署开展为期半年的全国百城禁毒会战行动以来，崇明县局召开专题会议研究部署，制定下发崇明县公安局禁毒会战行动方案，并成立会战行动领导小组，将会战成效列入年度目标管理考核，落实每日通报制度，确保禁毒会战整体推进。其间，侦破涉毒案件76起，完成会战指标任务的158.3%；查处吸毒人员345人，完成会战指标任务的115.4%；强制隔离戒毒吸毒人员110人，完成会战指标任务的118.3%。各项指标完成率均

名列全市第一名。(龚彬彬)

【织密社会治安防控“三张网”】 2月9日，崇明县局组建成立特种机动队和城桥派出所专职巡逻队，研究制定重点区域3、5分钟应急处突机制，推行特警、武警、专职巡逻队相互策应、合成作战勤务模式，织密武装巡逻处突网和治安巡逻防控网。年内，共接处各类110警情2500余起，盘查人员、车辆2200余次，打击处理违法人员70余人。会同县综治部门开展群防群治队伍调研工作，组建1488人的治安（反恐）信息员队伍，宣传和推广向化镇北港村“十户联防”治安防控建设经验做法，推进“群防群治防护网”建设。(龚彬彬)

【开展严打整治专项行动】 4月起，根据市局统一部署，崇明县局开展春季、夏季、秋冬严打整治专项行动。先后侦破“4·26”寻衅滋事案、横沙乡“7·21”入室抢劫案、横沙乡“8·1”强奸案、“9·20”中兴镇市场寻衅滋事案、城桥地区系列性盗窃保险箱案等一批大案要案。查处涉黑涉恶团伙12个，破获入室盗窃案453起、电信诈骗案87起、扒窃拎包案24起。破获涉黄、涉赌刑事案件33起，行政案件202起，收缴赌博机877台，查封娱乐场所57家。破获毒品刑事案件64起、查处吸毒人员234人、收戒吸毒人员87人。收缴枪支37支、子弹1.5万发、管制刀具250把。查处酒后驾驶151起、机动车违法停放5243起、超员超载1115起，危化品运输车违法6起，查扣“五类车”1222辆。开展消防安全检查27776家（次），督促整改火灾隐患8922处。(龚彬彬)

【开展“缉枪治爆”专项行动】 根据公安部、市局统一部署，崇明县局组织力量全面清查非法枪爆等危险物品涉及的10个重点区域、32个重点部位、7名重点人员，与全县31个建材化工市场、51个五金加工场、8个小商品批发市场、13个大型集贸市场、2个物流配货市场等业主签约落实责任。对27家易制爆化学品使用单位开展治安检查300余次，督促整改安全隐患10处。行动期间，共收缴枪支113支、子弹11706发、仿真枪68支、管制刀具247把；侦破网上非法买卖枪支案1起，非法持有枪支案4起，查处违法犯罪人员5人。(龚彬彬)

【完成环崇明岛国际女子公路自行车赛及自行车嘉年华活动安保任务】 5月12日至17日，“2015年国际自行车联盟女子公路世界杯赛（上海崇明站）暨2015年环崇明岛国际女子公

2015年自行车“环岛赛·世界杯赛”安保工作 (龚彬彬提供)

路自行车赛”及第五届中国上海·崇明岛自行车嘉年华活动在崇明县举行。崇明县局结合赛道及活动举办地特点，以起终点、住宿地和赛道沿线为重点，制定安保方案，出动警力2328余人、协调地方志愿者8883余人，完成安保任务。(龚彬彬)

【创建全国一级看守所】 崇明县看守所以创建“示范监所、阳光监所、安全监所、智能监所、一流监所”为目标，通过完善勤务模式、加强执法规范、优化管理方式、强化信息化运用、改善硬件建设等方式，提升执法管理水平，筑牢监所安全底线。全年，看守所协破刑事案件121起。1999年至2014年连续16年安全无事故，2002年至2013年连续12年被市局评定为二级看守所。2015年4月，被公安部监管局评为2014年度一级看守所。(龚彬彬)

【最美崇明人——施平】 崇明县局刑侦大队刑一队（重案队）队长施平（男，39岁），长期工作在刑事侦查工作一线。2013至2014年间，施平和战友先后侦破城桥“6·9”故意杀人案、长兴“6·11”强奸案、城桥“6·12”抢劫案、新河“10·10”抛尸案、城桥地区“10·17”蒙面入室抢劫案等社会危害性大、群众反响强烈的案件，实现全县命案现案破案率100%，使崇明县公安局连续11年在全市刑侦条线命案工作考核中名列第一。9月，施平被中共崇明县委宣传部授予“最美崇明人”称号。(龚彬彬)

施平获“最美崇明人”称号　　(龚彬彬提供)

【侦破系列特大盗窃工厂金属原料案】 2014年1月，崇明县局接报：崇明县中部地区20余家工厂、企业接连失窃电缆线、铜材料，即成立专案组开展侦查。2015年6月9日，崇明县局抓获犯罪嫌疑人时昌彪（男，44岁，安徽省宿州市人）、万兴丽（女，44岁，安徽省宿州市人）、王国洋（男，42岁，安徽省颍上县人）、姜之平（女，43岁，安徽省颍上县人）等8人，破获盗窃工厂金属原料案40余起，涉案金额30余万元。经查，自2014年1月起，时等人先后窜至崇明县新河、堡镇、竖新、长江、港沿等地区盗窃工厂车间、仓库内的电线、铜屑、铜芯线、铜棒等财物，并将窃得物品卖给王国洋、姜之平的废品收购部。该案的侦破工作在2015年度“刑警803破案奖”评比中被评为“铜奖”。(龚彬彬)

【侦破“8·5”组织卖淫案】 8月5日，崇明县局接报：有人通过网络组织介绍卖淫，即成立专案组开展侦查。11月

30日，崇明县局抓获犯罪嫌疑人阮建文（男，52岁，重庆市忠县人）、魏方方（男，28岁，山东省苍山县人）、王玲（女，28岁，山东省苍山县人）、罗巧林（女，29岁，湖南省衡阳市人）等25人，查获假身份证、假学生证、血包、客户信息资料、手机、电脑、银行卡、资金账本等大量物证及作案工具。经查，阮等人通过网络招聘失足妇女冒充处女、大学生，在本市静安、普陀、闵行等区实施网络组织、介绍卖淫犯罪活动。该案的侦破工作在2015年度“上海治安系统精品案例”评选中被评为“银奖”。(龚彬彬)

公安处（局）

上海港公安局

【概况】 2015年，上海港公安局深入贯彻执行党的十八大精神和上级公安机关工作部署，牢固树立“依法治国”“法治思维”理念，以推进全国公安“四项建设”和交通公安“两型三化”（服务型、法制型，正规化、专业化、现代化）建设为主线，创新港口公安管理举措，提升港口公安工作法治化水平，全力打造平安港口，为上海国际航运中心建设、中国（上海）自由贸易试验区运行和上海港深化改革、创新转型、持续发展营造良好的政治、治安环境。

维护港口稳定。开展维护稳定基础调研，妥善疏导、化解矛盾，处置港内群体性不安定情况6起。完成中外邮轮安保任务331艘次、党和国家领导人及外国元首来港警卫任务15批次。全年，侦破刑事案件252起，抓获违法犯罪嫌疑人115人，查获犯罪团伙5个，追缴赃款赃物1410余万元。抓获网上在逃人员23人。加强辖区治安防范基础建设和治安面管控，强化港口治安综合治理，开展“缉枪治爆”和“防范电信网络诈骗宣传月”等活动。加强港口重点目标、区域和货物管控，提升港口安防能级。受理、查处各类治安案件997起，行政处罚违法人员981人。检查重点单位806次、重点部位2521次、在建工地425次，发现各类治安问题1451个，开具“整改通知书”1290份。

加强港口交通和消防安全管理。以保障港口交通安全平稳畅通和杜绝重（特）大火灾事故为目标，加大交通和消防安全管理力度。全年，查处各类交通违法行为99567起，发生交通事故（上报）3起。开展防火安全检查2862次，检查在港船舶111艘次，查出各类问题2489个，发出各类消防法律文书20063份。查处各类消防行政案件94起，监护烟花爆竹等危险品集装箱3.64万标准箱，监守护卫危险品船舶320艘次，组织抢险救援39起，确保104万吨危险品在上海港水域期间的安全。

加强执法监督。组织开展规范使用办案区“四个一律”专项检查“回头看”“立案突出问题专项治理”等活动。做好案件进展情况网上查询平台上线工作，制定并严格执行律师到看守所会见在押犯罪嫌疑人、被告人操作规范。

加强队伍建设。开展“三严三实”主题教育，加强领导干部和党员队伍建设。组织开展“秉公执法、人民公安为人民”和“爱党、爱国、爱警营教育”等主题教育和爱民实践活动，走访辖区单位1620余家次，做好人好事213件，收到表扬信（锦旗）32件。开展“最美警察”“好警嫂”“政法先进”“情满万家派出所好民警”等先进评选活动；组织交通公安“最美警察”邹伟强和上港集团杰出青年刘安涛先进事迹摄影作品巡回展。组织以规范执法为重点的“三无”（无有责投诉、无责任事故、无违法违纪）争创活动，实现全局无违纪、无重大责任事故和无有理投诉。全年16个集体和32名个人受到表彰。（陈翔）

【完成抗战胜利70周年纪念活动等安保工作】

7月初至9月3日，上海港公安局按照上级统一部署，制定安保工作方案，先后投入警力3100余人次，排查辖区客运码头等重点目标53个次，巡检各类治安复杂场所、人群密集场所540处次，在港区进出道口设卡盘查比对1万余人次。东海大桥公安检查站检查出入市境人员2.9万人次、车辆6000余辆次。检查危险品堆场、库场162个次，人员密集场所98处次，建设工地58个次，大型物流仓库118个次，其他场所232处次，督促整改各类消防问题、隐患130个（处）。完成第20届国际游艇展、2015年上海第11届“酒节”和上海北外滩景观——全息歌剧周等12批大型活动安保任务。（陈翔）

【开展危险货物库场消防安全专项检查整治】

吸取天津港“8·12”瑞海公司危险品仓库特别重大火灾爆炸事故教训，上海港公安局对辖区危险化学货物库场展开基础调研，进行风险评估，完善应急处置联勤联动方案，提升危险货物库场消防安全管理和应急处置能力。根据市交通委有关调整上海港危险货物集装箱作业范围的要求，督促、指导上海港城危险品物流有限公司，做好停止危险货物作业和整体搬迁至上海浦东新区芦潮港危险品作业区相关工作。对上海港出口烟花爆竹实行港区“不落地”制度。督促辖区消防安全重点单位严格落实“六加一”（开展一次消防安全评估、签订一份消防安全承诺书、维护保养一次消防设施、组织检测一次电气和燃气线路设施、全面清洗一次油烟道、集中培训一次全体员工、建

开展危险品集装箱堆场大检查 （陈翔提供）

立一支志愿消防队）措施。与41家消防安全重点单位逐一签订消防安全责任书。8月中旬至10月底，开展危险货物库场消防安全专项检查。其间，出动警力1500余人次，开展各类检查700余次。检查危险货物库场230个次、加油站120个次、变电站223座次、消防设施设备125个次。开具消防监督检查记录698份，发现问题230个，发出消防责令改正通知书17份。开展消防演练35次，举办消防安全培训班32场次，发放消防宣传资料2000余份，播放消防宣传资料片80场次。（陈翔）

【加强港区道路交通整治】 年内，上海港公安局制定、实施上港集团港区道路（通道）安全设施设置管理规定（试行），组织开展交通安全集中整治28次，查处违反危化品运输案件11起，抽检机动车辆3700辆次，开具“港内流动机械交通违法转递告知书”420份。推进港区道路人行设施设置管理，标划人行通道线1.85万米，横道线1.6万平方米。（陈翔）

【保障洋山深水港和自贸区（洋山）安全运营】 上海港公安局维护洋山深水港和自贸区（洋山）稳定。侦破刑事案件34起，查处治安案件10起。维护东海大桥交通秩序，检查车辆4.5万余辆次、人员27万余人次、行李7000余件次，进行网上比对6万人次，开展布控协查92起，拦截处理违法车辆120余辆次，查获网上在逃人员1人。组织消防培训28次，开展灭火演练13次。（陈翔）

【举行港口设施保安演习】 为进一步提高反恐安保意识和协同作战能力。11月19日，上海交通委员会、上海港公安局在上海海通国际汽车码头有限公司联合举行2015年上海港口设施保安演习。演习模拟两名暴恐分子在码头实施暴恐袭击，被港口公安民警当场抓获，以及消防艇、消防车迅速扑灭失火车辆过程。上海海通国际汽车码头有限公司、上海浦东海事局、外高桥出入境边防检查站等单位参加演习。（陈翔）

消防演习 （陈翔提供）

【抗击台风“灿鸿”】 7月10日至12日，第九号台风“灿鸿”袭击上海和洋山地区。上海港公安局认真落实各项应对防范措施，共出动警力700余人次，检查重点要害部位230余处、靠泊避风船只200余艘，疏散人员2000余

人，指挥疏导车辆11000余辆次。台风来袭期间，辖区内未发生重大交通、人员伤亡事故和重大刑事、治安案件。（陈翔）

【侦破贾朋朋团伙盗窃集装箱内货物系列案】 5月12日，上海港公安局破获一集卡驾驶员盗窃承运集装箱内货物团伙，抓获犯罪嫌疑人4人，侦破盗窃案4起。经查，2015年2月至4月，犯罪嫌疑人杨锐（男，29岁，河南省沈丘县人）、贾朋朋（男，29岁，河南省沈丘县人）、史振祥（男，48岁，江苏省宝应县人）利用驾驶集卡车辆承运集装箱货物之机，在至上海港运输途中，先后盗窃集装箱内价值110余万元的布匹、铝箔等货物，并销售给朱坤（男，25岁，河南省固始县人），获利34.25万元。（陈翔）

【侦破马献宇挪用资金案】 5月8日，上海港公安局接自贸试验区（洋山）龙宇青吾（上海）贸易有限公司报案称，其公司总经理马献宇侵吞公司资金1140万元。上海港公安局即立案侦查，并抓获上海籍犯罪嫌疑人马献宇（男，35岁）、李昭（男，29岁）。经查，3月至7月，马利用职务之便，指使李将公司银行账户内1140万元，分多次汇入受其控制的其他银行账户。（陈翔）

长江航运公安局上海分局

【概况】 2015年，长江航运公安局上海分局（以下简称长航公安上海分局）紧紧围绕全年工作目标，深化公安管理，提升服务能力，严厉打击违法犯罪，全力维护辖区社会治安稳定。

完成抗战胜利70周年纪念、“两会”、2015花样滑冰世锦赛、中国-中东欧第五届经贸论坛、世界互联网大会和香港新家园协会交流青少年夜游黄浦江等重大活动及国庆、春节、元旦、中秋等重要节日的安保任务。

严厉打击各类违法犯罪活动。年内，长航公安上海分局开展“三保一创”（保畅通、保运输、保安全，创和谐通航环境）、“清江行动”“枪爆物品大检查”“安全生产月”等专项行动。全年接处警1409起，受理各类刑事案件60起，侦破38起，抓捕网上在逃人员3人；处置浮尸13具，查明身份6人。受理、查处各类治安案件943起，查处违法人员943人，行政拘留61人。

开展消防安全大检查。全年，共开展消防安全监督检查306家次，其中重点单位92家次，一般单位214家次；发现火灾隐患387处，组织专项整治13次，指导辖区单位消防演习17次，组织开展消防基础知识教育培训11期422人次，发放消防安全宣传品311份。年内，辖区未发生火灾事故，火灾隐患整改率100%。

加强队伍建设。年内，长航公安上海分局组织开展“三严三实”专题教育、“弘扬洋山精神　争当青年表率”主题团日活动和“青蓝工程”、退休人员节日送温暖活动。开展“四位一体”民警之家建设、水上警务技能训练和乒乓球比赛等。（张晶）

开展“三严三实”专题教育　（张晶提供）

【参加长江上海段水域清理整治非法捕捞联合执法行动】 为清理取缔长江上海段水域深水张网、三层刺网、插网、鳗苗网等各种违禁渔具，查处各类“三无”船舶非法捕捞行为，保护长江渔业资源和生态安全，4月9日至6月30日，农业部和上海市人民政府联合组织开展长江上海段水域清理整治非法捕捞执法行动。长航公安上海分局和上海公安、海警、海事、航道等有关部门及江苏、浙江省海洋与渔业局等10余家单位参加联合执法行动。行动期间，长航公安上海分局共出动执法艇260艘次、车辆117辆次、民警300余人次，协助渔政办理行政案件33起、罚没170400元，清理取缔深水张网187张、三层以上流刺网24张、鳗苗网261张、浮子4481只、铁锚3个、钓钩7盆。（张晶）

【开展水域清查整治行动】 10月13至20日，长航公安上海分局组织民警深入长江上海段炮台湾水域、长兴锚区和崇明南水域，对在航船舶的治安情况和消防、驾驶安全等开展清查整治行动。通过抽查排摸，督促整改治安、消防隐患71处，查处各类违法人员37人。（张晶）

【参加清理取缔涉渔“三无”船舶综合执法演练】

12月2日，长航公安上海分局参加在横沙渔港码头举行的上海市清理取缔涉渔“三无”船舶专项行动领导小组会议暨水上综合执法演练。演练模拟多部门联合清理长江上海段北港水域涉渔“三无”船舶、渔民暴力抗法、渔民落水营救等突发状况。各水上执法单位派员派艇参加演练。长江公安3012艇全程参加演练。（张晶）

【召开非法捕捞水产品犯罪案件法律适用研讨会】 为贯彻落实上海市人民政府清理取缔长江上海段涉渔“三无”船舶专项整治部署，9月16日，长航公安上海分局召开长江上海段非法捕捞水产品犯罪案件法律适用研讨会。会议就非法捕捞水产品犯罪法律适用、检察机关提前介入、推动地方立法等问题进行研讨并达成共识。上海市渔政监督管理处、黄浦区人民检察院有关部门负责人参加研讨会。（张晶）

【联合多部门开展水上法制宣传】 3月24日，长航公安上海分局会同苏州分局，联合上海市水务局执法总队、长江口航道局、苏州市水政监察支队、太仓市水政监察大队等单位，出动公安艇1艘、执法船4艘，执法人员32人，对苏沪交界水域船员开展法制宣传，增强广大船

员法制意识，确保长江航行和水上作业安全。（张晶）

【开展彩钢板住人“清零行动”】 汲取鲁山“5·25”火灾事故教训，7月7日长航公安上海分局通过走访排查、及时告知、宣传等方式，对辖区沿街商铺、外来人口集中的务工单位、临时工棚等开展“清零行动”。要求各单位所属人员密集场所一律不得使用低于A级要求的彩钢板搭建，对低于A级要求的，责令立即迁出人员并改变用途。（张晶）

【吴淞派出所揭牌】 6月25日，长航公安上海分局吴淞派出所揭牌。长航公安上海分局吴淞派出所位于上海市宝山区宝杨路1号零点广场，主要承担吴淞口国际邮轮港区公安管理事务。管辖区域包括上海吴淞口国际邮轮港公司、上海吴淞口国际邮轮港码头和上海港十四区至吴淞口部分水域等。长江航运公安局副局长秦金弟参加揭牌仪式。（张晶）

【完成香港青年交流团游览黄浦江安保任务】 8月12日晚，由香港新家园协会组织的四海一家·香港青年创新创业交流团1100余人，乘坐“船长号”旅游船游览黄浦江。长航公安上海分局落实各项安保措施，全力做好现场两艘游艇安保、重点部位守护、交通秩序维护及安检工作，确保参加活动人员安全。（张晶）

特警巡逻 （张晶提供）

【侦破非法捕捞水产品案】 4月26日，长航公安上海分局侦破非法捕捞水产品案。经查，江苏灌南籍犯罪嫌疑人封昌祝（男，37岁）、冯艳（女，37岁），于3月2日至4月26日期间，利用深水张网非法捕捞长江刀鲚并贩卖给鱼贩，价值4万余元。（张晶）

上海铁路公安处

【概况】 2015年，上海铁路公安处落实上级部署，按照“稳中求进、完善提高、转型升级、全面发展”的总要求，深化公安部“四项建设”，提高“六个水平”（队伍正规化水平、基础信息化水平、警务实战化水平、执法规范化水平、防控体系化水平、岗位标准化水平），努力创建高铁安保工作新模式，确保管内政治安定、治安稳定和运输安全，公安工作和队伍建设取得新进展。

完成重大活动安保任务。完成春运、国庆等节假日超大客流和“两会”等节点及抗战胜利70周年纪念、第四次中国—中东欧国家领导人会晤等重大安保任务。执行专特运警卫任务1002次，其中一级警卫任务9次。

深入开展打、防、管、控。根据不同季节治安特点，组织“猎鹰战役”、夏季治安整治、“秋风战役”“治爆缉枪”等严打整治行动，整治治安顽症，严打流窜犯罪。破获刑事案件329起，抓获犯罪嫌疑人306人，其中，提请批准逮捕57人；查破毒品案件201起，缴获毒品2.76千克；查获公安部网上在逃人员1072人，比上年增加8.4%，追逃战绩位列全路第9名、全局第2名；查处治安案件904起，处罚违法人员855人，其中行政拘留729人。

加强反恐防范工作。把反恐防暴作为一项日常性、基础性工作常抓不懈。加强特警、民警、辅警巡逻防范。在虹桥站、上海站等六个大中客站设置1分钟“反恐处突钉子岗”27处、专用反恐值守岗亭12个。充实进站口、出站口、安检口、路地结合部“四大关口”警力部署。与地方公安民警开展联合武装巡逻，提高见警率和反恐防范能力。检查重点旅客17万余人次，查获涉恐网上在逃人员3人、涉恐重点人员151人。

严格运输监督检查。汲取全国重大安全事故教训，以问题管理为导向，开展治安安全大检查。发现整改隐患2956处，发出责令限期整改通知书等法律文书241份，行政处罚单位2家、个人89人次，经济处罚2万余元。首次实现连续200天无“两类事故”“五类案件”目标。推进安检劳务外包，协调车站增配安检人员276人，调整、改造安检通道23条，举办安检人员培训班19期，查获危险、违禁品30.9万余件。

加强队伍建设。以执法规范化建设为抓手，改造执法办案场所，强化民警执法培训，规范民警执法行为。深入开展“三严三实”专题教育活动，组织学习《中国共产党廉洁自律准则》和《中国共产党纪律处分条例》，签订责任书、责任状1326份。推进实战化练兵活动，举办培训班38期，培训民警1012人次。举办篮球赛、警营文化周等活动，落实“五个一”惠警措施。开展争当高铁卫士、争创优秀团队活动。6月，公安处看守所实现连续23周年安全无事故；4月，公安处被上海市人民政府命名为2013—2014年度上海市文明单位，15个集体和50名个人荣记三等功。(张文华)

【设立移动警务室】 2月，上海铁路公安处在上海火车站、虹桥火车站和上海火车南站三大客运站设立移动警务室，承担报警求助、警情前期处置、巡查值勤、信息采集、宣传提示、便民服务和处置突发事件等多种任务。移动警务室设在警务车内，警务车具备录像视频功能，外部装有4个360度无死角监控摄像头和警用照明设备，民警在车内可清晰观察车站区域及周边的实时情况。至12月底，三大火车站移动警务室接处警4422起。（张文华）

【开展夏季治安整治行动】 7月至9月，上海铁路公安处开展“严打击、强整治、重管理、保平安”专项行动。破获各类刑事案件103起，抓获犯罪嫌疑人96人，其中刑事拘留27人、提请批准逮捕21人；查处治安案件298起，处罚违法人员310人次，其中行政拘留251人；当场处罚2498人次，罚款7.1万余元。（张文华）

【开展高铁安全专项整治】 11月至12月，上海铁路公安处集中开展高铁安全专项整治行动，以高铁和客运专线为重点，组织民警联合车站、工务、电务等铁路单位，对高铁车站、线路、监控系统等行车设备逐项进行实地排查，全面梳理人防、物防、技防问题。对可能诱发拆盗、割盗铁路设备设施的沿线废品收购站点、作坊开展专项治理整顿，对其中有违法违规行为的予以清理取缔。（张文华）

【组织处置突发事件演练】 6月11日，上海铁路公安处组织特警、刑警、车站派出所民警开展警务技能集中训练，训练以现场命题形式随机设置紧急突发情况，根据各战斗小组快速反应、现场控制、处置效果检验铁路反恐防暴应急预案是否完善。并针对管内旅客列车、高铁车站突发警情，分别开展模拟处突实战演习。通过综合格斗术、反劫持战术、列车反恐突击和人质营救等多个课目的实战演练，强化一线民警反恐实战意识，提升多警种协同配合、联勤联动和快速反应能力。（张文华）

【开展安全宣传月活动】 4月1日至30日，上海铁路公安处开展安全集中宣传教育活动。举行宣传活动240场次，发放宣传品2.2万余份，悬挂横幅121幅，张贴标语327张，挂图182次，播放光盘96场次，签订安全协议368份，对221名重点人员落实“户籍式”管理措施，受教育人数达21万余人。（张文华）

【首次实现线路连续200天安全目标】 上海铁路公安处管辖线路900余公里，其中京沪、沪宁、沪杭高铁线路计361公里。截至12月6日，首次实现线路连续200天无“两类事故”“五类案件”安全目标。（张文华）

【青年公寓启用】 1月20日，上海铁路公安系统首幢集住宿、娱乐、体能锻炼于一体的青年公寓正式启用。青年公寓坐落在上海南站附近，主体建筑共4层，标房25间。公寓内设有食堂、茶吧、洗漱房、淋浴房，公寓外设有网球场、篮球场、阅览室等文体设施。（张文华）

【虹桥高铁站安装客流观察仪】 5月3日，上海铁路公安处首次在虹桥高铁站候车大厅南北制高点安装2台电子望远镜。电子望远镜可360度旋转，能清晰地观察到一公里内的人脸及其衣着特征，并可通过手机利用无线网络实时将画面传送至各级指挥部。（张文华）

【侦破“5·11”G7056次高铁列车旅客财物被盗案】 5月11日，上海开往南京的G7056

次高铁列车上发生1起旅客财物被盗案，被害人被盗玉器3件，案值37万元。专案组运用多种侦查手段，于5月27日在哈尔滨太平机场将黑龙江双城籍犯罪嫌疑人温英学（男，46岁）、周传递（男，50岁）抓获，并缴获全部赃物。（张文华）

群众团体

上海市警察协会

【概况】 2015年，上海市警察协会（以下简称市警察协会）认真学习、领会党的十八大和十八届三中、四中、五中全会精神，以建设法治中国、法治公安为引领，围绕市局党委总体工作部署，组织理论调研，积极建言献策。进一步完善、拓展协会的组织架构和运作机制，指导、帮助、参与各区（县）警察协会和业务总队分会的工作及筹建活动，各项工作取得新成效。（陈建中）

【学习贯彻党的十八届五中全会精神和《关于全面深化公安改革若干重大问题的框架意见》】 市警察协会结合年度工作，认真学习党的十八届五中全会精神和中共中央审议通过的《关于全面深化公安改革若干重大问题的框架意见》（以下简称《框架意见》），加深对五中全会和《框架意见》精神的理解，明确以建设法治中国、法治公安，创新、推动国家治理体系和治理能力现代化的战略部署为统领，围绕公安中心工作，开展公安理论研究的思路，使协会工作更贴近基层实践，服务于公安实战。加强与基层单位和各区（县）警察协会的学习交流，并在《上海公安研究》刊发文章，反映上海各级公安机关学习贯彻五中全会、《框架意见》的情况和创新实践成果。（陈建中）

【做好协会换届筹备工作】 2015年，市警察协会按照《协会章程》以及市社团管理局的要求，成立换届工作筹备小组，推进各项筹备工作。3月23日，根据换届规定，协会委托“同大审计事务所”完成对本届理事会的财务审计。同时，组织起草协会第二届理事会工作报告，对现行的《上海市警察协会章程》中需要修改的条款逐一审定。与市局政治部协商确定新一届理事会、常务理事会及协会领导候选人名单。（陈建中）

【召开第十四届上海公安理论研讨会】 3月底，市警察协会报市局领导同意，确定第十四届上海公安理论研讨会主题为：“法治中国建设与法治公安建设”。市警察协会会同市局指挥部向全局各单位发出征文通知。截至7月底，共收到应征论文和调研文章177篇。8月

下旬，组织从市局指挥部、政治部、纪委、研究室及公安高等专科学校等单位聘任的10位评委，进行集中评审。经评选，“关于试行主办侦查员制度若干问题的思考”、“大陆与香港、台湾辅警制度之比较研究”等39篇文章分别获得一、二、三等奖和优秀奖，浦东分局等6家单位获组织奖。12月11日，第十四届上海公安理论研讨会召开，市局党委副书记、副局长陈臻出席研讨会并讲话。（陈建中）

【参与警务论坛交流和征文活动】 10月13日至16日，市警察协会主席程九龙等出席第十届海峡两岸暨香港、澳门警学研讨会。市局经侦总队夏卫东参加论文交流。协会报送的《大陆与香港、台湾“警辅”人员制度之比较研究》一文入选研讨会论文集。11月16日至18日，市警察协会副主席姚志荣等参加华东、中南地区警察协会学术交流年会。年内，市警察协会还参加了第六届中国警务论坛、第二十届全国部分城市警学暨警察协会发展研讨会以及华东、中南地区警察协会学术交流年会论文的征集活动。（陈建中）

【办好《上海公安研究》】 为提高《上海公安研究》质量，编辑部抽调、组织各业务条线专业水平较高的同志参与编辑工作。同时，利用各警学论坛征文机会，主动向基层分局和有关单位征集稿件，扩展稿源。12月3日，编辑部召开2016年度组稿及调研工作务虚会，各分（县）局指挥处分管领导（代表）出席会议。会上，各单位介绍了2015年度调研工作的总体情况，交流2016年理论调研规划。协会领导对2016年度的理论调研、组稿工作提出要求。（陈建中）

【完成专题理论著作编纂出版工作】 7月，市警察协会编著的《大都市公安社会治理创新集萃》一书完成最后统稿、定稿、编辑、审阅和校对任务，交付中国人民公安大学出版社出版。著作坚持系统思维、法治思维、动态思维和底线思维，从上海地区的人口、网络社会、轨道交通、大型活动、应急联动机制及有关区域公安社会治理的历史传承与现实创新两个维度，勾勒我国大城市和特大城市公安机关在公安社会治理体系建设进程中的理论思考和实践探索。（陈建中）

【加强对区县警察协会工作的指导】 1月底，市警察协会召开各分会、基层协会秘书长联席会议，就建立健全经常性沟通机制、增进各协会之间的互联互通以及市警察协会对面上工作的指导提出设想。市警察协会积极参与基层协会组织的理论调研；组织人员分别到松江、宝山、普陀、闵行等基层协会担任评委；帮助基层协会培训理论调研人员；督促、协助尚未成立协会的单位尽快完成筹备工作。（陈建中）

【开展交流】 1月18日，市警察协会领导受邀参加苏州市警察协会的成立仪式。5月15日，派员与苏州市警察协会就如何办好协会会刊交流经验做法。6月17日至20日，与来访的大连市警察协会进行工作交流。年内，市警察协会继续关注、支持公民警校的各项工作，加强与公民警校的合作互助。（陈建中）

上海市法医学会

【概况】 2015年，上海市法医学会（以下简称市法医学会）协助市局刑事科学技术研究管理中心（以下简称市局刑技中心）完成全市各分（县）局接报案（事）件各类生物检材的检案工作。做好兄弟省市公安机关办理的疑难案件生物检材的检验、鉴定工作。协助做好上海市刑事科学技术研究院（以下简称刑科院）的建设及上海市现场物证重点实验室——省部共建国家重点实验培育基地的运行。配合中国合格评定国家认可委员会开展法医类专业检验鉴定机构实验室及质量认可工作。持续开展全市DNA数据库建设。帮助新疆乌鲁木齐市公安局开展DNA数据库建库工作。（王黎扬）

【做好日常检案工作】 全年，市局刑技中心法医室出各类命案现场130余次，检验各类尸体640余具，出具检验鉴定文书580余份；接报法医临床检验鉴定案件4700余起，受理1300余起，出具检验鉴定文书1300余份。毒化室受理各类案件物证检验6000起（次），检验各类毒物及毒品检材1. 7万份，出具检验报告6000份。出市内及外省制毒现场各1次。生物物证室受理案件9200余起（次），检验各类生物检材25000余份，出具鉴定文书1700余份，检验报告7500余份。协助市局打拐办开展打拐工作，受理送检（疑似）被拐卖儿童及其亲属血样450余份。为“2·4”普陀杀人碎尸案、“4·2”徐汇医护人员利用胰岛素杀人案等重大命案的侦破及后期案件审理、诉讼提供技术支撑。及时完成“6·1”东方之星沉船事故中上海籍遇难者的身份确认，为后期工作的开展提供便利。（王黎扬）

【加强业务培训】 年内，市法医学会协同市局刑技中心、市司法鉴定协会、复旦大学法医学院、司法部司法鉴定科学技术研究所、市现场物证重点实验室等单位组织开展各专业业务培训12次。1月27日至28日，参加“人体损伤程度鉴定标准”高级培训班；2月3日，参加刑事技术人员出庭作证注意问题的培训班；3月23日至27日，参加硅藻检验新方法应用高级培训班；4月12日至17日，参加中加制毒现场勘验培训班；4月17日，参加I11umina新一代测序法医解决方案培训班；5月5日至12日，参加第八期法医损伤培训班；5月6日至8日，参加液质联用技术进展与应用培训班；6月23日，参加2015年度法医毒物鉴定技术培训暨交流会；7月3日，参加法医病理司法鉴定人继续教育培训；9月25日，参加刑事技术机构资质认定培训班；10月19日，参加新一代测序技术在法庭科学领域的应用培训班；11月30日至12月2日，参加全国第七批刑事技术青年人才培训班。（王黎扬）

【参加学术交流】 3月1日至7日，参加全国公安机关刑事技术青年人才赴港学习交流；4月23日至27日，参加第三届原位电离质谱会议；6月26日，参加“涉警死亡案件的法医学鉴定”法医病理疑难案例研讨会；7月1日，参加新型红外显微成像系统专家座谈会；

7月1日至3日，参加全国公安机关典型案例中刑事技术工作得失研讨会；8月17日至21日，参加法医DNA检测平台研究与应用最新进展研讨会；8月29日至9月5日，参加第53届国际法庭毒物学年会；11月4日至5日，参加现场物证理化分析技术国际研讨会。（王黎扬）

【完成实验室认可工作】 市法医学会各专业会员认真开展实验室认可工作，并顺利通过各项评审。4月8日至10日，市法医学会各专业科室均参加并通过由市局刑技中心开展的以CNAS-CL08《司法鉴定/法庭科学机构能力认可准则》和相关领域应用说明为依据的内部审核。7月12日，市局刑技中心顺利通过由中国合格评定国家认可委员会（以下简称CNAS）组织开展的复评审现场评审，并授予市局刑技中心CNAS认可资格；允许中心按照《认可标识使用和认可状态声明规则》（CNAS-R01）的规定使用CNAS标识、ILAC-MRA/CNAS标识和声明认可状态。12月16日，市局刑技中心顺利通过由国家认证认可监督管理委员会组织开展的资质认定现场评审。（王黎扬）

【开展带教工作】 年内，市法医学会各专业科室带教复旦大学医学院、皖南医学院、重庆医科大学、中国医科大学、南京医科大学法医学专业实习生15人。培训浙江、江苏、江西等兄弟省市及各分（县）局进修技术人员40余人。（王黎扬）

【推进科研工作】 年内，市法医学会各专业科室持续推进科研工作。“现场涉毒组分的高效富集材料与技术研究”通过验收；“关于DNA适体探针案发现场快速检测毒品的新技术建立”和“马钱子生物碱中毒的检测与判定关键技术”获得上海市公安局科技项目奖一等奖；“案件现场快速取证鉴定的关键技术与装备研发”通过验收；“快速个体识别系统研究”获上海市科学技术奖三等奖。在各类期刊、杂志发表论文20余篇。参加国外学术会议海报交流等。（王黎扬）

【协助基层做好实验室建设工作】 市法医学会协助市局刑技中心做好各分（县）局毒化及生物物证实验室的建设工作。常年接待各分（县）局考察，对分（县）局的实验用房图纸、装修、仪器设备提出意见建议。多次赴浦东、闵行、长宁、崇明等分（县）局进行实地指导。年内，浦东、长宁、闵行生物物证实验室已正常运行，浦东分局生物物证实验室在侦查破案中已发挥作用，通过CNAS认可。闵行分局生物物证实验室成功比中松江一年前的一起凶杀案。（王黎扬）

上海市刑事科学技术协会

【概况】 2015年，上海市刑事科学技术协会（以下简称市刑技协会）积极参与、协助市局刑事科学技术研究管理中心（以下简称市局刑技中心）、上海市刑事科学技术研究院（以下简称刑科院）和上海市现场物证重点实验室——省部共建国家重点实验室培育基地（以下简称现场物证重点实验室）开展多学科、多种形式的学术活动，举办学术交流、业务培训和讲座9次；参加国际性学术会议4次；申报国家专利9项，软件著作权专利2项，获国家发明专利授权2项，获国家新型实用专利授权5项；新增获专项研究经费资助的省部级课题3项和市局级课题4项。2项国家级课题、2项省部级课题和5项市局级课题通过专家组验收。获省部级科学技术奖三等奖1项；获公安部全国公安基层技术革新奖三等奖1项；获市局科技项目奖一等奖3项、二等奖2项。（张润生）

【完成重大安保任务】 市刑技协会各专业会员全力投入元旦、春节、“五一”、国庆、“两会”和“陆家嘴论坛”“上海车展”“2015花样滑冰世锦赛”及印度、法国等多国领导人访沪等重大节日、活动安保任务。派出警力支持北京“9·3”阅兵和福州“青运会”等重大活动安保。年内，警犬队共出安检现场123起，出动警力400余人次，警犬400余条次。（张润生）

【科研工作取得新成果】 市刑技协会各专业会员积极参与科研工作，开展立项课题研究和研究成果推广应用。年内，“宽光谱高分辨率文件检验新设备的研究”等3项课题获省部级立项及研究经费资助；“现场信息立体化采集关键技术研究”等4项课题获市局科委立项及研究经费资助。案件现场快速取证鉴定的关键技术与装备研发（国家“十二五”科技支撑计划项目），现场识别毒品的核酸适体关键问题研究（国家973计划项目），上海公安现场物证、潜在痕迹快速检测技术研究和现场涉毒组分的高效富集材料与技术研究（市科委项目），多参数脑电波在心理测试中的应用以及基于全画幅单反相机的紫红外及可见光彩色成像系统（市局项目），分别通过国家科技部、市科委和市局科委组织的专家组验收。“影响尸体温度下降因素的分级与系数研究”获公安部科学技术奖三等奖，“法庭科学双环短波紫外光源”获公安部全国公安基层技术革新奖三等奖；

支援北京“9·3”阅兵安保 （张润生提供）

“关于DNA适体探针现场快速检测毒品的新技术建立”“马钱子碱生物碱中毒的检测判定关键技术”和“疑难火灾物证鉴定技术研究”获市局科技项目一等奖。市刑技协会各专业会员认真总结工作和科研经验，发表学术论文50篇，其中SCI论文10篇；向国外专业学术年会交流会提交论文4篇，被大会录用。申请国家

专利9项，软件著作权2项。“一种人基因座DNA26个基因座的复合扩增的试剂盒”等2项获国家发明专利授权，“基于声光可调谐滤光器的红外线成像取证仪”等5项获国家新型实用专利授权。（张润生）

【召开第四届会员代表大会】 12月31日，市刑技协会在上海市公安局物证鉴定中心召开第四届会员代表大会和理事会第一次会议。第三届协会理事长陈连康作工作报告，副理事长张加敏作协会章程修订说明和换届财务审计报告。与会代表表决通过协会工作报告、修改章程报告、财务审计报告和章程修订案（2015年）。选举由63位代表组成的第四届理事会。选举糜忠良为第四届协会理事长。（张润生）

理事会换届 （张润生提供）

【开展现场勘查和检验鉴定工作】 市刑技协会各专业会员积极投入案（事）件的现场勘查与物证检验鉴定工作，服务实战办案。年内，共勘查各类重大刑事案件现场586起（其中凶杀命案72起）。全市勘查各类刑事案件现场96022起，现场勘验率、痕迹物证提取率、痕迹物证作用率分别为93%、56%、17%，完成年度目标要求。各专业实验室共受理各类案件物证检验鉴定18879起，出具鉴定书或检验报告18548份（其中市毒品检验中心完成毒品案件检验3916起，出具毒品检验报告3916份）。检验鉴定准确率100%，满意度100%。（张润生）

【加强信息化建设】 市刑技协会各专业会员积极参与刑技信息化系统数据库建设与信息查询应用，加强指纹信息采集质量和DNA数据入库质量监控，提增足迹（鞋印）入库数量。年内，指纹自动识别系统入库信息311926万人份，查中犯罪嫌疑人1479人，查中案件2290起；法庭科学DNA数据库入库信息179401份，查中犯罪嫌疑人913人，查中案件932起，串并案件132串364起；足迹（鞋印）自动识别系统串并案件1710串5224起，查中犯罪嫌疑人286人，破案460起。（张润生）

【推进实验室质量管理工作】 市刑技协会协助市局刑技中心推进实验室质量管理体系运行和开展实验室资质认定评审工作。7月12日，通过由中国合格评定国家认可委员会（CNAS）组织的专家组现场监督评审。9月2日，CNAS授予市局刑技中心CNAS认可资格。9月30日，完成国家级实验室资质认定的申报工作。12月16日，通过由国家认证认可监督管理委员会派出的专家组国家级实验室资质认定的现场评审。同时，协会会员参与指导分（县）局刑科所实验室质量管理体系的运行工作，提供技术支持与业务指导。（张润生）

【协助做好基层刑科所实验室建设】 年内，市刑技协会协助市局刑技中心制定实验室建设第一阶段推进、考核方案。先后对普陀、金山、崇明、浦东等分（县）局刑科所实验室场地规划、实验用房规划和图纸设计等提出意见建议。协助闵行、黄浦分局刑科所安装调试新引进的分析仪器装备。配合市局刑侦总队和市局刑技中心开展“十二五”刑技重点装备建设总结验收工作。指导分（县）局刑科所完成公安部刑事技术实验室“四项评定”申报和公安部专家组现场评审工作。（张润生）

【开展专业培训】 2月3日，市刑技协会邀请中国人民公安大学教授罗亚平，在市局刑技中心作“刑事技术人员出庭作证应注意的问题”专题讲座。协助市局刑侦总队和市局刑技中心组织分（县）局痕迹、毒化、DNA专业60名刑技骨干培训，开展刑侦条线分（县）局毒化、DNA和痕迹专业技术比武。毒化和DNA专业实验室组织分（县）局技术人员进入实验室进行为期2周的培训。照录像专业开展派出所兼职技术员现场勘查照相课目培训。（张润生）

【参加国际专业学术交流】 年内，市刑技协会各专业会员积极参加国际学术交流。8月30至9月4日，参加在意大利佛罗伦萨举办的“第53届国际法庭毒物学会”年会，交流当前毒物分析技术的研究进展。10月7至9日，参加在新加坡举办的“国际刑警组织枪支取证研讨会”，学习交流枪支鉴定方面的先进技术。10月26日至30日，参加在美国马里兰州举办的“全美凶杀案调查研讨会”。11月25日至12月1日，参加在美国奥古斯塔大学举办的“大脑破译技术及其在刑侦科学中应用研讨会”。（张润生）

【参与承办学术交流活动】 市刑技协会协助中国刑科协理化检验专业委员会、市局刑技中心、刑科院和现场物证重点实验室开展多学科、多种形式的学术交流活动。1月20日，在市局刑技中心举办“金桥产业技术创新——大数据与法庭科学”学术报告会。会议围绕“DNA技术、毒品毒物鉴别技术、物证数据采集技术”等开展交流。1月27日，在刑技中心举办“纳米技术及应用”学术报告会，邀请纳米技术及应用国家工程研究中心何丹农主任介绍纳米技术的发展及其应用领域研究最新成果。1月28日至29日，警犬队与工作犬民间俱乐部在上海联合举办“国际工作犬训练与使用技术”学术报告会，特邀德国警察部门现役警犬训练师及审判委员Diers Hans Peter作主题报告。3月6日，在刑技中心举办“影像学技术处理”讲座，上海师范大学人文学院、复旦视觉影视学院、上海摄影职业培训中心讲师夏立敏介绍色彩管理和还原等影像知识。7月28日至29日，在上海宝隆宾馆召开“上海市现场物证重点实验室、法医物证学现场应用技术公安部重点实验室2015年度学术委员会”年会。7月14日至17日，在内蒙古呼伦贝尔市中国刑警学院新技术推广基地举办“全国影像技术与视频侦查高端论坛”。11月3日至5日，在上海博思大酒店举办“现场物证理化分析技术国际研讨会”。（张润生）

【刘文斌入选2015年上海青年科技启明星计划】 刑科院刘文斌的《潜在指纹显现用磁性粉末改性及发光性能研究》项目，入选2015年度上海市青年科技“启明星”计划（共100名）资助项目。（张润生）

【落实“一长四必”工作机制】 市刑技协会配合市局刑技中心，试行刑事技术专业人员和派出所民警分级分类勘查模式，在浦东、黄浦、普陀、杨浦、闵行、金山六个试点分局总结经验的基础上，参与制定上海公安机关开展分级分类现场勘查工作实施方案。9月11日，在市局刑技中心部署分（县）局实验室等级评定、实验室建设及落实现场勘查“一长四必”推进工作。（张润生）

【办好《上海刑事技术》】 年内，市刑技协会面向刑事技术基层一线技术人员征集专业技术论文，精心组稿、编审，编辑出版两期《上海刑事技术》（总第49、50期），共录登论文55篇，其中研究报告6篇、技术与应用22篇、工作探讨21篇、经验交流6篇。（张润生）

上海市消防协会

【概况】 2015年，上海市消防协会（以下简称市消防协会）认真学习领会中央和市群团工作会议精神，贯彻落实公安部、市公安局和市消防局对公安现役部队社团工作专项清理整顿的要求，理顺隶属关系，规范组织建设，调整功能定位，确保各项工作有序、有效开展。充分发挥所属消防科技服务中心作用，为社会单位提供安全可靠、科学合理、积极有效的消防安全评估和消防技术咨询服务。（胡亚明）

【公安现役部队人员不再兼任协会职务】 根据中国人民解放军总政治部下发的军队社会团体管理工作规定和公安部政治部下发的关于开展公安现役部队社团工作专项清理整治的通知精神，12月17日，市消防协会召开常务理事会六届四次会议，通过接受上海公安现役部队张月明等25人辞去市消防协会兼任的所有职务并退出协会的决议。（胡亚明）

【做好消防安全评估和消防技术咨询服务】 年内，受闵行区政府委托，对闵行区域消防安全状况进行调研评估。为上海华环货物运输市场经营管理有限公司交易大厅配套工程消防隐患整改等10余个项目提供消防技术咨询服务。为60余家社会单位提供消防咨询服务。参与市消防局对37家消防设施检测机构进行专项监督检查。为相关社会单位编制《消防技术服务机构临时资质申请指南》。（胡亚明）

【组织优质消防工程评选活动】 自4月下旬开始，经过企业申报审核、社会调查、专家现场考评、专家组综合评审，终评委评审和社会公示6个阶段的评选，上海国泰消防设备有限公司负责施工的国家会展中心（上海）消防工程项目、上海兴盛消防集团有限公司负责施工的上海洲际中心二期消防工程项目等22个建筑消防工程项目，获“2015年上海市优质消防工程麒麟奖”。（胡亚明）

【开展社会消防教育培训】 年内，市消防协会各区、县联络处，围绕全民消防安全宣传教育纲要，按照上海市消防局统一部署，协同上海市消防学校，组织开展社会消防教育培训，有46608人参加消防职业技能、消防重点岗位等培训。(胡亚明)

上海市道路交通安全协会

【概况】 2015年，上海市道路交通安全协会(以下简称市交通安全协会)根据“加大治理交通顽症，加强事故防范”的工作要求，发挥桥梁作用，推进安全行车教育与事故防范工作，为保障安全行车、预防事故作出积极努力。(胡国进)

【完成换届选举工作】 5月29日，市交通安全协会召开第七届会员大会第一次会议，102家会员单位代表参加会议。会议审议通过协会2014年度工作、财务报告和2015年工作要点。表决通过协会新的《章程》。选举30名会员单位代表为理事。10名理事代表当选为常务理事。王梅根当选会长（法人代表）、顾国弟当选副会长、胡国进任秘书长。(胡国进)

【开展“排堵保畅，降压事故”巡回宣讲】 年内，市交通安全协会根据市科委（科协）、市教委和市局交警总队的工作要求，以“安全行车，预防事故”为主题，组织12名专家，深入车辆运输企业、社区、部队、学校，开展“交通安全法——法制科普巡回讲座”。其间，共举行讲座55场，7300名驾驶员、企业安全管理人员、部队官兵、学校师生、社区居民参加讲座。(胡国进)

【联合开展渣土运输安全行车专题讲座】 9月25日至12月30日，市交通安全协会与市环卫行业协会渣土运输管理委员会，组织6名交警和企业交通安全宣讲员，深入本市63家建筑渣土运输车辆公司，开展渣土运输安全行车专题讲座，2104名渣土运输专职驾驶员听讲。(胡国进)

【协助开展“安全生产与交通安全”负责人持证上岗培训】 年内，为推进会员单位“交通安全源头管理”工作，市交通安全协会协助上海开放大学交通安全教育学校，组织会员单位安全管理负责人，开展“安全生产与交通安全”管理人员持证上岗培训11期，1010名安全管理人员经上海市安全生产监督管理局考核中心考试合格，获得“安全生产负责人”“交通安全专管员”双证合格证书。(胡国进)

【推进会员单位交通安全资信评定工作】 年内，市交通安全协会根据市局交警总队“狠抓机动车和驾驶人源头管理”的要求，与上海市道路运输行业协会、上海市道路危险货物运输行业协会、上海市环卫行业（渣土运输、清洁运输）协会联合组织5名评审专家，在全市79家专业车辆运输会员单位中，开展交通安全资信“星级”评审活动。对79家单位的158名专业驾驶员进行“交通安全法规、安全行车知

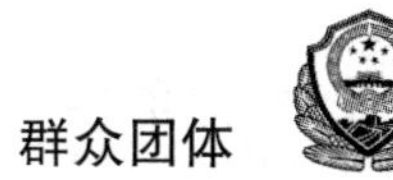

识”考试，对162名企业安全管理人员进行安全管理考核，对237辆专业运输车辆进行安全检查。其中对17辆有安全行车隐患的运输车进行重点整改，对21家不符合安全运行标准企业实施“暂缓评审、限期整改”决定。（胡国进）

上海市企事业单位治安保卫协会

【概况】 2015年，上海市企事业单位治安保卫协会（以下简称市内保协会）充分发挥调研指导、服务协调、检查督促作用，深入贯彻落实《内保条例》，以建设企事业单位内部治安防控体系为目标，立足前瞻思考、系统谋划，狠抓落实，各项工作取得明显成效。（马怡斐）

【完成抗战胜利70周年纪念活动安保工作】 在抗战胜利70周年纪念活动安保工作中，市内保协会积极指导全市治安保卫重点单位全面加强安保防范措施，建立“三定三明”（定岗位、定人员、定时间，明确岗位职责、明确各类突发事件的处置方式、明确工作纪律）反恐防暴责任制，组织反恐防暴专题讲座，印发应急处置突发事件操作手册，将工作规范要求布置到基层，落实到岗位。（马怡斐）

【防阻电信诈骗成效显著】 市内保协会加强与各银行协作配合，督促营业网点严格落实“四询问一告知”“四核实”“七步工作法”等防阻措施，大力推行转账专区（柜），开通介绍电信诈骗案例、作案手法、防阻对策的“微信群”“QQ群”，有针对性地开展电信诈骗的防范宣传、提醒、劝阻等工作，在“网银”交易、转账操作界面发布客户风险提示及安全教育内容。1月至11月，全市银行柜面成功防阻电信诈骗385起，配合公安机关侦破电信诈骗犯罪案件385起，挽回损失8474万元，265名银行一线柜面员工受到表彰。（马怡斐）

【参与重点单位重要部位安全检查】 为汲取“12·31”外滩踩踏事件教训，市内保协会参与对全市10万伏以上变电站、大型油库、燃气高压调压站、储配站及主要超高压输电线路等重要基础设施的安全检查。会同上海银监局对全市61个银行业务库开展专项检查，对检查中发现的问题，责令及时整改。督促重点单位、部门落实内部安防主体责任，要求电力、供水、石油、燃气等会员单位下属各变电站、水库、水厂、油库、燃气阀站等重要部位制定防恐防暴三级预案，完善防暴入侵、群体性事件、自然灾害事故、抢修救援等应急处置机制。对不稳定因素开展排摸，发现问题，及时化解。（马怡斐）

【开展“创安”“安全评估”活动】 2015年，市内保协会积极配合市局治安总队继续开展创建“治安安全合格单位”“金融机构安全评估”活动。通过单位自查自评申报、分局复查和市局治安总队验收，上海城投水务（集团）有限公司等377家企业达到“创安”标准。为提高全市银行营业网点、金库自防自卫能力，根据上海银监局、市局对银行营业网点每两年开展一次安全评估的要求，协会协调区、县内

保协会，对全市银行营业网点、金库安全开展自查自评活动，为抽查验收做好准备。（马怡斐）

【组织保卫职业资格和保安员证培训】 年内，市内保协会所属上海市保卫干部培训中心，积极充实、完善保卫人员职业标准、保卫人员职业培训计划、保卫人员职业培训大纲和新编教材、题库，完成万人培训计划目标的37%。其中，国家保卫职业资格等级培训人员2491人；国家保安员证培训10538人；保卫中小学、幼儿园保安员护校、国家承认大专及本科安保管理专业学历教育、社区辅警培训、社会综合管理培训676人。协会受公安部三局委托，修订、编撰2015年新版国家职业分类大典《保卫管理员》。立项、开发气象安保职业培训新项目。完成《重点安保人防》《视频安防监控操作》《公共场所安检》3个专项职业能力项目开发。（马怡斐）

【召开九届七次会员大会】 12月17日，市内保协会在上海展览中心友谊会堂召开九届七次会员大会。市人大常委会委员、市内保协会会长马新生报告第九届理事会工作，部署2016年协会工作；市局治安总队领导宣读表彰2015年本市企事业单位治安保卫先进集体、个人和"创安"单位的决定。会上，协会分别与中国联合网络通信有限公司上海市分公司、浦东发展银行股份有限公司签订2016年度治安责任书。公安部治安管理局局长刘绍武、市公安局副局长陆民出席会议并讲话。（马怡斐）

【开展先进表彰活动】 9月至12月，市内保协会会同市局治安总队开展2015年本市企事业单位治安保卫先进集体和先进个人评选表彰活动，通过民主评议推荐，逐级审核审批，对上海航天局等239个单位（保卫组织）和中国联合网络通信有限公司上海分公司副总经理王林等325名治安责任人（保卫人员）予以表彰。（马怡斐）

【组织调研文章评选】 8月至12月，市内保协会会同市局治安总队，以"探索加强治安新常态下的治安内保现代警务机制，进一步加强企事业单位内部整体防控能力和提升保安服务管理水平"为主题，在全市内保系统，开展第十三届上海内保调研文章评选活动。其间，共收到调研、理论文章195篇。经评选，评出一等奖1篇、二等奖3篇、三等奖5篇、鼓励奖10篇和组织奖3个。（马怡斐）

【召开第九届常务理事会第六次会议】 5月21日，市内保协会在上海联通培训中心召开第九届常务理事会第六次会议。集中学习中共中央办公厅、国务院办公厅《关于加强社会治安防控体系建设的意见》。会议要求，把思想和行动统一到中央的决策上来，为上海社会治安防控体系建设贡献智慧和力量。协会全体常务理事结合上海企业实际，进行认真的学习讨论。（马怡斐）

【提高《上海内保》会刊质量】 市内保协会主办的《上海内保》会刊，围绕市公安局有关内保工作的要求，坚持面向企业、服务基层。全年刊载中央、市委、公安部、市公安局等上级机关对安保工作的指示、要求20篇，企业领导、治安保卫先进人物专访特稿37篇，总结内保经验25篇，实时动态223篇，专题短评30篇，防范新招16篇，前沿卫士46篇。6月18日，协会召开2015年《上海内保》通讯员会议，总结2014年工作，布置2015年撰稿要点。与会编辑、通讯员和作者，为办好《上海内保》会刊建言献策。市内保协会副秘书长伏天、《上海内保》编辑人员、通讯员和作者共30余人出席会议。（马怡斐）

【开展学习交流】 8月5日至13日，市内保协会参加在辽宁沈阳举行的中国安全防范产品行业协会座谈会，并赴河北、山东开展学习考察交流活动。5月21日，辽宁内保协会会长霍起、辽宁省公安厅内保总队闫峰等一行8人来沪观摩第十五届上海公共安全产品国际博览会，听取市内保协会组织工作和保卫职业资格培训工作介绍。（马怡斐）

上海安全防范报警协会

【概况】 2015年，上海安全防范报警协会（以下简称上海安防协会）围绕服务安防行业发展、服务社会治安防控体系建设，不断提升服务能力。按照年初确定的工作目标、措施，狠抓落实，全面完成各项任务。（张俊杰）

【完成换届选举】 为贯彻落实中组部《关于规范退（离）休领导干部在社会团体兼职问题的通知》精神，上海安防协会专门成立换届工作领导小组，并开展调研，走访会员单位听取意见建议，确保换届选举工作顺利进行。4月13日，协会召开五届四次理事会议，选举赵渊明为理事长。（张俊杰）

【组织业务培训】 2015年，上海安防协会继续牵头组织上海技防从业人员业务培训。从行业实际出发，征求各方需求制订培训计划，确定培训课目。安排专人负责培训前报名、培训中服务和培训后收集反馈意见等工作。全年，共培训技防从业人员2300人。（张俊杰）

【做好工程评审网上申报审核工作】 工程评审网上申报平台上线以来，已完成2675个网上申报项目，项目评审派遣技防专家5058人次。同时，发售200多个申报审核安全盾，为网上工程申报审核提供技术支持。（张俊杰）

【开展行业统计工作】 上海安防协会通过下发行业统计报表等形式，调研业内主要产品企业及工程从业单位情况，探索建立适合本市安防行业发展的统计工作标准及制度化管理措施。2015年，协会在《保安与技防》杂志先后发布本市2015年度新建房地产项目总体情况、2015年度金融行业总体情况和2015年度本市中小幼学校总体情况等多份行业调研报告。（张俊杰）

【参与行业标准修订、起草工作】 上海安防协会组织相关单位、专家参与本市地方技术标准的修订、起草工作。年内，修订《重点单位第3部分：金融单位》等行业标准，起草《本市视频安防监控数据介质防护柜技术规范》《本市实时电子巡检系统技术规范》和《视频安防监控系统字符叠加基本命名规则》。（张俊杰）

【发挥技防专家作用】 2015年，上海安防协会继续聘任技防专家承担技防工程评审验收工作，技防专家共参与技防工程评审验收项目4800余个，其中上海迪士尼、上海中心、国家展览馆等重大项目100余个。（张俊杰）

【提升管理水平】 为更好地为会员单位解决实际问题提供帮助，年内，上海安防协会在原有工作基础上，增加交流、论坛、咨询等多平台服务。截至12月31日，新增入会安防企业30余家。（张俊杰）

【办好一刊一网】 2015年，为扩大受众面，促进技术防范与人力防范融合，《上海技防》与《上海保安》杂志合并为《保安与技防》。合并后的《保安与技防》发行量扩大至人防领域，成为上海社会面治安防控重要刊物之一。截至12月底，“上海安防网”访问人数突破100万人次，文章阅读累计110万余篇。（张俊杰）

【举办第15届上海公共安全产品国际博览会】 5月20日至23日，上海安防协会在上海世博展览馆举办第15届公共安全产品国际博览会，为国内外厂商进行产品技术交流、开展贸易洽谈，以及单位、市民了解、选购安全防范产品搭建平台。展会共有300多家知名企业参加，5万余人次到场参观。（张俊杰）

上海市保安服务行业协会

【概况】 2015年，上海市保安服务行业协会（以下简称市保安协会）进一步完善行业管理制度，促进上海保安服务市场规范、有序、健康发展。全年，全市保安从业人员24万人，比上年增加3.84%，客户单位1.97万余家，比上年增加1.52%；承担展览、展销、文艺、体育等大型活动保安服务734次，投入保安力量8.8万余人次；承担专项保安服务452批。全市保安区域联网报警系统入网用户总数73425户，比上年增加3.42%。通过“电子警察”监控系统收集交通违法信息并寄发处罚决定书124万余件。押运公司承接金融网点9474个，投入防弹运钞车872辆。承接上门收款客户6370家，守护金库46个。开展防火防盗安全检查97万余次，消除各种事故隐患和不安全因素43万余起；发现和扑灭火情231起。保安员制止违法犯罪1800余起，抓获违法犯罪嫌疑人571人。根据区域联网报警系统报警抓获违法犯罪嫌疑人247人。制止现行偷、盗窃等违法犯罪876起。全年，全市保安员拾物交公1570起，价值1400万余元。（张振宁）

【提升保安服务品质】 为提升保安服务品质，保安服务业务从传统的人防，转变为人防为主，技防、物防、犬防综合安保一体性防范，保安服务范围从门岗、巡逻、守护等普保项目，逐步延伸到交协警、治安辅警、随身护卫、大型活动特保、联防报警、风险评估、国外派驻等新型安保项目。为树立典型、激励先进，市保安协会在业内开展“十佳保安员”“每月之星” “每月之队”评选活动，并在《保安与技防》和上海保安网广为宣扬。全年，

共有3300余人受到各类表彰、奖励；收到锦旗8700余面，表扬信9000余封；在各类媒体刊登保安员先进事迹2700余篇。2015年，上海保安人员平均年龄41.3岁，初中学历人员占比50.3%，高中及以上学历人员比例为49.7%，其中本科及以上学历保安员较上年增加7.2%。(张振宁)

【开展年审和等级评定工作】 年内，市保安协会积极参与保安服务地方标准的制定，为制定保安服务地方标准提供基础材料。协助市局治安总队保安管理处，做好保安服务地方标准有关材料的收集、汇总等工作。制定、完善企业审核机制，对申请并获得资质证书届满一年的单位开展年审。对新申请资质的单位进行严格审核，经过材料审核、现场核查和主管部门复审，共有99家会员单位取得上海市保安服务企业一、二、三级资质等级。(张振宁)

【发布2015年上海市人力防范最低合同指导价】 为适应上海市职工最低工资和社保交金基数调整，为会员单位签订服务合同提供行业标准，市保安协会继续调整保安服务人力资源成本。经过市场调研、详细研究企业各项用工成本和相关法律法规，确定将人身意外险费用纳入必要成本计算，更新税收整体计算方式，使指导价更趋科学、合理。4月，发布上海市保安服务行业2015年人力防范最低合同指导价和保安员最低工资标准。(张振宁)

【举办系列培训】 年内，市保安协会组织法律、管理、税法等多场专项培训，邀请协会法律顾问、资深税务师等授课。全年，全市保安协会会员单位共举办人防岗前培训423期，队长培训52期，技术人员培训76期，押运队员培训16期，管理人员培训12期，社会人员培训64期。市保安培训学校共培训五级保安员3期446人，四级保安员26期3855人，三级助理保卫师23期1663人，二级保卫师4期382人，高级保卫师2期147人。(张振宁)

【开展行业基础调研】 为进一步了解挂靠、分包、低价竞争等行为对保安服务市场造成的影响和企业等级评定工作成效，为行业主管部门和协会制定相应政策法规打下基础，市保安协会结合行业发展状况和市场实际需求，于3月、6月、9月开展三次调研活动，对企业用工成本、队伍流失情况、保安服务价格、保安员工资待遇等进行深入研究，形成2015年上半年度市场分析报告、保安服务企业经营瓶颈调研报告等调研文章。(张振宁)

【办好一刊一网】 年内，市保安协会继续办好“一刊一网”，与主管部门联手，宣传有关政策，及时报道行业发展状况，引导企业向制度化、规范化、多元化方向发展，使《保安与技防》和上海保安网更有针对性地反映保安人员的衣、食、住、行和企业发展变化。新改版的《保安与技防》指导性和可读性增强。(张振宁)

上海市信息网络安全管理协会

【概况】 2015年，上海市信息网络安全管理协会（以下简称市网安协会）积极履行网络安全管理职能，充分发挥组织协调作用，努力提高服务水平。牵头成立WiFi安全专委会，承办“2015中国网络空间安全（上海）论坛”，主办“上海市第四届安全网站颁奖暨上海市优秀信息网络安全员、上海市安全接入服务单位表彰大会”，协办2015金融安全研讨会等。组织开展法律讲座、信息网络安全培训和移动互联网安全技术沙龙等活动。年内，吸纳腾讯、华虹、迈外迪等知名互联网单位入会，会员总数达到241家。（王琮）

【牵头成立WiFi安全专业委员会】 为加强全市WiFi网络环境安全管理，提高WiFi网络安全防范能力，推动上海WiFi网络发展，市网安协会秘书处积极协调相关单位，搭建WiFi安全专业委员会组织架构，并于8月正式成立WiFi安全专业委员会，确定WiFi安全专业委员会以“WiFi安全联盟”开展相关活动。协会还对上海市信息网络安全管理协会WiFi安全专业委员会管理办法中有关权利、责任、义务等内容进行了修改、完善。（王琮）

【召开第二届第二次会员大会】 9月17日，市网安协会在上海科学会堂召开上海市信息网络安全管理协会第二届第二次会员大会。会议审议理事会提交的市网安协会2014年度工作情况报告、2015年度工作要点和年度财务报告，增补协会理事等。（王琮）

【承办2015中国网络空间安全（上海）论坛】 5月28日至29日，公安部第三研究所、上海市电子口岸建设联席会议办公室、上海市公安局网络安全保卫总队和市网安协会、上海防灾安全策略研究中心、上海交通大学信息安全工程学院在沪共同举办“2015中国网络空间安全（上海）论坛”。论坛主要围绕“互联网金融安全、电子取证和隐私保护、网络空间安全及大数据应用、车联网安全应用、移动互联网安全”五大网络热点议题进行探讨、交流。来自信息网络安全公安部重点实验室、中科院、清华大学、上海交大、百度、腾讯、奇虎360、华为等单位的专家、教授、行业权威及企业领军人物等40位嘉宾交流发言。百度、奇虎360、迈外迪等企业在论坛期间展示了各自最新技术研究成果。市局副局长曹忠平出席开幕式并作主题报告。（王琮）

【表彰安全网站和优秀信息安全员】 12月18日，市网安协会在上海公安博物馆举行“上海市第四届安全网站颁奖暨上海市优秀信息网络安全员、上海市安全接入服务单位表彰大会”。东方财富网、聚力传媒、篱笆网等网站被评为安全网站，上海电信等被评为优秀安全接入服务单位，100名信息网络安全员被评为优秀信息网络安全员。市公安局、市经济和信息化委员会、市互联网信息办公室、市通信管理局等有关部门领导，各公安分（县）局、上海现代服务业联合会、市网安协会、市信息安全行业协会、上海市网络文化协会、上海市互联网协会等机构代表和全市百家获奖网站、安全接入服务单位负责人及优秀安全员 200 余人参加表彰大会。(王琮)

【协办 2015 金融安全研讨会】 为增强防范和控制金融风险能力，提高金融行业信息安全水平，7 月 4 日，市网安协会、平安集团和上海交通大学信息安全工程学院在浦东陆家嘴平安金融大厦共同举办“互联网金融安全”研讨会。研讨会围绕金融安全新技术、新应用和新产品发展趋势，探讨互联网金融安全对策。中国银联、中国银行、招商银行、建设银行、中国移动、上海联通、东亚银行、浦发银行、江苏银行、苏州交行、招商证券等有关专家、企业代表 130 人参加。(王琮)

【举办法律讲座】 为帮助协会互联网企业提升预防股东纠纷法律风险和规避融资风险能力，市网安协会于 9 月 10 日举办法律讲座。邀请国家科技创业导师、上海市优秀科技创业导师、上海市律师协会公司法业务研究委员会、国资国企业务研究委员会副主任宋海佳律师，就“股东纠纷法律风险预防与控制”进行讲解，全市 30 家市网安协会会员单位高管参加讲座。(王琮)

逝世人物

【蔡维林】 (1956—2015)，中共党员，一级警督，市局刑侦总队五支队二级警长。1979年4月参加公安工作。曾获嘉奖7次。

蔡维林从警35年来，始终坚持战斗在刑侦一线。他热爱刑侦事业，一心扑在工作上。从事追逃工作后，经常遇有抓捕行动，蔡维林总是主动请缨，尽量少让其他同事冒风险。他先后抓获在逃人员1000余人，其中命案等重特大案件犯罪嫌疑人300余人。2015年1月20日，蔡维林在赴江西南昌开展“追逃”工作期间，猝发疾病，不幸去世。后被市局确认为因公牺牲，并追记个人一等功。(管靖刚)

【陈卫彪】 (1970—2015) 中共党员，三级警督，金山分局山阳派出所副所长（正科职）。1989年8月参加公安工作，曾立三等功2次，获个人嘉奖5次。

陈卫彪从警20多年来，始终战斗在公安基层一线。他热爱公安事业，一心扑在工作上，为金山地区治安稳定和群众安居乐业作出了积极贡献。在工作中事事做到身先士卒、亲力亲为，在任刑侦支队重案队队长期间，他带领整个团队迎难而上，和犯罪嫌疑人员斗智斗勇。2015年1月30日下午，陈卫彪在上班期间，突发脑疝，经抢救无效去世。后被市局确认为因公牺牲，并追记个人一等功。(管靖刚)

【茆盛泉】 (1983—2015)，中共党员，二级警司，闵行分局交警支队二中队二级警员。2007年2月参加公安工作，获个人嘉奖2次、优秀团员1次。

茆盛泉从警7年多来，始终在公安交通一线工作。从穿上交警制服、踏上街面一线执勤的那刻起，始终兢兢业业，勤奋履职，在工作岗位上用实际行动守卫着身边每一位交通参与者的安全。茆盛

泉在他的执勤路口对每一起严重交通违法行为都抱着“零容忍”的态度。2014年全年，他累计加班300余个小时，参与夜间设卡整治70余次，查处各类交通违法行为7000余起。2015年3月11日，茆盛泉在纠处一起机动车交通违法行为时，因驾驶员不服从指挥，并驾车将其拖行，致头部着地重伤，经医院抢救无效不幸牺牲，2015年4月15日，被上海市人民政府批准为烈士。（管靖刚）

【马露】　（1983—2015），中共党员，二级警司，奉贤分局刑侦支队五队（打黑队）二级警员。2004年7月参加公安工作，曾立三等功1次，获个人嘉奖1次、优秀团员1次。

马露从警以来，始终战斗在公安刑侦一线。他热爱公安事业，一心扑在工作上，有力打击犯罪分子嚣张气焰。2009年2月3日凌晨，马露在陕西省侦办一起伤害致死案时，遭遇车祸，呈缺血性脑病（植物人状态），2015年4月30日，因伤情突然恶化不幸去世。后被市局确认为因公牺牲。（管靖刚）

【钱宏】　（1968—2015），中共党员，二级警督，虹口分局刑侦支队三级警长。1992年10月参加公安工作，曾获个人嘉奖6次。

钱宏从警23年来，在平凡的刑侦支队内勤工作岗位上几十年如一日，兢兢业业，默默奉献，克服父母年迈、妻子身患癌症、儿子年少等家庭困难，处处以公安事业为重，始终以强烈的事业心、饱满的工作热情和高度的责任感，全身心投入到公安工作中，以实际行动诠释全心全意为人民服务的宗旨。2015年7月20日中午，钱宏在办公室加班期间突发疾病，经医院抢救无效去世。后被市局确认为因公牺牲，并追记个人一等功。（管靖刚）

【李中明】　（1957—2015），中共党员，三级警督，市局轨道公交总队民生路站派出所二级警长。1994年6月参加公安工作，曾获个人嘉奖4次。

李中明从警21年，兢兢业业，勤勤恳恳，扎根轨交公安基层工作。他主动加强高峰时段、重点区域的巡逻频次，加大对车站周边的检查管控力度。他积极参与救助走失群众以及站区便衣反扒、打击“黄牛”等各项工作，有效维护乘客切身利益。2015年8月23日，李中明在轨道公交站台巡逻时猝发疾病，经抢救无效去世。后被市局确认为因公牺牲，并被追记个人一等功。（管靖刚）

【李新华】 （1965—2015），中共党员，二级警督，虹口分局四川北路派出所七浦路警务站三级警长。1984年8月参加公安工作，曾获个人嘉奖5次。

李新华从警31年来，一直在基层派出所一线岗位默默奉献。他总能快速适应角色转变，并通过刻苦钻研公安业务知识和专业技能，迅速成长为相关领域的“行家里手”。他处处以公安事业为重，勤勉敬业，任劳任怨，积极参加分局部署的每一次大型活动安保和备勤任务，并主动承担其所在的警务站大量事务性工作。2015年9月30日，李新华在单位猝发疾病，经医院抢救无效去世。后被市局确认为因公牺牲。2016年3月17日，李新华被公安部追授全国公安系统二级英雄模范荣誉称号。（管靖刚）

法律、法规、政策性文件

中华人民共和国国家安全法

（2015年7月1日第十二届全国人民代表大会常务委员会第十五次会议通过）

目　　录

第一章　总则
第二章　维护国家安全的任务
第三章　维护国家安全的职责
第四章　国家安全制度
　第一节　一般规定
　第二节　情报信息
　第三节　风险预防、评估和预警
　第四节　审查监管
　第五节　危机管控
第五章　国家安全保障
第六章　公民、组织的义务和权利
第七章　附则

第一章　总　　则

第一条　为了维护国家安全，保卫人民民主专政的政权和中国特色社会主义制度，保护人民的根本利益，保障改革开放和社会主义现代化建设的顺利进行，实现中华民族伟大复兴，根据宪法，制定本法。

第二条　国家安全是指国家政权、主权、统一和领土完整、人民福祉、经济社会可持续发展和国家其他重大利益相对处于没有危险和不受内外威胁的状态，以及保障持续安全状态的能力。

第三条　国家安全工作应当坚持总体国家安全观，以人民安全为宗旨，以政治安全为根本，以经济安全为基础，以军事、文化、社会安全为保障，以促进国际安全为依托，维护各领域国家安全，构建国家安全体系，走中国特色国家安全道路。

第四条　坚持中国共产党对国家安全工作的领导，建立集中统一、高效权威的国家安全领导体制。

第五条　中央国家安全领导机构负责国家安全工作的决策和议事协调，研究制定、指导实施国家安全战略和有关重大方针政策，统筹协调国家安全重大事项和重要工作，推动国家安全法治建设。

第六条 国家制定并不断完善国家安全战略，全面评估国际、国内安全形势，明确国家安全战略的指导方针、中长期目标、重点领域的国家安全政策、工作任务和措施。

第七条 维护国家安全，应当遵守宪法和法律，坚持社会主义法治原则，尊重和保障人权，依法保护公民的权利和自由。

第八条 维护国家安全，应当与经济社会发展相协调。

国家安全工作应当统筹内部安全和外部安全、国土安全和国民安全、传统安全和非传统安全、自身安全和共同安全。

第九条 维护国家安全，应当坚持预防为主、标本兼治，专门工作与群众路线相结合，充分发挥专门机关和其他有关机关维护国家安全的职能作用，广泛动员公民和组织，防范、制止和依法惩治危害国家安全的行为。

第十条 维护国家安全，应当坚持互信、互利、平等、协作，积极同外国政府和国际组织开展安全交流合作，履行国际安全义务，促进共同安全，维护世界和平。

第十一条 中华人民共和国公民、一切国家机关和武装力量、各政党和各人民团体、企业事业组织和其他社会组织，都有维护国家安全的责任和义务。

中国的主权和领土完整不容侵犯和分割。维护国家主权、统一和领土完整是包括港澳同胞和台湾同胞在内的全中国人民的共同义务。

第十二条 国家对在维护国家安全工作中作出突出贡献的个人和组织给予表彰和奖励。

第十三条 国家机关工作人员在国家安全工作和涉及国家安全活动中，滥用职权、玩忽职守、徇私舞弊的，依法追究法律责任。

任何个人和组织违反本法和有关法律，不履行维护国家安全义务或者从事危害国家安全活动的，依法追究法律责任。

第十四条 每年4月15日为全民国家安全教育日。

第二章 维护国家安全的任务

第十五条 国家坚持中国共产党的领导，维护中国特色社会主义制度，发展社会主义民主政治，健全社会主义法治，强化权力运行制约和监督机制，保障人民当家作主的各项权利。

国家防范、制止和依法惩治任何叛国、分裂国家、煽动叛乱、颠覆或者煽动颠覆人民民主专政政权的行为；防范、制止和依法惩治窃取、泄露国家秘密等危害国家安全的行为；防范、制止和依法惩治境外势力的渗透、破坏、颠覆、分裂活动。

第十六条 国家维护和发展最广大人民的根本利益，保卫人民安全，创造良好生存发展条件和安定工作生活环境，保障公民的生命财产安全和其他合法权益。

第十七条 国家加强边防、海防和空防建设，采取一切必要的防卫和管控措施，保卫领陆、内水、领海和领空安全，维护国家领土主权和海洋权益。

第十八条 国家加强武装力量革命化、现代化、正规化建设，建设与保卫国家安全和发展利益需要相适应的武装力量；实施积极防御军事战略方针，防备和抵御侵略，制止武装颠覆和分裂；开展国际军事安全合作，实施联合国维和、国际救援、海上护航和维护国家海外利益的军事行动，维护国家主权、安全、领土完整、发展利益和世界和平。

第十九条 国家维护国家基本经济制度和社会主义市场经济秩序，健全预防和化解经济

安全风险的制度机制，保障关系国民经济命脉的重要行业和关键领域、重点产业、重大基础设施和重大建设项目以及其他重大经济利益安全。

第二十条 国家健全金融宏观审慎管理和金融风险防范、处置机制，加强金融基础设施和基础能力建设，防范和化解系统性、区域性金融风险，防范和抵御外部金融风险的冲击。

第二十一条 国家合理利用和保护资源能源，有效管控战略资源能源的开发，加强战略资源能源储备，完善资源能源运输战略通道建设和安全保护措施，加强国际资源能源合作，全面提升应急保障能力，保障经济社会发展所需的资源能源持续、可靠和有效供给。

第二十二条 国家健全粮食安全保障体系，保护和提高粮食综合生产能力，完善粮食储备制度、流通体系和市场调控机制，健全粮食安全预警制度，保障粮食供给和质量安全。

第二十三条 国家坚持社会主义先进文化前进方向，继承和弘扬中华民族优秀传统文化，培育和践行社会主义核心价值观，防范和抵制不良文化的影响，掌握意识形态领域主导权，增强文化整体实力和竞争力。

第二十四条 国家加强自主创新能力建设，加快发展自主可控的战略高新技术和重要领域核心关键技术，加强知识产权的运用、保护和科技保密能力建设，保障重大技术和工程的安全。

第二十五条 国家建设网络与信息安全保障体系，提升网络与信息安全保护能力，加强网络和信息技术的创新研究和开发应用，实现网络和信息核心技术、关键基础设施和重要领域信息系统及数据的安全可控；加强网络管理，防范、制止和依法惩治网络攻击、网络入侵、网络窃密、散布违法有害信息等网络违法犯罪行为，维护国家网络空间主权、安全和发展利益。

第二十六条 国家坚持和完善民族区域自治制度，巩固和发展平等团结互助和谐的社会主义民族关系。坚持各民族一律平等，加强民族交往、交流、交融，防范、制止和依法惩治民族分裂活动，维护国家统一、民族团结和社会和谐，实现各民族共同团结奋斗、共同繁荣发展。

第二十七条 国家依法保护公民宗教信仰自由和正常宗教活动，坚持宗教独立自主自办的原则，防范、制止和依法惩治利用宗教名义进行危害国家安全的违法犯罪活动，反对境外势力干涉境内宗教事务，维护正常宗教活动秩序。

国家依法取缔邪教组织，防范、制止和依法惩治邪教违法犯罪活动。

第二十八条 国家反对一切形式的恐怖主义和极端主义，加强防范和处置恐怖主义的能力建设，依法开展情报、调查、防范、处置以及资金监管等工作，依法取缔恐怖活动组织和严厉惩治暴力恐怖活动。

第二十九条 国家健全有效预防和化解社会矛盾的体制机制，健全公共安全体系，积极预防、减少和化解社会矛盾，妥善处置公共卫生、社会安全等影响国家安全和社会稳定的突发事件，促进社会和谐，维护公共安全和社会安定。

第三十条 国家完善生态环境保护制度体系，加大生态建设和环境保护力度，划定生态保护红线，强化生态风险的预警和防控，妥善处置突发环境事件，保障人民赖以生存发展的大气、水、土壤等自然环境和条件不受威胁和破坏，促进人与自然和谐发展。

第三十一条 国家坚持和平利用核能和核

技术，加强国际合作，防止核扩散，完善防扩散机制，加强对核设施、核材料、核活动和核废料处置的安全管理、监管和保护，加强核事故应急体系和应急能力建设，防止、控制和消除核事故对公民生命健康和生态环境的危害，不断增强有效应对和防范核威胁、核攻击的能力。

第三十二条 国家坚持和平探索和利用外层空间、国际海底区域和极地，增强安全进出、科学考察、开发利用的能力，加强国际合作，维护我国在外层空间、国际海底区域和极地的活动、资产和其他利益的安全。

第三十三条 国家依法采取必要措施，保护海外中国公民、组织和机构的安全和正当权益，保护国家的海外利益不受威胁和侵害。

第三十四条 国家根据经济社会发展和国家发展利益的需要，不断完善维护国家安全的任务。

第三章 维护国家安全的职责

第三十五条 全国人民代表大会依照宪法规定，决定战争和和平的问题，行使宪法规定的涉及国家安全的其他职权。

全国人民代表大会常务委员会依照宪法规定，决定战争状态的宣布，决定全国总动员或者局部动员，决定全国或者个别省、自治区、直辖市进入紧急状态，行使宪法规定的和全国人民代表大会授予的涉及国家安全的其他职权。

第三十六条 中华人民共和国主席根据全国人民代表大会的决定和全国人民代表大会常务委员会的决定，宣布进入紧急状态，宣布战争状态，发布动员令，行使宪法规定的涉及国家安全的其他职权。

第三十七条 国务院根据宪法和法律，制定涉及国家安全的行政法规，规定有关行政措施，发布有关决定和命令；实施国家安全法律法规和政策；依照法律规定决定省、自治区、直辖市的范围内部分地区进入紧急状态；行使宪法法律规定的和全国人民代表大会及其常务委员会授予的涉及国家安全的其他职权。

第三十八条 中央军事委员会领导全国武装力量，决定军事战略和武装力量的作战方针，统一指挥维护国家安全的军事行动，制定涉及国家安全的军事法规，发布有关决定和命令。

第三十九条 中央国家机关各部门按照职责分工，贯彻执行国家安全方针政策和法律法规，管理指导本系统、本领域国家安全工作。

第四十条 地方各级人民代表大会和县级以上地方各级人民代表大会常务委员会在本行政区域内，保证国家安全法律法规的遵守和执行。

地方各级人民政府依照法律法规规定管理本行政区域内的国家安全工作。

香港特别行政区、澳门特别行政区应当履行维护国家安全的责任。

第四十一条 人民法院依照法律规定行使审判权，人民检察院依照法律规定行使检察权，惩治危害国家安全的犯罪。

第四十二条 国家安全机关、公安机关依法搜集涉及国家安全的情报信息，在国家安全工作中依法行使侦查、拘留、预审和执行逮捕以及法律规定的其他职权。

有关军事机关在国家安全工作中依法行使相关职权。

第四十三条 国家机关及其工作人员在履行职责时，应当贯彻维护国家安全的原则。

国家机关及其工作人员在国家安全工作和

涉及国家安全活动中，应当严格依法履行职责，不得超越职权、滥用职权，不得侵犯个人和组织的合法权益。

第四章　国家安全制度

第一节　一般规定

第四十四条　中央国家安全领导机构实行统分结合、协调高效的国家安全制度与工作机制。

第四十五条　国家建立国家安全重点领域工作协调机制，统筹协调中央有关职能部门推进相关工作。

第四十六条　国家建立国家安全工作督促检查和责任追究机制，确保国家安全战略和重大部署贯彻落实。

第四十七条　各部门、各地区应当采取有效措施，贯彻实施国家安全战略。

第四十八条　国家根据维护国家安全工作需要，建立跨部门会商工作机制，就维护国家安全工作的重大事项进行会商研判，提出意见和建议。

第四十九条　国家建立中央与地方之间、部门之间、军地之间以及地区之间关于国家安全的协同联动机制。

第五十条　国家建立国家安全决策咨询机制，组织专家和有关方面开展对国家安全形势的分析研判，推进国家安全的科学决策。

第二节　情报信息

第五十一条　国家健全统一归口、反应灵敏、准确高效、运转顺畅的情报信息收集、研判和使用制度，建立情报信息工作协调机制，实现情报信息的及时收集、准确研判、有效使用和共享。

第五十二条　国家安全机关、公安机关、有关军事机关根据职责分工，依法搜集涉及国家安全的情报信息。

国家机关各部门在履行职责过程中，对于获取的涉及国家安全的有关信息应当及时上报。

第五十三条　开展情报信息工作，应当充分运用现代科学技术手段，加强对情报信息的鉴别、筛选、综合和研判分析。

第五十四条　情报信息的报送应当及时、准确、客观，不得迟报、漏报、瞒报和谎报。

第三节　风险预防、评估和预警

第五十五条　国家制定完善应对各领域国家安全风险预案。

第五十六条　国家建立国家安全风险评估机制，定期开展各领域国家安全风险调查评估。

有关部门应当定期向中央国家安全领导机构提交国家安全风险评估报告。

第五十七条　国家健全国家安全风险监测预警制度，根据国家安全风险程度，及时发布相应风险预警。

第五十八条　对可能即将发生或者已经发生的危害国家安全的事件，县级以上地方人民政府及其有关主管部门应当立即按照规定向上一级人民政府及其有关主管部门报告，必要时可以越级上报。

第四节　审查监管

第五十九条　国家建立国家安全审查和监管的制度和机制，对影响或者可能影响国家安全的外商投资、特定物项和关键技术、网络信息技术产品和服务、涉及国家安全事项的建设项目，以及其他重大事项和活动，进行国家安全审查，有效预防和化解国家安全风险。

第六十条 中央国家机关各部门依照法律、行政法规行使国家安全审查职责，依法作出国家安全审查决定或者提出安全审查意见并监督执行。

第六十一条 省、自治区、直辖市依法负责本行政区域内有关国家安全审查和监管工作。

第五节 危机管控

第六十二条 国家建立统一领导、协同联动、有序高效的国家安全危机管控制度。

第六十三条 发生危及国家安全的重大事件，中央有关部门和有关地方根据中央国家安全领导机构的统一部署，依法启动应急预案，采取管控处置措施。

第六十四条 发生危及国家安全的特别重大事件，需要进入紧急状态、战争状态或者进行全国总动员、局部动员的，由全国人民代表大会、全国人民代表大会常务委员会或者国务院依照宪法和有关法律规定的权限和程序决定。

第六十五条 国家决定进入紧急状态、战争状态或者实施国防动员后，履行国家安全危机管控职责的有关机关依照法律规定或者全国人民代表大会常务委员会规定，有权采取限制公民和组织权利、增加公民和组织义务的特别措施。

第六十六条 履行国家安全危机管控职责的有关机关依法采取处置国家安全危机的管控措施，应当与国家安全危机可能造成的危害的性质、程度和范围相适应；有多种措施可供选择的，应当选择有利于最大程度保护公民、组织权益的措施。

第六十七条 国家健全国家安全危机的信息报告和发布机制。

国家安全危机事件发生后，履行国家安全危机管控职责的有关机关，应当按照规定准确、及时报告，并依法将有关国家安全危机事件发生、发展、管控处置及善后情况统一向社会发布。

第六十八条 国家安全威胁和危害得到控制或者消除后，应当及时解除管控处置措施，做好善后工作。

第五章 国家安全保障

第六十九条 国家健全国家安全保障体系，增强维护国家安全的能力。

第七十条 国家健全国家安全法律制度体系，推动国家安全法治建设。

第七十一条 国家加大对国家安全各项建设的投入，保障国家安全工作所需经费和装备。

第七十二条 承担国家安全战略物资储备任务的单位，应当按照国家有关规定和标准对国家安全物资进行收储、保管和维护，定期调整更换，保证储备物资的使用效能和安全。

第七十三条 鼓励国家安全领域科技创新，发挥科技在维护国家安全中的作用。

第七十四条 国家采取必要措施，招录、培养和管理国家安全工作专门人才和特殊人才。

根据维护国家安全工作的需要，国家依法保护有关机关专门从事国家安全工作人员的身份和合法权益，加大人身保护和安置保障力度。

第七十五条 国家安全机关、公安机关、有关军事机关开展国家安全专门工作，可以依法采取必要手段和方式，有关部门和地方应当在职责范围内提供支持和配合。

第七十六条 国家加强国家安全新闻宣传和舆论引导，通过多种形式开展国家安全宣传教育活动，将国家安全教育纳入国民教育体系和公务员教育培训体系，增强全民国家安全意识。

第六章 公民、组织的义务和权利

第七十七条 公民和组织应当履行下列维护国家安全的义务：

（一）遵守宪法、法律法规关于国家安全的有关规定；

（二）及时报告危害国家安全活动的线索；

（三）如实提供所知悉的涉及危害国家安全活动的证据；

（四）为国家安全工作提供便利条件或者其他协助；

（五）向国家安全机关、公安机关和有关军事机关提供必要的支持和协助；

（六）保守所知悉的国家秘密；

（七）法律、行政法规规定的其他义务。

任何个人和组织不得有危害国家安全的行为，不得向危害国家安全的个人或者组织提供任何资助或者协助。

第七十八条 机关、人民团体、企业事业组织和其他社会组织应当对本单位的人员进行维护国家安全的教育，动员、组织本单位的人员防范、制止危害国家安全的行为。

第七十九条 企业事业组织根据国家安全工作的要求，应当配合有关部门采取相关安全措施。

第八十条 公民和组织支持、协助国家安全工作的行为受法律保护。

因支持、协助国家安全工作，本人或者其近亲属的人身安全面临危险的，可以向公安机关、国家安全机关请求予以保护。公安机关、国家安全机关应当会同有关部门依法采取保护措施。

第八十一条 公民和组织因支持、协助国家安全工作导致财产损失的，按照国家有关规定给予补偿；造成人身伤害或者死亡的，按照国家有关规定给予抚恤优待。

第八十二条 公民和组织对国家安全工作有向国家机关提出批评建议的权利，对国家机关及其工作人员在国家安全工作中的违法失职行为有提出申诉、控告和检举的权利。

第八十三条 在国家安全工作中，需要采取限制公民权利和自由的特别措施时，应当依法进行，并以维护国家安全的实际需要为限度。

第七章 附 则

第八十四条 本法自公布之日起施行。

中华人民共和国刑法修正案（九）

（2015年8月29日第十二届全国人民代表大会常务委员会第十六次会议通过）

一、在刑法第三十七条后增加一条，作为第三十七条之一：“因利用职业便利实施犯罪，或者实施违背职业要求的特定义务的犯罪被判处刑罚的，人民法院可以根据犯罪情况和预防再犯罪的需要，禁止其自刑罚执行完毕之日或者假释之日起从事相关职业，期限为三年至五年。

“被禁止从事相关职业的人违反人民法院依照前款规定作出的决定的，由公安机关依法给予处罚；情节严重的，依照本法第三百一十三条的规定定罪处罚。

“其他法律、行政法规对其从事相关职业另有禁止或者限制性规定的，从其规定。”

二、将刑法第五十条第一款修改为：“判处死刑缓期执行的，在死刑缓期执行期间，如果没有故意犯罪，二年期满以后，减为无期徒刑；如果确有重大立功表现，二年期满以后，减为二十五年有期徒刑；如果故意犯罪，情节恶劣的，报请最高人民法院核准后执行死刑；对于故意犯罪未执行死刑的，死刑缓期执行的期间重新计算，并报最高人民法院备案。”

三、将刑法第五十三条修改为：“罚金在判决指定的期限内一次或者分期缴纳。期满不缴纳的，强制缴纳。对于不能全部缴纳罚金的，人民法院在任何时候发现被执行人有可以执行的财产，应当随时追缴。

“由于遭遇不能抗拒的灾祸等原因缴纳确实有困难的，经人民法院裁定，可以延期缴纳、酌情减少或者免除。”

四、在刑法第六十九条中增加一款作为第二款：“数罪中有判处有期徒刑和拘役的，执行有期徒刑。数罪中有判处有期徒刑和管制，或者拘役和管制的，有期徒刑、拘役执行完毕后，管制仍须执行。”

原第二款作为第三款。

五、将刑法第一百二十条修改为：“组织、领导恐怖活动组织的，处十年以上有期徒刑或者无期徒刑，并处没收财产；积极参加的，处三年以上十年以下有期徒刑，并处罚金；其他参加的，处三年以下有期徒刑、拘役、管制或者剥夺政治权利，可以并处罚金。

“犯前款罪并实施杀人、爆炸、绑架等犯罪的，依照数罪并罚的规定处罚。”

六、将刑法第一百二十条之一修改为：“资助恐怖活动组织、实施恐怖活动的个人的，或者资助恐怖活动培训的，处五年以下有期徒刑、拘役、管制或者剥夺政治权利，并处罚金；情节严重的，处五年以上有期徒刑，并处罚金或者没收财产。

“为恐怖活动组织、实施恐怖活动或者恐怖活动培训招募、运送人员的，依照前款的规定处罚。

“单位犯前两款罪的，对单位判处罚金，并对其直接负责的主管人员和其他直接责任人员，依照第一款的规定处罚。”

七、在刑法第一百二十条之一后增加五条，作为第一百二十条之二、第一百二十条之三、第一百二十条之四、第一百二十条之五、

第一百二十条之六：

“第一百二十条之二　有下列情形之一的，处五年以下有期徒刑、拘役、管制或者剥夺政治权利，并处罚金；情节严重的，处五年以上有期徒刑，并处罚金或者没收财产：

“（一）为实施恐怖活动准备凶器、危险物品或者其他工具的；

“（二）组织恐怖活动培训或者积极参加恐怖活动培训的；

“（三）为实施恐怖活动与境外恐怖活动组织或者人员联络的；

“（四）为实施恐怖活动进行策划或者其他准备的。

“有前款行为，同时构成其他犯罪的，依照处罚较重的规定定罪处罚。

“第一百二十条之三以制作、散发宣扬恐怖主义、极端主义的图书、音频视频资料或者其他物品，或者通过讲授、发布信息等方式宣扬恐怖主义、极端主义的，或者煽动实施恐怖活动的，处五年以下有期徒刑、拘役、管制或者剥夺政治权利，并处罚金；情节严重的，处五年以上有期徒刑，并处罚金或者没收财产。

“第一百二十条之四利用极端主义煽动、胁迫群众破坏国家法律确立的婚姻、司法、教育、社会管理等制度实施的，处三年以下有期徒刑、拘役或者管制，并处罚金；情节严重的，处三年以上七年以下有期徒刑，并处罚金；情节特别严重的，处七年以上有期徒刑，并处罚金或者没收财产。

“第一百二十条之五以暴力、胁迫等方式强制他人在公共场所穿着、佩戴宣扬恐怖主义、极端主义服饰、标志的，处三年以下有期徒刑、拘役或者管制，并处罚金。

“第一百二十条之六　明知是宣扬恐怖主义、极端主义的图书、音频视频资料或者其他物品而非法持有，情节严重的，处三年以下有期徒刑、拘役或者管制，并处或者单处罚金。”

八、将刑法第一百三十三条之一修改为：“在道路上驾驶机动车，有下列情形之一的，处拘役，并处罚金：

“（一）追逐竞驶，情节恶劣的；

“（二）醉酒驾驶机动车的；

“（三）从事校车业务或者旅客运输，严重超过额定乘员载客，或者严重超过规定时速行驶的；

“（四）违反危险化学品安全管理规定运输危险化学品，危及公共安全的。

“机动车所有人、管理人对前款第三项、第四项行为负有直接责任的，依照前款的规定处罚。

“有前两款行为，同时构成其他犯罪的，依照处罚较重的规定定罪处罚。”

九、将刑法第一百五十一条第一款修改为：“走私武器、弹药、核材料或者伪造的货币的，处七年以上有期徒刑，并处罚金或者没收财产；情节特别严重的，处无期徒刑，并处没收财产；情节较轻的，处三年以上七年以下有期徒刑，并处罚金。”

十、将刑法第一百六十四条第一款修改为：“为谋取不正当利益，给予公司、企业或者其他单位的工作人员以财物，数额较大的，处三年以下有期徒刑或者拘役，并处罚金；数额巨大的，处三年以上十年以下有期徒刑，并处罚金。”

十一、将刑法第一百七十条修改为：“伪造货币的，处三年以上十年以下有期徒刑，并处罚金；有下列情形之一的，处十年以上有期徒刑或者无期徒刑，并处罚金或者没收财产：

“（一）伪造货币集团的首要分子；

“（二）伪造货币数额特别巨大的；

“（三）有其他特别严重情节的。”

十二、删去刑法第一百九十九条。

十三、将刑法第二百三十七条修改为：“以暴力、胁迫或者其他方法强制猥亵他人或者侮辱妇女的，处五年以下有期徒刑或者拘役。

“聚众或者在公共场所当众犯前款罪的，或者有其他恶劣情节的，处五年以上有期徒刑。

“猥亵儿童的，依照前两款的规定从重处罚。”

十四、将刑法第二百三十九条第二款修改为：“犯前款罪，杀害被绑架人的，或者故意伤害被绑架人，致人重伤、死亡的，处无期徒刑或者死刑，并处没收财产。”

十五、将刑法第二百四十一条第六款修改为：“收买被拐卖的妇女、儿童，对被买儿童没有虐待行为，不阻碍对其进行解救的，可以从轻处罚；按照被买妇女的意愿，不阻碍其返回原居住地的，可以从轻或者减轻处罚。”

十六、在刑法第二百四十六条中增加一款作为第三款：“通过信息网络实施第一款规定的行为，被害人向人民法院告诉，但提供证据确有困难的，人民法院可以要求公安机关提供协助。”

十七、将刑法第二百五十三条之一修改为：“违反国家有关规定，向他人出售或者提供公民个人信息，情节严重的，处三年以下有期徒刑或者拘役，并处或者单处罚金；情节特别严重的，处三年以上七年以下有期徒刑，并处罚金。

“违反国家有关规定，将在履行职责或者提供服务过程中获得的公民个人信息，出售或者提供给他人的，依照前款的规定从重处罚。

“窃取或者以其他方法非法获取公民个人信息的，依照第一款的规定处罚。

“单位犯前三款罪的，对单位判处罚金，并对其直接负责的主管人员和其他直接责任人员，依照各该款的规定处罚。”

十八、将刑法第二百六十条第三款修改为：“第一款罪，告诉的才处理，但被害人没有能力告诉，或者因受到强制、威吓无法告诉的除外。”

十九、在刑法第二百六十条后增加一条，作为第二百六十条之一：“对未成年人、老年人、患病的人、残疾人等负有监护、看护职责的人虐待被监护、看护的人，情节恶劣的，处三年以下有期徒刑或者拘役。

“单位犯前款罪的，对单位判处罚金，并对其直接负责的主管人员和其他直接责任人员，依照前款的规定处罚。

“有第一款行为，同时构成其他犯罪的，依照处罚较重的规定定罪处罚。”

二十、将刑法第二百六十七条第一款修改为：“抢夺公私财物，数额较大的，或者多次抢夺的，处三年以下有期徒刑、拘役或者管制，并处或者单处罚金；数额巨大或者有其他严重情节的，处三年以上十年以下有期徒刑，并处罚金；数额特别巨大或者有其他特别严重情节的，处十年以上有期徒刑或者无期徒刑，并处罚金或者没收财产。”

二十一、在刑法第二百七十七条中增加一款作为第五款：“暴力袭击正在依法执行职务的人民警察的，依照第一款的规定从重处罚。”

二十二、将刑法第二百八十条修改为：“伪造、变造、买卖或者盗窃、抢夺、毁灭国家机关的公文、证件、印章的，处三年以下有期徒刑、拘役、管制或者剥夺政治权利，并处罚金；情节严重的，处三年以上十年以下有期徒刑，并处罚金。

“伪造公司、企业、事业单位、人民团体的印章的，处三年以下有期徒刑、拘役、管制或者剥夺政治权利，并处罚金。

“伪造、变造、买卖居民身份证、护照、社会保障卡、驾驶证等依法可以用于证明身份的证件的，处三年以下有期徒刑、拘役、管制或者剥夺政治权利，并处罚金；情节严重的，处三年以上七年以下有期徒刑，并处罚金。”

二十三、在刑法第二百八十条后增加一条作为第二百八十条之一：“在依照国家规定应当提供身份证明的活动中，使用伪造、变造的或者盗用他人的居民身份证、护照、社会保障卡、驾驶证等依法可以用于证明身份的证件，情节严重的，处拘役或者管制，并处或者单处罚金。

“有前款行为，同时构成其他犯罪的，依照处罚较重的规定定罪处罚。

二十四、将刑法第二百八十三条修改为：“非法生产、销售专用间谍器材或者窃听、窃照专用器材的，处三年以下有期徒刑、拘役或者管制，并处或者单处罚金；情节严重的，处三年以上七年以下有期徒刑，并处罚金。

“单位犯前款罪的，对单位判处罚金，并对其直接负责的主管人员和其他直接责任人员，依照前款的规定处罚。”

二十五、在刑法第二百八十四条后增加一条，作为第二百八十四条之一：“在法律规定的国家考试中，组织作弊的，处三年以下有期徒刑或者拘役，并处或者单处罚金；情节严重的，处三年以上七年以下有期徒刑，并处罚金。

“为他人实施前款犯罪提供作弊器材或者其他帮助的，依照前款的规定处罚。

“为实施考试作弊行为，向他人非法出售或者提供第一款规定的考试的试题、答案的，依照第一款的规定处罚。

“代替他人或者让他人代替自己参加第一款规定的考试的，处拘役或者管制，并处或者单处罚金。”

二十六、在刑法第二百八十五条中增加一款作为第四款：“单位犯前三款罪的，对单位判处罚金，并对其直接负责的主管人员和其他直接责任人员，依照各该款的规定处罚。”

二十七、在刑法第二百八十六条中增加一款作为第四款：“单位犯前三款罪的，对单位判处罚金，并对其直接负责的主管人员和其他直接责任人员，依照第一款的规定处罚。”

二十八、在刑法第二百八十六条后增加一条，作为第二百八十六条之一：“网络服务提供者不履行法律、行政法规规定的信息网络安全管理义务，经监管部门责令采取改正措施而拒不改正，有下列情形之一的，处三年以下有期徒刑、拘役或者管制，并处或者单处罚金：

“（一）致使违法信息大量传播的；

“（二）致使用户信息泄露，造成严重后果的；

“（三）致使刑事案件证据灭失，情节严重的；

“（四）有其他严重情节的。

“单位犯前款罪的，对单位判处罚金，并对其直接负责的主管人员和其他直接责任人员，依照前款的规定处罚。

“有前两款行为，同时构成其他犯罪的，依照处罚较重的规定定罪处罚。”

二十九、在刑法第二百八十七条后增加二条，作为第二百八十七条之一、第二百八十七条之二：

“第二百八十七条之一利用信息网络实施下列行为之一，情节严重的，处三年以下有期徒刑或者拘役，并处或者单处罚金：

“（一）设立用于实施诈骗、传授犯罪方法、制作或者销售违禁物品、管制物品等违法犯罪活动的网站、通讯群组的；

“（二）发布有关制作或者销售毒品、枪支、淫秽物品等违禁物品、管制物品或者其他违法犯罪信息的；

“（三）为实施诈骗等违法犯罪活动发布信息的。

“单位犯前款罪的，对单位判处罚金，并对其直接负责的主管人员和其他直接责任人员，依照第一款的规定处罚。

“有前两款行为，同时构成其他犯罪的，依照处罚较重的规定定罪处罚。

“第二百八十七条之二明知他人利用信息网络实施犯罪，为其犯罪提供互联网接入、服务器托管、网络存储、通讯传输等技术支持，或者提供广告推广、支付结算等帮助，情节严重的，处三年以下有期徒刑或者拘役，并处或者单处罚金。

“单位犯前款罪的，对单位判处罚金，并对其直接负责的主管人员和其他直接责任人员，依照第一款的规定处罚。

“有前两款行为，同时构成其他犯罪的，依照处罚较重的规定定罪处罚。”

三十、将刑法第二百八十八条第一款修改为：“违反国家规定，擅自设置、使用无线电台（站），或者擅自使用无线电频率，干扰无线电通讯秩序，情节严重的，处三年以下有期徒刑、拘役或者管制，并处或者单处罚金；情节特别严重的，处三年以上七年以下有期徒刑，并处罚金。”

三十一、将刑法第二百九十条第一款修改为：“聚众扰乱社会秩序，情节严重，致使工作、生产、营业和教学、科研、医疗无法进行，造成严重损失的，对首要分子，处三年以上七年以下有期徒刑；对其他积极参加的，处三年以下有期徒刑、拘役、管制或者剥夺政治权利。”

增加二款作为第三款、第四款：“多次扰乱国家机关工作秩序，经行政处罚后仍不改正，造成严重后果的，处三年以下有期徒刑、拘役或者管制。

“多次组织、资助他人非法聚集，扰乱社会秩序，情节严重的，依照前款的规定处罚。”

三十二、在刑法第二百九十一条之一中增加一款作为第二款：“编造虚假的险情、疫情、灾情、警情，在信息网络或者其他媒体上传播，或者明知是上述虚假信息，故意在信息网络或者其他媒体上传播，严重扰乱社会秩序的，处三年以下有期徒刑、拘役或者管制；造成严重后果的，处三年以上七年以下有期徒刑。”

三十三、将刑法第三百条修改为：“组织、利用会道门、邪教组织或者利用迷信破坏国家法律、行政法规实施的，处三年以上七年以下有期徒刑，并处罚金；情节特别严重的，处七年以上有期徒刑或者无期徒刑，并处罚金或者没收财产；情节较轻的，处三年以下有期徒刑、拘役、管制或者剥夺政治权利，并处或者单处罚金。

“组织、利用会道门、邪教组织或者利用迷信蒙骗他人，致人重伤、死亡的，依照前款的规定处罚。

“犯第一款罪又有奸淫妇女、诈骗财物等犯罪行为的，依照数罪并罚的规定处罚。”

三十四、将刑法第三百零二条修改为：“盗窃、侮辱、故意毁坏尸体、尸骨、骨灰的，处三年以下有期徒刑、拘役或者管制。”

三十五、在刑法第三百零七条后增加一条，作为第三百零七条之一：“以捏造的事实

提起民事诉讼，妨害司法秩序或者严重侵害他人合法权益的，处三年以下有期徒刑、拘役或者管制，并处或者单处罚金；情节严重的，处三年以上七年以下有期徒刑，并处罚金。

“单位犯前款罪的，对单位判处罚金，并对其直接负责的主管人员和其他直接责任人员，依照前款的规定处罚。

“有第一款行为，非法占有他人财产或者逃避合法债务，又构成其他犯罪的，依照处罚较重的规定定罪从重处罚。

“司法工作人员利用职权，与他人共同实施前三款行为的，从重处罚；同时构成其他犯罪的，依照处罚较重的规定定罪从重处罚。”

三十六、在刑法第三百零八条后增加一条，作为第三百零八条之一：“司法工作人员、辩护人、诉讼代理人或者其他诉讼参与人，泄露依法不公开审理的案件中不应当公开的信息，造成信息公开传播或者其他严重后果的，处三年以下有期徒刑、拘役或者管制，并处或者单处罚金。

“有前款行为，泄露国家秘密的，依照本法第三百九十八条的规定定罪处罚。

“公开披露、报道第一款规定的案件信息，情节严重的，依照第一款的规定处罚。

“单位犯前款罪的，对单位判处罚金，并对其直接负责的主管人员和其他直接责任人员，依照第一款的规定处罚”。

三十七、将刑法第三百零九条修改为：“有下列扰乱法庭秩序情形之一的，处三年以下有期徒刑、拘役、管制或者罚金：

“（一）聚众哄闹、冲击法庭的；

“（二）殴打司法工作人员或者诉讼参与人的；

“（三）侮辱、诽谤、威胁司法工作人员或者诉讼参与人，不听法庭制止，严重扰乱法庭秩序的；

“（四）有毁坏法庭设施，抢夺、损毁诉讼文书、证据等扰乱法庭秩序行为，情节严重的。”

三十八、将刑法第三百一十一条修改为：“明知他人有间谍犯罪或者恐怖主义、极端主义犯罪行为，在司法机关向其调查有关情况、收集有关证据时，拒绝提供，情节严重的，处三年以下有期徒刑、拘役或者管制。”

三十九、将刑法第三百一十三条修改为：“对人民法院的判决、裁定有能力执行而拒不执行，情节严重的，处三年以下有期徒刑、拘役或者罚金；情节特别严重的，处三年以上七年以下有期徒刑，并处罚金。

“单位犯前款罪的，对单位判处罚金，并对其直接负责的主管人员和其他直接责任人员，依照前款的规定处罚。”

四十、将刑法第三百二十二条修改为：“违反国（边）境管理法规，偷越国（边）境，情节严重的，处一年以下有期徒刑、拘役或者管制，并处罚金；为参加恐怖活动组织、接受恐怖活动培训或者实施恐怖活动，偷越国（边）境的，处一年以上三年以下有期徒刑，并处罚金。”

四十一、将刑法第三百五十条第一款、第二款修改为：“违反国家规定，非法生产、买卖、运输醋酸酐、乙醚、三氯甲烷或者其他用于制造毒品的原料、配剂，或者携带上述物品进出境，情节较重的，处三年以下有期徒刑、拘役或者管制，并处罚金；情节严重的，处三年以上七年以下有期徒刑，并处罚金；情节特别严重的，处七年以上有期徒刑，并处罚金或者没收财产。

“明知他人制造毒品而为其生产、买卖、运输前款规定的物品的，以制造毒品罪的共犯论处。”

四十二、将刑法第三百五十八条修改为：“组织、强迫他人卖淫的，处五年以上十年以下有期徒刑，并处罚金；情节严重的，处十年以上有期徒刑或者无期徒刑，并处罚金或者没收财产。

“组织、强迫未成年人卖淫的，依照前款的规定从重处罚。

“犯前两款罪，并有杀害、伤害、强奸、绑架等犯罪行为的，依照数罪并罚的规定处罚。

“为组织卖淫的人招募、运送人员或者有其他协助组织他人卖淫行为的，处五年以下有期徒刑，并处罚金；情节严重的，处五年以上十年以下有期徒刑，并处罚金。”

四十三、删去刑法第三百六十条第二款。

四十四、将刑法第三百八十三条修改为：“对犯贪污罪的，根据情节轻重，分别依照下列规定处罚：

“（一）贪污数额较大或者有其他较重情节的，处三年以下有期徒刑或者拘役，并处罚金。

“（二）贪污数额巨大或者有其他严重情节的，处三年以上十年以下有期徒刑，并处罚金或者没收财产。

“（三）贪污数额特别巨大或者有其他特别严重情节的，处十年以上有期徒刑或者无期徒刑，并处罚金或者没收财产；数额特别巨大，并使国家和人民利益遭受特别重大损失的，处无期徒刑或者死刑，并处没收财产。

“对多次贪污未经处理的，按照累计贪污数额处罚。

“犯第一款罪，在提起公诉前如实供述自己罪行、真诚悔罪、积极退赃，避免、减少损害结果的发生，有第一项规定情形的，可以从轻、减轻或者免除处罚；有第二项、第三项规定情形的，可以从轻处罚。

“犯第一款罪，有第三项规定情形被判处死刑缓期执行的，人民法院根据犯罪情节等情况可以同时决定在其死刑缓期执行二年期满依法减为无期徒刑后，终身监禁，不得减刑、假释。”

四十五、将刑法第三百九十条修改为：“对犯行贿罪的，处五年以下有期徒刑或者拘役，并处罚金；因行贿谋取不正当利益，情节严重的，或者使国家利益遭受重大损失的，处五年以上十年以下有期徒刑，并处罚金；情节特别严重的，或者使国家利益遭受特别重大损失的，处十年以上有期徒刑或者无期徒刑，并处罚金或者没收财产。

“行贿人在被追诉前主动交待行贿行为的，可以从轻或者减轻处罚。其中，犯罪较轻的，对侦破重大案件起关键作用的，或者有重大立功表现的，可以减轻或者免除处罚。”

四十六、在刑法第三百九十条后增加一条，作为第三百九十条之一：“为谋取不正当利益，向国家工作人员的近亲属或者其他与该国家工作人员关系密切的人，或者向离职的国家工作人员或者其近亲属以及其他与其关系密切的人行贿的，处三年以下有期徒刑或者拘役，并处罚金；情节严重的，或者使国家利益遭受重大损失的，处三年以上七年以下有期徒刑，并处罚金；情节特别严重的，或者使国家利益遭受特别重大损失的，处七年以上十年以下有期徒刑，并处罚金。

“单位犯前款罪的，对单位判处罚金，并对其直接负责的主管人员和其他直接责任人员，处三年以下有期徒刑或者拘役，并处罚金。”

四十七、将刑法第三百九十一条第一款修

改为："为谋取不正当利益，给予国家机关、国有公司、企业、事业单位、人民团体以财物的，或者在经济往来中，违反国家规定，给予各种名义的回扣、手续费的，处三年以下有期徒刑或者拘役，并处罚金。"

四十八、将刑法第三百九十二条第一款修改为："向国家工作人员介绍贿赂，情节严重的，处三年以下有期徒刑或者拘役，并处罚金。"

四十九、将刑法第三百九十三条修改为："单位为谋取不正当利益而行贿，或者违反国家规定，给予国家工作人员以回扣、手续费，情节严重的，对单位判处罚金，并对其直接负责的主管人员和其他直接责任人员，处五年以下有期徒刑或者拘役，并处罚金。因行贿取得的违法所得归个人所有的，依照本法第三百八十九条、第三百九十条的规定定罪处罚。"

五十、将刑法第四百二十六条修改为："以暴力、威胁方法，阻碍指挥人员或者值班、值勤人员执行职务的，处五年以下有期徒刑或者拘役；情节严重的，处五年以上十年以下有期徒刑；情节特别严重的，处十年以上有期徒刑或者无期徒刑。战时从重处罚。"

五十一、将刑法第四百三十三条修改为："战时造谣惑众，动摇军心的，处三年以下有期徒刑；情节严重的，处三年以上十年以下有期徒刑；情节特别严重的，处十年以上有期徒刑或者无期徒刑。"

五十二、本修正案自 2015 年 11 月 1 日起施行。

最高人民法院关于适用《中华人民共和国行政诉讼法》若干问题的解释

（2015 年 4 月 20 日最高人民法院审判委员会第 1648 次会议通过）

法释〔2015〕9 号

为正确适用第十二届全国人民代表大会常务委员会第十一次会议决定修改的《中华人民共和国行政诉讼法》，结合人民法院行政审判工作实际，现就有关条款的适用问题解释如下：

第一条 人民法院对符合起诉条件的案件应当立案，依法保障当事人行使诉讼权利。

对当事人依法提起的诉讼，人民法院应当根据行政诉讼法第五十一条的规定，一律接收起诉状。能够判断符合起诉条件的，应当当场登记立案；当场不能判断是否符合起诉条件的，应当在接收起诉状后七日内决定是否立案；七日内仍不能作出判断的，应当先予立案。

起诉状内容或者材料欠缺的，人民法院应当一次性全面告知当事人需要补正的内容、补充的材料及期限。在指定期限内补正并符合起诉条件的，应当登记立案。当事人拒绝补正或者经补正仍不符合起诉条件的，裁定不予立案，并载明不予立案的理由。

当事人对不予立案裁定不服的，可以提起上诉。

第二条 行政诉讼法第四十九条第三项规定的"有具体的诉讼请求"是指：

（一）请求判决撤销或者变更行政行为；

（二）请求判决行政机关履行法定职责或者给付义务；

（三）请求判决确认行政行为违法；

（四）请求判决确认行政行为无效；

（五）请求判决行政机关予以赔偿或者补偿；

（六）请求解决行政协议争议；

（七）请求一并审查规章以下规范性文件；

（八）请求一并解决相关民事争议；

（九）其他诉讼请求。

当事人未能正确表达诉讼请求的，人民法院应当予以释明。

第三条　有下列情形之一，已经立案的，应当裁定驳回起诉：

（一）不符合行政诉讼法第四十九条规定的；

（二）超过法定起诉期限且无正当理由的；

（三）错列被告且拒绝变更的；

（四）未按照法律规定由法定代理人、指定代理人、代表人为诉讼行为的；

（五）未按照法律、法规规定先向行政机关申请复议的；

（六）重复起诉的；

（七）撤回起诉后无正当理由再行起诉的；

（八）行政行为对其合法权益明显不产生实际影响的；

（九）诉讼标的已为生效裁判所羁束的；

（十）不符合其他法定起诉条件的。

人民法院经过阅卷、调查和询问当事人，认为不需要开庭审理的，可以径行裁定驳回起诉。

第四条　公民、法人或者其他组织依照行政诉讼法第四十七条第一款的规定，对行政机关不履行法定职责提起诉讼的，应当在行政机关履行法定职责期限届满之日起六个月内提出。

第五条　行政诉讼法第三条第三款规定的“行政机关负责人”，包括行政机关的正职和副职负责人。行政机关负责人出庭应诉的，可以另行委托一至二名诉讼代理人。

第六条　行政诉讼法第二十六条第二款规定的“复议机关决定维持原行政行为”，包括复议机关驳回复议申请或者复议请求的情形，但以复议申请不符合受理条件为由驳回的除外。

行政诉讼法第二十六条第二款规定的“复议机关改变原行政行为”，是指复议机关改变原行政行为的处理结果。

第七条　复议机关决定维持原行政行为的，作出原行政行为的行政机关和复议机关是共同被告。原告只起诉作出原行政行为的行政机关或者复议机关的，人民法院应当告知原告追加被告。原告不同意追加的，人民法院应当将另一机关列为共同被告。

第八条　作出原行政行为的行政机关和复议机关为共同被告的，以作出原行政行为的行政机关确定案件的级别管辖。

第九条　复议机关决定维持原行政行为的，人民法院应当在审查原行政行为合法性的同时，一并审查复议程序的合法性。

作出原行政行为的行政机关和复议机关对原行政行为合法性共同承担举证责任，可以由其中一个机关实施举证行为。复议机关对复议程序的合法性承担举证责任。

第十条　人民法院对原行政行为作出判决的同时，应当对复议决定一并作出相应判决。

人民法院判决撤销原行政行为和复议决定的，可以判决作出原行政行为的行政机关重新作出行政行为。

人民法院判决作出原行政行为的行政机关履行法定职责或者给付义务的，应当同时判决撤销复议决定。

原行政行为合法、复议决定违反法定程序的，应当判决确认复议决定违法，同时判决驳回原告针对原行政行为的诉讼请求。

原行政行为被撤销、确认违法或者无效，给原告造成损失的，应当由作出原行政行为的行政机关承担赔偿责任；因复议程序违法给原告造成损失的，由复议机关承担赔偿责任。

第十一条 行政机关为实现公共利益或者行政管理目标，在法定职责范围内，与公民、法人或者其他组织协商订立的具有行政法上权利义务内容的协议，属于行政诉讼法第十二条第一款第十一项规定的行政协议。

公民、法人或者其他组织就下列行政协议提起行政诉讼的，人民法院应当依法受理：

（一）政府特许经营协议；

（二）土地、房屋等征收征用补偿协议；

（三）其他行政协议。

第十二条 公民、法人或者其他组织对行政机关不依法履行、未按照约定履行协议提起诉讼的，参照民事法律规范关于诉讼时效的规定；对行政机关单方变更、解除协议等行为提起诉讼的，适用行政诉讼法及其司法解释关于起诉期限的规定。

第十三条 对行政协议提起诉讼的案件，适用行政诉讼法及其司法解释的规定确定管辖法院。

第十四条 人民法院审查行政机关是否依法履行、按照约定履行协议或者单方变更、解除协议是否合法，在适用行政法律规范的同时，可以适用不违反行政法和行政诉讼法强制性规定的民事法律规范。

第十五条 原告主张被告不依法履行、未按照约定履行协议或者单方变更、解除协议违法，理由成立的，人民法院可以根据原告的诉讼请求判决确认协议有效、判决被告继续履行协议，并明确继续履行的具体内容；被告无法继续履行或者继续履行已无实际意义的，判决被告采取相应的补救措施；给原告造成损失的，判决被告予以赔偿。

原告请求解除协议或者确认协议无效，理由成立的，判决解除协议或者确认协议无效，并根据合同法等相关法律规定作出处理。

被告因公共利益需要或者其他法定理由单方变更、解除协议，给原告造成损失的，判决被告予以补偿。

第十六条 对行政机关不依法履行、未按照约定履行协议提起诉讼的，诉讼费用准用民事案件交纳标准；对行政机关单方变更、解除协议等行为提起诉讼的，诉讼费用适用行政案件交纳标准。

第十七条 公民、法人或者其他组织请求一并审理行政诉讼法第六十一条规定的相关民事争议，应当在第一审开庭审理前提出；有正当理由的，也可以在法庭调查中提出。

有下列情形之一的，人民法院应当作出不予准许一并审理民事争议的决定，并告知当事人可以依法通过其他渠道主张权利：

（一）法律规定应当由行政机关先行处理的；

（二）违反民事诉讼法专属管辖规定或者协议管辖约定的；

（三）已经申请仲裁或者提起民事诉讼的；

（四）其他不宜一并审理的民事争议。

对不予准许的决定可以申请复议一次。

第十八条 人民法院在行政诉讼中一并审理相关民事争议的，民事争议应当单独立案，由同一审判组织审理。

审理行政机关对民事争议所作裁决的案件，一并审理民事争议的，不另行立案。

第十九条 人民法院一并审理相关民事争议，适用民事法律规范的相关规定，法律另有规定的除外。

当事人在调解中对民事权益的处分，不能作为审查被诉行政行为合法性的根据。

行政争议和民事争议应当分别裁判。当事人仅对行政裁判或者民事裁判提出上诉的，未上诉的裁判在上诉期满后即发生法律效力。第一审人民法院应当将全部案卷一并移送第二审人民法院，由行政审判庭审理。第二审人民法院发现未上诉的生效裁判确有错误的，应当按照审判监督程序再审。

第二十条 公民、法人或者其他组织请求人民法院一并审查行政诉讼法第五十三条规定的规范性文件，应当在第一审开庭审理前提出；有正当理由的，也可以在法庭调查中提出。

第二十一条 规范性文件不合法的，人民法院不作为认定行政行为合法的依据，并在裁判理由中予以阐明。作出生效裁判的人民法院应当向规范性文件的制定机关提出处理建议，并可以抄送制定机关的同级人民政府或者上一级行政机关。

第二十二条 原告请求被告履行法定职责的理由成立，被告违法拒绝履行或者无正当理由逾期不予答复的，人民法院可以根据行政诉讼法第七十二条的规定，判决被告在一定期限内依法履行原告请求的法定职责；尚需被告调查或者裁量的，应当判决被告针对原告的请求重新作出处理。

第二十三条 原告申请被告依法履行支付抚恤金、最低生活保障待遇或者社会保险待遇等给付义务的理由成立，被告依法负有给付义务而拒绝或者拖延履行义务且无正当理由的，人民法院可以根据行政诉讼法第七十三条的规定，判决被告在一定期限内履行相应的给付义务。

第二十四条 当事人向上一级人民法院申请再审，应当在判决、裁定或者调解书发生法律效力后六个月内提出。有下列情形之一的，自知道或者应当知道之日起六个月内提出：

（一）有新的证据，足以推翻原判决、裁定的；

（二）原判决、裁定认定事实的主要证据是伪造的；

（三）据以作出原判决、裁定的法律文书被撤销或者变更的；

（四）审判人员审理该案件时有贪污受贿、徇私舞弊、枉法裁判行为的。

第二十五条 有下列情形之一的，当事人可以向人民检察院申请抗诉或者检察建议：

（一）人民法院驳回再审申请的；

（二）人民法院逾期未对再审申请作出裁定的；

（三）再审判决、裁定有明显错误的。

人民法院基于抗诉或者检察建议作出再审判决、裁定后，当事人申请再审的，人民法院不予立案。

第二十六条 2015年5月1日前起诉期限尚未届满的，适用修改后的行政诉讼法关于起诉期限的规定。

2015年5月1日前尚未审结案件的审理期限，适用修改前的行政诉讼法关于审理期限的规定。依照修改前的行政诉讼法已经完成的程序事项，仍然有效。

对2015年5月1日前发生法律效力的判决、裁定或者行政赔偿调解书不服申请再审，或者人民法院依照审判监督程序再审的，程序

性规定适用修改后的行政诉讼法的规定。

第二十七条 最高人民法院以前发布的司法解释与本解释不一致的，以本解释为准。

最高人民法院关于审理掩饰、隐瞒犯罪所得、犯罪所得收益刑事案件适用法律若干问题的解释

（2015年5月11日最高人民法院审判委员会第1651次会议通过）

为依法惩治掩饰、隐瞒犯罪所得、犯罪所得收益犯罪活动，根据刑法有关规定，结合人民法院刑事审判工作实际，现就审理此类案件具体适用法律的若干问题解释如下：

第一条 明知是犯罪所得及其产生的收益而予以窝藏、转移、收购、代为销售或者以其他方法掩饰、隐瞒，具有下列情形之一的，应当依照刑法第三百一十二条第一款的规定，以掩饰、隐瞒犯罪所得、犯罪所得收益罪定罪处罚：

（一）掩饰、隐瞒犯罪所得及其产生的收益价值三千元至一万元以上的；

（二）一年内曾因掩饰、隐瞒犯罪所得及其产生的收益行为受过行政处罚，又实施掩饰、隐瞒犯罪所得及其产生的收益行为的；

（三）掩饰、隐瞒的犯罪所得系电力设备、交通设施、广播电视设施、公用电信设施、军事设施或者救灾、抢险、防汛、优抚、扶贫、移民、救济款物的；

（四）掩饰、隐瞒行为致使上游犯罪无法及时查处，并造成公私财物损失无法挽回的；

（五）实施其他掩饰、隐瞒犯罪所得及其产生的收益行为，妨害司法机关对上游犯罪进行追究的。

各省、自治区、直辖市高级人民法院可以根据本地区经济社会发展状况，并考虑社会治安状况，在本条第一款第（一）项规定的数额幅度内，确定本地执行的具体数额标准，报最高人民法院备案。

司法解释对掩饰、隐瞒涉及计算机信息系统数据、计算机信息系统控制权的犯罪所得及其产生的收益行为构成犯罪已有规定的，审理此类案件依照该规定。

依照全国人民代表大会常务委员会《关于〈中华人民共和国刑法〉第三百四十一条、第三百一十二条的解释》，明知是非法狩猎的野生动物而收购，数量达到五十只以上的，以掩饰、隐瞒犯罪所得罪定罪处罚。

第二条 掩饰、隐瞒犯罪所得及其产生的收益行为符合本解释第一条的规定，认罪、悔罪并退赃、退赔，且具有下列情形之一的，可以认定为犯罪情节轻微，免予刑事处罚：

（一）具有法定从宽处罚情节的；

（二）为近亲属掩饰、隐瞒犯罪所得及其产生的收益，且系初犯、偶犯的；

（三）有其他情节轻微情形的。

行为人为自用而掩饰、隐瞒犯罪所得，财物价值刚达到本解释第一条第一款第（一）项规定的标准，认罪、悔罪并退赃、退赔的，一般可不认为是犯罪；依法追究刑事责任的，应当酌情从宽。

第三条 掩饰、隐瞒犯罪所得及其产生的

收益，具有下列情形之一的，应当认定为刑法第三百一十二条第一款规定的“情节严重”：

（一）掩饰、隐瞒犯罪所得及其产生的收益价值总额达到十万元以上的；

（二）掩饰、隐瞒犯罪所得及其产生的收益十次以上，或者三次以上且价值总额达到五万元以上的；

（三）掩饰、隐瞒的犯罪所得系电力设备、交通设施、广播电视设施、公用电信设施、军事设施或者救灾、抢险、防汛、优抚、扶贫、移民、救济款物，价值总额达到五万元以上的；

（四）掩饰、隐瞒行为致使上游犯罪无法及时查处，并造成公私财物重大损失无法挽回或其他严重后果的；

（五）实施其他掩饰、隐瞒犯罪所得及其产生的收益行为，严重妨害司法机关对上游犯罪予以追究的。

司法解释对掩饰、隐瞒涉及机动车、计算机信息系统数据、计算机信息系统控制权的犯罪所得及其产生的收益行为认定“情节严重”已有规定的，审理此类案件依照该规定。

第四条 掩饰、隐瞒犯罪所得及其产生的收益的数额，应当以实施掩饰、隐瞒行为时为准。收购或者代为销售财物的价格高于其实际价值的，以收购或者代为销售的价格计算。

多次实施掩饰、隐瞒犯罪所得及其产生的收益行为，未经行政处罚，依法应当追诉的，犯罪所得、犯罪所得收益的数额应当累计计算。

第五条 事前与盗窃、抢劫、诈骗、抢夺等犯罪分子通谋，掩饰、隐瞒犯罪所得及其产生的收益的，以盗窃、抢劫、诈骗、抢夺等犯罪的共犯论处。

第六条 对犯罪所得及其产生的收益实施盗窃、抢劫、诈骗、抢夺等行为，构成犯罪的，分别以盗窃罪、抢劫罪、诈骗罪、抢夺罪等定罪处罚。

第七条 明知是犯罪所得及其产生的收益而予以掩饰、隐瞒，构成刑法第三百一十二条规定的犯罪，同时构成其他犯罪的，依照处罚较重的规定定罪处罚。

第八条 认定掩饰、隐瞒犯罪所得、犯罪所得收益罪，以上游犯罪事实成立为前提。上游犯罪尚未依法裁判，但查证属实的，不影响掩饰、隐瞒犯罪所得、犯罪所得收益罪的认定。

上游犯罪事实经查证属实，但因行为人未达到刑事责任年龄等原因依法不予追究刑事责任的，不影响掩饰、隐瞒犯罪所得、犯罪所得收益罪的认定。

第九条 盗用单位名义实施掩饰、隐瞒犯罪所得及其产生的收益行为，违法所得由行为人私分的，依照刑法和司法解释有关自然人犯罪的规定定罪处罚。

第十条 通过犯罪直接得到的赃款、赃物，应当认定为刑法第三百一十二条规定的“犯罪所得”。上游犯罪的行为人对犯罪所得进行处理后得到的孳息、租金等，应当认定为刑法第三百一十二条规定的“犯罪所得产生的收益”。

明知是犯罪所得及其产生的收益而采取窝藏、转移、收购、代为销售以外的方法，如居间介绍买卖，收受，持有，使用，加工，提供资金账户，协助将财物转换为现金、金融票据、有价证券，协助将资金转移、汇往境外等，应当认定为刑法第三百一十二条规定的“其他方法”。

第十一条 掩饰、隐瞒犯罪所得、犯罪所得收益罪是选择性罪名，审理此类案件，应当

根据具体犯罪行为及其指向的对象，确定适用　　的罪名。

公安机关公务用枪管理规定

（2015年1月16日公安部部长办公会议通过，自2015年5月1日起施行）

第一章　总　　则

第一条　为规范公安机关公务用枪管理工作，提高民警管枪、用枪能力，保障枪支安全，根据《中华人民共和国人民警察法》、《中华人民共和国枪支管理法》、《公务用枪配备办法》等有关法律、法规，制定本规定。

第二条　本规定所称公务用枪，是指公安机关依照《公务用枪配备办法》配备的各种枪支。

职能部门，是指公安机关承担公务用枪管理职责的内设部门。

配枪部门，是指公安机关配备公务用枪的内设部门、派出机构和其他直属单位。

配枪民警，是指获准核发《中华人民共和国公务用枪持枪证》（以下简称持枪证）的公安机关人民警察。

第三条　公安机关公务用枪管理以工作必需、规范管理、保障使用、确保安全为原则。

第四条　各级公安机关应当建立公务用枪管理制度，明确所属职能部门、配枪部门管理职责，明确配枪民警管理、使用枪支责任。

各级公安机关及其所属配枪部门的主要负责人是公务用枪管理工作第一责任人，应当依法依规履行公务用枪管理责任，落实公务用枪管理制度。

第五条　各级公安机关应当采用科技信息化手段，提升公务用枪动态监督管理和服务保障实战的能力与水平。

公务用枪研制、定型、列装、订购、监造、验收，训练器材的研制、定型以及《全国枪支管理信息系统》建设应用工作，由公安部负责统一组织。

第二章　职能分工

第六条　各级公安机关应当成立主要负责人牵头，纪检监察、警务督察、勤务指挥（办公室）、政工、治安管理、刑事侦查、法制、装备财务等部门负责人参加的公务用枪管理委员会，负责组织、指导、监督公务用枪管理工作。

公务用枪管理委员会下设办公室承担公务用枪管理工作日常事务。

第七条　各级公安机关公务用枪管理职能部门应当按照下列分工行使管理职能，并对口指导下级部门相关工作：

（一）纪检监察部门负责对人民警察使用枪支过程中构成违法违纪的案事件进行调查。

（二）警务督察部门负责对人民警察佩带、使用、日常保管公务用枪行为进行督察，对违反公务用枪管理规定、枪支佩带使用规范的行为进行调查，构成违法违纪的移交有关部门处理。

（三）勤务指挥部门（办公室）负责统一

管理本级公安机关配备公务用枪，保障本级公安机关负责人领用公务用枪，做好相关安全管理工作。

（四）政工部门负责会同配枪部门审查配枪民警条件、评定持枪资格等级，持枪证年度审验，组织配枪民警训练、考核。

（五）治安管理部门负责公务用枪管理委员会办公室工作，指导配枪部门公务用枪日常管理工作，审核配备公务用枪限额，组织加载电子枪证、制作持枪证，电子枪证年度审验，组织销毁报废公务用枪，维护《全国枪支管理信息系统》。

（六）刑事侦查部门负责制作枪弹痕迹，建立和管理枪弹痕迹检验档案。

（七）法制部门参与研究制定公务用枪管理、使用规范性文件，参与违反公务用枪管理规定、枪支佩带使用规范案事件的调查研究，提出法律意见和建议。

（八）装备财务部门负责编制公务用枪年度购置计划，组织购置、调拨、维修枪支等勤务保障工作，组织建设枪支弹药库（室），购置枪支弹药专用保险柜，审核报废公务用枪。

第八条 各级公安机关配枪部门应当履行下列工作职责：

（一）细化落实公务用枪管理制度、管理责任；

（二）依据《公务用枪配备办法》配备枪支；

（三）根据工作需要审核提出配枪民警名单，申办持枪证；

（四）对配枪民警进行经常性法制、安全教育，了解掌握思想动态、现实表现；

（五）组织开展日常实弹射击训练；

（六）县级以上公安机关依法依规明确规定的其他职责。

第九条 各级公安机关及其所属职能部门、配枪部门对公务用枪管理工作应当加强日常检查、评估，建立配枪民警、公务用枪管理档案、台账，维护、使用《全国枪支管理信息系统》。

第三章 配枪管理

第十条 地方各级公安机关配备公务用枪年度购置计划，由装备财务部门组织编制，经同级治安管理部门依照《公务用枪配备办法》审核配备公务用枪限额，报经所属公安机关主要负责人批准后，按程序申报审批。

铁路、交通、民航、森林公安机关、海关缉私机构和公安部直属出入境边防检查机关配备公务用枪年度购置计划的申报、审批，按照公安部有关规定执行。

第十一条 省级人民政府公安机关应当汇总审核批准所属公安机关配备公务用枪年度购置计划，按规定报公安部组织统一购置。

省级人民政府公安机关应当凭公安部下发的《警用武器调拨通知单》，按规定时限调拨公务用枪，并将调拨情况报公安部。

第十二条 各级公安机关应当依照有关规定对配备的公务用枪制作枪弹痕迹，加载电子枪证。

第十三条 各级公安机关及其所属配枪部门应当按照公安部有关规定和安全防范标准要求设置枪支弹药库（室、柜），划定验枪区域，设置验枪板或者验枪沙袋（桶）等专用设施。

第十四条 人民警察符合下列条件的，由所属配枪部门主要负责人提出，经政工部门审核，报所属公安机关主要负责人批准后，按规定程序向省级人民政府公安机关申请核发持枪证：

（一）已授予人民警察警衔；

（二）熟知枪支管理、使用法律法规、规章规定；

（三）熟练掌握所配枪支种类的使用、保养技能；

（四）通过法律政策考试、实弹射击考核。

第十五条 配枪民警应当遵守下列规定：

（一）妥善保管持枪证；

（二）领取、交还枪支时进行登记、报告；

（三）领取、交还或者交接枪支时进行验枪；

（四）按照规定保管枪支；

（五）不得私自维修枪支或者更换枪支零部件；

（六）严禁出租、出借枪支；

（七）所属公安机关依法依规作出的其他规定。

第十六条 配枪民警具有下列情形之一的，由所属配枪部门主要负责人决定暂时停止其配枪资格，收回持枪证：

（一）因涉嫌违法违纪被调查或者被停止执行职务、禁闭的；

（二）与他人产生纠纷或者家庭存在重大变故的；

（三）因身体或者心理原因暂时丧失管理枪支行为能力的；

（四）未通过年度法律政策考试、实弹射击考核的；

（五）所属公安机关依法依规决定的其他情形。

上述情形消失后，由所属配枪部门主要负责人提出，经政工部门同意，应当及时恢复其配枪资格。

第十七条 配枪民警具有下列情形之一的，由所属配枪部门提出，经政工部门审核，报所属公安机关主要负责人批准，取消其配枪资格，收回持枪证：

（一）因违法、违纪、违规行为被调离配枪岗位的；

（二）因身体或者心理原因丧失管理枪支行为能力的；

（三）退休或者调离公安机关的；

（四）依法依规不适宜使用枪支的其他情形。

对被取消配枪资格的，由省级人民政府公安机关注销持枪证。

第四章　训练考核

第十八条 各级公安机关应当把公务用枪管理使用训练列为人民警察训练工作的重要内容，坚持严格教育、严格训练、严格管理、严格考核。

省级以上公安机关应当制定公务用枪管理使用年度训练计划和训练考核大纲。

配枪民警每人年度实弹射击训练用手枪弹数量，不得少于100发。

第十九条 各级公安机关应当按照公务用枪管理使用年度训练计划和训练考核大纲，组织配枪民警培训、考核。对配枪民警进行法律政策考试，按所配枪支种类进行使用枪支训练和实弹射击考核，并结合训练、考试、考核情况，开展持枪证年度审验工作。

第二十条 各级公安机关开展公务用枪管理使用训练时，应当加强法律政策、敌情观念、心理行为、射击要领及枪支分解结合的教育训练，提高配枪民警依法、规范、安全管理使用枪支的实战技能。

第二十一条 手枪射击训练应当作为配枪民警的必训科目。防暴枪、冲锋枪、步枪射击训练，可以根据工作需要确定。狙击步枪、班用机枪应当由特定的配枪民警进行射击训练、使用。

配枪民警更换、增加配枪种类时，应当事先经过训练，并经考核合格。

第二十二条 各级公安机关应当建立健全实弹射击训练管理制度，细化程序规则，健全场地设施，落实安防措施。

各级公安机关应当至少每季度组织配枪民警开展一次实弹射击训练，加大近距离实战对抗射击训练比重。

配枪部门应当组织配枪民警加强日常训练，使其达到训练考核大纲要求。

第五章 储存保管

第二十三条 各级公安机关及其所属具备保管条件的配枪部门应当集中储存、保管枪支，落实枪支弹药库（室、柜）24小时值守、枪弹分离、双人双锁管理制度，保障枪支安全存放，保证及时领取、交还枪支。

第二十四条 各级公安机关应当督促所属具备保管条件的配枪部门按照要求设立枪支弹药室，配置枪支弹药专用保险柜，严格落实安全管理制度。

各级公安机关不得擅自将所属配枪部门自行保管的枪支上收统一集中保管，确因工作需要上收的，应当报经上一级公安机关同意。

第二十五条 各级公安机关及其所属自行保管枪支的配枪部门，应当选配专（兼）职枪管员，负责枪支储存、保管和领取、交还登记等工作，加强对枪支弹药库（室、柜）及视频监控等安全防范设施的日常检查，发现问题立即报告、整改。

第二十六条 符合下列情形之一的，可以由配枪部门主要负责人审查同意，报所属公安机关主要负责人批准，指定配枪民警个人保管枪支，并配齐枪套、枪纲、枪锁等安全装置：

（一）在重点地区执行反恐防暴任务需要的；

（二）执行特定侦查任务需要的；

（三）地处偏远农村、山区的派出所不具备自行保管枪支安全值守条件的；

（四）所属公安机关依法依规确定的其他情形。

配枪民警个人保管枪支的审批时限，一次不得超过30天。

个人保管枪支的配枪民警不需佩带枪支时，应当将枪支存放在枪支弹药室（柜），向枪管员说明情况予以登记，需要时及时领用；或者将枪支上锁后存放在其办公室、住宅保险柜，并随身携带枪锁、保险柜钥匙。

第二十七条 对配枪民警个人保管枪支存在下列情形之一的，其所属配枪部门应当立即收回枪支：

（一）审批有效期限届满或者不需继续个人保管的；

（二）脱产学习或者借调在外的；

（三）休病假、事假的；

（四）所属公安机关依法依规决定不适宜由配枪民警个人继续保管枪支的其他情形。

第六章 领取交还

第二十八条 各级公安机关及其所属配枪部门应当坚持明确责任、简化手续、动态监督、服务实战的原则，采用科技信息化手段，建立健全配枪民警领取、交还枪支审批、登记制度。

第二十九条 配枪民警执行下列任务时，

应当由所属配枪部门负责人批准，经枪管员核对后领取枪支，完成任务后交还：

（一）执行应当佩带枪支任务的；

（二）参加实弹射击训练的；

（三）所属公安机关依法指令应当领取枪支的其他情形。

任务紧急时，可以凭所属配枪部门负责人给枪管员的指令领取枪支。交还枪支时，应当补办审批手续。因特殊情况不能按时交还枪支的，应当提前向负责人报告获得批准并告知枪管员，在交还枪支时作出备案说明。

第三十条 县级以上公安机关所属配枪部门的配枪民警需要每天佩带枪支执行任务的，可以由配枪部门主要负责人按月审批，实行上班领取、下班交还枪支登记制度。每月审批枪支领取、交还情况，应当向其所属公安机关公务用枪管理委员会报告备案。

第三十一条 各级公安机关配枪部门负责人领取枪支，应当经本部门主要负责人批准。配枪部门主要负责人领取枪支，应当经所属公安机关负责人批准。

各级公安机关负责人领取枪支，应当经本机关主要负责人批准；主要负责人领取枪支，应当经上一级公安机关负责人批准。

跨所属公安机关管辖区域执行任务领取枪支时，应当经所属公安机关负责人批准。

领取狙击步枪、班用机枪执行任务的，应当经所属公安机关主要负责人批准。

第三十二条 配枪民警领取、交还枪支时，应当由枪管员与值班负责人或者民警共同开启枪支弹药库（室、柜），使用《全国枪支管理信息系统》验录持枪证、电子枪证信息，并监督配枪民警按规范动作和要求进行验枪。

配枪民警夜间领取、交还枪支时，应当由枪管员或者代行枪管员职责的值班民警，与值班负责人共同开启枪支弹药库（室、柜），并使用《全国枪支管理信息系统》验录持枪证、电子枪证信息。

第七章 勤务保障

第三十三条 各级公安机关及其所属配枪部门应当从配枪民警中选配专（兼）职枪械员，负责枪支维护、保养等勤务保障工作。

枪械员应当及时检查、排除枪支故障，报告枪支损坏、弹药超过有效期等情况，提出采购维修、保养枪支设备、工具的意见。对损坏的枪支，及时提出报修、报废意见。

第三十四条 集中储存保管的枪支，应当按月维护、保养。个人保管的枪支，应当根据使用情况随时维护、保养。实弹射击后或者被水侵蚀的枪支，应当及时保养。

第三十五条 省级公安机关可以储备一定数量的枪支，用于反恐处突应急任务需要。应急调拨时，应当由主要负责人批准。

第三十六条 各级公安机关对收回超范围、超标准配备枪支和报废枪支的型号、枪号、数量及超过有效期弹药的品种、数量，应当进行严格登记备案。

省级公安机关应当每年组织对收回、报废枪支集中销毁，所需经费纳入武器装备经费预算。

第八章 监督检查

第三十七条 上级公安机关应当对下级公安机关公务用枪管理工作进行定期检查或者不定期抽查。县级以上公安机关应当每年度向上一级公安机关报告公务用枪管理工作情况。

各级公安机关公务用枪管理委员会应当每

半年组织对所属配枪部门公务用枪管理工作进行检查，并对检查情况及时通报。

各级公安机关所属枪支管理职能部门、配枪部门应当每季度将公务用枪管理工作情况，向所属公安机关公务用枪管理委员会作出书面报告。

第三十八条 监督检查公务用枪管理工作的主要内容是：

（一）按照《公务用枪配备办法》配备公务用枪情况，是否存在超范围、超标准配备问题；

（二）建立配枪民警、公务用枪管理档案、台账情况，维护、使用《全国枪支管理信息系统》情况；

（三）配枪民警日常教育和训练、考核情况，实弹射击训练用弹量是否符合要求，更换、增加配枪种类时的培训考核情况；

（四）配置枪支弹药库（室、柜）情况，是否符合标准要求，是否落实值守、双人双锁管理制度，是否定期进行安全检查；

（五）执行枪支领取、交还制度情况，民警个人保管枪支的安全管理情况，是否存在逾期不交还枪支的情况；

（六）枪支维护、保养情况，是否存在使用过期弹药行为；

（七）依法依规需要检查的其他事项。

第三十九条 各级公安机关及其公务用枪管理委员会组织进行监督检查时，可以行使以下职权：

（一）调阅有关档案、台账，向相关人员了解情况；

（二）对违规问题、安全隐患，予以当场纠正或者限期改正；

（三）对涉嫌违纪违法的，组织查处或者移交有关部门处理。

第四十条 监督检查人员应当对实施检查的时间、地点、内容、发现的问题以及处置等情况，作出书面记录，由检查人员、被检查配枪部门或者公安机关负责人签字确认。

第四十一条 对公务用枪管理制度落实、管理措施有力的，应当给予表扬或者依照有关规定予以表彰奖励；对管理制度不落实、问题隐患突出的，应当给予通报批评或者依照有关规定对责任人予以问责。

第九章　纪律责任

第四十二条 各级公安机关及其所属配枪部门有下列行为之一的，在调查期间可以对有关责任人采取停止执行职务、禁闭的措施。调查结束后视情给予通报批评、调离岗位等组织处理；构成违纪的，给予相应的纪律处分；构成犯罪的，移送司法机关追究刑事责任：

（一）违反《公务用枪配备办法》规定配备枪支的；

（二）不按规定对所配枪支加载电子枪证的；

（三）未按规定储存、保管枪支的；

（四）未按规定落实枪支弹药库（室、柜）值守制度的；

（五）不执行枪支领取、交还审批登记制度的；

（六）擅自购置枪支的；

（七）不上缴报废枪支的；

（八）未有效履行公务用枪管理职责造成后果的；

（九）法律、法规和规章规定的其他情形。

第四十三条 各级公安机关所属枪支管理职能部门有下列行为之一的，在调查期间可以

对有关责任人采取停止执行职务、禁闭的措施。调查结束后视情给予通报批评、调离岗位等组织处理；构成违纪的，给予相应的纪律处分；构成犯罪的，移送司法机关追究刑事责任：

（一）未按规定配备、调拨公务用枪的；

（二）未按规定对配枪民警进行条件审查或者训练、考核的；

（三）未按规定取消民警配枪资格、收回持枪证的；

（四）未按规定制作枪弹痕迹、核发持枪证或者组织加载电子枪证的；

（五）未按规定编制、审核公务用枪年度购置计划的；

（六）未有效履行公务用枪管理职责造成后果的；

（七）法律、法规和规章规定的其他情形。

第四十四条 配枪民警、枪管员、枪械员违反本规定，在调查期间可以对其采取停止执行职务、禁闭的措施。待调查结束后视情给予通报批评、调离岗位等组织处理；构成违纪的，给予相应的纪律处分；构成犯罪的，移送司法机关追究刑事责任。

第十章 附 则

第四十五条 公务用枪配用弹药的管理，适用本规定。

第四十六条 列入公安机关序列的人民武装警察部队的枪支管理，参照本规定执行。

第四十七条 省级公安机关可以根据本规定，结合本地实际，制定实施细则并报公安部备案。

第四十八条 本规定自2015年5月1日起施行。此前有关规定与本规定不一致的，以本规定为准。

公安机关人民警察佩带使用枪支规范

（2015年1月16日公安部部长办公会议通过，自2015年5月1日起施行）

第一章 总 则

第一条 为保障公安机关人民警察依法履行职责，规范人民警察佩带、使用枪支行为，有效制止犯罪活动，维护公共安全和社会秩序，保护公民人身安全和合法财产、公共财产，根据《中华人民共和国人民警察法》、《中华人民共和国人民警察使用警械和武器条例》等有关法律、法规，制定本规范。

第二条 本规范适用于人民警察在执法执勤时佩带枪支、使用枪支和事后报告以及调查处置等工作。

第三条 本规范所称人民警察，是指获准核发《中华人民共和国公务用枪持枪证》（以下简称持枪证）的公安机关配枪民警。

配枪部门，是指公安机关配备公务用枪的内设部门、派出机构和其他直属单位。

枪支，是指公安机关依照《公务用枪配备办法》配备的各种公务用枪。

使用枪支，包括持枪戒备、出枪警示、鸣枪警告、开枪射击行为。

第四条 人民警察应当依照《中华人民共和国人民警察使用警械和武器条例》有关规定使用枪支。

第五条 人民警察使用枪支，应当以制止暴力犯罪行为，尽量减少人员伤亡、财产损失为原则。

第六条 人民警察依法使用枪支行为受法律保护。因合法使用枪支造成人员伤亡或者财产损失的，不承担法律责任。

第二章 佩带枪支

第七条 人民警察在执行下列任务时，应当佩带枪支：

（一）处置、侦查暴力犯罪行为；

（二）抓捕、搜查、押送、拘传、拘留、逮捕犯罪嫌疑人；

（三）执行武装巡逻任务；

（四）在公安检查站、卡点执行武装警戒、处突任务；

（五）在车站、机场、码头、口岸等重点部位、区域执行武装定点执勤任务；

（六）在重点地区执行入户调查、核查情况等反恐防暴任务；

（七）省级以上公安机关依法规定的其他情形。

第八条 人民警察遇有下列情形之一的，按照有关规定经特别批准后方可佩带枪支：

（一）进入北京市区的，应当经所在地省级人民政府批准；

（二）执行警卫任务需要乘坐民航飞机的，应当经省级以上公安机关批准；

（三）跨所属公安机关管辖区域佩带狙击步枪、班用机枪执行任务的，应当经上一级公安机关主要负责人批准；

（四）省级以上公安机关依法规定的其他情形。

第九条 人民警察应当按照下列规定佩带枪支：

（一）子弹未上膛时，打开枪支保险，子弹上膛时，关闭枪支保险；

（二）着警服佩带手枪时，应当使用制式枪套、枪纲；

（三）着便装佩带手枪时，应当选用便携式枪套；

（四）着警服佩带长枪时，应当使用制式枪背带采取肩枪、背枪或者挎枪方式。

第十条 人民警察佩带枪支时，应当遵守下列规定：

（一）携带人民警察证、持枪证（执行特定侦查任务的除外）；

（二）除因执法办案需要外，不得进入娱乐场所；

（三）严禁饮酒或者参加非警务活动；

（四）发生枪支丢失、被盗抢或者其他事故，应当立即向所属配枪部门、事发地县级公安机关报告；

（五）省级以上公安机关依法作出的其他规定。

第三章 使用枪支

第十一条 人民警察在执行任务时，遇有危及公共安全、本人或者其他公民人身安全和合法财产、公共财产等暴力犯罪行为时，应当根据现场情况和危险程度，及时选择采取持枪戒备、出枪警示、鸣枪警告、开枪射击措施，有效预防、制止严重暴力犯罪行为，最大限度地避免人员伤亡、财产损失。

第十二条 人民警察判断可能发生暴力犯

罪行为的，应当及时进行持枪戒备，采取相应的戒备状态，并将枪口指向安全方向。

第十三条 人民警察发现犯罪行为人准备实施暴力犯罪行为的，应当进行出枪警示，迅速表明人民警察身份，并将枪口指向犯罪行为人。同时，命令犯罪行为人立即停止实施暴力犯罪行为，并口头警告其拒不服从命令的后果。

出枪警示时，应当子弹上膛，打开保险，抠压枪支扳机的手指置于扳机护圈外，与犯罪行为人保持一定距离，并采取有效措施，防止枪支走火或者被抢。

第十四条 人民警察在现场处置犯罪行为人准备实施或者正在实施暴力犯罪行为，经口头警告无效的，可以视情向天空等安全方向鸣枪警告。来不及口头警告的，可以直接鸣枪警告。

第十五条 人民警察判明有《中华人民共和国人民警察使用警械和武器条例》第九条规定的下列暴力犯罪行为的紧急情形之一，经口头警告或者鸣枪警告无效的，可以开枪射击。来不及警告或者警告后可能导致更为严重危害后果的，可以直接开枪射击：

（一）放火、决水、爆炸等严重危害公共安全的；

（二）劫持航空器、船舰、火车、机动车或者驾驶车、船等机动交通工具，故意危害公共安全的；

（三）抢夺、抢劫枪支弹药、爆炸、剧毒等危险物品，严重危害公共安全的；

（四）使用枪支、爆炸、剧毒等危险物品实施犯罪或者以使用枪支、爆炸、剧毒等危险物品相威胁实施犯罪的；

（五）破坏军事、通讯、交通、能源、防险等重要设施，足以对公共安全造成严重、紧迫危险的；

（六）实施凶杀、劫持人质等暴力行为，危及公民生命安全的；

（七）国家规定的警卫、守卫、警戒的对象和目标受到暴力袭击、破坏或者有受到暴力袭击、破坏的紧迫危险的；

（八）结伙抢劫或者持械抢劫公私财物的；

（九）聚众械斗、暴乱等严重破坏社会治安秩序，用其他方法不能制止的；

（十）以暴力方法抗拒或者阻碍人民警察依法履行职责或者暴力袭击人民警察，危及人民警察生命安全的；

（十一）在押犯罪嫌疑人、被告人、罪犯聚众骚乱、暴乱、行凶或者脱逃的；

（十二）劫夺在押犯罪嫌疑人、被告人、罪犯的；

（十三）实施放火、决水、爆炸、凶杀、抢劫或者其他严重暴力犯罪行为后拒捕、逃跑的；

（十四）犯罪行为人携带枪支、爆炸、剧毒等危险物品拒捕、逃跑的；

（十五）法律、法规规定可以开枪射击的其他情形。

人民警察开枪射击时，应当命令在场无关人员躲避，避免受到伤害。犯罪行为人停止实施暴力犯罪行为，或者失去继续实施暴力犯罪能力的，应当立即停止开枪射击，并确认危险消除后，及时关闭枪支保险，恢复佩带枪支状态。

第十六条 人民警察遇有下列情形之一的，不得鸣枪警告、开枪射击：

（一）发现实施犯罪的人为怀孕妇女、儿童的，但是使用枪支、爆炸、剧毒等危险物品实施暴力犯罪的除外；

（二）犯罪分子处于群众聚集的场所或者

存放大量易燃、易爆、剧毒、放射性等危险物品的场所的，但是不使用枪支予以制止，将发生更为严重危害后果的除外；

（三）正在实施盗窃、诈骗等非暴力犯罪以及实施上述犯罪后拒捕、逃跑的。

第十七条 人民警察在处置表达具体诉求的群体性事件时，一线处置民警不得佩带枪支。根据现场情况二线民警可以佩带枪支进行戒备，只有在出现严重暴力犯罪行为时才能依法使用。

人民警察在处置群体性事件需要使用防暴枪时，应当按照现场指挥员的命令，根据现场实际情况确定适宜的弹种和射击安全距离，进行开枪射击。

第十八条 人民警察使用枪支造成犯罪行为人或者其他人员伤亡的，应当及时抢救受伤人员，保护现场，防止证据灭失。

人民警察使用枪支后，应当立即向所属配枪部门主要负责人口头报告，并在完成任务后二十四小时内，向所属配枪部门提交书面报告。报告应当包括以下内容：

（一）使用枪支的地点、时间；

（二）使用枪支时的现场情况；

（三）使用枪支时采取的警告措施；

（四）使用枪支理由及造成的伤亡情况；

（五）弹药消耗情况；

（六）使用枪支后所做的处置工作。

人民警察在所属公安机关管辖区域外使用枪支的，应当同时向事发地县级公安机关 110 报警台口头报告。

第四章 调查处理

第十九条 人民警察所属配枪部门接到使用枪支的口头报告后，应当及时上报所属公安机关。所属公安机关应当视情指派警务督察部门进行调查；对鸣枪警告、开枪射击的，应当及时进行调查验证并形成卷宗。

各级公安机关应当建立由警务督察部门牵头，纪委监察、法制部门参加的调查处理机制，负责会同有关警种对人民警察使用枪支案事件进行调查处理。

第二十条 人民警察开枪造成人员伤亡的，事发地县级公安机关应当迅速按照下列程序处置：

（一）派出警力赶赴现场，划定警戒区域，维护秩序，保护现场；

（二）通知医疗单位对受伤人员紧急救治；查明伤亡人员的身份情况，及时通知其家属和所在单位；

（三）组织开展现场勘查和调查工作，收集、固定相关证据；

（四）通知事发地县级人民检察院；

（五）向当地党委、政府报告，组织做好善后处理、舆情引导工作。

第二十一条 人民警察所属公安机关接到民警异地使用枪支造成人员伤亡的报告后，应当立即指派人员配合事发地县级公安机关做好调查、处置工作。

第二十二条 事发地县级公安机关调查结束后，应当及时出具书面调查报告。调查报告应当包括以下内容：

（一）接受人民警察报告的情况；

（二）调查工作情况及确认的使用枪支情况；

（三）对伤亡人员的救治及采取的紧急处置情况；

（四）组织善后处理和舆情引导工作情况；

（五）调查结论及处理意见。

第二十三条 事发地县级公安机关对人民

警察使用枪支情况调查结束后，应当向其本人及所属配枪部门宣布调查结论；人民检察院介入调查的，应当与人民检察院协商形成调查认定意见后宣布。

人民警察对认定其使用枪支不当的调查结论持有异议的，可以向事发地县级公安机关的上一级公安机关提出申诉。

第二十四条 人民警察依法使用枪支造成人员伤亡的，事发地公安机关未经其所属省级公安机关批准，不得披露当事民警姓名、工作单位等信息。

第二十五条 人民警察使用枪支后，所属公安机关应当及时对其进行心理辅导，缓解心理压力。在人民警察接受调查期间，应当暂停其佩带枪支。

对人民警察使用枪支后，存在心理负担过重等不宜佩带枪支情形的，其所属公安机关可以停止其佩带枪支。

第五章 奖惩责任

第二十六条 人民警察依法使用枪支有效制止严重暴力犯罪行为的，应当给予表扬或者依照有关规定予以表彰奖励。

第二十七条 人民警察在执勤执法时，按照本规范应当佩带枪支而未佩带的，对其本人及所属配枪部门负责人视情给予批评教育；造成人民警察伤亡或者其他严重后果的，对负有责任的人员依照有关规定予以追责。

第二十八条 人民警察违反本规范佩带、使用枪支，所属公安机关在调查期间可以对其采取停止执行职务、禁闭的措施。调查结束后视情给予通报批评、调离岗位等组织处理；构成违纪的，给予相应的纪律处分；构成犯罪的，移送司法机关追究刑事责任。

第二十九条 人民警察行使职务时违法使用枪支造成不应有的人员伤亡、财产损失，对受到伤亡或者财产损失的人员，由该人民警察所属公安机关依照《中华人民共和国国家赔偿法》的有关规定给予赔偿。

第三十条 人民警察依法使用枪支，造成无辜人员伤亡或者财产损失的，由该人民警察所属公安机关参照《中华人民共和国国家赔偿法》的有关规定给予补偿。

第六章 附 则

第三十一条 列入公安机关序列的人民武装警察部队执行任务时佩带、使用枪支的，参照本规范执行。

人民警察出国参加维和执勤执法任务，根据有关国际组织协议的授权需要携带枪支的，参照本规范和相关的授权执行。

第三十二条 省级公安机关可以根据本规范，结合本地实际，制定实施细则并报公安部备案。

第三十三条 本规范自2015年5月1日起施行。此前有关规定与本规范不一致的，以本规范为准。

上海市烟花爆竹安全管理条例

（1994年10月20日上海市第十届人民代表大会常务委员会第十三次会议通过，根据1997年5月27日上海市第十届人民代表大会常务委员会第三十六次会议《关于修改〈上海市烟花爆竹安全管理条例〉的决定》修正，2015年12月30日上海市第十四届人民代表大会常务委员会第二十六次会议修订）

第一章　总　　则

第一条　为了加强烟花爆竹安全管理，改善大气环境质量，保障公共安全和人身、财产安全，根据《烟花爆竹安全管理条例》，结合本市实际情况，制定本条例。

第二条　本市行政区域内烟花爆竹的生产、经营、储存、运输、燃放和销毁处置等活动，适用本条例。

第三条　市和区、县人民政府组织本条例的实施。

市人民政府建立市烟花爆竹安全监管工作联席会议制度，综合协调烟花爆竹安全管理工作中的重大事项。

区、县人民政府应当加强对本辖区烟花爆竹安全管理、执法工作的组织领导。

第四条　安全生产监督管理部门负责烟花爆竹的安全生产监督管理。

公安部门负责烟花爆竹的公共安全管理。

质量技术监督、工商行政、交通、城管执法、国资监管、环保、气象、教育、绿化市容、住房城乡建设、经济信息化、通信管理、财政等部门按照各自职责，依法做好烟花爆竹安全管理的相关工作。

第五条　本市按照国家规定，对烟花爆竹经营、运输和举办焰火晚会以及其他大型焰火燃放活动，实行许可证制度。

未经许可，任何单位和个人不得经营、运输烟花爆竹，不得举办焰火晚会以及其他大型焰火燃放活动。

第六条　本市各级人民政府及其有关部门应当定期组织开展烟花爆竹安全管理的宣传，并在重大节日期间加大对烟花爆竹燃放安全管理的宣传力度。

鼓励移风易俗，倡导使用电子鞭炮、礼花筒等安全、环保的替代性产品。

广播、电视、报刊、互联网等媒体应当开展烟花爆竹安全管理和移风易俗的公益宣传。

学校和未成年人的监护人应当对未成年人开展烟花爆竹安全知识的教育，引导未成年人不燃放烟花爆竹。

第七条　乡、镇人民政府和街道办事处应当将烟花爆竹安全管理纳入基层社会治理工作，加强组织协调和指导监督。

居民委员会、村民委员会、物业服务企业应当配合做好烟花爆竹安全管理的有关工作，加强对居民、村民、业主的宣传教育，引导移风易俗和依法、文明、安全燃放烟花爆竹。

第八条　烟花爆竹相关行业协会应当加强行业自律管理，组织制定并公布行业自律管理制度，引导烟花爆竹经营者依法经营，宣传禁止燃放烟花爆竹相关规定以及安全燃放知识，开展烟花爆竹安全教育培训。

第九条 鼓励单位和个人通过“12345”市民服务热线、“110”报警电话等途径，举报非法生产烟花爆竹和经营、储存、运输、燃放烟花爆竹等活动中的违法行为。对查证属实的，有关行政管理部门应当按照规定对举报人给予奖励。

第十条 本市烟花爆竹经营、储存、运输单位和焰火晚会以及其他大型焰火燃放活动的燃放作业单位（以下称燃放作业单位），应当根据安全需要依法投保相应的保险险种；鼓励其投保相关的责任保险。

第十一条 违法经营、储存、运输、燃放烟花爆竹的有关信息，纳入本市公共信用信息服务平台。

第二章　经营和运输安全管理

第十二条 本市禁止生产烟花爆竹。

在禁止燃放烟花爆竹的区域内，任何单位和个人不得经营、储存、运输烟花爆竹。

第十三条 本市对烟花爆竹经营实行统一采购、统一批发。

从事烟花爆竹批发的企业和从事烟花爆竹零售的经营者，应当依法取得相应的经营许可证，在经营许可证规定的许可经营范围、有效期和经营场所内经营。

采购、销售的烟花爆竹，应当符合有关技术标准和本市关于准予经营的烟花爆竹规格、品种的规定。

本市准予经营的烟花爆竹规格、品种应当通过媒体向社会公布。

第十四条 烟花爆竹经营单位的布点，应当遵循合理布局、总量控制、逐步减少的原则。

第十五条 烟花爆竹零售点的设置应当符合国家和本市有关规定，实行专店或者专柜销售，并配备必要的安全防护措施。

禁止将烟花爆竹零售点与居住场所设置在同一建筑物内。

第十六条 除准许经营烟花爆竹的批发企业、零售经营者和燃放作业单位外，禁止其他单位和个人以经营为目的储存烟花爆竹。

禁止烟花爆竹零售经营者在经营场所以外储存烟花爆竹。

第十七条 烟花爆竹的批发企业、零售经营者和燃放作业单位应当如实记录烟花爆竹经营、燃放情况，鼓励采取信息化手段记录烟花爆竹流向信息。

本市可以根据公共安全需要，对购买烟花爆竹实行实名制登记等安全管控措施。

第十八条 经由道路、铁路、水路、航空运输烟花爆竹的，依照道路、铁路、水路、航空运输安全管理的有关法律、法规、规章的规定执行。

禁止携带烟花爆竹搭乘公共交通工具。

禁止托运、邮寄、快递烟花爆竹或者在托运、邮寄、快递的行李、包裹和邮件中夹带烟花爆竹。

公安、交通等部门应当加强对烟花爆竹运输安全的监督、检查。

第十九条 经由本市港口出口烟花爆竹的，应当以集装箱形式运输，不得在本市装箱作业。

第三章　燃放安全管理

第二十条 禁止在外环线以内区域燃放烟花爆竹。

禁止在外环线以外区域的下列场所燃放烟花爆竹：

（一）国家机关驻地；

（二）文物保护单位；

（三）车站、码头、机场等交通枢纽，轨道交通设施以及铁路线路安全保护区内；

（四）易燃易爆危险物品生产、经营、储存单位；

（五）输变电、燃气、燃油等能源设施安全保护区内；

（六）医疗机构、幼儿园、学校、养老机构；

（七）商场、集贸市场、公共文化设施、宗教活动场所等人员密集场所；

（八）区、县人民政府划定并公布的其他区域、场所。

禁止燃放烟花爆竹的场所应当设置禁放警示标识，并做好安全提示和防范工作。

第二十一条 重污染天气期间，本市一律禁止燃放烟花爆竹。

市环保、气象部门应当通过新闻媒体及时发布重污染天气预报信息，并提示市民在此期间禁止燃放烟花爆竹。

第二十二条 举办焰火晚会以及其他大型焰火燃放活动的，主办单位应当依法向市或者区、县公安部门提出申请，取得《焰火燃放许可证》，并由符合行业标准规定条件的燃放作业单位燃放。

第二十三条 燃放烟花爆竹应当遵守下列安全燃放要求：

（一）不得燃放本市未准予经营的烟花爆竹；

（二）不得在建筑物、构筑物内燃放或者从阳台、窗户向外抛掷烟花爆竹；

（三）不得向烟花爆竹零售点、行人、车辆、建筑物、构筑物、在建工地、树木、河道、公共绿地、窨井等投掷烟花爆竹；

（四）不得影响道路交通安全；

（五）不得采用其他危害公共安全和人身、财产安全的方式燃放。

第四章 法律责任

第二十四条 违反本条例规定的行为，法律、行政法规有处理规定的，依照有关法律、行政法规的规定处理。构成违反治安管理行为的，依法给予治安管理处罚；构成犯罪的，依法追究刑事责任。

第二十五条 违反本条例第十三条第二款规定，超出经营许可证规定的许可经营范围、有效期或者在经营许可证规定的经营场所外经营烟花爆竹的，由相对集中行使行政处罚权的公安部门责令停止非法经营活动，没收非法经营的烟花爆竹及违法所得，对烟花爆竹批发企业、零售经营者处二万元以上十万元以下的罚款。

违反本条例第十三条第三款规定，采购、销售的烟花爆竹不符合本市关于准予经营的烟花爆竹规格、品种规定的，由相对集中行使行政处罚权的公安部门责令停止非法经营活动，没收非法经营的烟花爆竹及违法所得，对烟花爆竹批发企业处二万元以上十万元以下的罚款，对烟花爆竹零售经营者处一千元以上五千元以下的罚款；情节严重的，依法吊销烟花爆竹经营许可证。

第二十六条 违反本条例第十六条规定，非法储存烟花爆竹的，由公安部门没收非法储存的烟花爆竹及违法所得，处五千元以上五万元以下的罚款；情节严重的，处五万元以上十万元以下的罚款。

第二十七条 违反本条例第十八条第二款、第三款规定，携带烟花爆竹搭乘公共交通工具，或者托运、邮寄、快递烟花爆竹以及在托运、邮寄、快递的行李、包裹、邮件中夹带烟花爆竹的，由公安部门没收非法携带、托运、邮寄、快递、夹带的烟花爆竹，可以并处二百元以上一千元以下的罚款。

第二十八条 违反本条例，有下列情形之一的，由公安部门责令改正，没收其烟花爆竹，处一百元以上二百元以下的罚款；情节严重的，处二百元以上五百元以下的罚款：

（一）违反本条例第二十条规定，在禁止燃放的区域内燃放烟花爆竹的；

（二）违反本条例第二十一条规定，在重污染天气期间燃放烟花爆竹的；

（三）违反本条例第二十三条规定，不遵守安全燃放要求的。

单位违反本条例第二十一条规定，在重污染天气期间燃放烟花爆竹的，除对单位进行处罚外，环保等有关部门还可以对单位主要负责人和直接责任人员处一百元以上五百元以下的罚款。

第二十九条 对没收的非法烟花爆竹以及烟花爆竹经营单位弃置的废旧烟花爆竹，由公安部门就地封存并组织销毁、处置。

第三十条 行政管理部门及其工作人员违反本条例，有下列情形之一的，由上级行政管理部门或者监察机关责令改正；依法对直接负责的主管人员和其他直接责任人员给予警告或者记过处分；情节较重的，给予记大过或者降级处分；情节严重的，给予撤职处分：

（一）对不符合法定条件的烟花爆竹经营、运输、燃放申请予以许可的；

（二）对违法生产、经营、储存、运输、燃放烟花爆竹的行为不依法查处的；

（三）未按规定将封存的烟花爆竹销毁、处置的；

（四）对举报人的举报不受理、不及时调查处理的。

第五章 附 则

第三十一条 安全生产监督管理部门可以依法将烟花爆竹经营许可权委托公安机关消防机构行使。

第三十二条 需要对禁止燃放烟花爆竹的区域和时间临时调整的，由市人民政府决定并向社会公告。

第三十三条 本条例自2016年1月1日起施行。

索　　引

说明：（1）本索引主体采取主题分析索引方法，按主题词首字汉语拼音字母顺序排列。（2）表格标题和表格中的内容页码后另注有“表”字，图片后另注有“图”字。（3）索引名称后的数字表示内容所在的页码，数字后的拉丁字母 a、b 分别表示左栏和右栏。

A

@警民直通车·上海　175b、176a
爱警惠警　181a
“安宁—2015”打击保险诈骗犯罪专项行动　81a
安全保卫　130a
安全防范报警协会　291a
安全防范措施　241a
安全防范宣传　139a
安全风险监测　169b
安全检查　289b
“安全评估”活动　289b
“安全生产与交通安全”负责人持证上岗培训　288b
安全网站　294b
安全宣传月活动　278b
安全执法检查　139b
澳大利亚　65a

B

“8·23”故意杀人抛尸案　223b
“8·5”组织卖淫案　269b
“8·13”销售假冒注册商标的商品案　145a
“8·27”系列虚开增值税专用发票案　224a
“8·05”信用卡诈骗、非法经营、出售公民个人信息案　248a
“8·12”故意杀人案　251a
“8·10”电信诈骗团伙案　242b
白钢　211a
白少康　65a
“百城禁毒”会战　267b
办证大厅　157a
绑架案　200a
“宝剑之星”　247a
宝山分局　244a
保安服务　158a、292b
保安服务市场监管　89b
保安服务行业协会　292a
保安培训　160b
保安员证培训　290a
保险诈骗犯罪　81a
边防管理　113a
边防检查　110a
边检管理　110b

边检品牌宣传　111a
便民巴士　223a
便民新政　213b
表彰奖励　80a
濒危动植物走私　83a

C

彩钢板住人“清零行动”　276a
蔡维林　296a
曹锦秀　219b
曹卿川　251b
曹志伟　85b
长江航运公安局上海分局　274a
长江上海段水域清理整治非法捕捞联合执法行动　275a
长宁分局　211a
常伟　258b
超载车辆　121a
车驾管办证大厅　157a
“撤二建一”工作　219a、227b
陈超鸿　238b
陈飞　248b
陈华安　243a
陈进士　201a
陈丽琴　206b
陈少爱　232a
陈少昌　85b
陈卫彪　296a
陈文册　242b
陈小川　85b
陈旭东　223b
陈峥　187a
陈志成　259a
陈志刚　232b
成品油走私　83b
城市公共安全消防高风险专项调研　123a
程杰　247b
持刀伤人案　206b
《充分发挥公安出入境服务对全球科技创新中心建设的思考：以上海自贸试验区为视角》　58b
崇明县公安局　266a
出访　65b
出入境、边防管理　104a
出入境便民新政　213b
出入境窗口服务　106a
出入境服务管理　227a
出入境管理　104a
出入境管理服务　217b
出入境管理服务水平　157a
出入境证件新证新规　105a
出入境政策　245b
处置突发事件演练　278a
“创安”活动　289b
春季、夏季、秋冬严打整治专项行动　80a
春运安保任务　144a
“重塑形象、重振警威”专项行动　203b
崔荣涛　224a

D

“打防同轴、打防并进”机制　157b
打击电信诈骗团伙联合执法行动　76b
打击夜间违法犯罪联合查堵行动　74a
打击整治　237b
打击整治专项行动　208b
打私国际合作　83b
“大共享”平台　191a
大客流聚集安全风险监测　169b

大客流信息监测系统 204b
大客流应对处置措施 205a
大事记 18a
大数据应用 148b、168b
大数据专业应用 79b
大型活动安保工作办公室 204a
大型群众性活动管理 62b
大型石油化工装置灭火救援综合演练 163b
大型市政工程 117a
带教工作 283a
戴建明 228a
《当代公安网络舆情工作研究》58b
《当前“阳光警务”构建困境及对策研究》58b
党的十八届五中全会 62a 、178a、280a
党风廉政建设 120b
党和国家领导人安全 130a
党建 258a
党建工作规范化水平 114b
档案法制宣传 71a
档案管理 70a
档案文化传播 71a
刀具销售管控措施 205b
盗窃案 227b
盗窃高档商铺案 219a
盗窃工厂金属原料案 269b
盗窃集装箱内货物系列案 274a
道路交通 236b
道路交通安全管理 151b
道路交通安全协会 288a
道路交通调度指挥 116b
道路交通管理 116a、208b
道路交通缓堵排堵综合治理 117a
道路交通监管 226b
道路交通严管制度 119b
道路交通整治 273a
道路交通执法 120a
道路通行秩序 117a
德育工作 184b
邓元元 200b
低端商品市场 206a
迪士尼乐园 198b
地铁公共安全区域警务合作联席会议 147b
第 10 届中东北非联络官会议 64a
第 14 届亚太地区联络官会议 64a
第 15 届上海公共安全产品国际博览会 292b
第九届常务理事会第六次会议 290b
第十六届上海国际汽车工业展览会 260b
第十四届上海公安理论研讨会 280b
第四次中国—中东欧国家领导人会晤 132a
第四届会员代表大会 285a
电动自行车智能防范系统 200a
电信网络诈骗案 238a
电信诈骗 289a
电信诈骗案 218b、247b
电信诈骗团伙案 242b
“电子警察”执法网络建设 117b
电子数据检验鉴定 139b
电子台胞证 105b
调查研究 58a
调研文章评选 290b
丁萍 247b
丁志明 242b
定期通报制度 257b
“东方讲坛——以案说防范 · 共建平安城”系列宣讲 176a
“东方之星”客轮 162a
毒品案 247b
毒品犯罪 74b
毒品枪支走私 82b

毒品专案 232a
赌博犯罪 236b
队伍管理 178a
队伍监督管理 112a
队伍建设 125a、132b、142b、155b、179a、227b
队伍素质 106b
队伍正规化管理 149a
队伍正规化建设 114a
队伍正规化建设 223a
队伍专业化水平 111b
《对上海地铁安检制度的思考与探索》 59a
多发性侵财犯罪 73b
多警联勤消防工作 144a

E

“2·24”票据诈骗境外“猎狐”案 201b
“2·3”跨国妨害信用卡管理团伙案 210b
“2·5”特大涉外诈骗案 77a
“2·10”贷款诈骗案 255a
“2·2”杀人分尸案 223b
“2·12”复合型团伙信用卡诈骗案 232b
2015 年大事记 18a
“2002·1·12”故意伤害致死案 215a
“2014·819”毒品专案 232a
“2014·936”毒品案 247b
“2015·65”贩卖运输毒品案 77b
“2015·570”贩卖运输毒品案 200b
“2015·2·28”假冒贵金属交易平台系列电信网络诈骗案 238a
“2015·600”贩卖运输毒品案 251a
2015 花样滑冰世锦赛 104b、122b、169a、189a
210 工程 189b

F

法律、法规、政策性文件 299a
法律讲座 295b
法医学会 282a
法制公安建设 254b
法制建设 172a
法制宣传 275b
反腐倡廉 153b
反腐追逃工作 110a
反恐防范 226a
反恐防撞装置 205a
反恐实战专项练兵活动 214b
反恐演习 102a
反恐应急处置 153a
贩卖运输毒品案 77b、200b、251a
贩运毒品案 210b
防范电信诈骗 214a、226a
防范电信诈骗“集中宣传月”活动 257a
防范宣传 79b、151a
妨碍信用卡管理秩序案 228b
妨害信用卡管理团伙案 210b
访（来）沪重要外宾一览表 133 表
放火案 258b
“放心家园”安心暑托班 182b
飞行训练 164a
非法捕捞 275a
非法捕捞水产品案 276b
非法捕捞水产品犯罪 275b
非法集资 80b
非法经营、出售公民个人信息案 248a
非法经营境外“猎狐”案 201a
非法买卖枪支案 238b
非法吸收公众存款案 202a、215b、232b、

258b 、262b
非法营运 227a
非国家工作人员受贿、虚开增值税专用发票案 243a
非现场执法 118a
风力发电设施被盗案 156a
风险预警 80a
封闭式管理 150a、150b
封昌祝 276b
冯函 92a
冯艳 276b
奉贤分局 263a
奉贤公安纪念广场 265b
服务技能 192a
服务决策能力 100b
浮尸 146 表
符臣 262b
辅助决策指挥 55a
付细平 243a
复合案 219b
复合型团伙信用卡诈骗案 232b

G

改革试点 245b
概述 35a
干部监督 194b
干部日常监督管理 179b
港口设施保安演习 273b
港区道路交通整治 273a
高国宏 202b
高铁安全专项整治 278a
高万里 223b
高温 262a
高校领域治安防控体系 141a
个人一等功 188b
各省、自治区、直辖市公安厅（局）领导在沪活动一览表 67 表
工程评审网上申报审核工作 291a
工资收入管理 180a
工作作风 194b
公安部领导（部长级）在沪活动一览表 66 表
公安部信访专项活动 68b
公安处（局） 271a
公安档案安全专项检查 70b
公安工作满意度 61a 、234b
公安海事联动联勤工作机制 144b
公安机关负责人名录 50a
公安机关公务用枪管理规定 319a
公安机关人民警察佩戴使用枪支规范 325a
公安经费保障管理水平 190b
公安派出所合格档案室 70b
公安厅局长会议 5a
公安厅局长座谈会 7a
公安微博微信建设和管理 175b
公安文保队伍建设 142b
公安先进典型 175a
公安政府网站建设 69b
公共安全防范体系 147a
公共安全防范宣传 151a
公共安全专项调研 147a
公共消防基础设施 124a
公民警校 186b
公众安全感 61a 、234b
公专 183a
公专转型 183a
故意杀人案 210a、210a、251a、258b
故意杀人抛尸案 223b
故意伤害致死案 154b、215a

顾正海　247b
拐卖妇女儿童犯罪　75a
《关于改进危险化学品道路运输安全管理方式的研究》　59b
《关于加强城市街面巡控力量建设的实践与思考》　59a
《关于街面警务的实践与思考》　58b
《关于全面深化公安改革若干重大问题的框架意见》　280a
管理水平　292a
广东翔宇上海分公司集资诈骗案　206b
广富林派出所　54a
规模化租赁房　230b
轨道公交安全保卫　146a
轨道公交公共安全专项调研　147a
轨道交通 2 号线列车停驶事故　125b
《轨道交通安全隐患专项调研报告》　58b
轨道交通公共安全防范体系　147a
轨道交通客流疏导管理措施　148a
轨道交通区域治安秩序管理　148b
轨道交通 1 号线停运事故　241a
轨道区域消防内保管理　148a
贵州沿河籍系列特大入室盗窃团伙案　262b
郭晓栋　206b
国际旅游度假区公安处　54a
国际专业学术交流　286a
国家会展中心治安派出所　53b

H

海底电缆保护协同执法演练　162b
《海上警察百年印象》　70b
海事联动联勤工作机制　144b
海外人才服务科创示范项目　156b
海员来沪情况表　145 表
“韩宁”整形美容机构销售假药案　220a
韩勇　65a、219b
韩正　122a、131b
航空安全保卫　152a
行业标准修订、起草工作　291b
行业统计　291b
合格档案室　70b
何和娟　259a
何金林　248a
核心业务能力　120b
核心战斗力　250a
合作交流　64a
洪翀　158b
虹口分局　229a
虹口足球场安保工作　230b
虹桥高铁站　278b
侯人丰　219b
后勤保障　115b
胡锦　263b
胡立办　201a
《“互联网+”思维下上海公安队伍建设的思考与探索》　58b
互联网金融票据诈骗案　157b
互联网经侦警务建设　79a
互联网警务建设　168b
互联网警务战略合作框架　170a
户籍管理　99b
户籍人口　100b
户口登记管理　99b
户口性质　98b
“沪乾贷”　232b
化工区安全保卫　149a
环崇明岛国际女子公路自行车赛　268b
环境污染犯罪　87b
换届筹备工作　280b

换届选举　288a、291a
“黄赌毒”打击整治　240b
黄国惠　243b
黄明　206a
黄浦分局　202a
黄鑫　251b
“汇剑”打击整治专项行动　208b
会员大会　290a
会员代表大会　285a
火车站地区反恐防范　226a
火灾发生率　126 图
火灾起数　128 图
火灾人均损失　127 图
火灾事故　126b
火灾死伤人数　128 图
火灾四项数值　129 表
火灾损失　127 图
火灾隐患　250b
火灾隐患综合治理　123b
伙食费标准　166b

J

机动部队　185a
机动车“两占”　214b
机动车管理　119a
机动车违法停放　218a
基层调查研究　100a
《基层公安机关涉法涉诉信访改革问题研究》　59b
基层基础建设　97a 、155a
《基层所队那些事儿实例选编》　176b
基层刑科所实验室建设　286a
基层一线民警实战被装　191b
基础调研　293b
基础设施　124a
基础信息化建设　113b
调整机构　53a
基建、装备“十三五”规划　190a
“缉枪治爆”专项行动　268b
缉枪治爆专项行动　88a
缉私战区模式　83b
集群战役　242b、251a
集体一等功　187b
“集中宣传月”活动　214a、257a
集中整治行动　240a
集资诈骗、非法吸收公众存款复合案　219b
集资诈骗案　206b
纪检监察　194a
技防市场　159b
技防专家　292a
嘉定分局　248a
贾朋朋团伙盗窃集装箱内货物系列案　274a
驾驶人管理　119a
假冒贵金属交易平台系列电信网络诈骗案　238a
假冒中国电信推销“无线流量上网卡”电信诈骗案　247b
监督管理信息平台　196a
监督检查　194b、237b
监管信息化建设　166a
监所安全　262a
监所管理　165a
监所执法管理规范化建设　165a
检验鉴定　285a
姜理伟　210b
姜之平　269b
交警核心业务能力　120b
交警摩托车机动专业队　204b
交流活动　193a

交通安全资信评定工作　288b
交通法治示范区　265b
交通管理 119b
交通警卫任务　116b
交通设施　118a、160b
交通事故综合治理　119a
交通违法　121a
交通违法及事故情况定期通报制度　257b
交通违法审理窗口　254a
交通违法专项整治　214b
交通文明建设　119b
交通文明示范线　231a
交通肇事致人死亡逃逸案　250a
教官比武　184b
教学成果　184b
教学特色建设　184b
教育培训　125a、183a、254b、288a
教育预警　195a
接待　65b
街面巡逻　204a
介绍卖淫案　215b、224b
街面应急处突能力　231a
巾帼文明岗　181b
金宽修　215a
金融安全研讨会　295a
金山分局　255a
经济犯罪案件侦查破案精品案例　84a
经济犯罪侦查　78a
经营场所集中专项整治　261a
经侦警务建设　79a
经侦总队九支队　53b
荆好　215a
精品案（事）例　90b
精品文章　58b
警保信息化系统　191a
警保队伍思想政治和专业能力　192a
警保廉政体系　191b
警察公共关系　176a
警察协会　280a
警航专业技术职位　164a
“警企在线”应用平台　157a
警卫安保工作　141b
警卫工作　130a
警务保障　189a、193a
警务航空　162a
警务论坛交流和征文　281a
警务实战化能力　113b
警务室　277b
警务信息　112a
警务战略合作框架　170a
警衔　180b
“警营青春大声说”主题活动　177b
警营文化　246b
警用物资管理科　53b
警用直升机空勤人员水下逃生培训　163b
“警苑菜谱 365”　193b
“净土”专项行动　231b
境外“猎狐”案　201a、201b
境外“猎狐”专案　248b
境外人员服务站　237a
境外人员治理　258a
境外追逃行动　64a
静安分局　215a
“9·02”制售假冒红酒、白酒案　259a
“9·26”在沪跨国企业高管系列商业贿赂案　238a
九里亭派出所　54a
酒后驾车　262a
居民区治理　213a
居民身份证管理　100a

居民住宅倒塌事故 126a
居住证件办理 99a
拘留所“三项重点工作” 165b
拘留所社会矛盾化解工作 166a
“聚警心、严警纪、振警威、展形象”专题教育活动 43a
聚众淫乱案 206b
军转干部 180a

K

卡什 65a
看守所 214a
看守所“五化建设” 165b
抗战胜利 70 周年 110a、131a、155a、181b、217a、272a 、289a
科创中心 245b
科技保障 112a
科技服务实战技术 237b
科技工作 168a
科研成果 170a
科研工作 283b、284a
科研获奖项目一览表 171 表
科研项目 170b
客货运源头安全 118b
客流观察仪 278b
客流疏导管理措施 148a
控制区通行证分值管理 153a
跨国妨害信用卡管理团伙案 210b
跨国走私毒品案 219b
跨省贩运毒品案 210b

L

拉杰纳特·辛格 65b
来沪外国人人数表 107 表
来信来访 68a
劳动竞赛 192a
雷丰长 201a
“类命案侦破”工作机制 250a
李丹 248a
李东海 232b
李莉 201b
李旻 187b
李中明 297b
李佩青 206a
李强 248a
李威 206b
李文銮 145b
李新华 298a
李昭 274b
“历史的回声——‘档案里的故事’档案法制宣传与档案文化传播全市巡讲上海公安专场”活动 71a
立功创模 187a
利用“上海龙凤网”组织卖淫案 211b
利用车载伪基站介绍卖淫案 91b
利用黄金交易虚开增值税专用发票违法犯罪 81a
利用离岸公司和地下钱庄转移赃款 81a
利用票据贴现诈骗案 85b
连环相撞 121b
联网报警 159b
梁光华 266b
“两个责任” 194a
“两会”警卫任务 131b
两级视频侦查体系 241b
列车停驶事故 125b
烈士 241b
“猎狐 2015”专项行动 81a

林青　145b
凌桥杀人碎尸案　200b
“0908”走私普通货物案　140b
“零事故、无差错”活动　163b
领导开门接访制度　69a
刘从见　228a
刘芳红　219b
刘钢　263b
刘士城　242b
刘文斌　287a
刘义喜　232a
刘云峰　243a
“6·24”绑架案　200a
“6·3”上海畅辰纸箱包装有限公司火灾事故　126b
“6·10”特大跨省贩运毒品案　210b
“6·14”骗取贷款、贷款诈骗案　85b
“6·15”非法吸收公众存款案　202a
“6·05”网上销售假冒自然堂化妆品案集群战役　251a
“6·18”虚开增值税专用发票境外“猎狐”专案　248b
卢海宽　92a
陆东　64b
吕洁　187b
吕月娟　266b
旅馆业治安管理　236a
《论社区警务的制度创新》　59a
罗爱兴　243b
罗昌杰　206b
罗飞龙　263b
罗九华　228a
罗巧林　270a
罗萨克　65a
落户管理　98b

M

马露　297a
马献宇挪用资金案　274b
麦赫迈特·杰拉莱廷·莱凯西日　65a
茆盛泉　241b、296b
灭火救援综合演练　163b
民爆物品管理　88a
民生类案件　264b
“闵剑”系列集中整治行动　240a
闵行分局　239a
命案破案率　73b
摩托特战分队　235a
莫思静　238a
穆和培　255a

N

内部安全防范　191b
内部机构设置　79a
南苏丹　64a
南翔镇新裕村　250b
年审和等级评定　293a
宁春姣　233b
宁春霞　233b
宁春贤　233a
农产品走私　82b
农场安全管理　155a
挪用资金、诈骗案　243b
挪用资金案　274b

P

排查化解矛盾纠纷　89a

"排堵保畅，降压事故"巡回宣讲 288a
排队叫号系统 254a
《派出所调解工作的现状及改革路径初探》 59b
派出所巡逻工作精品案（事）例 90b
抛尸案 223b
配套交通 117a
骗取出口退税案 158a
骗取贷款、贷款诈骗案 85b
票据诈骗境外"猎狐"案 201b
平安边防 113a
"平安民航"建设工作 152b
"平安夜"复旦大学持刀伤人案 143a
破案率 73b
浦东分局 197a
浦东分局交警支队 54b
普陀分局 220a

Q

"7·28"非法吸收公众存款案 258b
"7·4"抢夺金店案 266a
"7·16"利用车载伪基站介绍卖淫案 91b
"7·16"利用票据贴现诈骗案 85b
"7·15"故意杀人案 258b
"7·15"涉外强迫交易恶势力专案 206a
"7·15"生产、销售不符合安全标准的食品案 202a
"7·9"非法买卖枪支案 238b
"7·10"挪用资金、诈骗案 243b
企事业单位治安保卫协会 289a
企业经营管理 159a
"千花网"组织卖淫案 140b
钱宏 297a
《浅谈大数据时代如何深入推进公安基础信息化建设实战应用》 58b
《浅析如何进一步推动上海公安机关"轮训轮值、战训合一"训练工作升级发展》 58b
《浅议自贸试验区境外人员管理工作的现实应对和路径选择》 59a
强迫交易恶势力专案 206a
抢劫金店案 255a
抢劫杀人案 242b
侵犯知识产权犯罪 80b
侵犯著作权案 251b、263a
勤务管理模式 117b
青年公寓 278b
青浦分局 259a
清查整治行动 275a
"清零行动" 276a
情报工作 60a
邱根良 201b
邱清水 211a
区、县公安机关 197a
区县警察协会 281b
区域警务合作联席会议 147b
全国公安厅局长会议 5a
全国公安厅局长座谈会 7a
全国公安系统二级英雄模范 188a
全国警务实战教官比武 184b
全国警用直升机空勤人员水下逃生培训 163b
全国社会治安防控体系建设工作会议 11a
全国十大公安微博 176a
全国微课程研发中心 184a
全国先进工作者 187a
全国一级看守所 269a
"全警大练兵大比武"活动 132b
全市公安局处长会议 16a
全市巡讲 71a
阙承冬 210b

群防群治 226b 、235b
群众团体 280a

R

燃气管线突发事件应急综合演练 163a
人防队伍战略定位 159a
人口管理 97a
人口数据 100a
人员密集场所 241a
人员密集场所消防管理 122a
任春 238b
日常管养 118a
日常检案工作 282a
入室盗窃案 242a
入室盗窃团伙案 262b
阮建文 270a
软件升级 150b

S

塞浦路斯 64a
“3・2”介绍卖淫案 215b
“3・22”特大系列涉外盗窃高档商铺案 219a
“2・27”证券领域系列案件专案组 187b
“3・23”广东翔宇上海分公司集资诈骗案 206b
“3・03”比翼公司非法吸收公众存款案 211a
“3・03”中国明明商组织、领导传销案 266a
“3・6”网络传播淫秽物品系列案 228b
“3・5”非法制造、买卖枪支案 259b
“3・17”浦东新区益嘉物流配送中心仓库较大火灾 129a
“3・06” “沪乾贷”非法吸收公众存款案 232b
“三定”工作 181a
“三防双检”安防措施 147b
“三个清单”梳理工作 172b
“三结对”居民区治理模式 213a
“三项重点工作” 165b
“三严三实”专题教育 178a、267b
“三张网” 268a
桑维强 200b
杀人分尸案 223b
杀人抛尸案 223b
杀人碎尸案 200b
山内秀介 91b
商店刀具销售管控措施 205b
商务楼宇服务管理 217b
商业贿赂案 238a
上岗培训 288b
上海安全防范报警协会 291a
上海港公安局 271a
“上海公安出入境管理”微信 106a
上海公安理论研讨会 280b
“上海公安十大优秀青年” 181b
上海公安网安驻广西南宁工作站 140a
上海公安系统足球联赛 232a
《上海公安研究》 281a
上海公共安全产品国际博览会 292b
上海国际汽车工业展览会 260b
上海化工区安全保卫 149a
上海机场重大工程建设 154a
上海警用仓库 53b
上海看守所安全工作会议 166b
上海科创中心建设 105a
《上海内保》 290b
上海青年科技启明星计划 287a
上海十大杰出青年 188a
上海十大微信公众号 106a

上海市“两会”警卫任务　131b
上海市保安服务行业协会　292a
《上海市单向交通适应性研究》　59a
上海市档案工作会议　70a
上海市档案系统先进集体　70a
上海市道路交通安全协会　288a
上海市法医学会　282a
上海市公安局优秀单位　187a
上海市公安系统机构名称　48a
上海市公安系统机构名称及负责人名单　48a
上海市警察协会　280a
上海市模范集体　187a
上海市企事业单位治安保卫协会　289a
上海市全面深化公安改革动员部署大会　13a
上海市人力防范最低合同指导价　293a
上海市特种设备应急处置综合演练　151a
上海市先进工作者　187a
上海市消防协会　287a
上海市信息网络安全管理协会　294a
上海市刑事科学技术协会　283a
上海市烟花爆竹安全管理条例　330a
上海市优秀档案文化传播项目　70b
上海市优秀公安局　187a
上海市政法工作会议　15a
上海铁路公安处　277a
《上海刑事技术》　287b
上海有关公安处（局）名称　50a
上海治安系统精品案例　89b
《尚警》　176a
设置赌博机开设赌场案　243b
社会矛盾化解工作　166a
社会消防教育培训　288a
社会消防治理　123b
社会治安防控　268a
社会治安防控体系建设工作会议　11a
社区警务改革　221b、249b
社区警务机制　226b
社区警务建设　262a
社区民警　213a
社区综合协管队伍　97b
涉毒违法犯罪　222a
涉法涉诉信访改革　68b
涉黑涉恶犯罪活动　218b
涉黑涉恶违法犯罪　74a
涉黄涉赌违法犯罪　87b
涉枪涉爆违法犯罪活动　235a
涉外盗窃高档商铺案　219a
涉外强迫交易恶势力专案　206a
涉外社工　105b
涉外诈骗案　77a
涉网违法犯罪　138b
涉渔“三无”船舶　275b
涉众型经济犯罪侦查工作　79a
深化改革工作　190a
深化公安改革动员部署大会　13a
“神话 QQ 群”介绍卖淫案　224b
沈长华　202b
沈佳伟　224b
沈荣　202b
沈文铸　251b
审计监督　196a
生产、销售不符合安全标准的食品案　202a
生产、销售不符合安全标准牛肉案　91a
生产、销售假药案　259b
省际通道　118a
师资队伍建设　185b
施平　269a
十八届五中全会　62a 、178a
“十佳文职人员”优秀事迹系列宣讲活动　181a

“十佳贤内助”　247a
“十三五”规划　190a
时昌彪　269b
实验室建设　283b
实验室认可工作　283a
实验室质量管理工作　285b
实有人口管理　97a、98a、222b
实有人口信息　97b、98a 、253a
实战被装　191b
实战化能力　113b
实战能力　124a
实战效能　185a
实战专项练兵活动　214b
实战装备车辆建设配备　191a
史振祥　274a
市、区、县公安机关负责人名单　50a
市级交通文明示范线　231a、237a
市政府实事项目　123b
视频侦查体系　241b
逝世人物　296a
暑托班　182b
水上安全保卫　143a
水上多警联勤消防工作　144a
水上法制宣传　275b
水上浮尸情况表　146 表
水上违法犯罪活动　144a
水下逃生培训　163b
水域安保警卫工作　143a
水域清查整治行动　275a
水域治安管控　144b
司法拘留社会矛盾化解　254a
司法驻所　261b
“4・2”故意杀人案　210a
“4・29”非法吸收公众存款案　262b
“4・29”组织卖淫案　219b
“4・20”虚开增值税专用发票案　228a
“4・24”医保诈骗、妨碍信用卡管理秩序案　228b
“4・16”生产、销售假药案　259b
“4・17”持刀伤人案　206b
“4・25”特大入室盗窃案　242a
“4・10”销售假冒注册商标的商品案系列集群战役　242b
“4・15”侵犯著作权案　251b
四平路　231a、237a
“四手驱动”工作法　246a
“四镇”治安专项治理　198b
松江分局　252a
松江公安宣传片　254b
宋振川　92b
搜救演练　162b
苏瑞启　140b
苏浙沪公安海事联动联勤工作机制　144b
苏振红　140b
随警监督　195a
孙洪振　202a
孙其　77b
索引　334a

T

台风“灿鸿”　273b
泰国　65a
汤敏强　243b
汤玉红　262b
唐作华　242a
桃浦镇便民巴士　223a
陶影　210a
特大盗窃案　227b
特大盗窃工厂金属原料案　269b

特大跨省贩运毒品案 210b
特大入室盗窃案 242a
特大入室盗窃团伙案 262b
特大系列涉外盗窃高档商铺案 219a
特大诈骗案 232a
特大走私、销售禁止进境疫区牛肉案 83a
特定时节 205a
特警 102a
特警服务实战能力 209b
特警专业训练 103a
特载 1a
特种机动队 241a、253b、265a
特种设备应急处置综合演练 151a
停运事故 241a
通行证分值管理 153a
偷逃税走私 82b
突发事件 103a、163a
图像监控设施 169b
土耳其 65a
团建 258a

W

WiFi 安全专业委员会 294a
外宾团组（部长级）访沪一览表 66 表
外国军舰访沪情况表 145 表
外警培训 64b
外轮来沪情况表 145 表
外滩巡展 164a
顽症综合治理 221b
万人火灾发生率 126 图
万兴丽 269b
汪本强 238b
王晨 251a
王成 143b
王春军 188a
王国洋 269b
王加金 228a
王开亮 266b
王亮 251a
王玲 270a
王世乔 266a
王银花 201a
网络安全保卫 138a
网络安全防范宣传 139a
网络安全管理 140a
网络传播淫秽视频犯罪 256b
网络传播淫秽物品系列案 228b
网络赌博 223a
网络侵犯著作权案 263a
网络虚假信息诈骗案 140b
网上办事大厅 175b
网上申报审核工作 291a
网上销售假冒自然堂化妆品案集群战役 251a
网站建设 69b
危害食品药品安全犯罪 87a 、261b
危化物品管控 151b
危险货物库场消防安全 272b
微课程建设 185a
微课程研发中心 184a
微信公众号 106a
为警服务措施 192b
为民服务水平 119b
违法犯罪活动 148a
违规住房、用车和超面积办公用房专项清理整治 196b
维和警队 64a
维权工作 195b
伪冒银行卡案 201a
“卫士之光” 176b

魏方方　270a
魏建朋　202b
温英学　279b
文化体育活动　176b
文化系统安全保卫　141a
文化育警　112b
文化育警工作　114b
文职岗位“三定”工作　181a
问题场所监控平台　199a
问责追究制度　195a
《汶川特大地震上海市救灾援助实录》　70a
污染环境案　255b
无证养老院　230b
吴佳锋　224b
吴江滨　140b
吴敏卿　232b
吴淞派出所　276a
吴寅　224b
吴志瑜　201b
“5·20”互联网金融票据诈骗案　157b
“5·31”浦东机场故意伤害致死案　154b
“5·26”集资诈骗、非法吸收公众存款复合案　219b
“5·21”聚众淫乱案　206b
“5·3”特大盗窃案　227b
“5·4”杨浦区老式居民住宅倒塌事故　126a
“5·15”抢劫金店案　255a
“5·11”G7056 次高铁列车旅客财物被盗案　278b
“5·20”设置赌博机开设赌场案　243b
“5·6”生产、销售伪劣产品案　233a
五化建设　165b
武装巡逻　155b
武装应急处突网　88b

X

系列特大盗窃工厂金属原料案　269b
夏季治安整治行动　278a
夏敏　92a
先进表彰活动　290a
先进典型　175a
“贤城警事”　265b
现场勘查　285a
香港青年交流团　276a
香花桥　261b
消防安全　199b
消防安全大检查　254a
消防安全管理　153a
消防安全监管　151b
消防安全评估　287b
消防安全隐患　206a、209a、215a、230b、265a
消防管理　122a
消防技术咨询　287b
消防监督检查机制　237b
消防警卫部队　181b
消防力量建设　124b
消防内保管理　148a
消防协会　287a
消防宣传教育培训　125a
消防隐患　246a
销售假冒注册商标的商品案　145a、242b
销售假药案　220a
销售有毒、有害食品案　266b
“小杨说防范”栏目　257a
“谢蜀黍”微信　142b
新警　180a
新吴淞综合市场　246a

新线开通一览表　149 表
《新形势下群防群治工作创新发展的实践与探索》　59b
新型伪冒银行卡案　201a
新一代移动警务系统　169a
新证新规　105a
信访改革　68b
信访工作　68a
信访工作机制　69a
“信息化”大数据应用　148b
“信息化”系统　191a
信息化建设　166a、285b
信息化建设和应用　142a
信息化教学　185b
信息化追逃工作　74b
信息网络安全管理协会　294a
信仪模式　222b
信用卡诈骗、非法经营、出售公民个人信息案　248a
信用卡诈骗案　232b
刑警 803 破案奖　75b
刑事案件　167a
刑事犯罪侦查　73a
刑事技术　241b
刑事科学技术手段建设　75b
刑事科学技术协会　283a
刑侦优秀调研论文评选活动　75b
虚开增值税专用发票案　201b、224a、228a、243a
虚开增值税专用发票境外“猎狐”专案　248b
徐汇分局　207a
徐守川　200b
许赟　251a
宣传片　254b
宣传文化　175a
薛小孙　201a
薛银花　215b
学术交流　282b、286a、286b
学习交流　291a
巡逻防控网络　213b
迅达电梯（中国）有限公司“群蛀”案　228a

Y

押运业务　160a
亚太地区联络官会议　64a
严打整治专项行动　41a、141b、268a
严管严治　117a
严重精神障碍患者　257b
演练　151a
阳光警务　80a、106a、166a、172a、173a、208b、212b、222b、246b、250a
杨逢建　158a
杨国锡　215b
杨华英　248a
杨璟　263b
杨浦分局　233a
杨锐　274a
杨寿　206a
杨双祥　201b
杨武勇　92a
杨兴荣　258b
杨雄　122a
“洋垃圾”走私　83a
洋山深水港　273a
业务培训　282b、291a
“1·15”特大网络虚假信息诈骗案　140b
“1+3+X”联勤联动模式　205a
“1·20”迅达电梯（中国）有限公司“群蛀”案　228a

"1·26"跨国走私毒品案　219b
"1·13"放火案　258b
"1·06"非国家工作人员受贿、虚开增值税专用发票案　243a
"一长四必"工作机制　287a
一等功　187b、188b
"12·26"非法吸收公众存款案　215b
"12·04"系列伪冒银行卡团伙诈骗案　206a
"12·17"虚开增值税专用发票案　201b
"12345"市民服务热线　69b 、246b
"10·28"闵行圣品家具厂火灾　163a
"10·29"松江区村民住宅较大火灾　129b
"10·08"非法经营境外"猎狐"案　201a
"10·30"风力发电设施被盗案　156a
"10·5"故意杀人案　210a
"10·16"新型伪冒银行卡案　201a
一线民警实战被装　191b
"11·12"专案组　187b
"11·11"骗取出口退税案　158a
"11·25"特大跨境生产、销售不符合安全标准牛肉案　91a
"11·4"抢劫杀人案　242b
"11·14"特大诈骗案　232a
110 报警服务台　63b
110 信箱　60a
医保诈骗案　228b
医院安全保卫工作　209b
移动警务室　277b
移动警务系统　169a
移动警务指挥平台　204b
"以打促税"百日攻坚战行动　83a
《以闵行区为例，进一步加强"城中村"社会管理的研究》　59a
异地异质备份工作　70b
易燃易爆企业　151b
易制爆危险化学品管理　88a
因公牺牲　231b
因私出入境服务行业协会　106b
殷行派出所　237b
印度　65b
印度尼西亚　76b
印度总理　132a
应急处突能力　153b、241a
应急处置机制　63a
应急联动工作机制　63b
硬件改造　150a
优抚帮困送温暖　180a
优秀案（事）例　91a
优秀调研论文评选活动　75b
优秀调研文章评选　81b
优秀年轻干部培养选拔工作　179b
优秀事迹系列宣讲活动　181a
优秀文章选介　59a
优秀信息安全员　294b
优质消防工程评选　287b
于列强　255a
于少光　255b
于元华　156b
余志刚　86a
俞锡裕　232a
舆论引导　175a
语言文字评估　185b
预警处置　78b
域外农场安全保卫　154a
域外农场武装巡逻　155b
袁宗财　210b
远海搜救演练　162b

Z

在沪跨国企业高管系列商业贿赂案 238a
《在社会管理新常态下提升人口基础信息质量的思考》 59b
在押人员伙食费标准 166b
曾三洋 200b
曾炜 238a
渣土运输安全行车专题讲座 288a
闸北分局 224a
诈骗案 77a、157b、232a、243b
战时思想政治工作 178b
张宝 201a
张宝泉 255a
张红雨 211a
张江国家自主创新示范区出入境办证服务点 105b
张维智 201a
张西 251a
张怡林 154b
张有财 202b
张羽 207a
赵东亚 238b
赵少兵 259b
赵雨辰 206b
整治非法运营 246a
证券犯罪侦查支队 53b
郑文如 247b
政法工作 1a
政法工作会议 15a
政风监察 195b
政府信息公开 69b
政治建警工作 114b
执法办案场所规范化管理 191b
执法标准体系 173b
执法管控 118a
执法管理规范化建设 165a
执法规范化 111a 、114a 、142a
执法监督 174a
执法网络建设 117b
执法制度建设 173b
职业技能鉴定 124b
职业资格培训 290a
指挥中心 62a
指纹智能终端平台 214a
制售假冒红酒、白酒案 259a
制售伪劣商品犯罪 80b
治安案件统计 92 图、表
治安防范宣传 89b
治安防控体系 141a
治安管控 144b
治安管理 87a
治安管理数据表 96 表
治安巡逻防控网 88b
治安秩序管理 148b
治安专项治理 198b
质量管理工作 285b
智慧校园 186b
智能化采集模式 253a
中东北非联络官会议 64a
中国网络空间安全（上海）论坛 294b
中国—中东欧国家第五届经贸论坛 132a
中国—中东欧国家领导人会晤 153a
中华人民共和国国家安全法 299a
中华人民共和国刑法修正案（九） 306a
中塔特警联合反恐演习 102a
中央政法工作会议 1a
钟甫 248a
重大安保任务 284a
重大工程施工 236b

重大活动　195a
重大节点　208b
重大突发事件应急处置机制　63a
重点单位重要部位安全检查　289b
重点区域反恐防撞装置　205a
重点信访案件　69a
重点要害单位　89a
重要公安档案异地异质备份工作　70b
重要会议、重大活动一览表　136 表
重要会议和重大活动警卫　131a
重要节点安保任务　161a
重要外宾安全警卫　130b
周传递　279b
周柳春　228a
周浦镇　200a
周一玮　232b
朱孟明　140b
朱新国　206a
朱永莉　251a
主办侦查员制度　180b、245b
主题教育活动　178b
住地安全警卫任务　217b
专记　41a
专题讲座　288a
专题教育活动　43a、267b
专题理论著作编纂出版工作　281b
专项清理整治　196b
专项行动　240b
专项训练　183b
专项整治　72a 、104b
专项整治行动一览表　72 表
专业技术人员队伍建设　180b
专业培训　286a
转型升级　183a
装备“大共享”平台　191a
装备管理　103b
“卓越 2015”系列专项行动　225b
自贸区（洋山）　273a
自贸区安全保卫　156a
自行车嘉年华活动　268b
宗国华　201a
综合调研　58a
综合执法演练　275b
综合治理　117a、221b、246a
综合治理公安监所安全文明管理工作　166b
邹鹏飞　206b
走私毒品案　219b
租赁房　230b
组织卖淫案　140b、211b、219b、269b
最高人民法院关于审理掩饰、隐瞒犯罪所得、犯罪所得收益刑事案件适用法律若干问题的解释　317a
最高人民法院关于适用《中华人民共和国行政诉讼》若干问题的解释　313a
最美崇明人　269a
“最美家庭”　182a
左支工　259b
座谈会　70a

★上海市公安局警务保障部

2015 年，市局警务保障部门以“210 工程”建设收官工作为主线，以“深化改革”、“四项建设”和“六项重点建设任务”等为重点，进一步加强警务保障基层基础工作，有效提升警务保障能力和水平，为公安中心工作提供了强有力的保障支撑。

◎ 召开新能源警务用车发车仪式

◎ 检查特警摩托车队集训工作

◎ 在瑞金医院举办民警健康咨询活动

◎ 举行第三届“上海公安警保标兵”评选活动

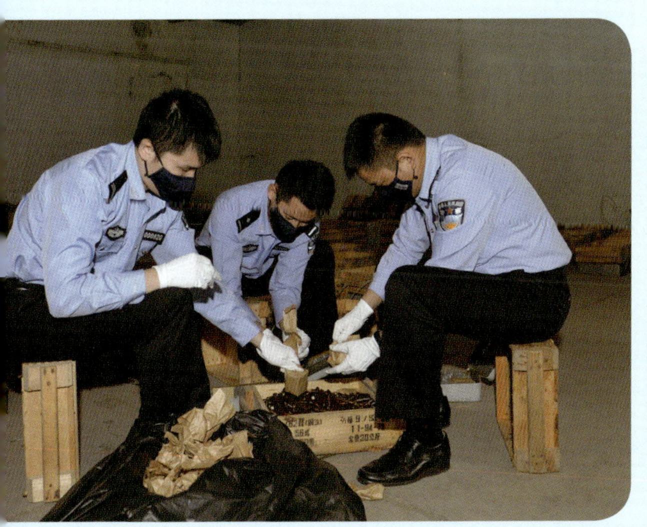

◎ 青年突击队增援废旧弹药拆弹工作

◎ 与全国公安警保标兵朱爱民同志面对面交流

★上海市公安局经济犯罪侦查总队

2015 年，上海公安经侦部门以公安部“四项建设”、市局“六项重点建设任务”为引领，以反恐标准狠抓各项措施落实，坚持改革引领、统筹推进，严厉打击各类突出经济犯罪，全力维护社会稳定，以实实在在的工作成效全面打造上海公安经侦“新名片”。

◎ “5 · 15”宣传日

◎ 网络金融安全论坛

◎ 央视采访

◎ 工商银行赠予锦旗

◎ “猎狐 2015”行动成员海外缉捕归来

◎ 第十一届沪港经济犯罪侦查实务研讨会

★上海市公安局治安总队

2015 年，上海公安治安部门坚持反恐标准、底线思维、问题导向，以深化社会治安防控体系建设为抓手，以夯实基层基础建设为保障，扎实开展打击整治、治安管理、安全防控等各项工作，有力地维护了上海社会大局稳定和治安局势持续平稳。

◎ 对危化品经营、销售和使用单位进行安全检查

◎ 对浦东剧毒化学品专业储存单位开展安全检查

◎ 开展“迎新春 保平安”宣传日活动

◎ 侦破一起利用车载伪基站介绍卖淫案

◎ “严格执法、严格管理”主题活动系列网络访谈之治安系统专场

◎ 开展节前安全检查

★上海市公安局出入境管理局

2015年，上海公安出入境管理部门围绕创新管理和提升服务，不断夯实出入境安全基础，进一步规范出入境执法，努力构建警务实战制高点，全面推进公安出入境管理现代警务机制建设，为上海经济社会发展提供优质服务和保障。

◎ 检查2015花样滑冰世锦赛训练场地涉外安保工作

◎ 举办业务专题培训会

◎ 检查“第十六届上海国际汽车工业展览会”现场涉外安保工作

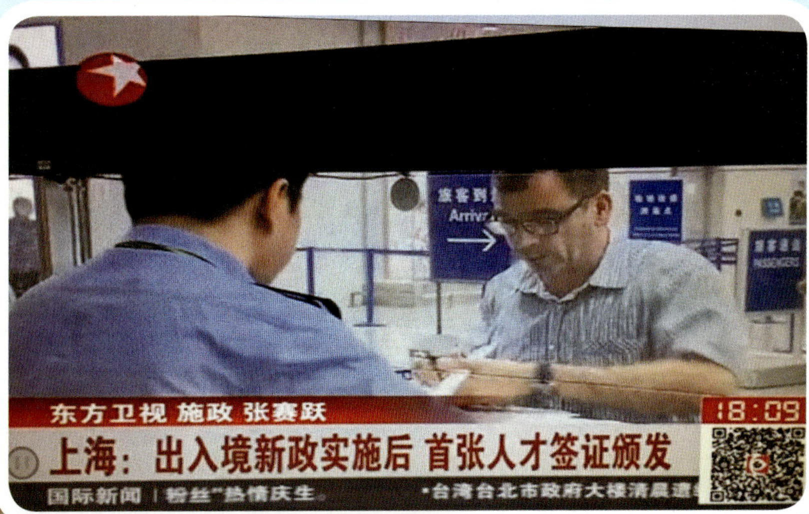

◎ 新闻媒体报道上海签发首张人才签证

◎ 组织开展清查行动

◎ 足球比赛

★上海市公安局交通警察总队

2015 年，上海公安交警部门以依法严管严治道路交通为主线，全力整治道路通行秩序，努力缓解城市交通拥堵，着力强化交通安全源头监管，全面推进上海公安交通管理各项工作，确保全市道路运行始终处于安全、有序状态。

◎ 路面设卡检查

◎ 交通警卫

上海市公安局交通警察总队

◎ 违法停车整治

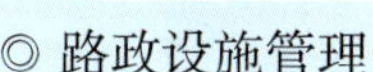

◎ 路政设施管理

◎ 交通安全宣传教育

◎ 为民服务

★上海市公安局特警总队

2015 年，市局特警总队坚持底线思维、问题导向，以改革精神主动适应反恐维稳新常态、新形势，积极推进深化公安特警改革工作和警务实战化建设，不断提升公安特警队正规化建设水平，为维护社会大局稳定，建设平安上海、法制上海发挥了积极的作用。

◎ 泰国皇家警察总署副总警监罗萨克一行到总队访问考察

◎ 德国汉堡市警察局来总队参观交流

◎ 开展特警能级考核和练兵比武工作

◎ 2015 上海国际马拉松赛安保

◎ 举行青年突击队授旗仪式

◎ 国庆节期间开展特警摩托化武装巡逻

★上海市公安边防总队

2015 年，上海边防总队以深化“四项建设”为主线，坚持稳中求进、创新进取，围绕“做优做强”上海边防战略目标，注重科学理念引领发展，真抓实干、固本强基，圆满完成各项工作任务。

◎ 抗击台风“灿鸿”

◎ 开展实战演练

◎ 浦东机场外围巡逻

◎ 南极考察船“雪龙”号出航

◎ 为辖区游客指路护送

◎ 携警犬巡逻

★上海市公安消防总队

2015 年，上海公安消防部门围绕“构建城市消防安全防控体系”战略目标，纵深推进社会消防治理、专项调研、攻坚能力建设、基础保障、队伍建设等工作，被公安部消防局评为“全国消防年度工作目标任务完成优秀总队”。

◎ 开展易燃易爆危险品单位消防安全情况调研

◎ 开展重大活动举办场所安检

◎ 开展射水应用训练

◎ 以微博微信形式开展消防宣传

◎ 机关正规化建设

◎ 高层攻坚专业队开展业务技能训练

★上海市公安局监所管理总队

2015 年，上海公安监管部门始终把监所安全作为第一要务，坚持看守所“五化建设”和拘留所“三项重点工作”双轮驱动，强化羁押监管职能和监所安全措施，实现全年监所安全无责任事故，圆满完成年度既定工作目标和各项公安监管任务。

◎ 市领导到市强制隔离戒毒所视察公安禁毒工作

◎ 公安部禁毒局领导到上海市强制隔离戒毒所调研指导工作

上海市公安局监所管理总队

◎ 召开上海看守所安全工作会议

◎ 开展兴趣活动

◎ 医务人员巡诊分发药品

◎ 开展队列训练

★上海市公安局科技处

2015 年，上海公安科技部门着力推动基础信息化建设，深化信息共享和深度应用，重点抓好大数据应用创新和互联网警务建设开局，进一步巩固和提升全局信息化建设与应用水平，彰显科技信息化在上海现代警务机制升级版建设中的重要作用。

◎ 与腾讯公司签署战略合作协议

◎ 调试移动警务 PDA

◎《全国公安机关信息共享规定》宣贯电视电话会议上海分会场

◎ 系统运维

◎ 维护市局第二指挥室图像通信设备

◎ 参加上海公安系统“我们的歌声最嘹亮”合唱比赛

★上海市公安局网络安全保卫总队

2015 年，上海公安网安部门充分履职、主动作为，全力完成维护上海网络环境、打击网络犯罪、保障网络与信息系统安全等各项重要任务目标。

◎ 巡视检查工作

◎ 参加法治频道热点栏目访问

◎ 主办“高峰论坛”新闻发布会

◎ 网吧场所安全管理检查

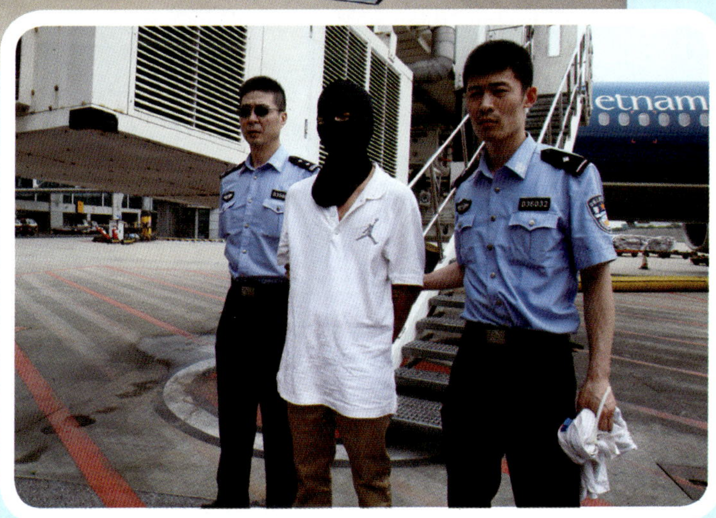

◎ 国外追逃归来

◎ 与群众面对面宣传咨询

★上海市公安局文化保卫分局

2015年，市局文保分局着力推进高校领域治安防控体系建设，确保全市高校文化领域治安持续安定。全年文化系统未发生重大治安灾害事故和影响社会稳定的重大刑事案件。

◎ 在校园开展“防诈骗”宣传

◎ 2015年“法制校园行”活动启动

◎ 收缴违法收藏的管制刀具

◎ “那个谢蜀黍”微信品牌的谢晔同志接受采访

◎ 组织大学校园里的消防安全演练

◎ 获得市局歌唱比赛金奖

★上海市公安局水上公安局

2015年，市局水上公安局以维护水域辖区政治安定和治安稳定为目标，加强水域安全管理和治安防控，严厉打击水域突出违法犯罪，确保上海水域环境一方平安。

◎登船检查

◎ 水域治安巡逻

◎ 水上执法盘查

◎ 维护轮渡码头秩序

◎ 救助落水群众

◎ 在码头开展治安防范宣传

★上海市公安局城市轨道和公交总队

2015 年，市局轨道公交总队围绕“夯实基层基础、创新安防机制、提升队伍素质”总目标，不断巩固完善轨道交通“三道防线”、公交“三防建设”和长途运输“双向安检”等安防机制建设，确保轨道公交公共安全和治安秩序稳定。

◎ 举办羽毛球比赛

◎ 为民服务

上海市公安局城市轨道和公交总队

◎ 开展车站消防安全检查

◎ 加强重要站点盘查

◎携带警犬巡逻

◎ 举办反恐防暴宣传展览

★上海市公安局上海化学工业区分局

2015 年，市局化工区分局以“保稳定、保安全”为主线，推进园区智能型封闭式管理模式，加强队伍战斗力建设，提升维护园区稳定和安全运行的能力水平，保障园区经济发展和社会环境的安全稳定。

◎ 深入企业开展安全检查

◎ 开展安全防范宣传月活动

◎ 进行危化品仓库安全检查

上海市公安局上海化学工业区分局

◎ 开展易燃易爆企业消防安全隐患夜查行动

◎ 开展特种设备应急处置综合演练

◎ 开展高温季节危化品道路运输车辆安全检查

★上海市公安局国际机场分局

2015 年，市局机场分局推进“平安机场”、“平安民航”建设，完成各项重大安保任务，开展“迎新春、保平安”等专项行动，维护上海机场地区的社会稳定、治安安定和空防安全。

◎召开年度工作部署会

◎ 开展消防安全检查

上海市公安局国际机场分局

◎ 上海空港地区反恐防暴综合演练指挥现场

◎ 特警队员执行专机安保任务

◎ 向候机旅客进行防电信诈骗宣传

◎ 举办公务用枪比武竞赛

★上海市公安局警务航空队

2015 年，市局警务航空队围绕市局重点工作，突出“能力”和“安全”两个主题，以改革创新为动力，以“六项重点建设任务”为抓手，不断推进警用直升机在公安工作和城市综合管理中的协同运用。

◎ 警航空勤人员水下逃生培训

◎ 配合市有关部门完成市政府应急起降点反恐演练

◎ 空中救援演练

◎ 与特警协同训练

◎ 开展海底电缆保护执法协同演练

◎ 举行大型化工装置灭火救援演练

★上海市公安局人口管理办公室

2015年，市局人口办将做实基层作为提升人口管理工作水平的“支撑力”和“内驱力”，积极落实本市户籍制度改革各项措施，扎实做好户籍管理基础工作，较好地完成了各项既定工作任务。

◎ 召开党风廉政建设大会

◎ 为优秀社区综合协管队员颁奖

◎ 开展实有人口清查行动

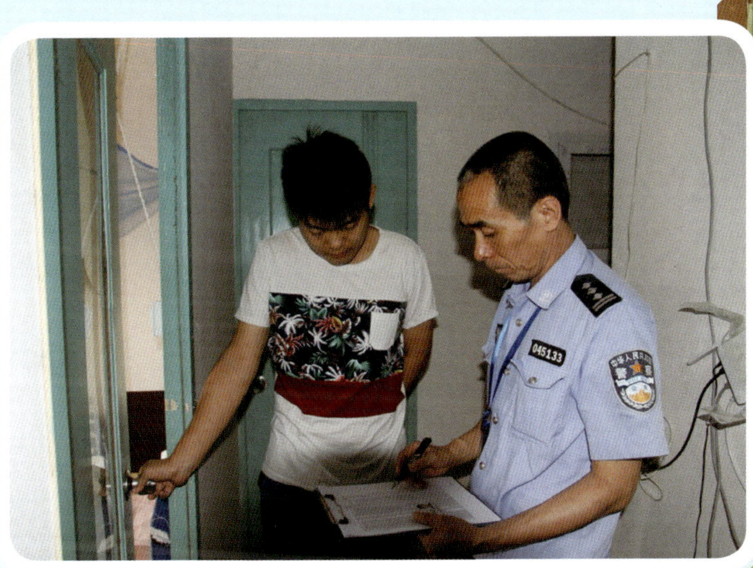

◎ 核查“群租房”人口登记情况

◎ 民警到社区开展实有人口管理工作检查

◎ 组织民警和文职人员参观“上海创新发展档案展”

★上海市公安局农场分局

2015 年，市局农场分局紧紧围绕“两降一升”目标，抓打击、抓防范、抓基础、抓队伍，开展严打整治专项行动，确保辖区社会政治和治安秩序持续稳定。

◎ 流动人口信息核查

◎上海农场公安武警联合武装巡逻

上海市公安局农场分局

◎ 岗前训示

◎ 上门服务

◎ 辖区道路设卡盘查

◎ 消防安全检查

★上海市公安局自由贸易试验区分局

2015 年，市局自贸区分局瞄准“创建平安保驾经济领跑、创新机制服务标杆亮丽”目标，立足自贸区特点，加强警务机制创新，保障企业利益，营造良好营商环境，全力打造“最开放、最安全、最有序”园区。

◎ 启动“海外人才服务科创示范项目”

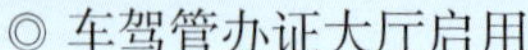

◎ 车驾管办证大厅启用

◎ 侦破“5·20”互联网金融票据诈骗案

◎ 查阅案件材料

◎ 开展园区内道路交通安全整治

◎ 夜间盘查

★上海公安高等专科学校

2015 年，上海公安高等专科学校锁定建设“亚洲一流、世界先进”警察院校的目标，坚持高起点、高标准、高水平和“面向实战、面向基层、面向一线”的要求，全面推进学校升本工作，进一步增强学校服务支撑上海公安队伍正规化、专业化、职业化建设的职能作用。

◎ 市领导慰问参战元旦安保任务的“轮训轮值”学员

◎ 参战国庆安保任务

◎ 全国公安微课程开发应用培训班学员微信签到

◎ 服务外国友人

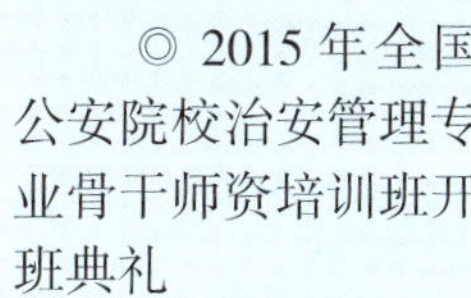

◎ 2015 年全国公安院校治安管理专业骨干师资培训班开班典礼

◎ 参战国庆安保任务交接岗

★上海市保安服务总公司

2015年，上海市保安服务总公司以上海保安发展30周年为契机，深入推进改革，突出创新驱动，努力提升保安服务专业化、多元化和科技化水平，着力打造市场化经营管理机制，加强保安队伍职业化建设，较好地完成了各项目标任务。

◎ 与服务单位签订战略合作协议

◎ 参加南京路步行街“迎新春、保平安”治安防范主题宣传日活动

◎ 上海援疆特保队在进行技能竞赛

◎ 参展第十五届上海公共安全产品国际博览会

◎ 慰问节假日期间坚守岗位的保安队员

◎ 青年保安队员参加户外拓展活动

★上海市公安局浦东分局

2015 年，浦东分局对标“定位高、标准高、水平高”要求，推动公安改革发展，完成年度各项工作，有效掌控全区社会治安局势。

◎ 检查指导工作

◎ 2015 花样滑冰世锦赛开幕式安保

◎ 大型场所治安防范

◎与市民交流互动

◎特种机动队民警出击

◎整治“三车”

★上海市公安局黄浦分局

2015 年，黄浦分局以科技创新、实战实用为龙头，以反恐防暴、应急处置为标准，以依法严管、确保安全为底线，积极推动打防管控各项工作，确保辖区社会稳定和公共安全。

◎ 检查反恐工作

◎ 移动警务指挥平台投入使用

◎ 武装特警整装待发

◎ 群防群治网格化巡逻

◎ 民警护校

◎闹市区应急救援起降训练

★上海市公安局徐汇分局

2015年，徐汇分局全力拼搏，攻坚克难，扎实有序地推进打击犯罪、治安防控、安全监管、服务群众等各项工作，保持徐汇全区社会大局的持续稳定，确保地区经济平稳快速发展。

◎ 检查高考安保工作

◎ 为大型活动开道

◎ 抓获犯罪嫌疑人

◎ 夜间盘查

◎ 确保 2015 上海国际马拉松赛道路畅通

◎ 街面巡逻

★上海市公安局长宁分局

2015 年，长宁分局主动适应新形势下打防管控新常态，提升公安业务和队伍建设工作效能，打造“平安长宁”建设升级版，确保长宁区社会及治安形势持续稳定。

◎ 分局领导检查指导工作

◎开展安全防范综合演练

◎ 开展治安防范宣传

◎ 发还被盗物品

◎ 开展交通大整治

◎ 社区夜间治安巡逻

★上海市公安局静安分局

2015 年，静安分局主动适应经济发展新常态，以组织开展严打整治专项行动为抓手，落实打防管控各项措施，切实维护辖区社会政治和治安秩序的持续稳定。

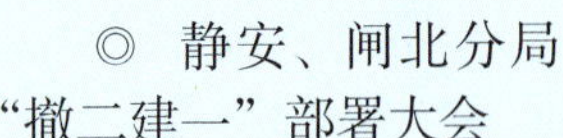

◎ 静安、闸北分局“撤二建一”部署大会

◎ 武装巡逻

◎ 执行警卫任务

◎ 开展反恐防暴演练

◎落实后勤保障

◎大型活动现场安检

★上海市公安局普陀分局

2015年，普陀分局以公安改革为主线，以制度建设为核心，以责任制为抓手，抓好社区警务改革、反恐维稳、打击整治、队伍建设等工作，确保社会治安秩序持续稳定。

◎ 普陀公安陈列室开馆

◎ 特警整装待发

◎ 除夕夜玉佛寺安保工作

◎ 公共场所治安巡逻

◎ 大型活动
现场搜爆安检

◎ 维和民警郑宏胜利归来

★上海市公安局闸北分局

2015 年，闸北分局持续高效落实打防管控各项工作措施，确保社会政治安定和治安稳定。全年未发生有重大影响的交通和火灾事故，公众安全感和公安工作满意度稳步提升。

◎ 领导慰问

◎ 防范电信诈骗宣传活动

◎ 花车巡游安保工作

◎ 严查酒驾

◎ 民警在皮划艇冠军赛现场执勤

◎ 为群众指路讲解

★上海市公安局虹口分局

2015 年，虹口分局以“争先创优”为目标，以法治为引领，以提升公众安全感和满意度为主线，严厉打击违法犯罪活动，提升公安行政管理效能，有力地维护了虹口区社会政治和治安秩序的持续稳定。

◎ 调研大客流情况

◎ “守望相助，共筑平安”应急防范主题宣传活动

◎ 过路儿童为盛夏执勤民警擦汗

◎ 台湾“警政署”署长陈国恩一行到凉城新村派出所参观

◎ “远行、归来”人民警察核心价值观教育系列活动

◎成立民警文体团体“骑跑协会”

★上海市公安局杨浦分局

2015 年，杨浦分局主动适应经济发展新常态，狠抓维护国家安全和社会稳定各项措施落实，加强基层基础建设，完成各项公安保卫任务，全力提升人民群众安全感和公安工作满意度。

◎ 禁毒宣传

◎ 军、警、民社区大巡防

◎ 五角场商圈治安巡逻

◎ 向群众发还被盗财物

◎ 花车巡游安保工作

◎ 夺得上海公安系统乒乓球比赛团体冠军

★上海市公安局闵行分局

2015 年，闵行分局围绕争先创优总体目标，推动机制改革创新和软硬件升级，打造符合闵行快速城市化地区治安特点的现代警务模式升级版，全面提升地区打防管控效能和基层基础建设水平，为全区经济社会全面、协调、可持续发展提供安全、有序的社会环境。

◎ 看望因公负伤民警

◎ 专职巡逻队成立暨发车仪式

◎ 设卡检查

◎ 网球赛安保

◎ 抓捕犯罪嫌疑人

◎ 重点区域执勤

★上海市公安局宝山分局

2015 年，宝山分局以保障城市安全为底线，以夯实基层基础工作为重点，以“先行先试、创新发展”为契机，完成各项公安工作任务，确保地区社会治安平稳有序。宝山分局连续第五年获得“上海市优秀公安局”荣誉称号。

◎ 查获假牌照

◎ 雨中指挥交通

◎ 宝山民间艺术节安保

◎ 禁毒宣传

◎ 夜间治安巡逻

◎ 参加“我们的歌声最嘹亮”歌咏比赛

★上海市公安局嘉定分局

2015 年，嘉定分局以法治为引领、以改革为动力，扎实推进“四项建设”，不断提升社会面控制力、核心战斗力、执法公信力和队伍凝聚力，有力地维护了地区社会稳定和城市公共安全。

◎ 雨中指挥交通

◎ 特种机动队成立

◎ 社区民警与村民交谈

◎ “萌警囧事”主创团队接受电视采访

◎ 多警种巡逻

◎ 足球赛获季军

★上海市公安局松江分局

2015 年，松江分局全力维护辖区社会政治稳定和城市公共安全，深入开展“三严三实”等专题教育活动，为松江经济社会发展和“十二五”规划圆满收官创造良好的社会环境。

◎ 应急处置拉动演练

◎雨雪天气道路排堵

◎ 救援现场为伤者挡雨

◎ 为群众指路

◎ 治安整治

◎ 特种机动队巡逻

★上海市公安局金山分局

2015 年，金山分局围绕“顺应改革、务实奋进、强化责任、守牢底线、保持前列”的工作主基调，落实打防管控各项措施，维护社会政治稳定和治安大局平稳。公众安全感、公安工作满意度总分排名均为全市第一。

◎ 接受爱心围巾捐赠

◎ 比对可疑人员信息

◎ 冬至扫墓安保

◎ 船只消防检查

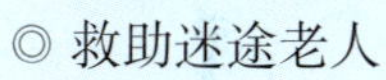

◎ 救助迷途老人

◎ 安全防范宣传

★上海市公安局青浦分局

2015 年，青浦分局贯彻落实党的十八大和十八届三中、四中、五中全会以及全国公安厅局长会议等一系列会议精神，结合实际推动平安青浦建设，全力维护全区社会治安稳定。

◎ 荷兰鹿特丹警方至青浦交流

◎ 110 宣传日特警展示

◎ 查处酒后驾车

◎ 查获售假窝点

◎核对来沪人员信息

◎ 防范电信诈骗宣传

★上海市公安局奉贤分局

2015 年，奉贤分局在主动管控风险、维护社会稳定、保障城市安全、夯实基层基础、提升专业能力中不断开创工作新局面，确保社会治安秩序持续良好。

◎ 宣传大篷车活动

◎ 特种机动队、专职巡逻队成立

◎ 花车巡游安保

◎ 群众赠送锦旗

◎ 奉贤公安纪念广场落成

◎ 相约滨海之夏公安专场演出

★上海市崇明县公安局

2015 年，崇明县局围绕生态岛建设和全国县级文明城市创建工作，结合深化公安改革、“四项建设”等重点工作，主动作为、统筹兼顾，完成各项公安保卫任务，确保社会大局和谐稳定。

◎ 防范电信诈骗宣传

◎ 巡逻队成立仪式

◎ “公安派出所合格档案室示范点”揭牌仪式

◎ 花车巡游安保

◎ 足球比赛

◎ 客运枢纽站巡逻

★上海港公安局

2015 年，上海港公安局以推进全国公安“四项建设”和交通公安“两型三化建设”为主线，创新港口公安管理举措，提升公安工作法治化水平，全力维护港口稳定，为上海国际航运中心建设、中国（上海）自由贸易试验区运行和上海港深化改革、创新转型、持续发展营造良好的社会、治安环境。

◎ 到洋山分局调研

◎ 国家边海防委检查指导海防工作

◎ 处置交通事故

◎ 道口检查

◎ 港口保安演习

◎ 防范电信诈骗宣传

★长江航运公安局上海分局

2015 年，长江航运公安局上海分局在长江航运公安局党委领导下，紧紧围绕全年工作目标，深化公安管理职能，提升服务能力，严厉打击违法犯罪，全力维护辖区社会治安稳定，为辖区经济、社会发展作出贡献。

◎ 邮轮港反恐演练

◎联合执法

长江航运公安局上海分局

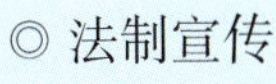
◎ 法制宣传

◎ 水域检查

◎ 水上搜救

◎ 吴淞派出所揭牌

★上海出入境边防检查总站

2015 年，上海边检总站大力推进“四项建设”，突出能力提升，注重机制创新，强化风险管控，狠抓责任落实，全力维护国家安全和社会稳定，进一步提升边检机关依法履职能力和队伍作风形象。

◎ 市领导检查 2015 花样滑冰世锦赛服务保障工作

◎ 公安部在沪召开生物识别签证项目业务需求研讨会

◎ 举办第三届“阳光卫士杯”环滴水湖健康跑比赛

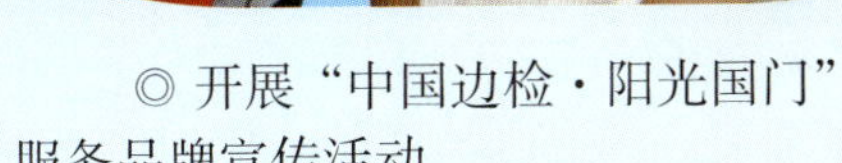

◎ 开展“中国边检·阳光国门”服务品牌宣传活动

◎ 与有关单位开展海上联合检查执法演练

◎ 举办慰问演出活动

★上海市刑事科学技术协会

2015 年，上海市刑事科学技术协会协助市局刑事科学技术研究管理中心、上海市刑事科学技术研究院和上海市现场物证重点实验室——省部共建国家重点实验室培育基地开展学术活动；做好现场勘查与物证检验鉴定，推进“一长四必”“四项评定”和专业实验室建设；完成第四届理事会换届工作。

◎ 召开重点实验室学术会议

◎ 支援福州“青运会”安保

上海市刑事科学技术协会

◎ 沪澳双边交流

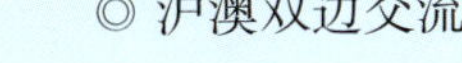

◎ 举办国际学术研讨会

◎ 金桥论坛学术报告会

◎ 训练警犬